★★★
토익 스피킹
최단기 1위

초판 한정 증정
저자 직강
동영상 강의
제공

토익
스피킹
2주 만에
끝내기

토익 스피킹 2주 만에 끝내기

지은이 플랜티 어학연구소
펴낸이 임상진
펴낸곳 (주)넥서스

초판 1쇄 발행 2015년 7월 5일
초판 13쇄 발행 2022년 5월 20일

출판신고 1992년 4월 3일 제311-2002-2호
10880 경기도 파주시 지목로 5
Tel (02)330-5500 Fax (02)330-5555

ISBN 979-11-5752-444-0 13740

www.nexusbook.com

토익 스피킹 2주 만에 끝내기

플랜티 어학연구소 지음

넥서스

Preface

영어 초급자들이나 공부 시간이 부족한 토익 스피킹 학습자들이 2주 안에 6레벨 이상의 점수를 받기 위해선 검증된 콘텐츠나 방법이 필요한데, 시중에 출시된 교재는 말하기 어려운 문장이나 원어민이 작성한 듯한 답변을 제시하고 있어 실제 수강생의 수준에서 학습이 가능한 교재가 필요한 게 현실입니다.

선두격인 〈토익 스피킹 한 번에 끝내기〉교재를 출간하기 위해 지난 4~5년간 1,000명이 넘는 학생들의 답변에 대해 분석했고 학습자의 눈높이에 맞는 현실적인 교재를 출간하여 단기간에 엄청난 판매를 올렸던, 토익 스피킹으로는 전무후무한 베스트셀러로 많은 분들의 사랑을 받았습니다.

이후 새로운 토익 스피킹 유형이 추가되면서 변화된 시험에 적극적으로 대응하기 위해 불철주야 합심하여 2주 만에 끝내는 토익 스피킹이란 콘셉트로 새롭게 준비했습니다.

6레벨, 7레벨, 핵심 문장과 표현집 3권을 압축하여 딱 1권에 담았습니다.

학습자의 말하기 능력과 영어 실력에 상관없이 본인의 목표 레벨을 설정하여 그에 맞게 준비할 수 있도록 6레벨, 7레벨에 맞게 답변을 작성하였습니다. 다년간의 기출 문제를 분석하면서 출제된 표현 및 아이디어도 별도로 정리하였습니다.

쉽게 답변하는 방식과 공식을 적용하여 누구나 쉽게 답변할 수 있도록 구성했습니다.

레벨 6 답안은 템플릿을 활용한 답변으로 간단하고 쉬운 문장 구조라 많은 학생들이 공감할 수 있는 내용이니 제시한 내용대로 따라가기만 하면 되고, 레벨 7 답안은 템플릿을 벗어난 다양한 문장 구조와 세부적인 내용이 특징입니다. 따라서 두 개의 답안을 비교해서 자신의 상황에 맞게 활용하면 됩니다.

새롭게 추가된 신유형을 분석하고 200%이상 반영하였습니다.

2015년 5월 3일 추가된 토익 스피킹 신유형을 꼼꼼하고 완벽하게 반영했으며 특히 신유형을 위한 전략과 표현을 따로 제시했으니 안심하고 활용하시면 됩니다.

토익 스피킹 2주 안에 충분히 끝낼 수 있습니다.

학원에서 실제 활용하며 검증된 믿을 수 있는 방법과 콘텐츠라면 당연히 2주 안에 가능합니다. 처음 학습하는 초급자, 중도에 포기했던 분들, 2주 안에 무조건 목표 레벨을 따야 하는 모든 분들에게 최선의 교재임을 당당하게 말씀드릴 수 있습니다.

플랜티 어학연구소

▼ Contents

Section 1

파트별 유형 분석

Section

②

Actual Test

부록 | Actual Test 스크립트 및 정답

1

▶ 3권의 책을 딱 한 권으로 압축

각 파트별 문제 접근 전략을 목표 레벨에 맞춰 레벨 6, 레벨 7, 핵심 문장 표현집 3가지로 구성했습니다.

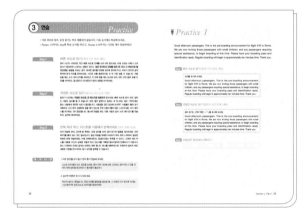

2

▶ 템플릿에 의한, 템플릿을 위한 전략

파트 유형별로 상세한 기본 템플릿에 기반한 답안뿐만 아니라 추가 템플릿까지 담고 있습니다.

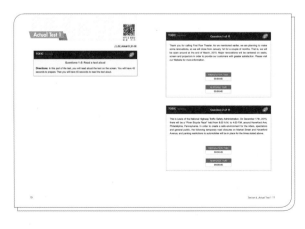

3

▶ 신유형까지 완벽 반영한 가장 최신 기출 변형 문제

레벨별 전략과 템플릿을 최종 정리하면서 실전과 동일한 연습을 할 수 있도록 Practice Test 및 Actual Test를 수록했습니다.

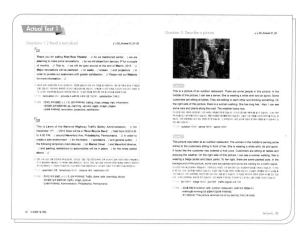

4

▶ 레벨별 수준에 맞춘 답변과 출제의
원리까지 짚어 주는 명쾌한 해설

템플릿을 활용한 레벨 6, 템플릿을 응
용한 다양한 문장 구조의 레벨 7 답변
및 수험생들의 고민을 말끔하게 해소시
켜 주는 제대로 된 해설을 실었습니다.

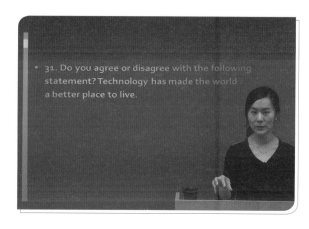

5

▶ 실제 강의실에서 들려주는 생생한
동영상 수업

학원에 가지 않고도 언제 어디서든
실제 강의실에 있는 것처럼 생생한 저
자 선생님의 강의를 들을 수 있습니다.

MP3 & 동영상
바 로 가 기

6

▶ 다양한 MP3 파일 활용

모든 질문과 답변을 원어민 발음으로
녹음한 MP3 음원을 편리하게 다운로드
할 수 있습니다. (홈페이지 및 QR 코드)

▼ TOEIC Speaking 이란?

TOEIC Speaking은 TOEIC 시험을 개발한 비영리 시험 개발기관인 ETS(Educational Testing Service)에서 개발한 말하기 능력 측정 시험이다. 업무와 관련된 상황 혹은 일상생활에서 수행해야 할 과제에 관련된 문제가 출제된다.

시험 구성

총 6개 파트, 11개 문제로 구성되어 있으며, 시험은 약 20분 정도 소요된다. 문제별 시험 구성은 다음과 같다.

구분	문제 유형	문항 수	시간
Questions 1-2	Read a Text Aloud 문장 읽기	2	답변 시간 45초 답변 준비 시간 45초
Question 3	Describe a Picture 사진 묘사	1	답변 시간 45초 답변 준비 시간 30초
Questions 4-6	Respond to Questions 듣고 질문에 답하기	3	답변 시간 15초 ~ 30초 답변 준비 시간 없음
Questions 7-9	Respond to Questions Using Information Provided 제공된 정보를 사용하여 질문에 답하기	3	답변 시간 15초 ~ 30초 답변 준비 시간 없음 (지문 읽는 시간 30초)
Question 10	Propose a Solution 해결책 제안하기	1	답변 시간 60초 답변 준비 시간 30초
Question 11	Express an Opinion 의견 제시하기	1	답변 시간 60초 답변 준비 시간 15초

시험 평가 기준

1~9번 문제는 0~3점, 10~11번 문제는 0~5점 범위 내에서 평가되며 채점 결과는 0~200점 범위로 환산되어 10점 단위로 표시된다. 문제별 평가 기준은 다음과 같다.

구분	평가 기준		
Questions 1-2	• 발음	• 억양과 강세	
Question 3	위의 모든 항목에 더하여 • 문법	• 어휘	• 일관성
Questions 4-6	위의 모든 항목에 더하여 • 내용의 일관성	• 내용의 완성도	
Questions 7-11	위의 모든 항목		

시험 일정

시험은 정기시험 매주 1회, 연간 48회 시행되며 1일 총 3~4회의 시험이 진행된다. 그러나 상황에 따라 추가 시험이 시행되기도 한다.

시험 접수와 응시료

시험은 오직 인터넷 홈페이지(www.toeicspeaking.co.kr)를 통해서만 접수할 수 있다. 응시료는 부가세 10%를 포함하여 77,000원이며, Writing Test를 함께 응시하는 경우 부가세 10% 포함 104,500원의 가격으로 응시할 수 있다. 인터넷 접수 시 비용 결제는 신용 카드 또는 실시간 계좌 이체를 통해 가능하다.

성적 확인

시험 응시일로부터 약 10일 후 인터넷 홈페이지(www.toeic.co.kr)를 통해 확인할 수 있다. 성적표는 온라인과 우편을 통해 수령 가능하며 온라인 성적 발급의 경우 인터넷 홈페이지를 통해 성적과 함께 즉시 발급할 수 있다. 우편 수령 신청자의 경우 성적 발표일로부터 7~10일 이내에 성적표를 받아볼 수 있다.

수험자 유의사항

반드시 입실 시간을 엄수해야 하며, 입실 통제 시간 이후에는 입실이 불가하다. 시험 당일 인정되는 신분증은 주민등록증, 운전면허증, (기간 만료 전의) 여권, 공무원증이며 규정 신분증을 지참하지 않은 수험자는 시험에 응시할 수 없다.

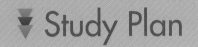

Study Plan

여러분의 상황에 따라 5일, 10일, 20일로 본책의 학습을 계획해 보세요.

5일 완성

1일	2일	3일	4일	5일
Intro	Section 1	Section 1	Section 2	Section 2
시험 파악/ 기본다지기	Part 1, 2, 3 전략/ 핵심 문장/연습	Part 4, 5, 6 전략/ 핵심 문장/연습	Actual Test 1, 2	Actual Test 3, 4, 5

(모의고사 – 시간 부족 시 취약한 파트만 집중 연습할 것)

10일 완성

1일	2일	3일	4일	5일
Intro	Section 1	Section 1	Section 1	Section 1
시험 파악/ 기본 다지기	Part 1 전략/ 핵심 문장/연습	Part 2 전략/ 핵심 문장/연습	Part 3 전략/ 핵심 문장/연습	Part 4 전략/ 핵심 문장/연습

6일	7일	8일	9일	10일
Section 1	Section 1	Section 2	Section 2	Section 2
Part 5 전략/ 핵심 문장/연습	Part 6 전략/ 핵심 문장/연습	Actual Test 1	Actual Test 2, 3	Actual Test 4, 5

20일 완성

1일	2일	3일	4일	5일
Intro	Section 1	Section 1	Section 1	Section 1
시험 파악/ 기본 다지기	Part 1 전략/핵심 문장	Part 1 연습	Part 2 전략/핵심 문장	Part 2 연습
6일	7일	8일	9일	10일
Section 1	Section 1	Section 1	Section 1	Section 1
Part 3 전략/핵심 문장	Part 3 연습	Part 4 전략/핵심 문장	Part 4 연습	Part 5 전략/핵심 문장
11일	12일	13일	14일	15일
Section 1	Section 1	Section 1	Section 1	Section 1
Part 5 전략/핵심 문장/연습	Part 5 연습	Part 6 전략/핵심 문장	Part 6 전략/핵심 문장/연습	Part 6 연습
16일	17일	18일	19일	20일
Section 2	Section 2	Section 2	Section 2	Section 2
Actual Test 1	Actual Test 2	Actual Test 3	Actual Test 4	Actual Test 5

기본 다지기

Strategies Contents

01 발음 발음은 입 근육 (혀, 입술, 호흡)

영어 발음을 빨리 개선하고자 한다면?
한국어에 없는 발음을 집중 공략하세요.

보통, 한국어에 있는 발음(p, b, t, d, k, g)은 큰 문제가 되지 않으나,

한국어에 없는 발음(f, v, z, l, r, θ, ð, ʃ, ʒ)이 문제가 됩니다.

따라서 문제가 되는 발음들(다음 페이지 ★ 표시)을 집중 연습하세요.

✻ 주요 발음 법칙   🎧 Intro 01

· 무성음[p, t, k, f, s, h, ʃ, θ] vs. 유성음[b, d, g, v, z, ð, ʃ, ʒ] 구분하기
  e.g. fan vs. van, run vs. learn, thin vs. then

· ed 발음은 무성음 뒤에서 [t], 유성음 뒤에서 [d]로, d 또는 t 뒤에서는 [id]로 발음하기
  e.g. purchased [t], dragged [d], expanded [id]

· s 발음은 무성음 뒤에서 [s], 유성음 뒤에서 [z]로 발음나며, s or z 뒤에서는 [iz]로 발음하기
  e.g. trucks [s], advantages [z], prices [iz]

♥ 영어 발음 연습

★는 한국인의 문제 발음입니다. 주의해서 연습하세요.

🎧 Intro 01

NO.	★	기호	단어 연습	문장 연습
1		b	big, by, back, about, bread	The boy is very big.
2		d	dog, dish, deal, cold, sad	Do you like to dance?
3		g	go, give, girl, again, forget	I forgot to go to the meeting.
4		p	put, push, part, pink, help	How much did you pay for your pants?
5		t	tell, train, tree, water, waiter	My client took a taxi to the hotel.
6		k	can, cat, key, coat, cook	Come and see our large selection of colors!
7		s	sit, soon, beside, sick, sink	I'll see you on Saturday.
8		h	have, how, hurry, behind, ahead	Hurry! This holiday sale won't last long.
9	★	f	for, from, first, life, five	Coffee is free on February.
10	★	v	very, vote, every, river, leave	She is seven years old.
11	★	z	zipper, business, lazy, busy, pizza	Let's visit the museum.
12	★	l	like, last, look, left, all	Do you like learning English?
13	★	r	red, ride, read, hurry, wrong	He was tired and ready to rest.
14	★	θ	think, thank, thought, author, both	This coming Thursday is my birthday.
15	★	ð	the, another, weather, they, breathe	The weather is nice today.
16	★	ʃ	shore, should, she, washer, wish	Show me your new shoes.
17		ʒ	usual, casual, division, measure, pleasure	It's a pleasure to meet you.
18		m	market, milk, small, come, May	Come home early.
19		n	name, near, know, end, garden	What's your name?
20		ŋ	sing, thing, tongue, ring, language	Are you single?
21		w	was, when, will, one, white	I will walk to work on Wednesday.
22		e	get, end, egg, pet, effort	Today is Wednesday, February eleventh.
23		ə	about, of, was, but	It was fun!
24		ai	I, eye, island, by, time	I'll buy ice-cream on Friday.
25		ei	age, able, say, same, train	We came by train; they came by plane.
26		oi	oil, boy, spoil, join, noise	The boy's name is Roy.
27		au	hour, ounce, loud, South, town	It's crowded and loud out there.
28	★	I	it, is, if, him, fill	Can you give him the bill?
29	★	i:	eat, easy, beach, sheep, please	Please speak slowly.
30	★	æ	man, as, have, apple, sad	I have a black cat.
31	★	u:	good, look, food, who, would	That would be good.
32	★	ɔ:	all, walk, talk, call, fall	Is the stove on or off?
33	★	ou	only, old, home, own, coat	You can go home now.
34	★	ar	art, park, card, smart, supermarket	This park is very clean.
35	★	ər	earth, early, shirt, where, word	Early Bird tickets are on sale now.
36	★	ɔr	or, for, short, orange, order	What is it for?

강세의 비법 (강약보다 중요한 것은?)

강세하면 강약부터 떠올리는데, 그게 전부가 아닙니다.

1) 강세를 받는 음절

더 크고, 더 길고, 더 명확히 소리를 냅니다. 특히, "소리의 길이"에 신경을 더 써 보세요. 중요한 내용은 천천히 전달해야 합니다.

2) 강세를 받지 않는 음절

상대적으로 약하고, 작게, 대충 발음하세요.
작고 약한 '어' (전문 용어로 schwa sound)를 넣어 보세요.
e.g. comfortable [컴퍼러블], experiment [익스페러먼트]

* 주요 강세 규칙 🎧 Intro 02

· 1음절 단어 길게 발음 - 철자는 짧지만, 소리는 길게 내세요.

e.g. long, big, tall, love, need, keep, free, room, school, lead, heat, ask, add, ball, fall, call, walk, law

· 모음 축약(강세를 받지 않는 모음에 작고 약한 '어' 집어 넣기)

e.g. cl**i**mate [클라이멋], **a**ccurate [애~큐럿], **pri**vate [프라이~벗], **fa**vorite [페이버럿], **op**posite [아~퍼젓]

· 강세를 받는 접미사

e.g. enter**tain**, main**tain**, employ**ee**, train**ee**, car**eer**, volunt**eer**, u**nique**, Chi**nese**

· 바로 앞 음절에 강세를 받는 접미사 – -ial, -ual, -ous, -ic, -logy, -graphy

e.g. fi**nan**cial, com**mer**cial, indi**vid**ual, **cu**rious, rea**lis**tic, ener**ge**tic, bi**o**logy, ge**o**graphy

· 복합 명사는 첫 단어가 강세를 받음

e.g. **gas** station, **swim**ming pool, **cup**board, **book**shelf, **eye**glasses, **green**house, **work**shop

· 품사에 따라 강세가 바뀌는 단어들

e.g. **pho**tograph, pho**to**graphy, photo**gra**phic; **te**legraph, tele**gra**phic; **de**mocrat, de**mo**cracy, demo**cra**tic; **di**plomat, di**plo**macy, diplo**ma**tic; **po**litics, po**li**tical, poli**ti**cian; **per**sonal, perso**na**lity; **com**petent, com**pe**titor, compe**ti**tion; **fa**mily, fa**mi**liar, fami**li**arity

· 명사일 경우 앞에 강세, 동사일 경우 뒤에 강세가 오는 단어

e.g. record (n. 기록, v. 기록하다), addict (n. 중독자, vt. 중독되게 하다), discount (n. 할인, v. 할인하다), desert (n. 후식, v. 버리다), produce (n. 농산물, v. 생산하다)

03 억양 감정과 태도를 보여 주는 억양

억양은 문장 강세라고 생각하세요. 발음이나 단어 강세와는 달리, 억양은 화자의 감정이나, 태도를 직접적으로 보여 주게 됩니다. 즉, 정중하거나, 예의 바르거나, 의심하거나, 즐겁거나, 확신에 찬 태도 등이 억양에서 표현됩니다. (보통은 무의식적으로 사용되지만요.)

🎧 Intro 03

＊ 억양은 기본적으로 3가지를 기억하세요.

1) Fall – 평서문, 명령문, wh 의문문에서 사용됩니다.

    e.g. The water looks very clear and clean. ↘

    e.g. Don't forget to take an umbrella with you. ↘

    e.g. What time does the class begin? ↘

2) Rise – Yes-no 의문문, 나열되는 항목에서 사용됩니다.

    e.g. Do you have a bicycle? ↗

    e.g. Are you interested in traveling in Europe? ↗

    e.g. The store has a wide variety of shirts, ↗ pants, ↗ and jackets. ↘

3) Level – 쉼표, 괄호 안에 있는 내용을 말할 때 주로 사용됩니다.

    e.g. In the background, → / I see some buildings with many windows. ↘

    e.g. Around 250 local companies, → / as well as 10 major international companies, →
    / will participate in this fair. ↘ //

Q 쉬어가기 같은 문장, 다른 느낌으로 연습해 보세요.

1) 즐겁게 You bought a car! (드디어 놀러갈 수 있게 되었네요!)

2) 화내면서 You bought a car! (남편이 빚을 내어서 차를 샀다고 합니다!)

3) 부러워하면서 You bought a car! (나한테는 없는, 차가 생겨서 좋겠다!)

4) 무심하게 You bought a car. (나와 별로 상관이 없네.)

04 끊어 읽기 Grouping, Linking, Pausing의 반복

글쓰기에 띄어쓰기가 있다면, 말하기에는 끊어 읽기가 있습니다.
끊어 읽는 이유는? 말하는 사람이 숨을 쉬어야 하기 때문이며, 의미 단위로 쉬어 주면,
듣는 사람도 이해가 편해지기 때문입니다.

＊ 끊어 읽기도 3가지를 기억하세요.　　　　　　　　　　　　　　　　　　🎧 Intro 04

　1) 문장 부호 앞 – [. , ; : ? ! ""] 앞에서 쉬세요.

　　e.g. In the middle of the picture /, there is a food stand. //

　　e.g. On December 17th, 2014 /, there will be "River Bicycle Race"//

　　e.g. Next, can information on the Internet be reliable /? No it's definitely not. //

　2) 접속사 앞 – [and, or, but, which, that, since, etc.] 앞에서 쉬세요.

　　e.g. The recycling truck is coming on Friday, / so I think you should put boxes out
　　　　today. //

　　e.g. I am very upset, / and I really need to get the bill fixed. //

　　e.g. I didn't study much / because I liked to hang out / with my friends. //

　3) 구, 절, 문장 등 문법적 단위 사이 – 긴 주어부, 형용사구, 부사구, 문장 사이에서 쉬세요.

　　e.g. The last time I went to a movie theater / was last Saturday. //

　　e.g. In order to increase sales, / we should discount the price. //

　　e.g. When I take the bus or subway, / it takes a lot of time / to find a bus stop /
　　　　or subway station.//

・ 끊어 읽기 요령은? 대략 3단어-5단어씩 읽으면 됩니다.
・ 끊어 읽은 덩어리 내에서는? 부드럽게 연결해서, 마치 한 단어인 것처럼 발음합니다.

문장으로 배우는 문법 문장의 시작은 명사부터

단어는 많이 아는데, 문장은 입에서 나오지 않나요?
거대한 문장을 말하려고 하기보다는, 간단하고 명료한 문장부터 시작부터 해야 합니다.
문장의 기본은 "주어와 동사"인데요. 주어는 명사가 담당하니, 명사로 시작합시다.

가장 먼저 기억해야 할 사항은, 일반적인 주어라면 복수형 단어를 사용하는 겁니다.
예를 들어, '학생은 적극적으로 공부해야 한다'라고 말하고 싶다면, a student, the student, students 중에 고민될 것입니다. 가장 일반적이면서 장려하는 형태는 students입니다. 추후에 대명사로 이어가더라도, he or she, his or her 대신 they, their 등을 사용하면 여성, 남성 차별적이지 않고, 더 짧은 형태이기 때문에 미국 academic writing 수업 시간에도 이렇게 가르칩니다.

또, 셀 수 있는 명사인지 혹은 셀 수 없는 명사인지가 다른 관건인데요.
이건 문맥이 결정합니다. 사과는 셀 수 있지만, 사과잼의 사과는 셀 수 없는 개념이며(Apples jam이라고는 하지 않지요); 종이 두 장(two papers)이 있을 수는 있지만, 종이책(paperbook)의 종이는 구성 물질의 뜻이라 셀 수 없습니다. 일반적으로 머리카락은 셀 필요가 없지만, 국에 빠져 있는 머리카락 하나를 의미하는 거라면, 'there is a hair in my soup'라고 하며(심지어는 두 개도!), coffee도 셀 수 없지만, 카페에서 주문할 때는 'one coffee, please'라고 하기도 합니다.

다음은 셀 수 없는 명사의 리스트입니다.
첫째, 왜 셀 수 없는지 혹은 왜 셀 필요가 없는지 생각해 보시고,
둘째, 반드시 입으로 소리 내어 연습해 두시기 바랍니다.

· 셀 수 없는 명사 🎧 Intro 05

Materials	Food stuffs	Activities	Etc
wood	water	reading	Chinese
cloth	milk	boating	Spanish
ice	wine	smoking	English
plastic	beer	dancing	luggage
wool	cake	soccer	equipment
steel	sugar	hockey	furniture
aluminum	rice	weather	experience
metal	meat	heat	applause
glass	cheese	sunshine	photography
leather	flour	electricity	traffic
porcelain		biology	harm
dust		mathematics	homework
air		economics	advice
oxygen		poetry	

06 문장으로 배우는 문법 쉬운 동사 쓰기 (구어체 vs. 문어체)

문장은 "주어와 동사"가 기본이라고 했는데요. 동사는 크게 조동사와 본동사로 나뉩니다.

조동사는 will, can, should, may, must 등으로 추측, 가능, 허락, 태도 등을 나타내고, 본동사는 상태를 나타내는 be 동사류와 움직임을 나타내는 do 동사류가 있습니다.

본동사에 관한 안 좋은 소식과 좋은 소식이 있는데요.
1) 안 좋은 소식은? 이 세상에 무한개의 동사가 있다는 것이며
2) 좋은 소식은? 이 무한개의 동사들이 쉬운 동사 몇 개로 표현 가능하다는 것입니다.

한국어에서도 문어체와 구어체가 다르듯이, 말하기(구어체)에서는 쉬운 동사를 쓰는 것이 더 잘하는 것입니다. 쉬운 동사는 get, take, make, go, come, do, turn, keep 등이 있습니다.

다음은 쉬운 동사를 이용한 문장들이니, 연습하도록 하세요.

· 동사를 위한 문장 연습   🎧 Intro 06

1	나는 조언을 좀 얻어야 한다.	I need to get some advice.
2	무슨 일이 생기더라도 나는 준비되어 있다.	I'm ready for whatever comes.
3	다음 주로 지불 기한이 찬다.	The payment will come due next week.
4	네가 존에게 그 책 주었니?	Did you give John that book?
5	두 시간만 더 주십시오.	Give me two more hours.
6	택시를 타지 그래요?	Why don't you get a taxi?
7	나는 전철로 통학한다.	I go to school by subway.
8	학생들은 의무를 다해야 한다.	Students should do their duties.
9	이거 끝나고 영화 보러 갈래?	Do you want to go for a movie after this?
10	건강을 유지해 주세요.	Please keep yourself in good health.
11	나는 병원에 예약하고 못 갔다.	I failed to keep my appointment at the hospital.
12	비밀 지켜 줄 수 있니?	Can you keep a secret?
13	핸드폰을 꺼 주세요.	Please turn off your cell phone.
14	TV 좀 작게 해라.	Turn the TV's volume down a little.
15	기회를 잡는 것은 중요하다.	Taking an opportunity is important.

동사에서 주의할 점은 시제(특히, 과거 시제 주의)와 주어와의 수일치(단수/복수)인데, 이 부분은 Section 1에서 다시 다루겠습니다.

문장으로 배우는 문법 꾸미기 I (형용사)

사람의 욕심은 끝이 없습니다. 처음엔 문장이 안 나온다고 한탄하지만, 주어와 동사를 넣어서 문장을 만들고 나면, 이제는 꾸미고 싶은 욕심이 나지요. 끝없이 만족할 수 없음에 슬프기도 하지만, 또 한편 그게 발전의 원동력이니까요.

자, 기출 문장으로 바로 형용사를 공부합시다. 영작 연습을 하거나, 소리를 내어 읽도록 하세요.

· 형용사를 위한 문장 연습 Intro 07

1	나는 정직하고 믿음직한 친구가 있다.	I have a friend who is honest and reliable.
2	좋은 부모는 책임감과 인내심이 있어야 한다.	Good parents should be responsible and patient.
3	선생님은 지적이고 경험이 있어야 한다.	Teachers should be knowledgeable and experienced.
4	새 직원은 열정적이다.	New employees are passionate.
5	매니저는 소통을 잘해야 한다.	Managers should be communicative.
6	나는 브랜드가 있는 옷을 선호한다.	I prefer branded clothes.
7	나는 비싼 시계를 선물로 받았다.	I got an expensive watch as a gift.
8	우리는 환경친화적인 집을 지어야 한다.	We should build environmentally-friendly houses.
9	나는 편안한 신발을 샀다.	I bought comfortable shoes.
10	온라인 쇼핑은 편리하고 시간이 절약된다.	Online shopping is convenient and time saving.
11	도시는 시끄럽고 사람이 북적댄다.	Big cities are noisy and crowded.
12	나는 조용하고 평화로운 곳에서 살고 싶다.	I want to live in a quiet and peaceful place.
13	동물원은 아이들에게 신나는 곳이다.	Zoos are exciting places for children.
14	음식점은 위생적이어야 한다.	Restaurants should be sanitary.
15	피트니스 센터는 넓어야 한다.	Fitness centers should be spacious.

08 문장으로 배우는 문법 꾸미기 II (부사)

명사 외의 나머지 수식은? 바로, 부사가 담당하는데요. 동사, 형용사, 다른 부사, 문장 전체의 수식도 부사의 역할입니다.

부사는 장소, 시간, 기간, 빈도, 정도, 목적, 결과, 관점, 태도 등 정말 다양한 의미를 가집니다. 위치도, 문장의 앞, 중간, 뒤 등 비교적 자유롭습니다.

자, 부사도 기출 문장으로 공부하되 영작 연습을 하거나, 소리를 내어 읽기를 추천합니다.

· 부사(구)를 위한 문장 연습 　　　　　　　　　　　🎧 Intro 08

1	오른쪽에는 한 여자가 있다.	On the right side, there is a woman.
2	열정적으로 나는 도전했다.	Enthusiastically, I took the challenge.
3	내 경우에는 집에서 일한다.	In my case, I work at home.
4	과거와 비교해 사람들은 더 열심히 일한다.	Compared to the past, people work harder.
5	또한, 집에서 요리하면 돈이 절약된다.	Also, cooking at home saves money.
6	사실, 나는 내성적이고 수줍음을 잘 탄다.	Actually, I am reserved and shy.
7	살을 빼기 위해 나는 운동한다.	To lose weight, I exercise.
8	어제 나는 놀이공원에 갔다.	Yesterday, I went to an amusement park.
9	긴장을 풀기 위해 나는 수영하러 간다.	I go swimming to release my tension.
10	불행하게도, 삶은 해야 할 일로 가득 차 있다.	Unfortunately, life is full of things to do.
11	당연히 회사는 이익을 추구한다.	Naturally, companies pursue profit.
12	확실히, 사람들은 정직한 사람을 좋아한다.	Definitely, people like honest people.
13	교육적인 면에서 도서관은 중요하다.	In terms of education, libraries are important.
14	재정적으로 대기업에 입사하는 것이 낫다.	Financially, entering a big company is better.
15	나는 보통 라디오로 뉴스를 듣는다.	I usually listen to the news on the radio.

09 문장으로 배우는 문법 초등 영어 벗어나기 (접속사)

다음은 초등학생 스타일의 문장입니다.

나는 학교에 갔다.(I went to school.) 수업이 시작됐다.(The class started.) 쉬는 시간이 되었다. (We had a break.) 배가 고팠다.(I got hungry.) 간식을 먹었다.(I had a snack.) 맛있었다.(It was good.) 점심시간에는 축구를 했다.(We played soccer during lunch time.) 게임에서 졌다.(I lost the game.) 친구들과 노는 것은 재미있었다.(Playing with friends was lots of fun.)

이제, 9문장을 3문장으로 바꾸겠습니다.

학교 수업이 시작되었다.(My class started.) 쉬는 시간에 배가 고파서 간식을 먹었는데 맛있었다.(During the break, I had some snack because I felt hungry, and it was delicious.) 점심시간에는 축구도 했는데, 졌지만 친구들과 논 것은 재미있었다.(We played soccer during lunch, but playing with friends was lots of fun.)

접속사의 중요성을 느끼셨을 것입니다. 자, 문장으로도 연습합시다.

· 접속사를 위한 문장 연습   🎧 Intro 9

1	나와 내 이웃은 서로 가족처럼 의지한다.	My neighbors and I rely on each other like family.
2	사무실을 벗어나, 신선한 공기를 맡을 수 있다.	I can get out of my office and get some fresh air.
3	열심히 노력했으나, 잘되지 않았다.	I tried hard, but it didn't work.
4	직원들을 교육했으나, 규칙을 지키지 않습니다.	We've trained our employees, but they don't keep the rules.
5	자유 시간에 저는 책을 읽거나 피아노를 칩니다.	In my free time, I read books or play the piano.
6	학생들은 열심히 공부해야 한다. 그렇지 않다면 실패할 수도 있다.	Students should study hard, or they may fail.
7	실수를 간과하지 않도록, 조심해서 확인하세요.	Check carefully, so that I won't miss any mistakes.
8	그래서 그가 1등상을 받았다.	So, he won the first prize.
9	나는 라디오를 들으면서 설거지를 할 수 있다.	While listening to the radio, I can do the dishes.
10	그는 돈이 많지 않았기 때문에, 자신의 사업을 시작할 수 없었다.	Because he didn't have much money, he could not start his own business.
11	궁금한 무언가가 있으면, 나는 질문을 해야만 한다.	If there is something I'm curious about, I should ask an answer.
12	점심 이후에, 우리는 CEO와 미팅을 할 것입니다.	After lunch, we will have a meeting with the CEO.
13	실패하더라도, 우리는 경험에서 배울 수 있다.	Even if we fail, we can learn from experience.
14	TV를 켜 놓은 채로, 나는 대화에 집중할 수 없다.	If the TV is on, I cannot focus on the conversation.
15	가끔 이메일은 바이러스를 옮길 수 있어서, 내 컴퓨터가 감염될 수도 있다.	Sometimes e-mail could carry viruses, so my computer can get infected.

10 문장으로 배우는 문법 시간과 공간, 전치사 (점, 평면, 입체)

많은 철학자들이 시간과 공간에 관한 연구를 하고 있는데,
시간과 공간은 서로 호환 가능한 개념으로 많이 다뤄지고 있습니다.
그 증거는? 바로, 언어입니다.

'7시에(at 7)'와 '학교에(at school)'는 놀랍게도?
한국어와 영어에서 모두 같은 단어를 사용하고 있습니다.
'4시에서 7시까지(from 4 to 7)'와 '집에서 직장까지(from home to work)'도 마찬가지고요.

게다가, 공간으로 물어보면 시간으로 대답하기도 하는데요. '집에서 학교까지 먼가요?'라고 물으면, '한 10분 정도 걸려요.'라고 하기도 하지요. '집에서 학교까지 얼마나 걸리니?'라고 물으면, '한 200m밖에 안 돼.'라고 하기도 하고요.

철학자야 무엇을 하든간에 내가 빨리 공부해야 하는 상황이라면?
다음 기출 문장을 연습하도록 하세요.

· 전치사를 위한 문장 연습　　　　　　　　　　　　　　　　　　　🎧 Intro 10

1	당신은 오후 6시 30분에 뉴욕을 떠납니다.	You will leave New York at 6:30 P.M.
2	저는 지역 재활용 사이트에서 재활용을 합니다.	I recycle at a local recycling site.
3	이메일 주소는 hannah@gmail.com입니다.	The e-mail address is hannah@gmail.com.
4	수업은 3월 15일에 시작합니다.	The classes will start on March 15th.
5	메신저는 5월 5일 2시에 그것을 배달할 것입니다.	The messenger will deliver it at 2:00 on May 5th.
6	인터뷰는 15층에서 있을 것입니다.	The interview will be on the 15th floor.
7	회의실 2C에서 있을 것입니다.	It will take place in Conference Room 2C.
8	당신은 1시 30분에 샌프란시스코에 도착합니다.	You will arrive in San Francisco at 1:30 A.M.
9	저는 자유 시간에 책을 읽습니다.	I read books in my free time.
10	저는 제 고향에 새로운 도서관이 있으면 좋을 것 같습니다.	I'd like to have a new library in my hometown.
11	30분간 지속될 것입니다.	It will last for 30 minutes.
12	가게는 7시부터 9시까지 엽니다.	The shop is open from 7 A.M. to 9 P.M.
13	저는 TV로부터 최신 뉴스를 얻습니다.	I get information on current news from TV.
14	그러면, 레스토랑으로 갈 필요가 없습니다.	So you don't have to go to a restaurant.
15	저는 지하철(버스/자전거)로 학교에 다닙니다.	I go to school by subway(bus/bicycle).

11) 문장으로 배우는 문법 to 부정사, 동명사, 분사의 정체

학생들에게 8품사를 물어보면 명사, 동사, 형용사 하다가… 동명사, 분사, 부정사?라고 합니다. 사실 8품사는 명사, 동사, 형용사, 부사, 대명사, 전치사, 관사, 접속사, (감탄사)입니다. 그럼, to부정사, 동명사, 분사의 정체는? 바로, 그 셋은 하이브리드(hybrid)입니다.

동명사는 (내용상으로) 동사의 뜻을 가지면서도 (문법적으로) 명사처럼 사용하며, 분사는 (내용상으로) 동사의 뜻을 가지면서도 (문법적으로) 형용사로 씁니다. to부정사는 명사가 되고, 형용사도 되며, 부사도 하는 그런 멀티 플레이어이지요.

· 동명사/부정사/분사를 위한 문장 연습   🎧 Intro 11

1	아침에 일찍 일어나는 습관은 당신이 더 많은 일들을 해낼 수 있도록 도와줄 것입니다.	Waking up early in the morning will help you get more things done.
2	내가 가장 좋아하는 취미는 집에서 음악을 듣는 것입니다.	My favorite hobby is listening to music at home.
3	물가는 계속해서 높이 상승할 것입니다.	Prices will continue rising higher.
4	제 이웃이 밤에 피아노 연습을 합니다.	My neighbor practices playing the piano at night.
5	나는 정말로 비디오 게임을 즐깁니다.	I really enjoy playing video games.
6	저는 라디오를 들으며 일합니다.	I work listening to the radio.
7	술 취한 학생들은 많이 떠들었습니다.	Drunken students made much noise.
8	심각한 영화는 정말 지겹습니다.	Serious movies are so boring.
9	저는 낙엽 위를 걷는 것을 좋아합니다.	I like walking on the fallen leaves.
10	가난하지만 그는 항상 행복합니다.	Being poor, he is always happy. (Even though he is poor, he is always happy.)
11	나와 비슷한 친구들은 기꺼이 내 비밀을 들어줍니다.	People similar to me are willing to listen to my secrets.
12	관리자는 부하 직원이 과제를 수행할 수 있도록 이끌어주는 책임을 지고 있습니다.	A manager has the responsibility to lead subordinates to accomplish a task.
13	저는 제 친구가 대학시험을 통과하기를 기대했습니다.	I expected my friend to pass the university entrance exam.
14	우리 모두는 행복해지기를 바랍니다.	We all desire to be happy.
15	의사는 그에게 금연하라고 충고했습니다.	The doctor advised him to stop smoking.

12 표현으로 배우는 문법   Advanced learner도 힘들어 하는 관사

관사는 명사를 도와주는 형용사의 일종이라 생각하면 되는데 부정관사(a, an)와 정관사(the)가 있습니다. 이름이 말해 주듯 부정관사는 정해지지 않은 명사 앞에, 정관사는 정해진 명사 앞에 쓰지요. (위로가 될지는 모르겠지만) advanced learners도 힘들어 하는 부분이며, 또 그리 중요하지 않은 경우들이 많으니 너무 스트레스받지 마시기 바랍니다.

자, 이제 정관사에 대해서 알아봅시다.

정해졌다는 것은 무슨 말일까요?
1) 그건 앞에서 한번 언급되었다는 말이며, (e.g. I have a cat. The cat is a real beauty.)
2) 나도 알고, 너도 안다는 뜻입니다. (e.g. Can you close the door, please?–방에 문이 하나일 때)
3) 수식어가 있을 때도! 정해진 거 맞지요? (e.g. Can you get me the book on the table?)
4) 세상에 유일하게 존재하는 것, (e.g. the sun, the earth, the moon)
5) 지리적인 단어 앞에 관습적으로 붙기도 하고요. (e.g. the Philippines, the Han river)
6) 관습적으로 사용하기도 하지요. (e.g. the police)

다음은 주로 정관사 the와 함께 쓰이는 단어 및 표현 리스트입니다.
무한 반복해서 읽도록 하세요.

· 정관사 the를 위한 연습   🎧 Intro 12

1	아침에	in the morning
2	오후에	in the afternoon
3	저녁에	in the evening (cf. 밤에 at night)
4	정부	the government
5	미디어	the media
6	젊은 사람들	the young
7	나이 드신 분들	the old
8	도시	the city
9	국가	the country
10	교외 지역	the suburbs
11	라디오를 듣다	listen to the radio
12	피아노를 치다	play the piano
13	인터넷	the Internet
14	땅에서	on the ground
15	하늘에서	in the sky (cf. 우주에서 in space)

Section

1

파트별
유형 분석

MP3 & 동영상
바 로 가 기

문장 읽기

유형 파악

번호	유형	준비 시간	말하기 시간	평가 기준	점수
Q1, Q2	문장 읽기	45초	45초	발음, 강세, 억양	3

채점 기준

발음	3점	가벼운 실수가 조금 있을 수 있지만 알아듣기 매우 쉬움
	2점	실수가 있으나 대체로 알아듣기 쉬움
	1점	가끔 알아들을 수 있음
	0점	무응답 혹은 응답과 과제가 연관성이 없음
억양 강세	3점	강조, 끊어 읽기, 억양을 지문에 적절하게 사용함
	2점	강조, 끊어 읽기, 억양을 대체로 적절하게 사용하나, 실수가 있고 타 언어의 영향을 약간 받음
	1점	강조, 끊어 읽기, 억양을 지문에 적절하게 사용하지 못하며, 타 언어의 영향을 아주 많이 받음
	0점	무응답 혹은 응답과 과제가 연관성이 없음

고득점을 받으려면?

- 발음, 강세, 억양에 주의하세요.
- 쉼표와 마침표 등의 문장 부호를 지키세요.
- 적정 속도로, 목소리를 크게 하세요.
- 글의 내용과 목적을 살리세요. (e.g. 광고문, 안내문, 소개문 등)
- 편안하고, 자연스러우며, 자신 있게 읽으세요.

실제 시험 화면 및 전략

TOEIC® Speaking   Volume 🔊

Questions 1-2: Read a text aloud

Directions: In this part of the test, you will read aloud the text on the screen. You will have 45 seconds to prepare. Then you will have 45 seconds to read the text aloud.

TOEIC® Speaking   Volume 🔊

Good afternoon passengers. This is the pre-boarding announcement for flight 37B to Rome. We are now inviting those passengers with small children, and any passengers requiring special assistance, to begin boarding at this time. Please have your boarding pass and identification ready. Regular boarding will begin in approximately ten minutes time. Thank you.

PREPARATION TIME
00:00:45

준비 시간 45초간 해야 할 일
★ (약간 빠르게) 소리 내어 읽기
★ 발음, 강세, 억양 전체 연습
★ 안 되는 부분만 집중 반복 연습
★ 모르는 부분은 철자 기반 준비
★ 글의 분위기 및 내용 파악

TOEIC® Speaking   Volume 🔊

Good afternoon passengers. This is the pre-boarding announcement for flight 37B to Rome. We are now inviting those passengers with small children, and any passengers requiring special assistance, to begin boarding at this time. Please have your boarding pass and identification ready. Regular boarding will begin in approximately ten minutes time. Thank you.

RESPONSE TIME
00:00:45

말하기 시간 45초간 해야 할 일
★ (적정 속도로) 소리 내어 읽기
★ 발음, 강세, 억양에 주의하기
★ 의미 단위로 끊어 읽기(pause)
★ 실수할 경우 그 부분 다시 읽기
★ 자연스럽고 자신 있게 읽기

주의 사항
★ 시험 보기 전 입을 풀고 시작하기
★ 주변 사람의 영향 받지 않기
★ 실수했을 때 차분히 대응하기
★ 모르는 단어도 자신 있게 말하기
★ 긴장을 풀고 편안하게 말하기

1 전략

Strategies

1 레벨 6, 7 학습 전략
각자의 목표에 맞게 적용하세요.

▼ 레벨 6 학습 전략
Part 1 문장 읽기는 레벨 6를 맞는 학생들이 3점 배점에 모두 평균 3점을 내는 쉬운 영역입니다. 잠깐 실수하는 경우에는, 그 부분을 다시 읽으면 3점을 받을 수 있는 영역이니, 너무 무겁지 않게 접근하도록 하세요. 발음이나 강세에 문제가 있는 경우, 가장 빨리 고치는 방법은 전문가의 설명이나 지적, 피드백을 받는 방법입니다. 그러나 그렇지 못한 상황이라면? 음성 파일을 들으면서 연습하는 것이 좋으며, 자신의 답안을 녹음해서 들어 봐도 스스로 고칠 수 있는 부분들이 있습니다. 본 교재의 주의할 발음과 강세를 숙지하고, 스스로 채점해 보세요.

▼ 레벨 7 학습 전략
레벨 7을 받는 학생들은, 당연히 이 파트에서 3점 만점을 받습니다. 물론, 레벨 7의 실력자라도 발음이나 강세를 모르는 단어가 나올 위험성은 있지만, 대부분의 경우 (특히, 토익에 익숙한 경우) 쉽게 접근할 수 있는 광고문이나 안내문 등이니 자신 있게 접근하세요. 사실, 문장 읽기에서 같은 3점을 받는다고 하더라도 레벨 6를 받는 학생과 레벨 7을 받는 학생들은 차이가 있습니다. 레벨 6를 받는 학생이 틀리지 않고 읽도록 조심하며 읽는다면, 레벨 7을 받는 학생들은 내용을 살리며, 광고문은 광고문답게, 자신 있고 매력적인 목소리로 읽고, 안내문은 안내문의 내용에 맞게 차분한 어조를 사용합니다. 레벨 7 이상을 원한다면, 전달력을 키우세요.

 토스 필살기

- 단어 발음과 강세에 전반적인 문제가 있다면? 정공법을 추천! 발음과 억양 위주로 토익 단어집을 다시 공부하세요.
- 다양한 지문을 연습하려면? 토익 교재의 지문을 활용하세요. (광고문, 안내문, 공지문, 소개문)
- 즐겁게 공부하려면? 스터디 멤버들과 한 명씩 소리 내어 읽고, 서로 피드백을 주세요.
- (휴대폰, 컴퓨터를 이용해) 녹음을 하면, 자신의 실수를 알게 됩니다.
- 녹음을 하면 실제 시험 상황에도 익숙해집니다. (시험장에서 처음 녹음하게 된다면 녹음 자체에 놀랍니다.)

채점 기준 전략

Part 1의 채점 기준인 발음/강세/억양, 그리고 끊어 읽기와 강조하기에 유의하세요.

▼ 발음

(1) 한국인의 문제 발음에 주의하세요.

R vs. L	P vs. F	B vs. V
grass(풀) vs. glass(유리)	save(구하다) vs. safe(안전한)	berry(딸기) vs. very(아주)
wrong(틀린) vs. long(긴)	pale(창백한) vs. fail(실패하다)	best(최고의) vs. vest(조끼)
fry(튀기다) vs. fly(날다)	wipe(닦다) vs. wife(아내)	bowl(그릇) vs. vowel(모음)
girl(여자아이)	professor(교수님)	visit(방문하다)
world(세상)	frozen food(냉동 음식)	vote(투표하다)

θ / ð	Z vs. S	s / ʃ / ʒ
three(셋) vs. free(자유)	eyes(눈) vs. ice(얼음)	sea(바다) vs. she(그녀)
death(죽음) vs. deaf(귀머거리의)	knees(무릎) vs. niece(조카)	sock(양말) vs. shock(충격)
thirst(목마른) vs. first(처음)	place(장소) vs. plays(놀다)	English(영어), Spanish(스페인어), Russian(러시아어)
breathe(숨쉬다) vs. bread(빵)	jazz music(재즈 음악)	decision(결정)
clothe(옷을 입히다) vs. close(닫다)	boy's toys(남자아이들의 장난감)	pleasure(즐거움)

(2) 약어, 숫자, 기호 읽는 법을 알아 두세요.

Ext. 75	Extension seventy five
1-800-275-9460	one eight hundred two seven five nine four six zero
www.bestbuy.com	double u double u double u dot best buy dot com
mark42@gmail.com	mark forty two at gmail dot com
St. Rd, Ave, Blvd, corp.	Street, Road, Avenue [애~버뉴], Boulevard [블러버얼~ㄷ], corporation [코얼~퍼레이션]
$25.50	twenty-five dollars and fifty cents
35F	thirty-five degrees Fahrenheit [패~런하잇]
17C	seventeen degrees Celsius [셀씨어ㅅ]

(3) 지명을 알아 두세요.

Moscow	모스크바 (X) → 마~스카우 (O)
Athens	아테네 (X) → 애애쓰ㅈ (O)
Asia	아시아 (X) → 에이쥐아 (O)
Chile	칠레 (X) → 칠리 (O)
Viet**nam**	베트남 (X) → 비에트남~ (O)
Rome	로마 (X) → 로움 (O)
Bangkok	방콕 (X) → 배앵~칵 (O)
Peru	페루 (X) → 퍼루~ (O)
At**lan**ta	아틀란타 (X) → 애들래앤~터 (O)
New **Yor**k	뉴욕 (X) → 뉴우~요얼~ㅋ (O)

▼ 강세
S1_Part 1_02

(1) 쉬운 단어도 다시 확인하세요.

1음절 강세: **re**cord, **pre**view, **cli**mate[클라이멋], **ta**ble, **dis**tance, **com**fortable, **di**ligent

2음절 강세: be**gin**, a**live**[얼라이브], com**ple**te, e**nough**, in**tense**(격렬한), pre**cise**(정확한)

(2) 강세를 받는 접미사 규칙을 알아 두면 편리합니다.

-ee로 끝나는 단어: employ**ee**, train**ee**

-eer로 끝나는 단어: volunt**eer**, engin**eer**, car**eer**

-ese로 끝나는 단어: Chin**ese**, Japan**ese**, Portugu**ese**

(3) 철자는 같지만, 품사에 따라 강세가 바뀌는 단어를 주의하세요.

명사	동사
record 녹음	re**cord** 녹음하다
addict [애~딕트]	ad**dict** [어딕트]
increase 증가	in**crease** 증가하다
present 선물, 현재	pre**sent** 제시하다
produce [프로우듀스] 농산물	pro**duce** 생산하다

▼ 억양
S1_Part 1_03

(1) 문장의 끝은 더 할 말이 있는 것처럼 애매하게 남겨 놓지 말고, 끝을 내리세요.

X	This is the pre-boarding announcement. → 애매하게 끝내지 마세요.
O	This is the pre-boarding announcement. ↘ 문장의 끝을 내리세요.

(2) 쉼표가 나오는 곳은 쉬어 주고, 유지되는 억양을 사용하세요.

X	Ladies and gentlemen, welcome aboard. 빨리 읽지 마세요.
O	Ladies and gentlemen,→/ welcome aboard. ↘ 잠깐 멈추면? 주목하게 됩니다.

(3) Yes/No 의문문의 끝은 올리세요.

X	Is your computer too old? → 애매하게 끝내지 마세요.
O	Is your computer too old? ↗ 올릴 거면 확실히 끝을 올려 주세요.

(4) Wh 의문문의 끝은 내리세요.

X	What are you waiting for?↗
O	What are you waiting for?↘ 끝을 내리세요.

(5) 나열되는 항목은, A↗, B↗, and C 억양을 사용하세요.

X	Desks, chairs, screens and trash cans are 25 percent off. 쉬지 않고 연결해서 읽지 마세요.
O	Desks↗, chairs↗, screens→ and trash cans are 25 percent off.↘ 항목마다 쉬어 주세요.

♊ 끊어 읽기　　　　　　🎧 S1_Part 1_04

(1) 문장 부호를 지켜 쉼표에서 쉬어 주고, 마침표는 일시 정지하세요.

Food and **drin**ks will be served,→/ and **ev**eryone can en**joy** live **mu**sic↗/, **door** prizes↗/, and a des**sert**-making **con**test. ↘//

(2) 접속사(but, and, or, so, for, as), 관계대명사(who, which, that) 앞에서 쉬어 주세요.

Ex**plore se**ven **diff**erent geo**graph**ic **re**gions of Cali**for**nia→/ as con**tem**porary **Na**tive People de**scribe** the **hi**stories of their an**ces**tors,→/ and the inno**va**tive **prac**tices→/ that they **craf**ted to **live** in each dy**na**mic **na**tural en**vi**ronment.↘//

(3) 구나 절 단위로 끊어 주세요.(명사, 동사, 형용사, 부사구/절)

Premier **Pro**perty & **Re**alty,→/ as its **na**me sug**ge**sts,→/ is **spe**cializing in real **e**state **pro**perties→/ **ba**sed on the **hi**ghest **stan**dard of **e**thics,→/ **val**ues and client **ca**re.→//

❖ 강조하기

🎧 S1_Part 1_05

(1) [명사, 동사, 형용사, 부사] 강조하기 vs. [관사, 전치사, 접속사, 대명사] 약하게 읽기

It's our **bi**ggest **clea**rance **e**vent of the **year**. \//

(2) 숫자와 고유명사는 핵심어인 경우가 많으니, 강조하세요.

Please **RSVP** by **Ja**nuary **31** to **Ha**nnah.

* RSVP는 회신을 달라는 표현입니다. 프랑스어 파생어이며, [알에스브이피~]라고 그대로 읽으면 됩니다.

(3) 내용상 중요하다고 생각하는 내용을 강조하세요. (e.g. all, no, always)

All employ**ees** and their **fa**milies are **wel**come to **jo**in.

3 시간 전략

준비 시간과 말하기 시간 전략을 숙지하세요.

❖ 준비 시간 45초의 전략

🎧 S1_Part 1_06

(1) (약간 빠르게) 소리 내어 읽기

모르거나 어려운 부분이 있더라도, 전체를 먼저 보는 것이 중요합니다.

모르거나 어려운 부분이 보이면, 일단 그냥 넘어가고, 계속 읽어 나가세요.

그리고, 실제 녹음 시간에 읽는 속도보다 약간 더 빠른 속도로 읽으세요.

(2) 발음, 강세, 억양 전체 연습

• 발음은 f, v, r, l, z 등의 개별 소리(individual sound)를 유의하세요. (e.g. review, frozen, all)

• 강세는 단어 내에서의 강약(stressed vs. unstressed)을 연습하세요. (e.g. **pia**nist, ho**tel**)

• 억양은 문장의 높낮이(rise, level, fall)를 준비하세요.

Are you looking for a gift→/ for your boss ⁄/ or parents, ⁄/ or even for your friends? ⁄//

(3) 안 되는 부분만 집중 반복 연습

아는 단어인데 어려운 단어가 보이는 경우, 그 부분을 집중 연습하세요.

약간 천천히 제대로 된 발음과 강세를 연습하고, 2~3번 즉각 반복 연습하세요.

desperately(필사적으로), executive(경영 간부), residents(거주자), museum(박물관),

exhibition(전시회)

(4) 모르는 부분은 철자 기반 준비

고유명사가 나오는 경우, 잘 모른다면 철자에 기반해 읽으세요.

au [어어] / o [아] / ea, ee [이이]

Laura[러어라]– 보통 au는 [어어]로 발음 (e.g. audit [어어딧], pause [퍼어즈], sauce [써어스])

Manhattan '매앤해애튼'– 보통 a는 [애애]로 발음 (e.g. Anthony [애앤써니], Alan [애앨른])

(5) 글의 분위기 및 내용 파악

광고문, 공지문, 안내문, 소개문 등 글의 종류와 목적에 맞게 읽으세요.

특히, 광고문을 읽을 때는 설득이 목적이므로 밝고 씩씩하며 친절하게 읽으세요.

Visit Just Song Café this Friday at 7:00 P.M. for an evening to remember.

공지문과 안내문은 정보 전달이 목적이므로 차분하게 읽으세요.

First, get the right form from the general affairs department

✦ 말하기 시간 45초의 전략

(1) (적정 속도로) 소리 내어 읽기

시험장에서는 다들 경쟁하듯이 빨리 읽는 성향이 있습니다.

다른 사람들에게 휩쓸려 가지 마시고 자기 페이스대로 읽으세요.

적정한 속도로 해야 전달도 잘 되고 실수도 하지 않게 됩니다.

(2) 발음, 강세, 억양에 주의하기

발음, 강세, 억양은 항상 평가되고 있습니다.

빨리 읽기가 중요한 게 아니라 제대로 읽어야 합니다.

호흡 조절을 하면서 편안하게, 그러나 정확히 읽도록 하세요.

(3) 의미 단위로 끊어 읽기(pause)

제일 중요한 것은, **쉼표와 마침표 등의 문장 부호를 지키는 것**입니다.

그리고 문법적 의미적 단위로 뭉쳐 읽고 끊어 읽으세요.

접속사 앞에서 쉬는 것도 잊지 마세요.

(4) 실수할 경우 다시 그 부분 읽기

채점관들은 error와 mistake를 구분하는데요.

(3점 만점) 답변 설명에도 (의미를 방해하지 않는) 작은 실수는 있을 수 있다고 나와 있습니다.

실수했다고 당황하지 마시고, 틀린 부분은 다시 읽으세요. (여전히 3점 가능합니다.)

(5) 자연스럽고 자신 있게 읽기

고수와 중수의 차이는 여기서 보입니다.

중수가 해야 할 일을 끝내기에 급급하다면, 고수는 여유 있고 자연스럽습니다.

발음/강세/억양 물리적 레벨뿐 아니라, 내용에 맞는 고차원 전달에 신경 쓰세요.

주 의 사 항

• 시험 보기 전 입을 풀고 시작하기– 준비 운동을 꼭 하도록 하세요.

• 주변 사람의 영향 받지 않기– 주변 사람이 잘하든, 못하든, 자신의 페이스를 유지하세요.

• 실수했을 때 차분히 대응하기– 다시 읽기! 채점 기준에 대해 확신하셔도 좋습니다.

• 모르는 단어도 자신 있게 말하기– 모 아니면 도 전략입니다. 철자대로 읽으세요.

• 긴장을 풀고 편안하게 말하기 – 자신감을 가지세요.

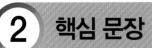

② 핵심 문장 — Key Sentences

- 문장 읽기를 위한 주제별 핵심 문장입니다.
- 최근 3년간 출제 빈도가 가장 높은 주제 순으로 정리되어 있습니다.
- 눈으로만 보지 말고, 반드시 소리 내어 연습하세요.

✔ 광고문 (행사, 소개 등) 🎧 S1_Part 1_07

1	Welcome everyone!	모두 환영합니다!
2	Are you planning to visit Europe soon?	곧 유럽을 방문할 계획이신가요?
3	Have you ever been to Olive Garden?	올리브 가든에 가 보신 적 있나요?
4	Do you need a gift for your friends?	친구를 위한 선물이 필요한가요?
5	Why not create a space that works for you with our home office furniture collection?	저희 홈 오피스 가구 컬렉션과 함께 여러분에게 맞는 공간을 만들지 않으시겠습니까?
6	Are you bored with nightclubs and restaurants?	나이트클럽과 식당이 지겨우십니까?
7	There is also a bar where you can buy your drinks and something to eat.	음료와 음식을 사 드실 수 있는 바도 있습니다.
8	Come make yourself at home and let's have fun!	오셔서 집처럼 편안하게 지내고 즐겁게 놀아요!
9	For further information, visit our website.	더 많은 정보를 위해 웹 사이트를 방문하세요.
10	Thanks for joining us.	함께 해 주셔서 감사합니다.

✔ 광고문 (할인, 기간 등) 🎧 S1_Part 1_08

1	You can get 20% off regular price.	정상 가격에서 20% 할인을 받으실 수 있습니다.
2	Sign up now for e-mail only discounts.	이메일로만 가능한 할인을 위해 가입하세요.
3	If you're in the area, come by and see the show!	이 지역에 계신다면 오셔서 쇼를 보세요!
4	It's our biggest clearance event of the year.	올해의 가장 큰 재고 정리 세일입니다.
5	Desks, chairs, screens and trash cans are 25 percent off.	책상과 의자, 칸막이와 휴지통은 25% 할인합니다.
6	This weekend is the best opportunity to come by and take a look at our men's and women's winter jackets.	이번 주말이 와서 남성과 여성 겨울 재킷을 보실 수 있는 가장 좋은 기회입니다.
7	They are valid until the end of this month.	그것들은 이번 달 말까지 유효합니다.
8	If you spend more than $300 this weekend, we'll throw in a hand towel and a pair of warm socks.	이번 주말에 300달러 이상 구매를 하시면 수건과 따뜻한 양말 한 켤레를 끼워 드리겠습니다.
9	Call us today to schedule a free consultation visit.	오늘 전화하셔서 무료 상담 방문 시간을 정하세요.
10	What are you waiting for?	뭘 망설이십니까?

✔ 안내문 (고객)

🎧 S1_Part 1_09

1	Good morning/ afternoon/ evening!	좋은 아침/ 오후/ 저녁입니다!
2	We'd like to announce that ~.	~을 발표하려고 합니다.
3	Please remember to use public transportation.	대중교통을 이용해 주세요.
4	Before we begin, I should remind you of our safety requirements.	시작하기 전에, 안전 규정에 관해 다시 말씀 드리겠습니다.
5	We're happy to answer all questions, big or small.	크든 작든 모든 질문에 기꺼이 대답해 드리겠습니다.
6	The hotel offers airport shuttle services from the hotel to Miami International Airport twice daily.	그 호텔은 하루에 두 번, 호텔에서 마이애미 국제 공항까지 공항 셔틀 서비스를 제공합니다.
7	Please, speak to our customer service representative at the desk for further help.	더 많은 도움을 원하시면, 고객 센터 직원에게 이야기 해 주세요.
8	Parking is strictly forbidden in this area except for delivery vehicles and police vehicles.	배달 차량과 경찰 차량을 제외하고는 이 지역의 주차는 엄격히 금지되어 있습니다.
9	Please remain seated for the entire duration of this tour.	관광 내내 좌석에 앉아 계시기 바랍니다.
10	Thank you for your understanding.	이해해 주셔서 감사합니다.

✔ 안내문 (승객)

🎧 S1_Part 1_10

1	Good afternoon passengers.	승객 여러분 좋은 오후입니다.
2	This is the pre-boarding announcement.	승선 안내입니다.
3	Please have your boarding pass.	탑승권을 준비해 주세요.
4	We should be landing in about fifteen minutes.	약 15분 후에 착륙합니다.
5	Attention, all passengers for flight 302 to New York.	뉴욕으로 가시는 302편 승객 여러분. 주목해 주세요.
6	Make sure your seatbelts are securely fastened.	안전벨트를 단단히 채워 주십시오.
7	Please keep your seats and dinner trays in the upright position.	좌석과 식사 테이블을 똑바로 세워 주십시오.
8	This is your conductor speaking.	저는 (기차) 차장입니다.
9	We apologize for the delay.	지체된 것에 대해 사과드립니다.
10	Thanks for joining us.	함께 해 주셔서 감사합니다.

✔ 안내문 (직원)

1	I'm here to announce our annual spring picnic.	연간 봄 소풍에 대해 공지하겠습니다.
2	My name is Dorothy Wilson and I am the human resources manager at In-N-Out Burger.	저는 도로시 윌슨이고 인앤아웃 버거에서 인력 담당 책임자로 일하고 있습니다.
3	I'm pleased to announce that I hired a new employee.	새로운 직원을 채용했음을 발표하게 되어 기쁩니다.
4	Hi, it's a great pleasure to have you all here for the management training.	안녕하세요, 오늘 관리 교육 과정에 여러분 모두를 모시게 되어서 매우 기쁘게 생각합니다.
5	Here is what we are going to do today.	오늘 우리가 할 것에 대해 말씀드리겠습니다.
6	A new CEO will be appointed at an emergency meeting this coming Tuesday.	새로운 대표 이사가 이번 화요일 비상 회의에서 임명될 것입니다.
7	We have a tight schedule for the next three days.	앞으로 3일 동안 빡빡한 일정으로 진행됩니다.
8	After lunch, we have a presentation on customer service issues.	점심 식사 후에는 고객 서비스 사안에 대한 발표가 있을 것입니다.
9	Then we will have a short break and proceed with some hands-on training at the cash registers.	그리고 나서 약간의 휴식 시간을 가진 후에 계산대에서 몇 가지 실습을 진행하겠습니다.
10	If you are not available at this time, send your report to your manager.	이 시간에 가능하지 않다면, 매니저에게 보고서를 보내세요.

✔ 안내문 (고객)

S1_Part 1_12

1	You have reached the automated telephone system at the United Bank.	고객님은 지금 유나이티드 뱅크의 자동 응답 시스템에 연결되었습니다.
2	Please listen to the following message.	다음 메시지를 들어 주세요.
3	If you would like to change the reservation, press one.	예약을 변경하려면 1번을 누르세요.
4	For more details, press three.	자세한 사항을 원하시면 3번을 누르세요.
5	If you have any comments or feedback, give us a call at 1-800-374-9617.	다른 사항이나 피드백이 있다면 1-800-374-9617로 전화 주세요.
6	If you would like to speak with a representative, please press 0.	상담원과 이야기하고 싶으시면, 0번을 누르세요.
7	For Technical Support, press 2.	기술 지원은 2번을 누르세요.
8	Please stay on the line.	(수화기를 들고) 잠시 기다려 주세요.
9	If you know your party's extension, you may dial it at any time.	상대방의 내선 번호를 안다면 언제든 번호를 누르시면 됩니다.
10	I appreciate your patience.	기다려 주셔서 감사드립니다.

✔ 소개문 (사람)

1	Let me introduce Betty Parker.	베티 파커를 소개합니다.
2	It is a great pleasure to have you.	당신을 만나게 되어 대단히 기쁩니다.
3	I am honored to introduce our keynote speaker, Dr. Jeff Lee.	제가 우리의 기조연설자 제프 리 박사님을 소개하게 되어 영광입니다.
4	Attention everyone.	모두 주목해 주세요.
5	Today's guest is Charles Johnson.	오늘의 게스트는 찰스 존슨입니다.
6	It's my pleasure to introduce Kevin Scott to you.	여러분에게 케빈 스캇을 소개하게 되어 기쁩니다.
7	She has received a number of awards.	그녀는 많은 상을 받아 왔습니다.
8	We are all very pleased to have Ms. Lopez here tonight.	오늘 밤 여기에서 로페즈 양과 함께 하게 되어 기쁩니다.
9	Please give her a warm welcome as she comes to the stage.	그녀가 무대로 나올 때 따뜻한 환영 부탁드립니다.
10	Please join me in welcoming Dr. Elizabeth Moore.	엘리자베스 무어 박사님을 저와 같이 환영해 주십시오.

✔ 소개문 (프로그램)

1	We invite our members this Friday night to Evening Acting Club's performance.	이번 금요일 밤, 이브닝 연기 클럽 공연에 여러분을 초대합니다.
2	Here is today's performance schedule.	오늘 공연 일정을 알려 드립니다.
3	The show is free to the general public.	그 공연은 일반 대중들에게 무료입니다.
4	Show times are 6 P.M. and 8 P.M.	공연 시간은 오후 6시와 8시입니다.
5	All children under the age of 7 will be given seats for free.	7세 미만의 어린이들은 좌석을 무료로 받습니다.
6	This morning, I'm going to discuss some interesting marketing skills.	오늘 아침, 저는 재미있는 마케팅 기술을 논의하고자 합니다.
7	You can learn how to communicate effectively.	여러분은 어떻게 효과적으로 소통할지를 배우실 수 있습니다.
8	Buy tickets at the door 30 minutes before the show starts.	출입구에서 연극 시작 30분 전에 표를 구매해 주세요.
9	Tickets for the show are $15 for adults and $8 for children.	이 연극 입장권은 어른 15달러이고 어린이들은 8달러입니다.
10	There are no advance sales for this performance.	이 공연은 사전 판매를 하지 않습니다.

✔ 뉴스 (날씨)

1	This is the 8 o'clock weather report from NPR Radio in Atlanta.	애틀랜타의 NPR 라디오 8시 일기 예보입니다.
2	Due to the smog, we have been having all this week, the visibility is very limited.	이번 주 내내 발생하고 있는 스모그 현상 때문에 시계가 매우 좋지 않습니다.
3	However, we are expecting clear weather with warm temperatures before the weekend arrives.	하지만 주말이 오기 전에 기온이 상승하면서 화창한 날씨가 예상되고 있습니다.
4	Though there is only a ten percent chance of showers, this good weather can't last forever.	소나기가 올 확률이 10%밖에 되지 않지만, 지금의 좋은 날씨가 계속될 수는 없을 것입니다.
5	Today's temperature is 40 degrees Fahrenheit.	오늘 기온은 화씨 40도입니다.
6	For those of you planning to head out to the beach this weekend, we suggest that you take your swimming suit.	이번 주말에 해안가에 갈 계획을 하시는 분들은 수영복을 갖고 가시면 좋을 것 같습니다.
7	The temperature dropped to 10 degrees Celsius below zero.	기온이 영하 10도까지 떨어졌습니다.
8	Don't forget your umbrella tomorrow.	내일 우산 잊지 마세요.
9	It's raining cats and dogs.	비가 억수같이 오고 있습니다.
10	We'll be back in 30 minutes with another weather report.	30분 후에 또 다른 일기 예보를 전해 드리기 위해 다시 오겠습니다.

✔ 뉴스 (교통)

1	This is your hourly traffic update.	매시간 교통 정보 업데이트입니다.
2	The construction is expected to last another week.	공사는 일주일간 더 지속될 것으로 예상됩니다.
3	River Road is currently congested with cars rushing into the area.	리버 로드는 현재 밀려드는 차량으로 혼잡을 빚고 있습니다.
4	Traffic is currently running slowly along Sunshine Freeway heading south.	남쪽 방면 선샤인 고속 도로는 현재 교통이 원활하지 못합니다.
5	The northbound lanes are looking smooth.	북쪽 방면 차선은 원활해 보입니다.
6	The Lakeside Tunnel is closed until November 11.	레이크사이드 터널은 11월 11일까지 폐쇄됩니다.
7	Cracks have been found in several areas along the tunnel walls and ceiling.	균열은 터널의 벽과 천장을 따라 몇 군데에서 발견되었습니다.
8	Commuters are also advised to take an alternate route.	통근하시는 분들 또한 대체 노선을 이용하시기를 권고드립니다.
9	Don't go away and stay tuned for more updates at seven.	채널 돌리지 말고 7시 업데이트를 위해 채널 고정하세요.
10	Please drive carefully.	운전 조심하세요.

③ 연습

Practice

- 다른 파트와 달리, 문장 읽기는 따로 템플릿이 없습니다. 다음 순서대로 학습해 보세요.
- Practice 1-5까지는 Step별 학습 순서를 따르고, Practice 6-10까지는 시험 환경에 맞춰 연습하세요.

Step 1

빠른 속도로 읽기 (준비 시간 45초 대비)

준비 시간이 시작되면, 약간 빠른 속도로 전체를 소리 내어 읽으세요. 이때, 모르는 어휘나 고유명사가 등장하면 느려지는 성향이 있으나, 일단 무시하고 전체를 읽은 후, 다시 그 부분으로 돌아오세요. 발음을 모르는 경우, 최대한 철자를 반영해 읽도록 준비해 두고, 여유가 된다면 글의 목적에 맞게 어조를 준비하세요. 시간은 보통 충분하므로, 두 번 가량 읽을 수 있습니다. 처음 읽을 때는 소리 내어 단어를 체크하고, 두 번째 읽을 때는 눈으로 보며, 의미 단위 (끊어 읽을 단위)를 파악하고, 광고문인지 안내문인지 등의 내용을 파악하세요.

Step 2

적정한 속도로 읽기 (말하기 시간 45초 대비)

말하기 시간에는 적정 속도로, 큰 목소리로 명료하게 읽으세요. 빠른 속도로 읽다 보면, 잘하는 사람도 실수를 할 수 있습니다. 또한, 빨리 말한다고 잘하는 게 아니라는 점도 기억하세요. 듣는 사람에게 편안한 속도가 중요합니다. 시험장을 잠깐 상상해 보자면? 사람들이 빨리 읽기 대회라도 나간 듯이 경쟁하며 읽을 때가 있는데, 주변 사람이 빨리 읽든, 느리게 읽든, 자기 페이스를 유지하는 것이 중요합니다. 평소에 연습할 때도, 다른 사람과 같이 소리 내어 읽기를 연습하며 실전에 대비하세요.

Step 3

반복 체크 박스 리스트를 이용하여 반복하기 (최소 10번 이상)

먼저 연습한 후 모범 답안을 보며 끊어 읽기와 발음을 체크하세요. 또한 MP3를 들어 보는 것도 필수입니다. 음성 파일을 최대한 비슷하게 따라 하려 노력하며 필요한 부분은 반복 연습하세요. 이때, 반복하겠다는 결심만으로는 부족할 수 있으니, 교재의 체크 박스를 이용해 자신이 실제로 어떻게 하고 있는지를 기록함으로써 철저히 반복하시기 바랍니다. 최소 10번에서 20번, 많게는 50번도 해야 합니다. 하나를 정확하면서도 유창하게 잘하게 되면 새로운 지문을 만나더라도 읽기 감각을 발휘할 수 있습니다.

주 의 사 항

1. 바로 답안을 보지 말고 먼저 혼자 연습해 보세요.

   스스로 먼저 풀어 보고 답안을 보세요. 혼자 먼저 시도해 보면, 고민되는 점이 반드시 있을 것이며, 이때 답안을 참고하면 더 흡수가 잘 됩니다.

2. 실수한 부분은 꼭 다시 읽으세요.

   약간의 실수는 괜찮습니다. 특정 단어를 틀렸음을 알았을 때, 그 부분은 다시 읽도록 하세요. 그냥 넘어가면 감점 요소로 남게 됨을 명심하세요.

⏷ *Practice 1*

Good afternoon passengers. This is the pre-boarding announcement for flight 37B to Rome. We are now inviting those passengers with small children, and any passengers requiring special assistance, to begin boarding at this time. Please have your boarding pass and identification ready. Regular boarding will begin in approximately ten minutes time. Thank you.

Step 1 빠른 속도로 읽기 (준비 시간 45초 대비)

> 강세를 표시해 보세요.
>
> Good afternoon passengers. This is the pre-boarding announcement for flight 37B to Rome. We are now inviting those passengers with small children, and any passengers requiring special assistance, to begin boarding at this time. Please have your boarding pass and identification ready. Regular boarding will begin in approximately ten minutes time. Thank you.

Step 2 적절한 속도로 읽기 (말하기 시간 45초 대비)

> 끊어 읽기(/, //)와 억양(→, ↗, ↘)을 표시해 보세요.
>
> Good afternoon passengers. This is the pre-boarding announcement for flight 37B to Rome. We are now inviting those passengers with small children, and any passengers requiring special assistance, to begin boarding at this time. Please have your boarding pass and identification ready. Regular boarding will begin in approximately ten minutes time. Thank you.

Step 3 모범 답안 참조하며 반복하기 (반복할 때마다 빈칸에 체크하세요.)

레벨 6-7
모범 답안

⚓ 비행기 승선 안내문　　　　　　　　　　🎧 S1_Part 1_17

Good **afternoon pa**ssengers. ↘// **Th**is is the pre-**boar**ding an**noun**cement→/ for flight **37B** to **Ro**me. ↘// We are now in**vi**ting→/ those **pa**ssengers with small **chil**dren, ↗/ and any **pa**ssengers re**qui**ring special as**sis**tance, →/ to be**gin boar**ding at this time. ↘// Please have your **boar**ding pass→/ and identifi**ca**tion **rea**dy. ↘// **Re**gular **boar**ding will be**gin**→/ in ap**prox**imately **ten mi**nutes time. ↘// **Than**k you. ↘//

> 승객 여러분, 안녕하세요. 로마로 가는 37B 항공의 탑승 안내 방송입니다. 지금부터 아이를 동반하거나, 특별한 도움을 필요로 하는 승객들의 탑승을 시작합니다. 항공권과 신분증을 준비하세요. 일반 탑승은 약 10분 후에 시작합니다. 감사합니다.

announcement 공지　assistance 도움　boarding pass 탑승권　identification 신분증　regular 일반의　approximately 약, 대략

해설

- 한국인 유의 발음 [f, v, r, l, ð, z]에 주의하세요.
  flight, inviting, this, Rome, passengers, regular
- 장모음은 길게!
  passengers(패애~신절즈), have(해애~브), thank(땡~크), begin(비기~인), please(플리~즈), small(스모~얼)
- 단어 끝 's' 발음을 주의하세요.
  passengers, minutes
- 강세에 주의하세요.
  announcement, inviting, identification
- 항공 안내문이므로 밝고 친절한 목소리로 읽으세요.(승무원이 되었다고 상상하기)

▼ *Practice 2*

Do you need a gift for your boss, or parents, or even your friends? Well, we have just what you are looking for here at BestFlowers.com. We prepare flowers for all occasions and for all sorts of events like birthdays or anniversaries or graduation ceremonies. So, for all your gift needs, just visit our website today. Sign up now for e-mail only discounts and special offers and get $5 off your order today!

Step 1 빠른 속도로 읽기 (준비 시간 45초 대비)

> 강세를 표시해 보세요.
>
> Do you need a gift for your boss, or parents, or even your friends? Well, we have just what you are looking for here at BestFlowers.com. We prepare flowers for all occasions and for all sorts of events like birthdays or anniversaries or graduation ceremonies. So, for all your gift needs, just visit our website today. Sign up now for e-mail only discounts and special offers and get $5 off your order today!

Step 2 적절한 속도로 읽기 (말하기 시간 45초 대비)

> 끊어 읽기(/, //)와 억양(→, ↗, ↘)을 표시해 보세요.
>
> Do you need a gift for your boss, or parents, or even your friends? Well, we have just what you are looking for here at BestFlowers.com. We prepare flowers for all occasions and for all sorts of events like birthdays or anniversaries or graduation ceremonies. So, for all your gift needs, just visit our website today. Sign up now for e-mail only discounts and special offers and get $5 off your order today!

Step 3 모범 답안 참조하며 반복하기 (반복할 때마다 빈칸에 체크하세요.)

레벨 6-7
모범 답안

▼ 꽃 사이트 광고문

Do you n**ee**d a **gi**ft→/ for your **bo**ss,↗/ or **pa**rents,↗/ or even your **frie**nds?↗/// Well,→/ we have just **what** you are **look**ing for→/ **here** at **Best**Flowers.com.↘// We prepare **flo**wers→/ for **all occa**sions→/ and for **all** sorts of e**ven**ts→/ like **bir**thdays↗/ or anni**ver**saries↗/ or **gra**duation **ce**remonies.↘// So,→/ for **all** your **gift** needs,→/ **just vi**sit our **web**site to**day**.↘// **Sign up now**→/ for **e**-mail only **dis**counts↗/ and **spe**cial offers →/ and get **$5 off** your **or**der to**day**!↘//

> 상사, 부모님, 혹은 친구들을 위한 선물이 필요한가요? Bestflowers.com에서 여러분이 찾으시는 바로 그것이 있습니다. 생일, 기념일, 졸업식과 같은 모든 행사와 이벤트를 위한 꽃이 준비되어 있습니다. 선물이 필요하시다면, 오늘 저희 웹 사이트를 방문하세요.

prepare 준비하다 occasion 경우 sort 종류 anniversary 기념일 graduation ceremony 졸업식 sign up 가입하다

해설

– 한국인 유의 발음 [f, v, r, l, ð, z]에 주의하세요.
  gift, friends, occasions, all, events, birthdays, visit
– 장모음은 길게!
  need(니이~ㄷ), looking(루우~킹), all(어얼~), graduation(그래~쥬에이션)
– 단어 끝 's' 발음을 주의하세요.
  parents, friends, flowers, occasions, events, birthdays
– 강세에 주의하세요.
  oc**ca**sions, anni**ver**saries, gra**du**ation
– Yes/No question의 억양에 주의하세요.
  Do you need ~?↗
– 광고문이므로 밝고 자신 있게 읽으세요.

 *Practice 3*

I'm here to announce our annual spring picnic, planned next year for Saturday, March 1 from 11 A.M. to 3 P.M. All employees and their families are welcome to join in the fun at Heritage Park, at 7679 Water Drive. Food and drinks will be served, and everyone can enjoy live music, door prizes, and a dessert-making contest. Kids will love face painting and a variety of games. Please RSVP by January 31 to Annette in Human Resources at 555-1212, extension 234.

Step 1 빠른 속도로 전체 읽기 (준비 시간 45초 대비)

> 강세를 표시해 보세요.
>
> I'm here to announce our annual spring picnic, planned next year for Saturday, March 1 from 11 A.M. to 3 P.M. All employees and their families are welcome to join in the fun at Heritage Park, at 7679 Water Drive. Food and drinks will be served, and everyone can enjoy live music, door prizes, and a dessert-making contest. Kids will love face painting and a variety of games. Please RSVP by January 31 to Annette in Human Resources at 555-1212, extension 234.

Step 2 적절한 속도로 읽기 (말하기 시간 45초 대비)

> 끊어 읽기(/, //)와 억양(→, ↗, ↘)을 표시해 보세요.
>
> I'm here to announce our annual spring picnic, planned next year for Saturday, March 1 from 11 A.M. to 3 P.M. All employees and their families are welcome to join in the fun at Heritage Park, at 7679 Water Drive. Food and drinks will be served, and everyone can enjoy live music, door prizes, and a dessert-making contest. Kids will love face painting and a variety of games. Please RSVP by January 31 to Annette in Human Resources at 555-1212, extension 234.

Step 3 모범 답안 참조하며 반복하기 (반복할 때마다 빈칸에 체크하세요.)

♥ 회사 야유회 공지문　　　　　　　　　　　🎧 S1_Part 1_19

I'm **here** to an**noun**ce→/ our **a**nnual spring **pic**nic,→/ **plan**ned next year for **Sa**turday,→/ **Mar**ch **1** from **11** A.M. to **3** P.M.↘// **All** employ**ees** and their **fa**milies are **wel**come to **jo**in in the **fun**→/ at **He**ritage Park,→/ at **7679** Water Drive.↘// **Food** and **drin**ks will be served,→/ and **ev**eryone can en**joy** live **mu**sic,↗/ **door** prizes,↗/ and a des**sert**-making **con**test.↘// **Kids** will love **fa**ce **pain**ting and a **va**riety of **ga**mes.↘// **Plea**se **RSVP** by **Ja**nuary **31** to An**net**te in **Hu**man **Re**sources at 555-1212, ex**ten**sion 234.↘//

내년 3월 1일 오전 11시 – 오후 3시에 예정된 본사 연례 봄맞이 야유회를 공지합니다. 전 직원과 가족 여러분 모두의 참여를 환영하며 7679 워터 드라이브에 위치한 헤리티지 공원에서 행사가 열릴 예정입니다. 음식과 음료가 제공되며 라이브 음악, 추첨 경품, 디저트 경연 대회를 모두 즐기실 수 있습니다. 아이들은 페이스 페인팅과 다채로운 게임을 즐길 수 있습니다. 555-1212, 내선번호 234로 인적 자원부 아네뜨에게 1월 31일까지 회신 바랍니다.

announce 발표하다　annual 연례의　door prize 추첨 경품　a variety of 다양한　human resources 인사과　extension 내선

해설

- 한국인 유의 발음 [f, v, r, l, ð, z]에 주의하세요.
  annual, families, f̲un, musi̲c
- 장모음은 길게!
  annual [애〜뉴얼], planned [플래〜앤드], Saturday [새〜러데이], a̲ll [오〜얼], employees [임플로이〜ㅈ]
- 단어 끝 'ed'와 's' 발음을 주의하세요.
  employees, families, drinks, prizes, planned
- 강세에 주의하세요.
  announce, dessert, contest
- 야유회에 관한 소식이니 공지문이라도 즐겁게 읽으세요.

# Practice 4

Come to California Art Gallery Exhibition! Explore seven different geographic regions of California as contemporary Native People describe the histories of their ancestors, and the innovative practices that they crafted to live in each dynamic natural environment. The California Indian collections contain everyday and ceremonial objects, counting thousands of baskets from hundreds of Native cultural groups across the state. If you're in the area, come by and see the show!

Step 1 빠른 속도로 읽기 (준비 시간 45초 대비)

> 강세를 표시해 보세요.
>
> Come to California Art Gallery Exhibition! Explore seven different geographic regions of California as contemporary Native People describe the histories of their ancestors, and the innovative practices that they crafted to live in each dynamic natural environment. The California Indian collections contain everyday and ceremonial objects, counting thousands of baskets from hundreds of Native cultural groups across the state. If you're in the area, come by and see the show!

Step 2 적절한 속도로 읽기 (말하기 시간 45초 대비)

> 끊어 읽기(/, //)와 억양(→, ↗, ↘)을 표시해 보세요.
>
> Come to California Art Gallery Exhibition! Explore seven different geographic regions of California as contemporary Native People describe the histories of their ancestors, and the innovative practices that they crafted to live in each dynamic natural environment. The California Indian collections contain everyday and ceremonial objects, counting thousands of baskets from hundreds of Native cultural groups across the state. If you're in the area, come by and see the show!

Step 3 모범 답안 참조하며 반복하기 (반복할 때마다 빈칸에 체크하세요.)

▼ 미술 전시회 광고문　　　　　　　　　　　　　　　🎧 S1_Part 1_20

Come to Cali**for**nia **Art** Gallery Exhi**bi**tion!↘// Ex**plore se**ven **di**fferent geo**gra**phic **re**gions of Cali**for**nia→/ as con**tem**porary **Na**tive People des**cribe** the **his**tories of their an**ces**tors,→/ and the inno**va**tive **prac**tices→/ that they **craf**ted to **live** in each dy**na**mic **na**tural en**vi**ronment.↘// The Cali**for**nia **In**dian coll**ec**tions contain everyday→/and cere**mo**nial **ob**jects,→/ counting thousands of **ba**skets from hundreds of **Na**tive **cul**tural groups→/ across the **sta**te.↘// If you're in the **area**,→/ come **by** and **see** the **show**!↘//

캘리포니아 아트 갤러리 전시회에 초대합니다! 캘리포니아의 각기 다른 7가지 지리적 지형을 탐험하시면서 현대 원주민들이 조상의 역사를 설명하고, 각자 역동적인 자연 환경에서 살기 위해 창조해 낸 혁신적인 문화를 확인하실 수 있습니다. 캘리포니아 인디언 원주민 컬렉션에는 캘리포니아 주 전역에 걸쳐 있는 수백 개의 원주민 문화 집단에서 만든 일상용품, 의식용 제기 등 수천 개의 바구니가 포함됩니다. 이 지역에 계시다면 방문하셔서 행사를 관람하세요!

exhibition 전시회　explore 탐험하다　geographic 지리적인　region 지역　contemporary 현대의　native 원주민의　describe 묘사하다　ancestor 조상　innovative 혁신적인　practice 관습　dynamic 역동적인　ceremonial 의식의　object 물건　come by 들르다

해설

- 한국인 유의 발음 [f, v, r, l, ð, z]에 주의하세요.
  California, exhibition, seven, different, innovative
- 장모음은 길게!
  Art (아알~트), geographic (지아그래~픽), people (피이~플), crafted
- 단어 끝 's' 발음을 주의하세요.
  regions, histories, ancestors, practices, crafted
- 강세에 주의하세요.
  announcement, inviting, identification, ceremonial
- 사람들이 전시회에 오도록 활기차게 읽으세요.

Practice 5

This is CKNY and I'm Anita Pierce with weather. We couldn't ask for a better day for the first day of Spring. Right now it's fifteen degrees and clear. We're expecting blue skies throughout the day. Though there is only a ten percent chance of showers, this good weather can't last forever. It's raining cats and dogs up north, so we should see rain by morning. Don't forget your umbrella tomorrow. Now, stay tuned for local news.

Step 1 빠른 속도로 읽기 (준비 시간 45초 대비)

> 강세를 표시해 보세요.
>
> This is CKNY and I'm Anita Pierce with weather. We couldn't ask for a better day for the first day of Spring. Right now it's fifteen degrees and clear. We're expecting blue skies throughout the day. Though there is only a ten percent chance of showers, this good weather can't last forever. It's raining cats and dogs up north, so we should see rain by morning. Don't forget your umbrella tomorrow. Now, stay tuned for local news.

Step 2 적절한 속도로 읽기 (말하기 시간 45초 대비)

> 끊어 읽기(/, //)와 억양(→, ↗, ↘)을 표시해 보세요.
>
> This is CKNY and I'm Anita Pierce with weather. We couldn't ask for a better day for the first day of Spring. Right now it's fifteen degrees and clear. We're expecting blue skies throughout the day. Though there is only a ten percent chance of showers, this good weather can't last forever. It's raining cats and dogs up north, so we should see rain by morning. Don't forget your umbrella tomorrow. Now, stay tuned for local news.

Step 3 모범 답안 참조하며, 반복하기 (반복할 때마다 빈칸에 체크하세요.)

♥ 기상 안내문

This is **CKNY**→/and I'm A**ni**ta **Pi**erce with **wea**ther.＼// We couldn't **a**sk for a **better day** for the **first** day of **Spri**ng.＼// **Ri**ght **now** it's fif**teen** de**grees** and **clea**r.＼// We're ex**pec**ting blue **skie**s **through**out the day.＼// Though there is **on**ly a **ten** per**cent cha**nce of **sho**wers,→/ this good **wea**ther can't **last** for**ever**.＼// It's **rai**ning **cats** and **dogs** up **nor**th,→/ so **we** should see **rain** by **mor**ning.＼// Don't for**get** your um**brel**la to**mor**row.＼// **Now**, stay **tun**ed for **lo**cal **new**s.＼//

> CKNY 기상캐스터 애니타 피어스입니다. 이보다 좋은 봄의 첫날이 있을까요. 현재 온도 15도이며 쾌청한 날씨입니다. 하루 종일 푸른 하늘이 예상됩니다. 소나기가 내릴 확률은 10퍼센트로 낮겠지만 좋은 날씨가 계속되지는 않겠습니다. 북쪽에서는 억수 같은 비가 내리고 있으며, 내일은 비가 올 것입니다. 우산 챙기는 것 잊지 마시고요. 이제 지역 뉴스로 채널 고정하십시오.

couldn't ask for a better 이보다 더 나은 날은 없다   throughout the day 하루 종일   chance 가능성   shower 소나기   rain cats and dogs 비가 억수로 많이 오다   stay tuned 고정하다

해설

- 한국인 유의 발음 [f, v, r, l, ð, z]에 주의하세요.
  weather, first, fifteen, throughout, forever
- 장모음은 길게!
  degrees (디그리이~ㅈ), cats (캐애~ㅅ츠), last (라~ㅅ트)
- 단어 끝 's' 발음을 주의하세요.
  degrees, skies, showers, cats, dogs, news
- 강세에 주의하세요.
  Anita, fifteen, degrees, umbrella
- 기상 리포터가 된 것처럼 읽어보세요.

TOEIC® Speaking

Questions 1-2: Read a text aloud

Directions: In this part of the test, you will read aloud the text on the screen. You will have 45 seconds to prepare. Then you will have 45 seconds to read the text aloud.

Thank you for calling The Operations Tech Company. If you know the person's extension, you may dial it at any time. Otherwise choose from one of the following options. For Customer Service, press '1'. For Technical Support, press '2'. For Sales and Marketing, press '3'. If you would like to talk to the receptionist, press '0' or stay on the line and one of our friendly staff members will assist you shortly.

PREPARATION TIME
00:00:45

RESPONSE TIME
00:00:45

레벨 6-7
모범 답안

▾▾ 자동 응답 프로그램

 S1_Part 1_23

Thank you for **call**ing The **O**perations **Te**ch **Com**pany.＼// If you **kno**w the **per**son's ex**ten**sion,→/ you may **di**al it at **any** time.＼// **O**therwise **choo**se from **one** of the **fol**lowing op**t**ions.＼// For **Cu**stomer **Ser**vice,→/ press '**1**'.＼// For **Te**chnical Sup**port**,→/ press '**2**'.＼// For **Sa**les and **Mar**keting,→/ press '**3**'.＼// If you would **li**ke to **tal**k to the re**cep**tionist,→/ press '**0**' or stay on the **li**ne→/ and **one** of our friendly **sta**ff **mem**bers→/ will a**ssis**t you **short**ly.＼//

> 오퍼레이션 테크 사에 전화 주셔서 감사합니다. 내선번호를 알고 계시면 바로 입력하시면 됩니다. 그렇지 않은 경우 다음 안내에 따라 선택해 주십시오. 고객 서비스는 1번, 기술 지원은 2번, 판매 및 마케팅은 3번을 눌러 주십시오. 상담원과의 연결을 원하신다면 0번을 누르시거나 수화기를 들고 기다리시면 친절한 직원이 즉시 도움을 드리도록 하겠습니다.

at any time 언제든지　**otherwise** 그렇지 않으면　**the following** 다음의　**receptionist** 상담원
stay on the line 수화기를 들고 기다리다　**assist** 도와주다　**shortly** 즉시

해설

─ 한국인 유의 발음 [f, v, r, l, ð, z]에 주의하세요.
thank, otherwise, service, zero, friendly, staff
─ 장모음은 길게!
thank (쌩〜ㅋ), calling (커얼〜링), choose (츄우〜ㅈ), talk (터어〜ㅋ)
─ 단어 끝 's' 발음을 주의하세요.
options, members
─ 강세에 주의하세요.
extension, technical, receptionist, assist
─ 전화 안내문은 차분하게 읽으세요.

TOEIC® Speaking

Questions 1-2: Read a text aloud

Directions: In this part of the test, you will read aloud the text on the screen. You will have 45 seconds to prepare. Then you will have 45 seconds to read the text aloud.

Premier Property & Realty, as its name suggests, is specializing in real estate properties based on the highest standard of ethics, values and client care. We provide relocation counseling, personal attention, and market expertise. On our site, you can view detailed product descriptions as well as product status. Also, visit our company website. You'll be given an idea of the local market and current listings. Please don't hesitate to contact us. We're happy to answer all questions, big or small.

PREPARATION TIME
00:00:45

RESPONSE TIME
00:00:45

❥❥ 부동산 회사 광고문　　　　　　　　　　🎧 S1_Part 1_25

Premier **Pro**perty & **Re**alty,→/ as its **na**me sug**gest**s,→/ is **spe**cializing in **real** estate **pro**perties→/ **ba**sed on the **high**est **stan**dard of ethics,→/ **val**ues and client **care**.↘// We pro**vi**de relo**ca**tion **coun**seling,/**per**sonal at**ten**tion,→/ and **mar**ket ex**per**tise.↘// On our **site**,→/ you can **vi**ew de**tail**ed **pro**duct de**scrip**tions→/ as well as **pro**duct status.↘// **Al**so,→/ **vi**sit our **com**pany **web**site.↘// **You**'ll be **gi**ven an i**dea** of the **lo**cal **mar**ket→/ and **cur**rent **list**ings.↘// **Plea**se **don**'t **he**sitate to con**tact** us.↘// We're **ha**ppy to **an**swer **all** your **que**stions,→/ **big** or **small**.↘//

> 프리미어 자산 & 부동산은 회사명 그대로, 높은 윤리적 기준, 가치관, 고객 만족을 기반으로 부동산 자산을 전문으로 합니다. 본사는 이전 상담, 개별 맞춤 서비스, 시장 전문지식을 제공합니다. 본 웹 사이트를 통해 상품의 상태뿐만 아니라 구체적인 상품 설명을 확인하실 수 있습니다. 또한 본사 웹 사이트에 방문하시면 현지 시장 및 현재 올라온 매물에 관한 정보를 얻으실 수 있습니다. 주저 말고 연락 주시기 바랍니다. 어떤 질문이든 기쁜 마음으로 답변드립니다.

property 자산　realty 부동산　as ~대로　specialize in ~를 전문으로 하다　real estate 부동산 based on ~를 기반으로 하는　ethic 윤리　value 가치　relocation 이전　personal attention 개별 맞춤 서비스　expertise 전문지식　description 묘사　as well as ~뿐만 아니라　listing 목록

해설

－ 한국인 유의 발음 [f, v, r, l, ð, z]에 주의하세요.
　real, ethics, values, provide, visit, local
－ 장모음은 길게!
　values (밸~류즈), expertise (엑스펄티~즈), please (플리~즈), big (비이~ㄱ)
－ 단어 끝 's' 발음을 주의하세요.
　suggests, properties, ethics, values, listings
－ 강세에 주의하세요.
　premier, suggest, provide, attention, hesitate
－ 부동산 광고문이니 친절하고 자신 있게 읽으세요.

 *Practice 8*

TOEIC® Speaking

Questions 1-2: Read a text aloud

Directions: In this part of the test, you will read aloud the text on the screen. You will have 45 seconds to prepare. Then you will have 45 seconds to read the text aloud.

Hello, everyone. My name is Sheena Kim, and I am happy to introduce tonight's guest speaker, Donna Taylor. Ms. Taylor has received a number of awards for her quality teaching and is beloved by her students. She has also been consistently active in local and state education policy. We are all very pleased to have Ms. Taylor here tonight to discuss what else needs to be done to improve education in our county. Please give her a warm welcome as she comes to the stage.

PREPARATION TIME
00:00:45

RESPONSE TIME
00:00:45

레벨 6-7
모범 답안

▾ 인물 소개문

Hello, everyone.＼// My na**me** is **Shee**na Kim,→/ and I am **ha**ppy to intro**duce** to**night's gue**st spea**ke**r,→/ **Do**nna **Tay**lor.＼// **Ms. Tay**lor has re**cei**ved a **num**ber of a**war**ds for her **qual**ity **tea**ching→/ and is be**lo**ved by her **stu**dents.＼// She has **al**so been con**sis**tently **ac**tive→/ in **lo**cal and **sta**te edu**ca**tion **pol**icy.＼// We are **all** very **plea**sed→/ to **ha**ve Ms. **Tay**lor here to**night**→/ to dis**cuss** what **else** needs to be **done**→/ to im**prove** edu**ca**tion in our **coun**ty.＼// Please give her a **war**m **wel**come→/ as she **com**es to the **sta**ge.＼//

> 안녕하세요, 여러분. 저는 쉬나 킴입니다. 오늘밤 초대 연사이신 도나 테일러를 소개하게 되어 기쁩니다. 테일러 씨는 양질의 교수법으로 수많은 상을 수상하셨으며 학생들에게 사랑받는 교사입니다. 또한 지역 및 주 교육 정책에 있어서도 꾸준히 활동해 오고 계십니다. 오늘 밤 이 자리에 테일러 씨를 모시고 우리 카운티 지역의 교육을 향상시키기 위해 무엇을 해야 하는지를 두고 논의하게 되어 매우 기쁩니다. 무대로 올라오실 때 열렬한 환영 부탁드립니다.

a number of 많은   consistently 지속적으로   active 활동적인   education policy 교육 정책   be pleased to do ~해서 기쁘다

해설

> – 한국인 유의 발음 [f, v, r, l, ð, z]에 주의하세요.
>   flight, inviting, this
> – 장모음은 길게
>   happy (해~피), speaker (스피~컬), awards (어월~ㅈ), all (어~얼)
> – 단어 끝 's' 발음을 주의하세요.
>   tonight's, awards, students, comes
> – 강세에 주의하세요.
>   introduce, consistently, local, improve, county
> – 사람을 소개할 때는 밝고 활기차게 말하세요.

 *Practice 9*

TOEIC® Speaking

Questions 1-2: Read a text aloud

Directions: In this part of the test, you will read aloud the text on the screen. You will have 45 seconds to prepare. Then you will have 45 seconds to read the text aloud.

Up to 60% off Winter Clearance! It's our biggest clearance event of the year. Save on select holiday entertaining, dinnerware, furniture and more while quantities last. Why not create a space that works for you with our home office furniture collection. Visit one of our stores for even more savings including furniture samples and items not available online. In addition, free shipping and handling apply to eligible orders of $99 or more from a gift registry, and they are valid until the end of this month.

PREPARATION TIME
00:00:45

RESPONSE TIME
00:00:45

레벨 6-7
모범 답안

♨ 겨울 세일 광고문

Up to **60% off Win**ter **Clea**rance!＼// It's our **bi**ggest **clea**rance **ev**ent of the **year**.＼// **Sa**ve on se**lec**t **hol**iday enter**tain**ing,→/ **di**nnerware,→/ **fur**niture→/ and **more** while **quan**tities **last**.＼// Why **not crea**te a **spa**ce that **wor**ks for you→/ with our **hom**e **off**ice **fur**niture **coll**ection.＼// **Vi**sit one of our **stor**es→/ for even **more sa**vings→/ including **fur**niture **sam**ples→/ and items not a**vai**lable online.＼// In ad**di**tion,/ **free ship**ping and **han**dling→/ ap**ply** to **eli**gible **or**ders→/ of **$99** or **more** from a **gift re**gistry,→/ and they are **val**id→/ un**til** the **end** of this **mon**th.＼//

> 겨울맞이 창고 대 방출 최대 60퍼센트 할인을 합니다! 올해 들어 본사에서 진행하는 최대 규모의 창고 정리 행사입니다. 엄선된 휴가용 오락용품, 식기, 가구 등을 수량이 남아 있을 때 구매하셔서 절약 기회를 가져가세요. 본사의 홈 오피스 가구 컬렉션으로 여러분에게 맞는 새로운 장소를 만들어보시는 것은 어떨까요? 직접 본사 매장 중 한 곳에 방문하시면 가구 샘플 및 온라인에서는 구매가 불가능한 제품을 포함하여 더 많은 돈을 아끼실 수 있습니다. 또한 선물 목록에서 99달러 이상에 해당하는 주문 건에 대해서는 무료 배송, 무료 취급이 적용되며 이달 말까지 유효합니다.

up to ~까지   clearance 창고 정리   dinnerware 식기   furniture 가구   quantity 양   including ~를 포함하여   in addition 게다가   handling 취급   eligible 자격이 있는   gift registry 선물 목록   valid 유효한

해설

– 한국인 유의 발음 [f, v, r, l, ð, z]에 주의하세요
  off, event, save, furniture, free
– 장모음은 길게!
  samples (새앰~플즈), free (프뤼이~), handling (해앤~들링)
– 단어 끝 's' 발음을 주의하세요
  works, savings, samples, orders
– 강세에 주의하세요
  event, select, addition, registry
– 광고문이니 밝게 읽고 할인을 강조하세요

 *Practice 10*

Questions 1-2: Read a text aloud

Directions: In this part of the test, you will read aloud the text on the screen. You will have 45 seconds to prepare. Then you will have 45 seconds to read the text aloud.

Are you planning to visit Europe soon? If so, there's no better way to see other countries in Europe than by train. When you travel by car or plane, it's easy to miss the countryside or true essence of a region; when you travel by train you can get to your destination in a hassle-free and relaxing way while having a view during your trip. Traveling by train throughout Europe is truly one of the most relaxing and breathtaking experiences you can have.

PREPARATION TIME
00:00:45

RESPONSE TIME
00:00:45

레벨 6-7
모범 답안

▼ 기차 광고문

Are **you pla**nning to **v**isit **Eu**rope **soon**?↗// If **so**,→/ there's **no be**tter **way**→/ to **see o**ther **coun**tries→/ in **Eu**rope than by **train**.↘// When you **tra**vel by car or **pla**ne,→/ it's **ea**sy to **mi**ss the **coun**tryside→/ or **tru**e **e**ssence of a **re**gion;→/ when you **tra**vel by **train** you can get to your desti**na**tion→/ in a **ha**ssle-free and relax**ing way**→/ while ha**ving** a **view** during your **trip**.↘// **Tra**veling by **train through**out **Eu**rope→/ is **tru**ly **one** of the **mo**st relax**ing** and **brea**thtaking experi**ences**→/ **you** can ha**ve**.↘//

> 유럽 방문을 조만간 계획 중이신가요? 그렇다면 기차를 타고 유럽 국가를 여행하는 것이 최상의 방법이 될 것입니다. 자동차나 비행기로 여행을 할 경우 지역의 진수라 할 수 있는 시골 풍경을 놓치기 십상이지요. 하지만 기차로 여행하면 번거로움 없이 안락하게 목적지까지 가면서 여행 도중에 경치까지 감상할 수 있습니다. 유럽 전역을 기차로 여행하는 것이야말로 가장 안락하고 숨막힐 듯한 경험을 할 수 있는 진정한 방법이 될 것입니다.

countryside 시골 풍경 essence 필수 region 지역 destination 목적지 hassle-free 번거로움이 없는 relaxing 편안한 view 경치 throughout 전역에 걸쳐 breathtaking 숨막히는

해설

- 한국인 유의 발음 [f, v, r, l, ð, z]에 주의하세요.
  other, easy, region, throughout
- 장모음은 길게!
  planning (플래〜닝), see (씨이〜), Europe (유어〜럽), travel (트래〜블)
- 단어 끝 's' 발음을 주의하세요.
  countries, experiences
- 강세에 주의하세요.
  essence, region, destination, relaxing
- 유럽의 기차 여행이 상상되도록 즐거운 어조로 읽으세요.

Part 2 사진 묘사

번호	유형	준비 시간	말하기 시간	평가 기준	점수
Q3	사진 묘사	30초	45초	발음, 강세, 억양, 문법, 어휘, 일관성	3

채점 기준

평가 지침	3점	**답변과 사진 간의 연관성이 있으며, 세부 표현을 포함하고 있다.**
		☐ 거의 항상 매끄럽고 일관되게 표현하며 이해가 매우 쉽다.
		☐ 정확하고 사진과 관련된 어휘를 사용한다.
		☐ 생각을 조리 있게 표현할 수 있는 구문을 사용한다.
	2점	**답변과 사진이 연관되어 있지만, 중요한 내용을 빠뜨린다.**
		☐ 대체로 매끄럽게 표현하지만, 평가자가 이해하는 데 노력이 요구된다.
		☐ 어휘가 부족하며 부정확할 때도 있다.
		☐ 구문 사용 능력이 부족하다.
	1점	**내용 전달이 제한적이다.**
		☐ 말이 자주 오래 끊어지며 평가자가 이해하는 데 상당히 어려움을 겪는다.
		☐ 어휘 사용이 부정확해서 의미 전달에 방해될 수 있고, 같은 어휘를 자주 반복한다.
		☐ 구문 사용이 내용에 지장을 준다.
	0점	**무응답 혹은 사진과 답변이 연관되지 않았다.**

고득점을 받으려면?

- 발음, 강세, 억양에 주의하세요. (시험을 치는 동안, 항상 평가되는 사항입니다.)
- 문법에 맞게 말하세요. (주어와 동사 넣기, 시제 및 수 일치에 유의하세요.)
- 적절한 어휘를 사용하세요. (쉬운 어휘 사용하기 e.g. buildings, trees, cars)
- 적정 속도로 여유 있게 말하세요. (빨리 말하면, 시간이 남아 당황합니다.)
- 편안하고 자연스럽게 말하세요.

실제 시험 화면

TOEIC® Speaking

Question 3: Describe a picture

Directions: In this part of the test, you will describe the picture on your screen in as much detail as you can. You will have 30 seconds to prepare your response. Then you will have 45 seconds to speak about the picture.

TOEIC® Speaking

PREPARATION TIME
00:00:30

준비 시간 30초간 할 일
★ 키워드(장소, 사람, 사물 등) 확인
★ 아는 단어에 집중하기
★ 모르는 단어는 상위어로 대체하기
★ 입 풀어 두기(시작 문장 준비)
★ 여유 있게 말하기로 마음먹기

TOEIC® Speaking

RESPONSE TIME
00:00:45

말하기 시간 45초간 할 일
★ (적정 속도로) 말하기
★ 발음, 강세, 억양에 주의하기
★ 문법 주의하기(주어와 동사)
★ 실수할 경우에도 계속 말하기
★ 자연스럽고 자신 있게 읽기

주의 사항
★ 시험 보기 전 입을 풀고 시작하기
★ 주변 사람의 영향받지 않기
★ 실수했을 때 차분히 대응하기
★ 모르는 단어도 자신 있게 말하기
★ 긴장을 풀고 편안하게 말하기

① 전략

Strategies

1 레벨 6, 7학습 전략

각자의 목표에 맞게 적용하세요.

❖ 레벨 6 학습 전략

Part 2 사진 묘사는 레벨 6를 맞는 학생들이 3점 배점에 평균 3점을 내는 비교적 쉬운 영역입니다. 본 교재의 템플릿을 활용하면 가장 빠르고 쉽게 점수를 낼 수 있습니다. 템플릿을 따르면, 자동으로 사진에 있는 내용(장소, 사람, 사물)을 골고루 묘사하게 되며, 무의식적으로 다양한 문장 구조 (e.g. There are~; I can see~; One person on the right side of this picture is ~)를 사용하게 됩니다.

레벨 6를 위해, 일단, 1) 템플릿을 암기하고, 2) 사진을 보며 템플릿에 끼워 넣을 단어(키워드)를 준비하는 연습을 한 후 (e.g. 장소 parking lot, 사람 two men, 사물 bicycles 등) 3) 템플릿에 키워드를 집어넣어 말하기 연습하기를 10번~20번 반복하세요. 템플릿은 빠른 시간 안에 익힐 수 있습니다. 어휘는 끝이 없을 수도 있지만, 쉽고 간단한 어휘를 사용한다면 빨리 정복할 수 있습니다. (중학교 영단어로도 만점 가능합니다. e.g. people, trees, cars, buildings, weather)

❖ 레벨 7 학습 전략

레벨 6가 3점 받는 쉬운 파트라니, 레벨 7은 당연히 만점을 받아야겠지요?

완벽한 3점을 받을 수 있도록, 정확하고 유창하게 하시기 바랍니다. 같은 3점대더라도 발음, 억양과 강세, 그리고 문법 등의 각 항목별로 높은 3점, 중간 3점, 낮은 3점의 세부 배점이 있습니다. 채점 기준 각 사항을 모두 주의해 완벽한 3점을 끊도록 하세요.

사실, 영어를 유창하게 하고, 템플릿 없이도 잘한다면? 템플릿을 공부하지 않아도 됩니다. 그러나 템플릿을 따르면 빨리 이 파트를 끝낼 수 있습니다. 쉬운 파트인 Part 2를 빨리 끝내고, 그 절약한 시간에 배점이 높고, 어려운 파트인 Part 5, 6에 더 시간을 투자하는 게 레벨 7, 8의 시간 전략입니다. 그래서 1) 템플릿대로 연습해 본 후 끝내도 됩니다. 만약, 더 연습하고자 한다면? 2) 템플릿을 변경해 보고 (문장의 순서, 내용, 표현을 변경), 3) 다양하고 정확한 어휘를 욕심내도록 하세요. (e.g. truck, sedan, taxi, sports car, van, convertible)

토스 필살기

- 많은 문제를 풀어 보기 위해? 토익 교재의 사진 묘사를 활용하세요.
- 점수를 위해? 지금 가진 문법과 어휘로도 충분함을 명심하세요.
- 실력을 위해 어휘와 표현력을 늘리고자 한다면? 사전을 찾는 습관을 들이세요.
- 재미있게 공부하려면? 스터디 멤버들과 각자의 실제 사진을 묘사해 보세요.
- 생생한 묘사는? 수식 형용사를 사용해 보세요 (number, opinion, size, shape, color, material)
  The trees have leaves. => The trees have many beautiful green leaves.

2 채점 기준 전략

Part 2의 채점 기준인 발음/강세/억양/문법/어휘를 파악하고, 주의 사항을 살펴봅니다.

▼ 발음

🎧 S1_Part 2_01

(1) 외래어 발음에 주의하세요. (e.g. 가디건, 선글라스, 셔츠)

X	She is wearing a cardigan. [시 이즈웨어링 어 가디건]
O	She is wearing a cardigan. [쉬 이즈웨어링 어 카알~디건] 한국식 발음인 '가디건' 대신, '카알~디건'이라고 발음하세요. 이때, 'r' 발음도 주의하세요.

(2) 한국어에 없는 발음을 유의하세요. (e.g. f, v, z, l, r, i:)

X	A couple is walking along the beach. [어 커플 이즈월킹얼롱 더 비치]
O	A couple is walking along the beach [어 커플 이ㅈ워어킹얼롱 더 비~취] walking의 'l'은 묵음이고 beach의 장모음 i: 임에 주의하세요.

(3) 모르는 단어의 발음은 말하지 마세요.

X	He has a mustache. [히 해즈 어 머스타크?]
O	He has a mustache. [히~ 해ㅈ 어 머스태~쉬] He 히~ (약간 길게 발음), has 해즈 →해ㅈ (한국식 '으' 끝발음을 떼세요.) mustache 머스태~쉬 (*이 단어의 발음을 모른다면, 말하지 않는 전략) 콧수염은 mustache [머스태~쉬], 턱수염은 beard [비얼~ㄷ]입니다.

▼ 강세

🎧 S1_Part 2_02

(1) 쉬운 단어도 다시 확인하세요.

X	This is a picture of a hotel. 쉬운 단어의 강세도 조심해야 합니다.
O	This is a picture of a hotel. 호텔의 2음절에 강세를 주세요.

(2) 장모음의 강세는 너 길게, 너 강하게 소리내세요.

X	The atmosphere is good. [디 애트머스피어이즈굿] 강세 없이 밋밋하게 읽지 마세요.
O	The atmosphere is good. [디 애~트머스피얼이ㅈ구웃] 장모음에 주의하세요.

(3) 강세에 확신이 없는 단어가 있다면 그 단어를 말하지 마세요.

X	One police officer is writing a ticket. [원 폴리스 오피셜이ㅈ라이팅 어 티켓]
O	One police officer is writing a ticket. [원 폴리~스오~피설 이ㅈ라이팅 어 티켓] 강세에 대한 자신이 없을 때, 이 문장은 One man is writing a ticket.이라고 해도 됩니다.

🔻 끊어 읽기와 억양

(1) 문장의 끝은 애매하게 남겨놓지 말고, 끝을 내리세요.

X	Many of them are wearing short sleeved shirts.→
O	Many of them are wearing short sleeved shirts.↘ 문장의 끝을 내리세요.

(2) 한국어에 없는 발음을 유의하세요. (e.g. f, v, z, l, r, i:)

X	In this picture, I can see three people. [인디스픽쳘아이캔씨이쓰리피플]
O	In this picture→, / I can see three people. // [인디스픽쳘～, 아이캔씨～쓰리피～플]

(3) 나열되는 항목은, A↗, B↗, and C↘ 억양을 사용하세요.

X	On the table, there are some pancakes, bananas, and drinks. 빨리 말해버리지 마세요.
O	On the table→, / there are some pancakes↗, / bananas↗, / and drinks.↘ // 나열할 때는 항목마다 쉬어 주세요.

🔻 문법에 주의하세요.

(1) 주어와 동사가 있는 문장으로 말하세요.

X	One woman cooking something.
O	One woman is cooking something.

(2) 수 일치 - 주어와 동사를 수 일치 시키세요. (단수 vs. 복수)

X	There is many trees along the path.
O	There are many trees along the path. There are 복수 명사

(3) 시제 - 묘사에서의 시제는 보통 현재 진행형을 사용합니다.

X	The man gave a presentation.
O	The man is giving a presentation.

🔻 어휘에 주의하세요.

(1) 자신 있는 단어만 쓰세요. 자신 없는 단어를 쓰면, 발음이나 문법이 틀릴 수 있습니다.

X	I can see many goose? gooeses? geese! 많은 거위가 보입니다.
O	I can see many birds. 많은 새가 보입니다.

(2) 어휘를 모르는 경우, 집착하지 말고 상위어로 올라가세요.

X	A man is cooking some dumplings. 한 남자가 만두를 요리하고 있습니다.
O	A man is cooking some food. 한 남자라 음식을 요리하고 있습니다.

(3) 과감하게 빼버리세요.

X	I can see a woman opposite from him. 그의 맞은편에 있는 한 여자가 보입니다.
O	I can see a woman. 한 여자가 보입니다.

▼ 편안하고, 자연스러우며 부드럽게 말하세요.

🎧 S1_Part 2_06

(1) 편안하게 말하기

X	They are relaxing on the beach. 긴장한 목소리와 속도로 말하지 마세요.
O	They are relaxing on the beach. 느긋한 목소리와 속도로 전달하세요.

(2) 자연스럽게 말하기

X	This picture reminds me of my last trip. 외운 것을 말하는 듯이 말하지 마세요.
O	This picture reminds me of my last trip. 좋았던 기억을 떠올리는 듯한 느낌으로 말하세요.

(3) 부드럽게 말하기

X	Many trees are planted in the background. 딱딱하게 말하지 마세요.
O	Many tree~s are pla~nted in the back~ground. 장모음을 길게 발음하며, 여유롭게 말하세요.

3 템플릿을 활용한 단계별 전략

템플릿은 말하기의 틀입니다. 내용만 바꿔서 사용하면 편리합니다.

❖ 템플릿 익히기

다음의 기본 템플릿을 암기하세요. 추후 사진에 맞게 활용하세요.

> **기본템플릿**
>
> 1. This is a picture of a(an) 장소.
> 2. There are (대략의) 인원수 here.
> 3. Some people are 동작 ing, and some others are 동작 ing.
> 4. One person (in the middle/on the left/on the right) has 외모(머리, 수염).
> 5. and she/he is wearing 외모(옷/가방/신발).
> 6. (In the foreground/In the background of this picture), I can see 사물.
> 7. The weather looks 날씨 묘사; The atmosphere looks 분위기 묘사.

❖ 가장 빈도가 높은 인물 위주의 템플릿을 기본으로 정했습니다. 사물 위주의 사진에서는 사물에 대한 비중을 늘리고, 다수의 사람이 등장하고 특정인을 잡기 힘든 경우, some people로 공통점을 설명하도록 하세요.

❖ 템플릿 채우기

이제, 템플릿을 내용으로 채웁니다.(사진 묘사 빈출 단어)

1. 장소	street, park, playground, beach, train station, market, café, restaurant, meeting room, (an) office	거리, 공원, 놀이터, 해변, 기차역, 시장, 카페, 음식점, 회의실, 사무실
2. 인원수	a couple of, several, some, a few, many, a lot of	(2~3명) 몇몇, (5~7명) 몇몇, (대략) 몇몇, 소수의 몇몇, 많은
3. 동작	standing, sitting, walking, talking to each other, reading a newspaper, talking on the phone, holding something	서 있다, 앉아 있다, 걷고 있다, 서로 이야기하고 있다, 신문을 읽고 있다, 전화를 하고 있다, 무언가를 잡고 있다
4. 외모	long hair, short hair, medium-length hair straight hair, curly hair, wavy hair blond hair, brown hair, gray hair, a beard	긴 머리, 짧은 머리, 중간 길이의 머리 생머리, 곱슬머리, 웨이브가 있는 머리 금발 머리, 갈색 머리, 흰머리, 수염
5. 복장	a shirt, pants, jeans, a bag, sunglasses a dress, a blouse, a skirt, a scarf, sneakers, high heels, sandals	셔츠, 바지, 청바지, 가방, 선글라스 원피스, 블라우스, 치마, 목도리 운동화, 하이힐, 샌들
6. 사물	trees, cars, buildings, a sign, a traffic light, a sofa, a table, a display stand	차, 나무, 건물, 간판, 신호등 소파, 테이블, 컴퓨터, 진열대
7. 날씨/분위기	good, nice, great, sunny, cloudy, peaceful, serious, pleasant	좋은, 화창한, 구름이 긴, 평화로운, 심각한, 즐거운

❖ 더 많은 어휘와 표현? 주제별 핵심 문장을 참조하세요!

▼ 템플릿을 활용한 학습 순서

템플릿의 개념을 이해했다면 이제 적용해 봅시다.

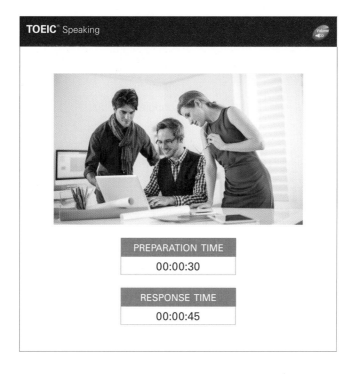

Step 1 템플릿의 단어를 준비하는 연습

장소, 인원, 동작, 외모, 사물, 느낌 등을 단어로 준비하세요.

Step 2 템플릿에 준비한 단어를 넣어, 문장으로 말하는 연습

사진에 따라 약간의 변형이 있을 수 있습니다.

> **템플릿**
>
> 1. This is a picture of a(an) 장소.
> 2. There are (대략의) 인원 here.
> 3. Some people are 동작 ing, and some others are 동작 ing.
> 4. One person (in the middle/on the left/on the right) has 외모(머리, 수염)
> 5. and she/he is wearing 외모(옷/가방/신발).
> 6. (In the foreground/In the background of this picture), I can see 사물.
> 7. The weather looks 날씨 묘사; The atmosphere looks 분위기 묘사.

Step 3 반복 연습하기

답안과 해설을 참조하며 반복하세요. 이때 녹음을 하면 좋습니다.

템플릿에 끼워 넣을 단어를 생각하는 연습을 합니다. 시험에서는 준비 시간 30초 동안 해야 하는 일입니다. 딱 3가지를 기억한다면? 장소, 사람, 사물로 기억하세요. 사진을 보자마자, 어디인지?, 사람은 어떤지?, 사물은 뭐가 어디에? 등을 파악하세요.

1. 장소	a meeting room, (an) office	회의실, 사무실
2. 인원수	a couple of, some, several	(2~3명) 몇몇
3. 동작	sitting down; standing next to him talking to each other working at a computer watching him	앉아 있고, 옆에 서 있다 서로 이야기하고 있다 컴퓨터로 일한다 지켜보고 있다
4. 외모	long hair, short hair	긴 머리, 짧은 머리
5. 복장	a dress, a shirt, a scarf	원피스, 셔츠, 머플러
6. 사물	a table, a laptop, pens, a pencil holder, a white door	테이블, 랩탑, 펜, 필통, 하얀 문
7. 날씨/분위기/느낌	good, pleasant	좋다, 즐겁다

주 의 사 항

- 문장이 아닌 단어로 생각하세요. (장소, 사람, 사물, 날씨, 추측)
- 모르는 어휘는? 상위어를 사용하세요. (e.g. 키보드를 친다 → 컴퓨터로 일한다)
- 모르는 어휘를 말하지 마세요. (추후에 공부하도록 합시다.)
- 긴장하지 말고, 쉬운 영역임을 기억하세요. (템플릿만 잘 따라가셔도 충분히 3점 냅니다.)
- 생각한 단어는 살짝 입으로 연습해 둡니다. (발음이 어려운지도 확인하세요.)

Step 2

문장으로 말하기
답변 시간 45초 대비

템플릿을 활용해 키워드를 문장으로 말하는 연습합니다. 문장을 잘못 만드는 학생들이 많은데, 기본은 There is/are ~, I can see ~입니다. 문장을 만들 때는 주어와 동사 넣기, 수 일치, 시제에 주의를 기억하세요. 여기에 부사구의 위치는 비교적 자유로우니 편하게 여기저기 붙이도록 하세요.

e.g. Next to him, I can see a woman. = I can see a woman (who is) next to him.

주 의 사 항

- 적정한 속도로 말하세요. (빨리 말하면, 실수 하고 시간도 남습니다.)
- 발음, 강세, 억양은 항상 유의하세요. (e.g. walking vs. working)
- 사진 묘사에서는 현재 진행형을 사용합니다. (e.g. She is talking on the phone.)
- 단수, 복수의 수 일치에 신경쓰세요. (e.g. They are; she is; he is)
- 사진 묘사에 편리한 구문을 사용하세요. (e.g. There are ~. I can see ~.)

Step 3

반복 연습하기
최소 10회

모범 답안과 해설을 참조해 자신의 답변을 다듬은 후, 반복 연습하세요.

'반복해야지'라는 마음만으로는 반복하기 힘들 수 있으니 다음의 반복 체크 리스트를 활용하세요. 그리고 타이머를 이용해, 시간 감각도 같이 키우기 바랍니다.

🔍 궁금해요 | 레벨 6와 레벨 7의 차이?

▶본 교재의 레벨 6 답안으로도 (사진 묘사) 3점 만점을 낼 수 있으나, 보통 레벨 7, 8을 받는 학생들은 다양한 문장 구조와 어휘를 사용하는 특성이 있습니다. 그러나 만점을 받기 위해 반드시 복잡한 문장 구조를 쓰거나, 어려운 어휘를 사용해야 하는 것은 아닙니다. 틀에 얽매이지 않고, 자유롭고 편안하게 이런 저런 묘사를 할 수 있도록 실력을 키우시기 바랍니다.

▶전반적으로 레벨 6 답안자들의 특성은 보통 둘로 나뉩니다.
1) 별로 틀리지 않으면서, 약간 느리게, 혹은 시간이 남게 이야기를 하거나, 2) 문법이나 발음에서 가끔 틀리지만, 버벅거리면서도 이런저런 많은 이야기를 하려고 하는 특성이 있습니다. 반면, 레벨 7은 약간의 사소한 실수가 있을 수는 있지만, 전반적으로 유창하고 편안하며, 정확하게 말을 합니다. 반복 연습하면 누구나 가능하니, 걱정하지 말고 끈기와 열정을 가지고 연습해 나가시길 바랍니다.

템플릿을 여러 개 외우면 오히려 혼란스러울 수도 있습니다.

일단, 기본 템플릿에 충실하되, 잘하고 욕심이 난다면 다른 틀도 사용해 보세요.

중심 대상과 주변 대상

추가 템플릿 1

This picture was taken at 장소. The main focus of this picture is 중심 대상. Next to 중심 대상, I can see 주변 대상 1. On the right/left side of this picture, 주변 대상 2. In the background of this picture, there are 주변 대상 3. It looks like 주관적 느낌.	이 사진은 ~에서 찍었습니다. 이 사진의 중심 대상은 ~입니다. ~의 옆으로, ~이 보입니다. 이 사진의 오른쪽(왼쪽)에는 ~이 있습니다. 뒤쪽에는 ~가 있습니다. ~ 한 것 같습니다.

예제 주관적 느낌 　　　　　　　　　　　　　　　　　🎧 S1_Part 2_07

그들은 좋은 시간을 보내고 있습니다.	It looks like they are having a great time.
사람들은 휴가를 즐기고 있는 것 같습니다.	It looks like people are enjoying their vacation.
즐겁고 활기찬 장소인 것 같습니다.	It looks like a pleasant and active place.

사물 중심의 사진

추가 템플릿 2

This is a photo taken at 장소. What I notice fist is 대상 1. 대상 1 특성 (개수, 크기, 모양, 색깔, 재료) Also, I can see some 대상 2. 대상 2 특성 (배치, 상태) To the right/left, there are/is some 대상 3. It seems that 주관적 느낌.	이 사진은 ~에서 찍은 사진입니다. 가장 먼저 눈에 띄는 것은 ~입니다. 그것은 ~합니다. 또, ~도 보입니다. ~는 ~합니다. 왼쪽으로는(오른쪽으로는) ~가 있습니다. ~것 같습니다.

예제 주관적 느낌 　　　　　　　　　　　　　　　　　🎧 S1_Part 2_08

많은 노란 택시가 줄을 서서 기다리고 있습니다.	Many yellow taxies are waiting in line.
도로 위에 있는 신호등이 보입니다.	I can see some traffic light (hanging over the road).
(선반에) 작은 물품들이 판매용으로 정리되어 있습니다.	Small items are arranged for sale (on the shelf).

- 문장 읽기를 위한 주제별 핵심 문장입니다.
- 최근 3년간 출제 빈도가 가장 높은 주제 순으로 정리했습니다.
- 눈으로만 보지 말고, 반드시 소리 내어 연습하세요.

✔ 회의실   🎧 S1_Part 2_09

1	People are having a meeting.	사람들이 회의를 하고 있다.
2	They are making a presentation.	그들은 발표를 하고 있다.
3	Some people are sitting around the table.	몇몇 사람들이 테이블 주변에 앉아 있다.
4	One man is raising his hand.	한 남자가 손을 들고 있다.
5	They are exchanging business cards.	그들은 명함을 교환하고 있다.
6	People are shaking hands.	사람들이 악수를 하고 있다.
7	People are listening to a speaker.	사람들은 연설자의 말을 듣고 있다.
8	She is using a projector.	그녀는 영사기를 사용하고 있다.
9	He is distributing materials.	그는 자료를 나누어 주고 있다.
10	One woman is writing in a notebook.	한 여자가 노트에 필기를 하고 있다.

✔ 사무실   🎧 S1_Part 2_10

1	She is making copies using a copy machine.	그녀는 복사기로 복사를 하고 있다.
2	He is working at a desk.	그는 책상에서 일하고 있다.
3	The man is examining a document.	그 남자는 서류를 검토하고 있다.
4	There is a file cabinet and a waste basket.	문서 보관함과 휴지통이 있다.
5	One person is putting the papers in a pile.	한 사람이 종이들을 쌓고 있다.
6	He is having a conversation with coworkers.	그는 동료들과 대화를 하고 있다.
7	He is entering some data into the computer.	그는 컴퓨터에 자료를 입력하고 있다.
8	She is typing up a document.	그녀는 서류를 타이핑하고 있다.
9	One woman is working at the keyboard.	한 여자가 키보드로 작업을 하고 있다.
10	Some memos are on the bulletin board.	게시판에 메모가 있다.

✔ 음식점

1	They are deciding what to eat.	그들은 무엇을 먹을지 결정하고 있다.
2	He is making an order.	그는 주문을 하고 있다.
3	One man is pouring juice into the cup.	한 남자가 주스를 컵에 따르고 있다.
4	They are having a light dinner.	그들은 간단한 저녁 식사를 하고 있다.
5	Some people are waiting to be seated.	몇몇 사람들이 자리를 기다리고 있다.
6	She is sipping her drink.	그녀는 음료수를 마시고 있다.
7	The server is taking an order.	종업원이 주문을 받고 있다.
8	They are putting food on their plates.	그들은 접시에 음식을 담고 있다.
9	Most of the seats are occupied.	대부분의 자리가 차 있다.
10	A person is paying for their meal.	한 사람이 음식 값을 지불하고 있다.

✔ 공원

1	They are seated on the bench.	그들은 벤치에 앉아 있다.
2	Some tourists are enjoying a scenic view.	몇몇 관광객들이 경치를 감상하고 있다.
3	One man is relaxing in the countryside.	한 남자가 시골 지역에서 쉬고 있다.
4	A couple is strolling along the path.	한 커플이 길을 따라 거닐고 있다.
5	Some people are taking a walk in the park.	몇몇 사람들이 공원에서 산책하고 있다.
6	They are taking a break on the lawn.	그들은 잔디에서 휴식을 취하고 있다.
7	They are dressed for cold weather.	그들은 추위에 대비해 따뜻하게 입고 있다.
8	The tree has lost all of its leaves.	나무의 잎이 다 떨어졌다.
9	Smoking is not allowed in this area.	이곳은 흡연이 허락되지 않는다.
10	People are passing through the trees.	사람들이 나무 사이를 지나가고 있다.

✔ 슈퍼마켓

1	One man is making a purchase.	한 남자가 뭔가를 구입하고 있다.
2	A woman is examining a product.	한 여자가 제품을 살펴보고 있다.
3	The man is loading groceries into the car.	그 남자는 식료품을 자동차에 싣고 있다.
4	He is picking out some fruit.	그는 과일을 고르고 있다.
5	She is pushing a cart.	그녀는 쇼핑 카트를 밀고 있다.
6	Behind the counter, there are some racks.	계산대 뒤에는 선반이 있다.
7	She is handing money to the cashier.	그녀는 돈을 직원에게 건네주고 있다.
8	One woman is paying for her purchase.	한 여자가 물건 값을 지불하고 있다.
9	He is weighing some goods.	그는 물건의 무게를 달아 보고 있다.
10	One man is wrapping up the items.	한 남자가 제품을 포장하고 있다.

✔ 주방 · 거실

1	She is chopping up some vegetables.	그녀는 야채를 썰고 있다.
2	He is cleaning the carpet.	그는 카펫을 청소하고 있다.
3	One woman is clearing dishes.	한 여자가 접시들을 치우고 있다.
4	Some plates have been laid out.	몇몇 접시가 놓여 있다.
5	A family is preparing some food.	한 가족이 음식을 준비하고 있다.
6	They are rearranging the furniture.	그들은 가구들을 재배치하고 있다.
7	Some people are relaxing on the sofa.	몇몇 사람들이 소파에서 쉬고 있다.
8	One woman is sharpening some knives.	한 여자가 칼을 갈고 있다.
9	She is stirring something.	그녀는 뭔가를 휘젓고 있다.
10	He is tying an apron.	그는 앞치마를 두르고 있다.

✔ 실험실

1	Some students are doing an experiment.	몇몇 학생들이 실험을 하고 있다.
2	They are wearing a lab coat.	그들은 실험복을 입고 있다.
3	He is wearing working gloves.	그는 작업용 장갑을 끼고 있다.
4	She is pouring liquid into a glass.	그녀는 유리관에 액체를 붓고 있다.
5	One man is looking through the microscope.	한 남자가 현미경을 들여다보고 있다.
6	They are setting up the equipment.	그들은 장비를 설치하고 있다.
7	One woman is labeling a sample.	한 여자가 표본에 라벨을 붙이고 있다.
8	She is holding up a test tube.	그녀는 시험관을 들고 있다.
9	They are using laboratory equipment.	그들은 실험 기구를 이용하고 있다.
10	One man is removing the lid.	한 남자가 뚜껑을 열고 있다.

✔ 미용실

1	A hairdresser is brushing the customer's hair.	한 미용사가 고객의 머리를 빗고 있다.
2	A woman is filing her nails.	한 여자가 손톱을 다듬고 있다.
3	He is getting his hair cut.	그는 이발을 하고 있다.
4	She is having her fingernails painted.	그녀는 손톱에 매니큐어를 칠하고 있다.
5	He is having his hair shampooed.	그는 머리를 감게 하고 있다.
6	He is having his moustache shaved.	그는 면도를 하게 하고 있다.
7	One person is holding up a mirror.	한 사람이 거울을 들고 있다.
8	The hairdresser is trimming the client's hair.	미용사는 손님의 머리를 손질하고 있다.
9	He is washing the client's hair.	그는 손님의 머리를 감겨 주고 있다.
10	She is blow-drying the client's hair.	그녀는 손님의 머리를 말리고 있다.

✔ 공사장

1	The building is under construction.	건물이 공사 중이다.
2	They are building a brick wall.	그들은 벽돌로 벽을 쌓고 있다.
3	One man is climbing up the ladder.	한 남자가 사다리를 오르고 있다.
4	He is digging a hole.	그는 구멍을 파고 있다.
5	The man is working with a tool.	그 남자는 도구로 작업을 하고 있다.
6	He is hammering pieces of wood.	그는 나무 조각에 망치질을 하고 있다.
7	One person is looking at the blueprint.	한 사람이 청사진을 보고 있다.
8	He is repairing a power cable.	그는 전선을 수리하고 있다.
9	They are sawing the boards.	그들은 판자를 톱질하고 있다.
10	Some people are unloading the shipment.	몇몇 사람들이 화물을 내리고 있다.

✔ 병원

1	Some people are in the waiting room.	몇몇 사람들이 대기실에 있다.
2	A man is checking his weight.	한 남자가 몸무게를 재고 있다.
3	She is examining an X-ray image.	그녀는 엑스레이 사진을 검토하고 있다.
4	The doctor is examining the patient.	의사가 환자를 진찰하고 있다.
5	One woman is filling out a medical form.	한 여자가 의료 문서를 작성하고 있다.
6	He is getting an injection.	그는 주사를 맞고 있다.
7	One man is pushing a wheelchair.	한 남자가 휠체어를 밀고 있다.
8	She is prescribing some medicine.	그녀는 약을 처방해 주고 있다.
9	He is having his temperature taken.	그는 체온을 측정하게 하고 있다.
10	She is speaking to the hospital receptionist.	그녀는 병원 접수원에게 이야기하고 있다.

✔ 도서관 · 서점

1	Some books are on the top shelf.	몇몇 책들이 꼭대기 선반에 있다.
2	They are browsing in a bookstore.	그들은 서점에서 책을 둘러보고 있다.
3	Some students are checking out books.	몇몇 학생들이 책을 대출하고 있다.
4	One man is putting away books.	한 남자가 책을 치우고 있다.
5	A woman is returning the books.	한 여자가 책을 반납하고 있다.
6	He is taking out his book.	그는 책을 꺼내고 있다.
7	The man is searching through the books.	그 남자는 책을 찾고 있다.
8	She is selecting books from the shelves.	그녀는 선반에서 책을 고르고 있다.
9	Some people are waiting in line.	몇몇 사람들이 줄을 서서 기다리고 있다.
10	The bookstore is filled with customers.	서점은 손님들로 가득 차 있다.

✔ 현관 · 정원

1	A woman is watering the plants.	한 여자가 식물에 물을 주고 있다.
2	He is trimming the branches of the tree.	그는 나뭇가지를 손질하고 있다.
3	Two women are sitting on the porch.	두 여자가 현관에 앉아 있다.
4	One person is scrubbing the steps.	한 사람이 계단을 닦고 있다.
5	The man is mowing the lawn.	그 남자는 잔디를 깎고 있다.
6	He is building a fence.	그는 울타리를 만들고 있다.
7	A woman is leaning against the railing.	한 여자가 난간에 기대어 있다.
8	The plant pots are all identical.	화분이 모두 같은 모양이다.
9	The houses are built in a similar style.	집들이 비슷한 모양으로 지어졌다.
10	Flowers are arranged on the patio.	꽃들이 테라스에 진열되어 있다.

✔ 호텔

1	He is checking into the hotel.	그는 호텔에서 체크인을 하고 있다.
2	One man is checking out of the hotel.	한 남자가 호텔에서 체크아웃을 하고 있다.
3	She is reserving a hotel room.	그녀는 호텔 방을 예약하고 있다.
4	They are standing at the front desk.	그들은 안내 데스크에 서 있다.
5	The receptionist is smiling at the customer.	접수 담당자가 손님을 향해 미소 짓고 있다.
6	Some customers are waiting in line.	몇몇 손님들은 줄을 서서 기다리고 있다.
7	She is making the bed.	그녀는 침대를 정리하고 있다.
8	Some people are descending the staircase.	몇몇 사람들이 계단을 내려오고 있다.
9	He is piling luggage on a cart.	그는 카트에 짐을 쌓고 있다.
10	One woman is pulling her luggage.	한 여자가 가방을 끌고 있다.

✔ 음악 · 스포츠

1	One man is lifting weights.	한 남자가 역기를 들고 있다.
2	They are relaxing in an indoor pool.	그들은 실내 수영장에서 쉬고 있다.
3	Some are swimming in a competition.	몇몇 사람들은 수영 대회에 참가 중이다.
4	One man is exercising on an indoor track.	한 남자가 실내 트랙에서 운동하고 있다.
5	A father is playing catch with his daughter.	아빠가 딸과 함께 캐치볼을 하고 있다.
6	They are performing in a concert hall.	그들은 콘서트홀에서 공연하고 있다.
7	He is performing a musical instrument.	그는 악기를 연주하고 있다.
8	They are playing music together.	그들은 함께 음악을 연주하고 있다.
9	He is leading the group.	그는 악단을 지휘하고 있다.
10	One woman is singing into a microphone.	한 여자가 마이크에 대고 노래하고 있다.

1	Cars are parked in a line.	차들이 한 줄로 주차되어 있다.
2	Some people are getting off the ride.	몇몇 사람들이 탈것에서 내리고 있다.
3	A group is boarding the train.	한 그룹이 기차를 타고 있다.
4	They are handing their tickets to the conductor.	그들은 차장에게 티켓을 건네고 있다.
5	The man is collecting tickets.	그 남자는 티켓을 모으고 있다.
6	The train is entering the station.	기차가 역에 들어서는 중이다.
7	He is filling his car with fuel.	그는 자동차의 연료를 채우고 있다.
8	They are fastening the seatbelt.	그들은 안전벨트를 매고 있다.
9	A police officer is directing traffic.	한 경찰이 교통 정리를 하고 있다.
10	They are improving the roadway.	그들은 도로를 개량하고 있다.

③ 연습

- Practice 1-5까지는 Step별 학습 순서를 따르고, Practice 6-10까지는 시험 환경에 맞춰 연습하세요.

Step 1

키워드를 준비하세요 (준비 시간 30초 대비)

장소, 사람, 사물, 날씨/분위기, 추측/상상 템플릿의 키워드를 준비하세요. 모르는 어휘는 상위어로 올라가거나 아예 말하지 않는 전략을 기억하세요. 출제 기관인 ETS에서도 특정 어휘를 모른다고 감점하지 않는다고 했습니다. 시간을 재서 연습할 때는 "잘하는 것만 보여주는 연습"을 하시고, 끝나면 사전을 찾아가며 실력을 키우도록 하세요. *답안에서는 사진에 따라 템플릿을 약간 변형하기도 했습니다.

Step 2

템플릿을 활용해, 문장 말하기 연습하세요 (말하기 시간 45초 대비)

템플릿을 활용해, 문장을 만들어 보세요. 이때, 말하기를 연습할 때는 반드시 적정한 속도로 말하도록 하세요. 영어를 꽤 잘하는 사람도 시험에서 너무 빨리 말해 버린 후, 시간이 많이 남으면 당황해서 오히려 반복하거나 실수하게 됩니다. 여유 있게 말하도록 노력하세요.

Step 3

반복 체크 박스 리스트를 이용해서 반복하세요 (최소 10번 이상)

모범 답안을 보며, 필요한 부분은 반복 연습하세요. 이때, 반복하겠다는 결심만으로는 부족할수 있습니다. 교재의 체크 박스를 이용해, 자신이 실제로 어떻게 하고 있는지를 기록함으로써 철저히 반복하시기 바랍니다. 최소 10번에서 20번, 많게는 50번도 해야 합니다. 하나를 유창하게 잘하게 되면, 새로운 사진을 만나더라도 잘 하시게 될 것입니다.

주 의 사 항

1. 바로 답안을 보기보다는 혼자 스스로 먼저 연습해 보세요.

스스로 먼저 풀어보고 답안을 참조하세요. 처음부터 모범 답안을 외우거나 답안을 보고 공부하면 그 답안밖에 못하는 사람이 됩니다. 혼자 먼저 시도해 보면 생각나는 점이 반드시 있을 것이며, 답안의 도움을 받아 보충하고 묘사하는 능력을 키우세요.

2. 실수하면? 그 부분을 다시 읽으세요.

약간의 실수는 괜찮습니다. 실제로 ETS의 3점 만점 답안 샘플들을 들어보면, '이게 만점이야?' 하는 답안들도 꽤 있습니다. 한국 학생들이 너무 로봇처럼 완벽하게 말하려고 하는데, 그러지 않아도 됩니다.

❖ Practice 1

Step 1 키워드를 준비하세요. (준비 시간 30초 대비)

장소	
사람	
사물	
날씨 / 분위기	
추측 / 상상 / 주관	

Step 2 템플릿을 활용해 문장으로 말하세요. (말하기 시간 45초 대비)

> * 사진에 따라 약간의 변형이 필요할 수 있습니다. (총 6~8문장)
> 1. This is a picture of a(an) 장소.
> 2. There are (대략의) 인원수 here.
> 3. Some people are 동작 ing, and some others are 동작 ing.
> 4. One person (in the middle/on the left/on the right) has 외모(머리, 수염)
> 5. and she/he is wearing 외모(옷/가방/신발).
> 6. (In the foreground/In the background of this picture), I can see 사물.
> 7. The weather looks 날씨 묘사; The atmosphere looks 분위기 묘사.

Step 3 모범 답안 참조하며 반복하기

〈키워드〉
장소 – 사무실
사람 – 3명, 안경, 조끼, 드레스
사물 – 책상, 랩탑, 창문
느낌 – 좋음

🎧 S1_Part 2_24

레벨 6
모범답안

▼ **기본 템플릿을 활용한 답안** (쉬운 어휘와 문장 구조)

장소 This is a picture of an office. 사람 There are three people here, two men and a woman. One man in the middle is sitting at a computer and the others are watching him. He is wearing eyeglasses, a vest, and a shirt. The woman next to him has long hair and is wearing a blue dress. 사물 In the foreground of this picture, I can see a big desk, some pens, and papers on the desk. In the background, there is a big monitor and a white door. 느낌 The atmosphere looks good.

> 사무실 사진입니다. 앉아서 컴퓨터로 일하는 남자 한 명과, 서서 그를 지켜보는 두 명의 사람까지, 세 명이 있습니다. 중간에 있는 남자는 짧은 머리이며, 일에 집중하고 있습니다. 그는 안경과 조끼, 셔츠를 입고 있습니다. 그의 옆에는 긴 머리의 푸른 원피스를 입은 여자가 있습니다. 사람들 앞에는 큰 책상이 있으며, 펜과 종이가 책상 위에 있습니다. 이 사진의 뒤쪽으로 큰 모니터와 흰 문이 보입니다. 분위기가 좋아 보입니다.

레벨 7
모범답안

▼ **기본 템플릿을 변형한 답안** (다양한 어휘와 문장 구조)

장소 This is a picture (which was) taken at an office. 사람 There are three people here, one man (who is) sitting at a computer and two others (who are) standing and watching him. The man in the middle has short hair and is concentrating on his work. He is wearing eyeglasses, a vest, and a shirt. Next to him is a woman (who is) wearing a blue dress. She has her hair in a ponytail. 사물 A big desk is in front of them, and some pens and papers are on the desk. In the background of this picture, I can see a big monitor and a white door. 추측 It looks like they are preparing a presentation.

> 이 사진은 사무실에서 찍은 사진입니다. 앉아서 컴퓨터로 일하는 남자 한 명과, 서서 그를 지켜보는 두 명의 사람까지, 세 명이 있습니다. 중간에 있는 남자는 짧은 머리이며, 일에 집중하고 있습니다. 그는 안경과 조끼, 셔츠를 입고 있습니다. 그의 옆에는 푸른 원피스를 입은 여자가 있습니다. 머리를 하나로 묶은 스타일로 하고 있습니다. 사람들 앞에는 큰 책상이 있으며, 펜과 종이가 책상 위에 있습니다. 이 사진의 뒤쪽으로 큰 모니터와 흰 문이 보입니다. 프레젠테이션을 준비하고 있는 것 같습니다.

해설

- 인원수는 정확하지 않아도 됩니다. There are some people here (who are) working.
- there is/are에서 가장 가까이에 있는 항목으로 동사의 단수/복수가 결정됩니다.

▼ *Practice 2*

Step 1 키워드를 준비하세요.(준비 시간 30초 대비)

장소	
사람	
사물	
날씨 / 분위기	
추측 / 상상 / 주관	

Step 2 템플릿을 활용해 문장으로 말하세요. (말하기 시간 45초 대비)

> * 사진에 따라 약간의 변형이 필요할 수 있습니다. (총 6~8문장)
>
> 1. This is a picture of a(an) 장소.
> 2. There are (대략의) 인원수 here.
> 3. Some people are 동작 ing, and some others are 동작 ing.
> 4. One person (in the middle/on the left/on the right) has 외모(머리, 수염)
> 5. and she/he is wearing 외모(옷/가방/신발).
> 6. (In the foreground/In the background of this picture), I can see 사물.
> 7. The weather looks 날씨 묘사; The atmosphere looks 분위기 묘사.

Step 3 모범 답안 참조하며 반복하기

〈키워드〉
장소 – 거리
사람 – 몇 명, 중간 남자, 재킷
사물 – 빌딩, 창문, 횡단보도, 비닐봉지
날씨 – 겨울

🎧 S1_Part 2_25

레벨 6
모범답안

↯ 기본 템플릿을 활용한 답안 (쉬운 어휘와 문장 구조)

This is a picture of a city. There are many people walking around. One man in the middle is crossing the crosswalk. He is wearing a hat, a jacket, and a beige pants. A person on the left side of this picture is wearing black clothes and carrying some plastic bags. In the background, there are tall buildings with many windows. The weather looks good and it looks like it is winter.

> 도시 사진입니다. 많은 사람들이 걷고 있습니다. 중간에 한 남성은 횡단보도를 건너고 있습니다. 이 남성은 모자, 재킷, 베이지색 바지를 입고 있습니다. 사진 좌측에 있는 한 사람은 검은색 옷을 입고 비닐 봉투 몇 개를 들고 있습니다. 배경에는 창이 많은 고층 건물들이 있습니다. 날씨는 좋은 것 같고, 겨울인 것 같습니다.

레벨 7
모범답안

↯ 기본 템플릿을 변형한 답안 (다양한 어휘와 문장 구조)

This picture was taken on a city street. There are some pedestrians going somewhere. One man in the middle is walking on the crosswalk. He is wearing a winter hat, a jacket and beige pants. On the left side of this picture, I can see a person (who is) carrying some shopping bags with both hands. In the background of this picture, there are tall buildings with many windows and some planted pots along the road. From people's clothes, I can tell it is winter.

> 이 사진은 도시의 거리에서 찍은 사진입니다. 보행자들이 어디론가 걷고 있습니다. 중앙의 한 남성은 횡단보도를 건너고 있습니다. 이 남성은 겨울용 모자, 재킷, 베이지색 바지를 입고 있습니다. 사진 좌측에는 양손에 쇼핑백을 든 한 사람이 보입니다. 사진 배경에는 창이 많은 고층 빌딩 등과 도로 옆으로 심어진 화분이 있습니다. 사람들의 옷차림으로 보건대 겨울 같습니다.

해설

- 멀리서 봐서 여자인지 남자인지, 혹은 무슨 옷인지 알아보기 힘든 사진도 많이 나옵니다. 정확히 하지 않아도 괜찮으니 대략 이야기하세요. (Some people are wearing casual clothes.)
- around는 전치사로 '~의 주변에'라는 뜻도 있지만 (e.g. around a table), 부사로서 '여기저기'라는 뜻이 있습니다. (e.g. 여기저기 걸어 다니다 walk around, 여기저기 쇼핑하고 다니다 shop around)
- 야외 사진에서는 날씨나 계절을 이야기하세요. (The weather looks cold.)
- 추가 문장으로 '건물 앞쪽에는 화분이 있다.'(In front of the buildings, there are some planted pots.)라고 해도 됩니다.

❖ *Practice 3*

Step 1 키워드를 준비하세요. (준비 시간 30초 대비)

장소	
사람	
사물	
날씨 / 분위기	
추측 / 상상 / 주관	

Step 2 템플릿을 활용해 문장으로 말하세요. (말하기 시간 45초 대비)

> * 사진에 따라 약간의 변형이 필요할 수 있습니다. (총 6~8문장)
>
> 1. This is a picture of a(an) 장소.
> 2. There are (대략의) 인원수 here.
> 3. Some people are 동작 ing, and some others are 동작 ing.
> 4. One person (in the middle/on the left/on the right) has 외모(머리, 수염)
> 5. and she/he is wearing 외모(옷/가방/신발).
> 6. (In the foreground/In the background of this picture), I can see 사물.
> 7. The weather looks 날씨 묘사; The atmosphere looks 분위기 묘사.

Step 3 모범 답안 참조하며 반복하기

〈키워드〉
장소 – 카페
사람 – 3, 커플, 서버
사물 – 테이블, 의자, 쟁반, 나무
분위기 – 좋음

🎧 S1_Part 2_26

레벨 6
모범답안

✦ 기본 템플릿을 활용한 답안 (쉬운 어휘와 문장 구조)

This is a picture of a restaurant. There are three people here, a couple and a server. The couple is sitting at the table and ordering food. The man is wearing a polo shirt and pants and he is smiling. The server ((who is)) standing next to him)) has long hair. She is wearing an apron and writing down the order. In the background of this picture, I can see some tables, chairs, and trees. The atmosphere looks good.

> 식당 사진입니다. 세 명이 있는데 커플 한 쌍과 종업원 한 명입니다. 커플은 테이블에 앉아 음식을 주문하고 있습니다. 남성은 폴로 셔츠와 바지를 입고 있으며 미소 짓고 있습니다. 남성 옆에 서 있는 종업원은 머리가 깁니다. 종업원은 앞치마를 두르고 주문을 받아 적고 있습니다. 배경으로 테이블, 의자, 나무가 보입니다. 분위기가 좋아 보입니다.

레벨 7
모범답안

✦ 기본 템플릿을 변형한 답안 (다양한 어휘와 문장 구조)

This is a picture taken at a restaurant. What I notice first is a server writing down the order. She has a tray in her arm and is wearing a navy apron and a white shirt. In front of her, there is a couple. The woman is holding a cup and she has long blond hair. She has her legs crossed. The man is wearing a polo shirt and smiling. On the table, I can see a small flower pot and cups. In the background of this picture, I can see some palm trees and some bottles arranged on the shelf. It looks like they are having a great time.

> 식당에서 찍은 사진입니다. 처음 보이는 것은 주문을 받아 적는 종업원입니다. 팔에 쟁반 하나를 들고 있으며 파란색 앞치마와 흰색 치마를 입고 있습니다. 종업원 앞에는 커플 한 쌍이 있습니다. 여성은 컵을 들고 있으며 긴 금발머리입니다. 그녀는 다리를 꼬고 있습니다. 남성은 폴로 셔츠를 입고 미소 짓고 있습니다. 테이블 위에는 작은 화분 한 개와 컵들이 보입니다. 사진 배경에는 야자수 몇 그루가 보이고 선반에 정렬된 병이 몇 개 있습니다. 그들은 즐거운 시간을 보내고 있는 것처럼 보입니다.

해설

– 어디 사진인지 잘 모를 때는 '실내 사진이다'(This is an indoor picture)라고 하세요.
– couple은 단수 취급합니다.
– 길게 말하다 틀릴 것 같다면? The server has long hair라고 짧게 말해도 됩니다. 그러나 실력 향상을 위해 명사 수식어구를 붙이고, 다양한 문장 구조로 연습해 보세요.
  The server / standing next to him / has long hair.
  The server / who is standing next to him / has long hair.
– 추가적으로 "벽에 시계도 있다"(Also, there is a clock hanging on the wall.)라고 해 보세요.

▼ *Practice 4*

Step 1 키워드를 준비하세요.(준비 시간 30초 대비)

장소	
사람	
사물	
날씨 / 분위기	
추측 / 상상 / 주관	

Step 2 템플릿을 활용해 문장으로 말하세요. (말하기 시간 45초 대비)

> * 사진에 따라 약간의 변형이 필요할 수 있습니다. (총 6~8문장)
>
> 1. This is a picture of a(an) 장소.
> 2. There are (대략의) 인원수 here.
> 3. Some people are 동작 ing, and some others are 동작 ing.
> 4. One person (in the middle/on the left/on the right) has 외모(머리, 수염)
> 5. and she/he is wearing 외모(옷/가방/신발).
> 6. (In the foreground/In the background of this picture), I can see 사물.
> 7. The weather looks 날씨 묘사; The atmosphere looks 분위기 묘사.

Step 3 모범 답안 참조하며 반복하기

〈키워드〉
장소 – 실험실
사람 – 몇 명, 남자, 여자
사물 – 현미경, 비커, 실험도구
분위기 – 진지

🎧 S1_Part 2_27

**레벨 6
모범답안**

▼ **기본 템플릿을 활용한 답안** (쉬운 어휘와 문장 구조)

This is a picture of a laboratory. There are some people doing their research. One man on the left is standing and looking through a microscope. He is wearing special glasses, a lab coat, and white working gloves. Some other people are concentrating on their research. In the foreground of this picture, I can see a big table and some laboratory equipment on it. In the background, there is a big blackboard with formulas. The atmosphere looks serious.

> 실험실 사진입니다. 연구를 하는 사람들이 있습니다. 좌측의 한 남성은 서 있고 현미경을 통해 들여다보고 있습니다. 특수 안경을 쓰고, 실험복을 입고 있으며 하얀색 실험용 장갑을 끼고 있습니다. 몇몇 다른 사람들은 연구에 집중하고 있습니다. 사진 앞쪽에 큰 테이블과 몇 가지 실험 도구들이 그 위에 보입니다. 뒤쪽에 공식들이 적혀있는 큰 칠판이 있습니다. 진지한 분위기입니다.

**레벨 7
모범답안**

▼ **기본 템플릿을 변형한 답안** (다양한 어휘와 문장 구조)

This picture was taken at a chemistry laboratory. On the left side of this picture, I can see a man who is looking through a microscope. He is wearing protective glasses, a white lab coat, and gloves. In the middle of this picture, one woman with red brown hair is doing her experiment. Next to her is a man with gray hair. There are many colorful liquids and tools on the table, and I see a blackboard in the background. Some formulas are written on the board. It looks like they are analyzing the liquids.

> 화학 실험실에서 찍힌 사진입니다. 사진 좌측에는 한 남성이 현미경을 들여다보고 있습니다. 보호경을 끼고, 흰색 실험실 가운과 장갑을 끼고 있습니다. 사진 중앙에는 붉은 갈색 머리를 한 여성이 실험을 하고 있습니다. 여성 옆에는 흰 머리가 있는 남성이 있습니다. 책상 위에는 색이 다양한 액체와 도구들이 있으며 배경에는 칠판이 한 개 있습니다. 공식 몇 가지가 칠판 위에 적혀 있습니다. 액체 물질들을 분석하고 있는 것처럼 보입니다.

해설

> – 특정한 어휘를 모른다고 감점되지 않습니다. 현미경(microscope), 비커(beaker)가 생각나지 않는다면 장비(equipment)라고 하세요.
> – 사물 어휘에 자신이 없을 때는 사람을 한 명 더 이야기하세요.
> – '수학 공식'을 뜻하는 formula를 모르면 말 안 해도 됩니다.
> – 추가적으로 "이 사진은 내 화학 수업을 생각나게 한다"(This picture reminds me of my chemistry class.)라고 말해도 좋습니다.

❖ *Practice 5*

Step 1 키워드를 준비하세요.(준비 시간 30초 대비)

장소	
사람	
사물	
날씨 / 분위기	
추측 / 상상 / 주관	

Step 2 템플릿을 활용해 문장으로 말하세요. (말하기 시간 45초 대비)

> * 사진에 따라 약간의 변형이 필요할 수 있습니다. (총 6~8문장)
>
> 1. This is a picture of a(an) 장소.
> 2. There are (대략의) 인원수 here.
> 3. Some people are 동작 ing, and some others are 동작 ing.
> 4. One person (in the middle/on the left/on the right) has 외모(머리, 수염)
> 5. and she/he is wearing 외모(옷/가방/신발).
> 6. (In the foreground/In the background of this picture), I can see 사물.
> 7. The weather looks 날씨 묘사; The atmosphere looks 분위기 묘사.

Step 3 모범 답안 참조하며 반복하기

〈키워드〉
장소 – 미용실
사람 – 미용사, 손님
사물 – 의자, 거울, 제품, 선반
분위기 – 좋음

🎧 S1_Part 2_28

레벨 6
모범답안

🌱 기본 템플릿을 활용한 답안 (쉬운 어휘와 문장 구조)

This is a picture of a hair salon. There are some people here, two hair dressers and two customers. One man in the middle is sitting down, and the woman behind him is trimming his hair. She has long hair and is wearing a white shirt and black pants. On the right side of this picture, the other hair dresser is doing her customer's hair. In the background, I can see a big mirror, some chairs, and bookshelves. Also, there are some lights hanging from the ceiling. The atmosphere looks good.

> 미용실 사진입니다. 사람들이 몇 명 있는데 미용사 2명과 손님 2명입니다. 중앙에 있는 남성은 앉아 있고, 그 남성 뒤에 여성이 그의 머리를 손질하고 있습니다. 여성은 긴 머리이고 흰색 셔츠와 검은색 바지를 입고 있습니다. 사진 우측에는 또 다른 미용사가 손님의 머리를 해주고 있습니다. 배경에는 큰 거울, 의자 몇 개, 책꽂이들이 보입니다. 또한 천장에는 조명들이 달려 있습니다. 분위기가 좋아 보입니다.

레벨 7
모범답안

🌱 기본 템플릿을 변형한 답안 (다양한 어휘와 문장 구조)

It looks like this picture was taken at a hair salon. Two hairdressers are working with their customers. The female hairdresser on the left is trimming the customer's hair, and the customer is wearing a black gown. She has long hair and is wearing a white shirt and black pants. The hair dresser on the right is wearing similar clothes. She is straightening her customer's hair using a hair iron. Her customer is sitting on a silver chair. In the background, I can see a big round mirror and some bookshelves. Some lights are hanging from the ceiling.

> 미용실에서 찍은 사진처럼 보입니다. 미용사 두 명이 손님 머리를 해주고 있습니다. 좌측의 여성 미용사는 손님의 머리를 다듬고 있고, 손님은 검은색 가운을 입고 있습니다. 그녀는 긴 머리이며 흰색 셔츠와 검은색 바지를 입고 있습니다. 우측의 미용사는 비슷한 옷을 입고 있습니다. 매직기를 사용해서 손님 머리를 펴고 있는 중입니다. 손님은 은색 의자에 앉아 있습니다. 뒤로는 큰 둥근 거울 한 개와 책꽂이 몇 개가 보입니다. 천장에는 조명이 몇 개 달려 있습니다.

해설

> – 미용실이라는 단어를 모를 수 있습니다. 당황하지 말고 This is an indoor picture라고 하세요.
> – light은 불빛일 때는 셀 수 없는 명사지만, 조명일 때는 셀 수 있는 명사입니다.
> – '머리 하다'는 쉬운 동사로 do hair하면 됩니다. (She is doing her hair.)
> – '~하게 하다' 구문은 have something p.p.를 사용해 보세요. (She is having her hair cut, She is having her hair dyed)

Practice 6

TOEIC Speaking

Question 3: Describe a picture

Directions: In this part of the test, you will describe the picture on your screen in as much detail as you can. You will have 30 seconds to prepare your response. Then you will have 45 seconds to speak about the picture.

PREPARATION TIME
00:00:30

RESPONSE TIME
00:00:45

〈키워드〉
장소 – 도서관
사람 – 사서, 학생들
사물 – 데스크, 책장, 책,
분위기 – 조용함

🎧 S1_Part 2_30

레벨 6
모범답안

❖ **기본 템플릿을 활용한 답안** (쉬운 어휘와 문장 구조)

This is a picture of a library. There are some people standing in line. One man on the left is sitting at a desk and helping people check out books. He is wearing a blue shirt. A woman student is checking out a book. She has long hair and is wearing a gray cardigan, jeans, and sneakers. In the background, there are many books arranged in the bookshelves. The atmosphere looks peaceful and calm.

> 도서관 사진입니다. 사람들이 줄 서 있습니다. 좌측의 한 남성은 책상에 앉아 있고 사람들이 도서 대출하는 것을 돕고 있습니다. 이 남성은 파란색 셔츠를 입고 있습니다. 한 여학생이 책 한 권을 대출하고 있습니다. 여학생은 머리가 길고 회색 가디건, 청바지, 운동화를 착용하고 있습니다. 뒤로는 책꽂이에 책들이 많이 꽂혀 있습니다. 분위기는 평화롭고 차분해 보입니다.

레벨 7
모범답안

❖ **기본 템플릿을 변형한 답안** (다양한 어휘와 문장 구조)

This is a picture taken at a library. One man wearing a blue shirt is sitting at the counter. He is helping people check out books. One woman with long hair is handing over a book to the man. She is wearing a gray shirt, jeans, red sneakers. Behind her is a man wearing a shoulder bag and beige pants. There is another woman standing in line and she is wearing a red check-patterned shirt. Many books are arranged neatly in shelves and this looks like a calm place.

> 도서관에서 찍은 사진입니다. 파란색 셔츠를 입은 한 남성은 카운터에 앉아 있습니다. 그는 사람들이 대출하는 것을 도와주고 있습니다. 긴 머리 여성은 책 한 권을 남성에게 건네주고 있습니다. 여성은 회색 셔츠, 청바지, 빨간 운동화를 신고 있습니다. 여성 뒤로는 한 남성이 어깨에 매는 가방과 베이지색 바지를 입고 있습니다. 줄 서 있는 또 다른 여성은 빨간 체크 남방을 입고 있습니다. 책 여러 권이 선반에 가지런히 정렬되어 있고 조용한 장소처럼 보입니다.

해설

> – 어디 사진인지 잘 모를 때는 This is an indoor picture라고 하세요.
> – cardigan은 [가디건]이 아닌 [카알~디건]이라고 발음하세요.
> – 모든 사람을 설명할 수는 없습니다. 특징 있는 사람 한두 명만 설명하세요.
> – 추가 문장으로 "줄 끝의 남자는 줄무늬 티셔츠를 입고 있고, 책을 들고 있다."라고 해보세요.
>   The man at the end of the line is wearing a striped shirt and is holding some books.

Practice 7

TOEIC Speaking

Question 3: Describe a picture

Directions: In this part of the test, you will describe the picture on your screen in as much detail as you can. You will have 30 seconds to prepare your response. Then you will have 45 seconds to speak about the picture.

PREPARATION TIME
00:00:30

RESPONSE TIME
00:00:45

〈키워드〉
장소 – 거리
사람 – 많은 사람, 연주가, 행인
사물 – 가게, 간판, 차양, 창문, 건물
날씨 – 맑음

🎧 S1_Part 2_32

레벨 6
모범답안

♨ **기본 템플릿을 활용한 답안** (쉬운 어휘와 문장 구조)

This is a picture of a street. There are many people here. Some people are standing and playing musical instruments. One man in the middle is standing and playing the guitar. He has curly hair and is wearing casual clothes. On the right side of this picture, there is another person who is playing the violin. She has brown hair and is wearing a short-sleeved T-shirt. In the background of this picture, I can see many people going somewhere. Also, there are buildings with many windows and a lamp post on the street. The weather looks good. It looks like a sunny and bright day.

> 거리 사진입니다. 많은 사람들이 이곳에 있습니다. 몇몇은 서서 악기를 연주하고 있습니다. 중앙에 한 남성은 서서 기타를 연주합니다. 이 남성은 곱슬머리이며 편한 옷차림입니다. 사진 우측에는 또 다른 사람이 바이올린을 켜고 있습니다. 갈색 머리이며 짧은 소매의 티셔츠를 입고 있습니다. 사진 배경으로는 어디론가 향하는 사람들이 많이 보입니다. 또한 창이 많은 건물들과 거리 위에 가로등 하나가 있습니다. 날씨는 좋아 보입니다. 맑고 화창한 날인 것 같습니다.

레벨 7
모범답안

♨ **기본 템플릿을 변형한 답안** (다양한 어휘와 문장 구조)

This is a picture of an outdoor concert. What I notice first is a musician in the middle wearing beige. He has curly brown hair and is playing some musical instrument. Another musician on the right is playing the violin. He is wearing a short-sleeved, light green shirt. On the left side of this picture, I can see many people walking in various directions. Some of them are wearing sunglasses and some are wearing backpacks. In the background, there are some buildings with many windows. It looks like a beautiful sunny day.

> 야외 콘서트 사진입니다. 처음으로 보이는 건 중앙에 베이지색 옷을 입은 뮤지션입니다. 이 남성은 곱슬머리이며 몇 가지 악기를 연주하고 있습니다. 우측에 또 다른 뮤지션은 바이올린을 켜고 있습니다. 이 남성은 짧은 소매의 연두색 셔츠를 입고 있습니다. 이 사진 좌측에는 많은 사람들이 다양한 방향으로 걷고 있는 것이 보입니다. 그중 일부는 선글라스를, 일부는 배낭을 매고 있습니다. 배경으로는 창이 많은 건물들이 있습니다. 아름답고 화창한 날인 것 같습니다.

해설

– 템플릿의 첫 문장이 지겹다면? This is a picture of a street performance라고 해도 됩니다.
– 악기 앞에는 항상 the를 붙입니다. He is playing the guitar/the piano/the violin.
– 반팔 티셔츠 short-sleeved T-shirt는 short sleeve T-shirt라고 해도 되며, Short sleeve shirt라고 해도 됩니다.

▼ *Practice 8*

TOEIC Speaking

Question 3: Describe a picture

Directions: In this part of the test, you will describe the picture on your screen in as much detail as you can. You will have 30 seconds to prepare your response. Then you will have 45 seconds to speak about the picture.

PREPARATION TIME
00:00:30

RESPONSE TIME
00:00:45

〈키워드〉
장소 – 해변
사람 – 많은 사람들
사물 – 야자수, 구름, 건물
날씨 – 좋음

🎧 S1_Part 2_34

레벨 6
모범답안

❤ **기본 템플릿을 활용한 답안** (쉬운 어휘와 문장 구조)

This is a picture of a beach. There are many people having a great time, here. Some people are lying on the beach, and some are sitting and watching the waves. On the right side of this picture, there are three women walking along the beach. All of them are wearing swimsuits. In the background, there are tall buildings and houses. The weather looks nice. The blue sky is high and beautiful.

> 해변 사진입니다. 이곳에서 많은 사람들이 즐거운 시간을 보내고 있습니다. 일부는 해변가 위에 누워 있고 일부는 앉아서 파도를 바라보고 있습니다. 사진 우측에는 여자 세 명이 해변가를 따라 걷고 있습니다. 모두 수영복을 입었습니다. 뒤로는 고층 빌딩과 주택들이 있습니다. 날씨가 좋아 보입니다. 파란 하늘이 높고 아름답습니다.

레벨 7
모범답안

❤❤ **기본 템플릿을 변형한 답안** (다양한 어휘와 문장 구조)

This picture shows people having a great time at the beach. Some people are lying down and sunbathing, while some other people are walking on the beach, and some people are swimming in the sea. People are in their colorful swimsuits and look very happy. In the middle of this picture, I can see a man who is resting his chin on his arm and watching the waves. There are many buildings in the background and I guess they are hotels. White clouds are in the sky and it looks like a perfect day for going to a beach.

> 해변에서 즐거운 시간을 보내는 사람들을 보여 주는 사진입니다. 일부는 누워서 일광욕 중이고 일부는 해변가를 걷고 있으며 어떤 이들은 바다에서 수영을 하고 있습니다. 사람들은 형형색색의 수영복을 입고 있으며 매우 행복해 보입니다. 사진 중앙에는 팔에 턱을 괴고 파도를 바라보는 한 남성이 보입니다. 뒤로는 건물들이 많은데 호텔인 것 같습니다. 흰 구름이 하늘 위에 떠 있고 해변으로 놀러 가기에 완벽한 날인 것 같습니다.

해설

> – 수영복은 swimsuit, swimming suit, bathing suit, swimming clothes라고 합니다.
> – "파도를 구경하고 있다"는 watching (the) waves라고 합니다.
> – 하늘도 묘사해 보세요. The blue sky is high and there are white clouds in the sky.
> – 추가적으로 "사람들이 휴가를 온 것 같다"(I guess they are on a vacation.)라고 해 보세요.

Practice 9

TOEIC Speaking

Question 3: Describe a picture

Directions: In this part of the test, you will describe the picture on your screen in as much detail as you can. You will have 30 seconds to prepare your response. Then you will have 45 seconds to speak about the picture.

PREPARATION TIME
00:00:30

RESPONSE TIME
00:00:45

〈키워드〉
장소 – 주유소
사람 – 3명, 자전거 타는 사람, 서 있는 사람
사물 – 자동차, 주유소, 전봇대, 간판, 수풀
분위기 – 평화로움

🎧 S1_Part 2_36

레벨 6
모범답안

★ 기본 템플릿을 활용한 답안 (쉬운 어휘와 문장 구조)

This is a picture of a gas station. There are some people here. Two people are standing and talking to each other. One of them is leaning against his truck, and he is wearing a shirt and pants. To the right, I can see another man (who is) riding a bicycle. He has short hair and is wearing a short sleeve shirt and jeans. In the foreground, there are some dry bushes and in the background, there are some buildings. The atmosphere (of this picture) looks peaceful.

주유소 사진입니다. 이곳에 사람들이 몇 명 있습니다. 두 명은 서 있고 서로 대화를 하고 있습니다. 이 중 한 명은 트럭에 몸을 기대어 서 있고 셔츠와 바지를 입었습니다. 우측에는 자전거를 탄 남성이 보입니다. 이 남성은 머리가 짧고 소매가 짧은 셔츠와 청바지를 입었습니다. 사진 앞쪽에는 건초 수풀이 있고 뒤로는 건물 몇 채가 있습니다. 사진 분위기는 평화로워 보입니다.

레벨 7
모범답안

★ 기본 템플릿을 변형한 답안 (다양한 어휘와 문장 구조)

This is a picture of a road. Some colorful cars are lined up along the road and some people are standing and talking to each other. One of them is leaning against his car. In the foreground, I can see a man riding a bicycle. In the far foreground, there are some dry bushes. In the background of this picture, there is a gas station and a telephone pole next to it. Also, I can see a tall signboard to the right of the station. It looks peaceful.

도로 사진입니다. 여러 가지 색의 자동차가 길을 따라 줄 서 있고 몇몇 사람들은 서서 서로 이야기를 나누고 있습니다. 이 중 한 명은 자동차에 몸을 기대고 있습니다. 앞쪽에는 자전거를 탄 남성이 보입니다. 더 앞쪽에는 건초 수풀이 있습니다. 사진 뒤쪽으로 주유소가 있고, 그 옆에, 전봇대 하나가 서 있습니다. 주유소 우측에 길게 서 있는 간판이 하나 보입니다. 평화로운 것 같습니다.

해설

– 어디 사진인지 잘 모를 때는 This is an outdoor picture라고 하세요.
– 전봇대(telephone pole)를 말하고 싶은데, 영어로 모른다면 말하지 마세요.

 *Practice 10*

TOEIC Speaking

Question 3: Describe a picture

Directions: In this part of the test, you will describe the picture on your screen in as much detail as you can. You will have 30 seconds to prepare your response. Then you will have 45 seconds to speak about the picture.

PREPARATION TIME
00:00:30

RESPONSE TIME
00:00:45

<키워드>
장소 - 교실
사람 - 선생님, 손 드는 학생
사물 - 책상, 의자, 칠판
분위기 - 즐거움, 활기참

🎧 S1_Part 2_38

레벨 6
모범답안

☞ 기본 템플릿을 활용한 답안 (쉬운 어휘와 문장 구조)

This is a picture of a classroom. There are many people here, a teacher and her students. In the middle of the picture, the teacher is standing and pointing at something. She is wearing a formal jacket, and pants. In the foreground of this picture, I can see many students (who are) sitting at the desks and raising their hands. Most of them are wearing short sleeved shirts, so I guess it is summer. In the background, there is a big blackboard. The atmosphere looks pleasant.

교실 사진입니다. 사람이 많은데, 교사 한 명과 학생들입니다. 사진 중앙에는 교사가 서서 무언가를 가리키고 있습니다. 교사는 정장 재킷과 바지를 입고 있습니다. 사진 앞쪽에는 많은 학생들이 책상에 앉아서 손을 들고 있는 것이 보입니다. 대부분의 학생들이 소매가 짧은 셔츠를 입은 것을 보니 여름인 것 같습니다. 뒤로는 큰 칠판이 있습니다. 분위기가 즐거워 보입니다.

레벨 7
모범답안

☞ 기본 템플릿을 변형한 답안 (다양한 어휘와 문장 구조)

This is a picture of a classroom. What I notice first is a female teacher standing and smiling brightly. She has long hair and is wearing a beige jacket and white pants. She is pointing at a figure on the blackboard. Students are sitting at their desks and all of them are raising their hands. They look very active. I can see one female student wearing green, and another one wearing purple. This picture reminds me of my school days.

교실 사진입니다. 처음 눈에 띄는 것은 여교사가 서서 밝게 웃는 모습입니다. 이 여성은 긴 머리이고 베이지색 재킷과 흰색 바지를 입었습니다. 그녀는 칠판 위 도형을 가리키고 있습니다. 학생들은 책상에 앉아 있고 모두가 손을 들고 있습니다. 매우 활발해 보입니다. 초록색 옷을 입은 여학생과 보라색 옷을 입은 다른 학생이 보입니다. 이 사진은 제 학창시절을 떠올리게 합니다.

해설

- 더이상 할 말이 없을 때는 사람을 한 명 더 골라서 설명하세요.
  On the left, I can see a girl student who has long hair.(왼쪽에 머리가 긴 여학생이 보입니다.)
- 추가 문장으로 '칠판의 필기로 봐서, 수학 선생님일 것 같다.'(From the notes on the board, she must be a mathematics teacher.)라고 할 수 있습니다.
- 또 다른 문장으로 '모든 학생들은 적극적으로 참여하고 있다.'(All students are participating actively.)도 좋습니다.

유형 파악

번호	유형	준비 시간	말하기 시간	평가 기준	점수
Q4~Q6	질의응답	없음	각 15초, 15초, 30초	발음, 강세, 억양, 문법, 어휘, 일관성, 내용의 적절성, 내용의 완전성	3

채점 기준

평가 지침		
	3점	**질문에 적절한 대답을 한다.** ☐ 거의 항상 매끄럽고 일관되게 표현하며 이해가 매우 쉽다. ☐ 정확하고 적절한 어휘를 사용한다. ☐ 질문에 적절한 구문을 사용한다.
	2점	**질문에 적절한 대답을 한다.** ☐ 거의 항상 매끄럽고 일관되게 표현하며 이해가 매우 쉽다. ☐ 정확하고 적절한 어휘를 사용한다. ☐ 질문에 적절한 구문을 사용한다.
	1점	**적절한 응답을 하지 못한다.** ☐ 표현력 때문에 평가자가 이해하는 데 상당히 어려움을 겪는다. ☐ 어휘 사용이 부정확하고 같은 어휘를 자주 반복한다. ☐ 구문 사용이 내용에 지장을 준다.
	0점	**무응답 혹은 질문과 답변의 연관성이 없다.**

고득점을 받으려면?

- 발음, 강세, 억양에 주의하세요. (시험을 치는 동안 항상 평가되는 사항입니다.)
- 문법에 맞게 말하세요. (주어와 동사 넣기, 시제 및 수 일치에 유의하세요.)
- 의문사에 초점을 맞추어, 질문에 적절한 대답을 하세요. (e.g. how often, when, where)
- 답변 시간이 남아도 되며, 추가 답변 중에 시간이 끝나도 됩니다. (채점 기준만 만족한다면)
- 자연스럽고 유창하게 말하세요.

Respond to Questions

실제 시험 화면 (Type 1과 Type 2 중 하나가 랜덤으로 출제)

 **Type 1** 마케팅 리서치를 위한 전화 설문에 참여

TOEIC® Speaking

Questions 4-6: Respond to questions

Directions: In this part of the test, you will answer three questions. For each question, begin responding immediately after you hear a beep. No preparation time is provided. You will have 15 seconds to respond to Questions 4 and 5 and 30 seconds to respond to Question 6.

지시 화면이 나오면?

★ 주제어로 문제를 예측하기
★ [예측] Yes or No 문제가 가능한지?
★ [예측] 육하원칙 문제가 가능한지?
★ [예측] Describe 문제가 가능한지?
★ 시제에 유의할 것 명심하기!

TOEIC® Speaking

Imagine that an Australian marketing firm is doing research in your country. You have agreed to participate in a telephone interview about fast food.

Q4. How often do you eat out at a fast food restaurant?

RESPONSE TIME
00:00:15

Q5. What was the last time you went to a fast food restaurant, and who did you go with?

RESPONSE TIME
00:00:15

Q6. What are some advantages of eating fast food?

RESPONSE TIME
00:00:30

말하기 시간 15초, 30초간 할일?

★ 의문사에 반드시 대답하기
★ 적정 속도로 말하기
★ 발음, 강세, 억양에 주의하기
★ 문법에 주의하기(주어, 동사, 시제)
★ 시간 남겨도 됨을 기억하기

주의 사항

★ 준비 시간이 없다는 점에 유의하기
★ 할말이 없으면 지어서라도 말하기
★ 평소에 쓰지 않던 어휘 쓰지 말기
★ 틀릴 거라면? 추가로 말하지 말기
★ 남는 시간? 다음 문제 예측하기

TOEIC® Speaking

Questions 4-6: Respond to questions

Directions: In this part of the test, you will answer three questions. For each question, begin responding immediately after you hear a beep. No preparation time is provided. You will have 15 seconds to respond to Questions 4 and 5 and 30 seconds to respond to Question 6.

지시 화면이 나오면?
★ 전화 대상 & 주제어로 문제 예측
★ [예측] 6하 원칙 문제가 가능한지?
★ [예측] 개인적 느낌, 의견, 경험
★ [예측] 연계된 질문 생각해 두기
★ 시제에 유의하기로 마음먹기

TOEIC® Speaking

Imagine that you are talking on the telephone with a friend. You are talking about hobbies.

Q4. What hobby do you enjoy most, and why do you like it?

RESPONSE TIME
00:00:15

Q5. When and where did you do the hobby recently?

RESPONSE TIME
00:00:15

Q6. Okay, now tell me how you became interested in that hobby.

RESPONSE TIME
00:00:30

말하기 시간 15초, 30초간 해야 할 일
★ 의문사에 반드시 대답하기
★ 적정 속도로 말하기
★ 발음, 강세, 억양에 주의하기
★ 문법에 주의하기 (주어, 동사, 시제)
★ 시간 남겨도 됨을 기억하기

주의 사항
★ 준비 시간이 없다는 점에 유의하기
★ 할 말이 없으면, 지어서라도 말하기
★ 평소에 쓰지 않던 어휘 쓰지 말기
★ 틀릴 거라면? 추가로 말하지 말기
★ 남은 시간? 다음 문제 예측하기

Part 3 신유형 200% 이해하기

① 기존 유형이 마케팅 리서치에 응답하는 과제였다면, 랜덤으로 출제되는 추가된 신유형은 친구, 가족, 직장 동료 등의 지인의 질문에 응답하는 과제입니다. 대화를 나누는 대상이 다르며, 일상적이고 평이한 소재로 문제가 출제되나, 질문에 대답한다는 점에는 기존과 동일하며 채점 기준도 마찬가지입니다.

② 기존 유형을 응시한 적이 있다면 가장 먼저 인식할 것은 지시 부문인데요, 기존에는 맨 뒤에 배치되어 있는 "주제어"만 파악하면 되었다면,

〈기존〉 Questions 4-6 of 11

Imagine that a British marketing firm is doing research in your country.
You have agreed to participate in a telephone interview about fitness centers.

신유형에서는 "대화 대상"과 "주제어"를 모두 파악해, 그에 맞게 대답해야 합니다.

〈추가된 신유형〉 Questions 4-6 of 11

You are having a telephone conversation with your friend about holidays.

③ 가장 큰 변화는 주제로, 지인과의 대화인 만큼 일상적이고, 개인적이며, 친근한 주제들이 출제됩니다. 응답을 할 때도 출제 의도에 맞게 개인의 경험이나 주관적인 느낌, 실생활 관련 이야기를 해야 합니다.

예상되는 주제

clothing (옷), food (음식), hobby (취미), music (음악), workout (운동), movie (영화), shopping (쇼핑), school (학교), transportation (교통), dry cleaner's (세탁소), grocery store (식품점), pets (애완동물), touring the downtown (시내 관광), party (파티), holiday (휴일), weekend (주말), advice (조언), fruit (과일), furniture (가구), parenting (양육), relaxing (휴식), real estate (부동산), books (책), gift (선물), anniversaries (기념일)

기존과 마찬가지로 4, 5, 6번 질문이 연계되어 출제됩니다.

Q4   What interesting places would you recommend if I visit your hometown?
(당신의 고향을 방문할 때, 어떤 흥미로운 장소를 추천해 주시겠습니까?)

Q5   How can I get there from the airport? (공항에서 거기까지 어떻게 가야 합니까?)

Q6   What activities can I do there? (거기에 가서 어떤 활동을 할 수 있습니까?)

다음은 개인적인 이야기를 할 때 필요한 표현들이니 익혀두도록 하세요.

[경험] In my case~, [의견] In my opinion~, [추천] I recommend you should~, [제안] Why don't you~?
[제시] There are some options. First, you can ~. Also, you can ~. [추측과 생각] I guess/think~.
[염려] I'm afraid you can't ~.

자연스럽게 이야기를 이어나가기 위해, um…/well…/actually, …/basically, …/you know …/I mean … 등의 filler를 사용할 수도 있는데 생각하고 있다는 의미로 방해되지 않을 정도로만 아주 가끔 사용하세요.

1 전략 Strategies

1 레벨 6, 7 학습 전략
각자의 목표에 맞게 적용하세요.

♥ 레벨 6 학습 전략

Part 3 질의응답은 레벨 6를 맞는 학생들은 3점 배점에 모두 2점 혹은 그 이상의 점수를 받는 쉽지도 그리 어렵지도 않은 영역입니다. 약간의 문법적인 실수나, 발음상의 문제, 혹은 유창하게 말하지 못하는 문제 등이 있을 수 있으나, 기본적으로 질문한 내용에 대한 적절한 내용을 말한다면 점수를 낼 수 있습니다. 본 교재의 템플릿을 활용하면, 자동으로 문장 구조(e.g. I think that ~ , This is because ~, That's why ~)를 잡게 되어 논리적인 대답을 하게 됩니다. 또한, 핵심 문장 (e.g. 시간, 돈, 거리, 느낌, 유용성)을 익히면, 여러 문제에 적절한 답변을 할 수 있게 됩니다.

레벨 6을 위해 1) 템플릿을 익히고 2) 문제를 보고 템플릿에 끼워 넣을 키워드를 준비하는 연습을 한 후 (e.g. 가격 price, 위치 location, 편리함 comfort) 3) 키워드를 문장에 넣어 말하는 연습을 10번 ~20번 반복하세요. 한 가지 유의할 점은? 키워드를 선택할 때는, 내가 하고 싶은 말보다는, 할 수 있는 말을 하도록 준비하세요. (하고 싶은 말은? 추가 학습 목표로 잡도록 합시다.)

♥ 레벨 7 학습 전략

레벨 7을 받는 학생들은 질의응답에서 절반 이상을 3점 받습니다. 물론, 어떤 파트에서 좀 더 못하고, 다른 파트에서는 좀 더 잘하고 해서 총점으로 결정되긴 하지만, 평균적으로 볼 때, 약간의 실수는 있을 수 있으나 큰 문제없이 말하는 파트입니다. 레벨 7을 목표로 하는 학생들은 보통 유창한데, 오히려 문법에 맞게 정확하게 말하도록 유의하고, 이런 저런 이야기를 하다가 자신의 이야기에 취해 횡설수설하게 되어버리지 않도록 유의하세요.

레벨 7 학습자들은 템플릿을 따라도 되고, 따르지 않아도 됩니다. 형식은 어떻게 하든 잘하리라 생각되나, 중요한 것은 내용(무엇을 말할 것인가)인데, 다양한 주제로 많은 문제를 풀어보는 것이 시험 대비에 가장 좋은 방법입니다. 본 교재의 빈출 표현을 단순한 표현 암기로만 보지 마시고, 스스로 문제를 풀어보는 방식으로 학습하세요. 예를 들어, 1) 어떤 영화를 좋아하나요? 라는 문제에 대해 2) 본인 대답을 말해 본 후 3) 유용한 표현을 익히면 실전 대비까지 동시에 하게 됩니다.

 토스 필살기

- 점수를 위해? 내가 할 수 있는 말을 먼저 생각하세요.
- 실력을 위해? 하고 싶은 말에 도전하며 못하는 말은 사전도 찾고, 도움을 구하세요.
- 재밌게 공부하려면? 스터디 멤버들과 영어 회화를 하듯이 질문 대답을 주고받아 보세요.

채점 기준 전략

Part 3의 채점 기준인 발음/강세/억양/문법/어휘, 내용의 적절성/완성도를 숙지하세요.

▼ 발음

🎧 S1_Part 3_01

(1) 외래어 발음에 주의하세요. (e.g. 바나나, 마라톤, 스타)

	Q. What is your favorite fruit?
X	I like bananas and mangoes. [아이 라이크 바나나즈 앤 망고즈]
O	I like bananas and mangoes. [아이 라이크 버네너~ㅈ 애앤 매앵~고우즈] 한국식 발음인 바나나와 망고에 주의하세요.

(2) 한국어에 없는 발음을 유의하세요. (e.g. f, v, z, l, r, i:)

	Q. Do you prefer to travel alone or with others?
X	We can share good information. [위 캔 세어 굳 인포메이션]
O	We can share good information. [위 캔 쉐어~ㄹ 구두~ㄷ 인포얼~메이션] sh 발음, good 장모음, information의 'f' 발음, 중간 'r' 발음에 주의하세요.

▼ 강세

🎧 S1_Part 3_02

(1) 쉬운 단어도 다시 확인하세요.

	Q. Which do you prefer: audio books or paper books?
X	I prefer audio books instead of paper books. 프리펄은 1음절 강세가 아닙니다.
O	I prefer audio books instead of paper books. 프리펄의 2음절에 강세를 주세요.

(2) 장모음의 강세는 더 길게, 더 강하게 소리내세요.

	Q. What are the advantages of being a leader?
X	Being a leader can have many advantages. [빙어리더 캔 해브 매니 어드벤테이지즈]
O	Being a leader can have many advantages. [비이~잉 어 리이~더르 캐앤 해~브 매애~니 어드배앤~니지즈] being, leader, have에서 장모음 i:, ae를 주의하세요.

▼ 끊어 읽기와 억양

🎧 S1_Part 3_03

(1) 문장의 끝은 애매하게 남겨놓지 말고, 끝을 내리세요.

	Q. Do you like to spend your vacation at the beach and why?
X	Yes, I like spending my vacation at the beach.→
O	Yes, I like spending my vacation at the beach.↘ 문장의 끝을 내리세요.

(2) 한국어에 없는 발음을 유의하세요. (e.g. f, v, z, l, r, i:)

	Q. Which do you consider the most when you buy a watch: brand, price, or function?
X	Among the three options, I consider the brand the most.\\//
O	Among the three options,→/ I consider the brand the most.\\//

(3) 나열되는 항목은, A/, B/, and C\ 억양을 사용하세요.

	Q. What have you bought recently?
X	I bought some shirts, pants, and jackets. [아이보트 썸셔츠팬츠재킷츠]
O	I bought some shirts,/ pants,/ and jackets.\\// [아이버어트 썸 셔얼츠, 패앤츠, 애앤 재애킷츠]

❤️ 문법에 주의하세요.　　　　　　　　　　　　　　🎧 S1_Part 3_04

(1) 주어와 동사가 반드시 있어야 합니다.

	Q. How do you go to school or work?
X	Bus 단어로 대답하지 마세요.
O	I go to school by bus. 질문에서 사용된 동사를 사용하세요.

(2) 수 일치 - 주어와 동사를 수 일치 시키세요. (단수 vs. 복수)

	Q. What kind of restaurant is the most popular in your area?
X	Fast food restaurants is the most popular in my area. 복수면 복수 동사 are
O	Fast food restaurants are the most popular in my area.

(3) 시제 - 묘사에서의 시제는 보통 현재 진행형을 사용합니다.

	Q. Where did you go on your last vacation?
X	I go to Jeju island on my last vacation. 과거 시제 질문이었음에 주의하세요.
O	I went to Jeju island on my last vacation. 시제를 반드시 제대로 해야 합니다.

❤️ 어휘에 주의하세요.　　　　　　　　　　　　　　🎧 S1_Part 3_05

(1) 자신 있는 단어만 쓰세요. (자신 없는 단어를 쓰면 발음이나 문법이 틀릴 수 있습니다.)

	Q What museum did you visit recently?
X	I went to The National World War II museum. [I went to the national word wa second…? two.. second? museum] world는 'r' 'l' 발음 때문에 어려울 수 있습니다.
O	I went to a history museum. 시간이 남아도 되니, 정확하고 자신 있는 말만 하세요.

(2) 어휘를 모르는 경우 집착하지 말고 상위어로 올라가세요.

	Q. What kind of jewelry do you usually wear?
X	I usually wear a bracelet and an anklet.
O	I usually wear a ring. 쉬운 어휘로 점수 내세요. earrings, a necklace도 편한 단어겠지요?

🔻 내용의 적절성에 주의하세요.   🎧 S1_Part 3_06

(1) 의문사에 집중하세요.

	Q. How often do you usually work out?
X	I usually work out for two hours. 두 시간? 기간을 물어보지 않았습니다.
O	I usually work out every day. 빈도를 대답하세요.

(2) Yes, No 질문은 가능한 Yes, No를 먼저 밝히고, 문제의 내용을 그대로 이야기하세요.

	Q. Do you like hosting a party?
X	I don't like parties. 파티를 좋아하냐 물어본 게 아니니, 물어본 내용에 딱 대답해야 합니다.
O	No, I don't like hosting a party. 물어본 것에 명확히 답변을 한 경우입니다.

🔻 내용의 완전성에 주의하세요.   🎧 S1_Part 3_07

(1) 두 가지를 한 질문에 물어보면, 두 가지 모두 대답해야 합니다.

	Q. When was the last time you went to a live concert, and who did you go with?
X	The last time I went to a live concert was last Saturday. 누구와 갔는지가 없습니다.
O	Last Saturday, I went to a live concert with my friends. 두 가지 모두를 대답했습니다.

(2) 주관적인 부분은 설명 하세요.

	Q. What is the most important thing to consider when you buy breakfast?
X	The most important thing is the promptness of service.
O	The most important thing is the promptness of service because I don't want to wait in a long line. As a student, I have a very tight schedule. (why가 없더라도, 주관적인 부분은 설명을 하는 것이 듣는 사람에게 의미상으로 명확합니다)

3 템플릿을 활용한 단계별 전략
템플릿을 배운 후 내용을 넣어보세요.

✦ 템플릿 익히기

다음의 기본 템플릿을 학습하고 주제에 맞게 활용하세요.

Q4 & Q5에 대한 빈출 유형 - 빈도, 개수, 기간, 거리, 시간, 장소, 사람, 종류 등에 대한 질문

[빈도] How often do you ~?	I usually ~ 빈도 (once / twice / three times a week).
[개수] How many ~ do you ~?	I usually ~ 개수 (two / three / ten) ~(s).
[기간] How long does it take ~?	It takes 시간 (thirty) minutes/hours.
[비용] How much does it cost ~?	It costs 돈 (10) dollars/won.
[거리] How far is ~?	It is 거리 miles/kilometers apart.
[시간] When do you ~?	I ~ 시기 (in the morning/on the weekend / in my free time).
[과거 시점] When was the last time~	It was 과거 시점 (yesterday/a week ago/last Friday) (that I ~).
[사람] Who usually ~?	사람 (my friend/my family) usually ~.
[종류] What kind of ~ do you usually ~?	I usually ~ 종류 (sneakers, high heels, tennis shoes). / My favorite kind of 종류 is ~.
[장소] Where do you usually ~?	I usually ~ 장소 (at home/in a library).

Q6에 대한 빈출 유형 - 이유, 선호, 믿음, 의견 등에 대한 질문 (주로 이유까지 설명해야 함)

[고려사항] What do you consider the most ~ when ~?	The most important thing I consider is 항목. This is because 이유.
[이유] Why do people ~?	People ~ because 이유.
[선호] Which do you prefer, A or B?	I prefer A because it is 이유1. Also, 이유2.
[생각] Do you think ~?	Yes, I think ~. (No, I don't think ~) This is because 이유. To be specific, 구체적 사항.
[묘사] Describe your ~.	It was 시간. I did 무엇 with 사람. It was 느낌.
[장점/단점] What are the advantages (disadvantages) of ~?	One advantage (disadvantage) is ~. Another advantage (disadvantage) is ~.
[선택] Which is the best: A, B, or C?	I think ~ is the best because ~. In addition, ~.
[경험] Tell me a situation when you ~.	When I was ~, I ~.
[취향] What is your favorite ~?	My favorite ~ is ~. When I ~, I feel ~.

[요청] What do you suggest ~?	I suggest that S + (should) V
[장소] Which place would you recommend ~?	I would recommend ~ because 이유. There, you can 활동. The atmosphere is 느낌.

❖ 더 많은 어휘와 표현? 주제별 핵심 문장을 참조하세요.

↯ 템플릿 채우기

템플릿으로 질문에 답변할 유용한 구문 (e.g. 시간이 걸리다 It takes ~)이 해결되었다면, 실질적인 내용 (e.g. 30분 걸린다 It takes 30 minutes)을 채울 차례입니다. 사진 묘사와는 달리, 질의응답부터는 내용을 채우기가 쉽지 않은데요.

1) 다음 테이블의 내용 키워드를 숙지하면?

많은 곳에 적용 가능합니다. 일단, 최대한 익히시고 다른 문제에도 적용해 보세요.

예를 들어, 다음 테이블의 내용에는 '집 살 때 가장 중요한 게 뭐냐?' 하면 '가격이다. 왜냐하면 나는 부자가 아니며, 빚지고 싶지 않다.'는 답변을 하는데, 이런 내용은 다른 많은 질문에도 적용 가능합니다. 실제로, 돈이나 가격은 우리의 의사 결정에 중요한 영향을 미치는 요소입니다. 다른 예로, 향수를 살 때도, 가구를 살 때도, 병원을 고를 때도, 가격을 생각해야 하잖아요?

또한, 2) 본 교재의 핵심 문장과 모범 답안을 참조하면?
쉽고 적절한 아이디어에 대한 감각과 표현력을 모두 키우실 수 있습니다.

마지막으로, 답변 문장을 만들 때는?
질문에 사용된 표현을 답변으로 가져다 쓰면 편리하다는 것을 알아두세요.
e.g. How often do you use perfume? → I use perfume everyday.
이렇게 질문에 따라 기본 문장 구조를 잡은 후, 키워드(everyday)를 넣어주면 됩니다.

1. 빈도	How often do you eat out?	I usually eat out once a week.
2. 개수	How many credit cards do you have?	I have two credit cards.
3. 기간	How long does it take to clean your house?	It usually takes 30 minutes to clean my house.
4. 비용	How much do you usually spend for electricity a month?	I usually spend about $100 a month to pay my electric bill.
5. 거리	How far is the nearest department store?	The nearest department store is about 200 meters apart. (from my house)
6. 시간	When do you meet your friends?	I usually meet my friends on the weekend.
7. 과거	When was the last time you had a party?	The last time I had a party was yesterday.
8. 사람	Who usually gives advice to you?	My family usually gives advice to me.
9. 종류	What kind of movies do you like?	I like action movies.
10. 장소	Where do you usually read books?	I usually read books at home.

★ 다음은 질의응답 Q4 & Q5의 빈출 질문과 답변입니다.

1. 빈도	얼마나 자주 외식을 하는지?	저는 일주일에 한 번 외식을 합니다.
2. 개수	신용 카드를 몇 개 가지고 있는지?	저는 신용 카드를 두 개 가지고 있습니다.
3. 기간	청소하는 데 얼마나 걸리나?	보통 청소하는 데 30분 걸립니다.
4. 비용	전기비로 보통 한 달에 얼마 쓰는지?	저는 전기세로 약 100달러 정도 씁니다.
5. 거리	가장 가까운 백화점은 얼마나 먼지?	가장 가까운 백화점은 집에서 200미터 정도 떨어져 있습니다.
6. 시간	언제 친구를 만나나요?	저는 주로 주말에 친구를 만납니다.
7. 과거	가장 최근에 한 파티는 언제였나요?	저는 어제 파티를 했습니다.
8. 사람	누가 보통 당신에게 조언을 주나요?	저는 가족에게 조언을 얻습니다.
9. 종류	어떤 종류의 영화를 좋아하나요?	저는 액션 영화를 좋아합니다.
10. 장소	어디서 주로 책을 읽나요?	저는 집에서 주로 책을 읽습니다.

★ 다음은 질의응답 Q6의 빈출 주제입니다. (3~5문장)

1. 사물	What is the most important thing to consider when buying a house?	The most important factor is the price. I'm not rich and I don't want to go into debt to buy a house. So, I would consider the price most within my budget.
2. 이유	Do you like clothes shopping, why or why not?	Yes, I like shopping clothes because it is fun. Actually, I am a student and I get a lot of stress. So, while shopping clothes, I can release stress and get pleasure!
3. 선호	Do you prefer to travel alone or with others?	I prefer to travel with others because we can help each other. We can share good information about traveling, and when a problem happens, we can solve it together.
4. 의견	Is it good for students to have part time jobs?	I think having a part time job is good for students. This is because they can broaden their social experience. To be specific, they can learn the value of money, and meet many people.
5. 묘사	Describe your last trip.	It was last weekend. I went to Jeju island with my high school friends. It was really interesting and fun. (we went to a beautiful beach and took a lot of photos!)
6. 장점	What are the advantages of using a mobile phone?	One advantage of using a mobile phone is that I can carry it. Another advantage is that I can listen to music with it.
7. 선택	Which is the best source of learning: reading books, the Internet, or friends?	I think reading books is the best way to learn. This is because reading books is easy. To be specific, we can read books anywhere, anytime, and gain knowledge.

★ 다음은 질의응답 Q6의 빈출 주제입니다. (3~5문장)

1. 사물	집을 살 때 가장 중요한 사항은?	가장 중요한 것은 가격입니다. 저는 부자가 아니며, 집을 사기 위해 빚을 지고 싶지도 않습니다. 그래서 제 예산 내에서 가격을 고려할 것입니다.
2. 이유	옷 쇼핑을 좋아하나요? 왜 그런가요?	네, 저는 옷 쇼핑을 좋아하는데, 재미있기 때문입니다. 사실, 저는 학생인데 스트레스를 많이 받습니다. 그래서, 쇼핑을 하면서 스트레스를 풀고 즐거움을 얻습니다.
3. 선호	혼자 여행하는 것을 좋아하나요, 같이 여행하는 것을 좋아하나요?	저는 같이 다니는 것을 좋아합니다. 다른 사람들과 함께 다니면 서로 도울 수 있습니다. 좋은 여행 정보를 공유하거나, 문제가 생기면 함께 해결할 수도 있습니다.
4. 의견	학생 때 파트타임으로 일하는 것이 좋다고 생각하는지?	저는 파트타임 일을 하는 것이 학생들에게 좋다고 생각합니다. 왜냐하면 사회적 경험을 늘릴 수 있기 때문입니다. 돈의 가치를 배울 수 있고, 많은 사람들을 만날 수 있습니다.
5. 묘사	최근에 갔던 여행을 묘사하세요.	지난 주말이었는데 저는 고등학교 친구들과 함께 제주도로 갔습니다. 너무 재미있었습니다. (아름다운 해변에 가서 사진도 많이 찍었습니다!)
6. 장점	휴대 전화의 장점은 뭔가요?	휴대 전화 사용의 한 가지 장점은 제가 들고 다닐 수 있다는 것입니다. 또 다른 장점은 휴대 전화로 음악도 들을 수 있습니다.
7. 선택	배울 때 최고의 방법은: 책, 인터넷, 친구?	저는 책으로 배우는 게 최고라고 생각합니다. 책을 읽는 것은 쉽기 때문인데요. 구체적으로 말하자면, 언제 어디서나 책을 읽고 지식을 얻을 수 있습니다. * 사실, 위의 일반 답안은 인터넷이나 친구로 바꿔도 맞는 말이 됩니다. 쉽다거나 좋다는 것은 주관적인 것인데, 자신의 생각을 밝히면 됩니다. * 만약, 만족스럽지 못하다면? 연습 문제의 레벨 7 모범 답안을 참조하세요. 비교 대상을 명확히 하고, 어떤 면에서 어떤 선택이 나을지를 설명할 수 있다면 좋습니다.

템플릿의 개념을 이해했다면, 이제 적용해 봅시다.

TOEIC Speaking

Imagine that a British marketing firm is doing research in your country. You have agreed to participate in a telephone interview about giving a gift.

Q4. How often do you prepare for a gift?

RESPONSE TIME
00:00:15

Q5. When was the last time you bought a gift and who was it for?

RESPONSE TIME
00:00:15

Q6. What do you consider the most when you buy a gift?

RESPONSE TIME
00:00:30

Step 1 키워드를 준비하는 연습

질의응답 영역은 준비 시간이 따로 없으니, 해석을 하면서 바로 할 말을 생각하세요.

Q4. 빈도	
Q5. 과거 시점, 사람	
Q6. 고려 사항	

Step 2 템플릿을 활용해 문장으로 말하세요

1) 템플릿 구문과, 2) 질문의 표현을 사용해, 3) 준비한 키워드를 문장으로 말하세요.

Q4. 빈도	I usually ~.
Q5. 과거 시점, 사람	It was 과거 시간 that I ~. I ~ for 사람.
Q6. 고려 사항	The most important thing I consider when ~ is 고려 사항. This is because 이유. To be specific, 구체적 사항.

Step 3 반복 연습하기 (최소 10번 연습 추천)

답안과 해설을 참조하며, 반복하세요. 이때, 녹음을 하면 좋습니다.

템플릿에 끼워 넣을 단어를 생각하세요.

Q4. 빈도	한 달에 한 번 (once a month)
Q5. 과거 시점, 사람	어제 (yesterday), 엄마 (my mother)
Q6. 고려 사항	가격(price), 학생(student), 빠듯한 예산 (tight budget)

Step 2
문장으로 말하기

템플릿을 활용해, 키워드를 문장으로 말하는 연습을 합니다.

Q4. 빈도	한 달에 한 번 (once a month)
Q5. 과거 시점, 사람	어제 (yesterday), 엄마 (my mother)
Q6. 고려 사항	가격(price), 학생(student), 빠듯한 예산 (tight budget)

Step 3
문장으로 말하기

템플릿을 활용해, 키워드를 문장으로 말하는 연습합니다.

궁금해요 레벨 6와 레벨 7의 차이?

▶ Part 3에서 제시된 레벨 6 답안을 "유창하고 정확하게" 한다면, 3점 만점을 낼 수 있습니다. 이 파트에서는 시간이 남아도 되며, 말하다가 말을 다 못 끝낸 채로 시간이 끝났다고 해서 점수가 안 나오는 것은 아닙니다. 중요한 것은 채점 기준을 만족했느냐입니다. 보통 레벨 6 학생들은 아이디어를 생각하느라 꾸물거리고, 생각난 아이디어를 영어로 표현하는 데도 다소 어려움이 있는데요. 가장 쉽고 적절한 아이디어로 레벨 6 답안으로 제시했으니, 이대로 흡수하세요.

▶ 레벨 7 학생들은 보통 편안하고 유창하게 말을 잘 해나갑니다. 만약 이 파트에서 문제가 생긴다면? 할 말이 없는 게 (레벨 6 학생들과 같은 문제) 가장 큰 문제인데요. 할 말만 있다면, 이야기를 잘할 수 있을 것입니다. 레벨 7 모범 답안은 레벨 6 모범 답안에 더해, 다양하고, 더 구체적인 아이디어를 얻는 데 도움이 될 것입니다. 여기에 해설까지 200% 응용하도록 하세요.

4 시간 전략

지시 화면이 나오는 시간과 말하기 시간에 해야 할 일에 대해서 한 번 더 정리합니다.

자세한 사항은 이전 설명과 예제를 참조하세요.

▼ 지시 화면이 나오면?   🎧 S1_Part 3_10

▶ 키워드로 문제를 예측하기

e.g. 가구 – 가구의 종류, 구입 장소, 언제 샀는지?

▶ [예측] Yes or No 문제가 가능한지?

e.g. 가구를 온라인으로 사나요? Do you purchase furniture online?

▶ [예측] 6하 원칙 문제가 가능한지?

e.g. 어디서 가구를 사나요? Where do you buy furniture?

▶ [예측] Describe 문제가 가능한지?

e.g. 최근에 산 가구를 묘사해 보세요. Describe a piece of furniture you have bought recently.

▶ 시제에 유의하기로 마음먹기

e.g. 가장 최근에 가구를 산 게 언제였나요? When was the last time you bought furniture?

▼ 말하기 시간 15초, 30초간 해야 할 일

▶ 의문사에 반드시 대답하기

▶ 적정 속도로 말하기

▶ 발음, 강세, 억양에 주의하기

▶ 문법에 주의하기 (주어, 동사, 시제)

▶ 시간 남겨도 됨을 기억하기

- 일단 Reading으로 Speaking을 공부합니다. (주제 이해와 표현 흡수하기)
- 다음으로 Writing으로 Speaking을 공부해 보세요. (일부 문장을 영작 연습)
- 그런 후 Speaking으로 Speaking을 공부하세요. (반드시 말로 연습하세요.)
- 최종적으로 자신의 생각과 표현으로 바꿔서 Speaking 연습하세요. (응용하기)

About Being a Leader

🎧 S1_Part 3_11

4. When was the last time you had a group meeting and how many were in your group?

1) These days, I am working on a project and my last group meeting was last Tuesday. And there are 4 in my group.

2) The last time I had a group meeting was yesterday. I am a member of the university basketball team. All nine members practiced yesterday together.

3) The last time I had a group meeting was last Saturday. I met with 10 people who went to the same high school as I did.

these days 요즘   practice 연습하다

5. At school what kinds of group activities have you participated in?

1) Since I am a student, I work in a group when there is a group assignment or when I volunteer to participate in community service.

2) At school, I regularly exercise with my sport club members. We usually play baseball or soccer after school.

3) At work, I often have group projects to complete with my coworkers. We split up the tasks, and work on the project together.

assignment 과제   community 지역사회   regularly 규칙적으로   split up 쪼개다   task 임무

6. In your opinion what are some advantages of being a leader?

1) Personally, I prefer to be a leader in a group. One of the biggest roles of a leader is to make the final decision for the group. So usually the leader's opinion has the strongest influence on the decision making process. In most cases, leaders don't have to take orders from others and at the end, leaders get a deal of recognition.

2) Being a leader can have many advantages. I like to control situations and do things my way. I'm a perfectionist, and I think that my ideas are usually very good. I like being able to depend on my team for support, but ultimately, I like to be the leader because I like to have the last say.

personally 개인적으로   have an influence on ~에 영향력이 있는   take orders 지휘를 받다   recognition 인정
perfectionist 완벽주의자   depend on ~에 의존하다   ultimately 궁극적으로   have the last say 최종 결정권이 있는

리더에 대해

4. 그룹 미팅을 했던 마지막이 언제였나요? 그리고 당신의 그룹에는 몇 명이 있었나요?

> 1) 요즘에 저는 프로젝트 하나를 하고 있는데 저의 마지막 그룹 미팅은 지난 화요일이었습니다. 그리고 제 그룹에는 4명이 있습니다.
>
> 2) 제가 그룹 미팅을 가진 마지막은 어제였습니다. 저는 대학교 농구팀의 멤버입니다. 모든 9명의 멤버들은 어제 함께 연습했습니다.
>
> 3) 제가 그룹 미팅을 가진 마지막은 지난 토요일이었습니다. 제가 저는 같은 고등학교에 다녔던 10명의 사람들과 만났습니다.

5. 학교에서 어떤 종류의 그룹 활동을 참석했었나요?

> 1) 저는 학생이기 때문에 그룹 과제가 있을 때나 지역 서비스에 참여하는 것을 자원할 때 그룹으로 일합니다.
>
> 2) 저는 학교에서 스포츠 클럽 멤버들과 규칙적으로 운동합니다. 주로 방과 후에 야구나 축구를 합니다.
>
> 3) 직장에서 저는 종종 저의 동료들과 함께 완성해야 하는 그룹 프로젝트를 맡습니다. 우리는 업무를 나누고 함께 프로젝트에 대해 일합니다.

6. 당신의 의견으로 리더가 되는 장점들은 무엇입니까?

> 1) 개인적으로 저는 그룹에서 리더가 되는 것을 선호합니다. 리더의 가장 큰 역할들 중 하나는 그룹을 위해서 최종 결정을 한다는 것입니다. 그래서 대부분의 리더의 의견은 결정 처리 과정에서 가장 큰 영향을 가집니다. 대부분의 경우에 리더들은 다른 사람들부터 지휘를 받을 필요가 없고 결국에는 리더들은 큰 인정을 받습니다.
>
> 2) 리더가 되는 것은 많은 장점들을 가지고 있습니다. 저는 상황을 통제하고 제 방식으로 무언가를 하는 것을 좋아합니다. 저는 완벽주의자입니다. 그리고 저는 제 아이디어들은 주로 매우 좋다고 생각합니다. 저는 도움을 위해 저의 팀에 의존할 수 있는 것을 좋아합니다. 그러나 궁극적으로 저는 최종 결정권이 있는 것을 좋아하기 때문에 리더가 되는 것을 좋아합니다.

4. When was the last time you went on a vacation trip? And what did you do?

> 1) I might cry after answering this question. Ever since the day I laid my feet in Korea, I've never been on a vacation.
>
> 2) My last vacation trip was last summer. I went to Cancun with my mother. It was really awesome, so I have a plan to go there again for my next vacation.
>
> 3) The last vacation I had was last April. I went to Japan for a romantic getaway with my girlfriend. We ate a lot of delicious food.

ever since ~이후로 lay one's feet 발을 들이다 awesome 훌륭한, 좋은 getaway 휴가

5. On average, how many days do you get to spend for a vacation?

> 1) There is no such thing as average in my life. I mean my job itself is like the exact definition of 'unstable.' So, I can't answer that question.
>
> 2) On average, I spend 4 to 5 days for a vacation including weekends. I think this is the best length for taking a rest.
>
> 3) I usually get to spend a week on vacation. It's important to refresh the body and mind.

itself 그 자체 exact 정확한 definition 정의 unstable 불안정한 on average 평균적으로 including ~를 포함하여 duration 기간 refresh 재충전하다

6. If you can go on a vacation trip, where would you go and what do you want to do?

> 1) Well, since the question includes an "if," I would love to go on a trip on my bike. I ride a bike and that's the only thing I enjoy doing these days. Well, the weather at the moment is too cold for bike riding. Once it gets warm, I am going to snatch my keys out of the closet and bike off to wherever I want.
>
> 2) I've always dreamt of traveling all around Italy since I was a kid. Especially, my favorite city is Rome. There are lots of antique paintings and historical buildings. Also, Italian food such as pasta, pizza and wine are famous. So if I can go on a vacation trip, I will visit Rome and Vatican City to see famous paintings, buildings, and artifacts. Also, I'll drop by a famous restaurant and taste some traditional Italian foods.

go on a trip 여행을 가다 at the moment 현재 once 일단 ~하면 snatch 잡아채다 especially 특히 antique 고대의 such as ~와 같은 artifact 인공유물, 공예품 drop by 들르다 taste 맛보다

휴가에 대해

4. 당신은 마지막으로 휴가를 간 것이 언제였습니까? 그리고 무엇을 했습니까?

> 1) 저는 이 문제를 대답하고 나서는 울지도 모릅니다. 제가 한국에 발을 들인 이후로 저는 휴가를 간 적이 없습니다.
>
> 2) 제 마지막 여행은 지난여름이었습니다. 저는 엄마와 칸쿤에 갔습니다. 정말 좋았습니다. 그래서 저는 다음 휴가에 그곳에 다시 갈 계획이 있습니다.
>
> 3) 제가 가진 마지막 휴가는 지난 4월이었습니다. 저는 저의 여자친구와 로맨틱한 휴가를 위해 일본에 갔습니다. 우리는 많은 맛있는 음식을 먹었습니다.

5. 평균적으로 휴가를 위해서 며칠을 소비하게 됩니까?

> 1) 제 인생에 평균이라는 그런 것은 없습니다. 제 말은 저의 직업 자체가 '불안정'의 정확한 정의와도 같습니다. 그래서 저는 그 질문에 대답할 수 없습니다.
>
> 2) 평균적으로 저는 주말을 포함하여 4일에서 5일을 휴가에 소비합니다. 저는 이것이 휴식을 취하기에 최고의 지속 기간이라고 생각합니다.
>
> 3) 저는 주로 휴가에 일주일을 소비를 소비합니다. 저의 몸과 마음을 재충전하는 것은 중요합니다.

6. 만약 당신이 휴가를 갈 수 있다면 어디를 갈 것이며 그리고 무엇을 하기를 원합니까?

> 1) 음, 질문이 '만약'을 포함하므로 저는 자전거를 타고 여행을 하고 싶습니다. 저는 자전거를 타는데 그것이 제가 요즘에 즐기고 있는 유일한 것입니다. 현재 날씨가 자전거를 타기에는 너무 춥습니다. 일단 따뜻해 지면 저는 열쇠를 옷장 밖으로 꺼내서 제가 원하는 어디든지 자전거로 갈 것입니다.
>
> 2) 저는 어릴 때 이후로 항상 이탈리아 전역을 여행하는 꿈을 꾸고 있습니다. 특히 제가 가장 좋아하는 도시는 로마입니다. 많은 고대의 그림들과 역사적인 건물들이 많습니다. 또한, 파스타, 피자, 와인과 같은 이탈리안 음식들은 유명합니다. 그래서 만약 제가 휴가를 간다면 유명한 그림들과, 건물, 공예품을 보기 위해서 로마와 바티칸 시국을 방문할 것입니다. 또한, 저는 유명한 식당을 들를 것이고 몇몇의 전통적인 이탈리안 음식들을 맛볼 것입니다.

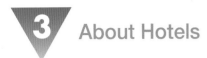

About Hotels

4. When was your last stay at a hotel? And which hotel did you stay at?

   1) It was August when I went to the beach with my friends. I stayed at a small inn by the beach.

   2) I stayed at a hotel in Gang-Nam with friends last Christmas. We celebrated the holiday together in the hotel.

   3) After high school graduation, I traveled to LA with my friends. We stayed at the Holiday Inn hotel for the duration of our trip.

inn 여관 graduation 졸업

5. If you are to reserve a hotel in advance, how early would you do it?

   1) If I can plan ahead, I try to reserve at least a week before. Sometimes during the vacation season, it's hard to find a place.

   2) Usually, I don't book a hotel in advance. I have a friend who works in a travel agency so I can check in easily whenever I need to travel.

   3) I try to reserve hotels as soon as I make plans. That way, I have no excuse not to go!

reserve 예약하다 in advance 미리 ahead 미리 at least 적어도 travel agency 여행사 excuse 변명하다

6. Which of the following would be your best source of information for a hotel stay?

⟨A travel brochure⟩, ⟨a friend's experience ⟩, ⟨reviews on the web⟩

   1) In my case, I look up reviews on the web. First of all, it's the fastest way, and I can do it at home. Usually, there is more than enough information. Besides that, I can also read comments and look at the pictures from other reviews.

   2) I usually follow a friend's previous experience. I don't like searching for information and don't have enough time to look for information. So if I need the information on a hotel, I ask a friend of mine. I think it's the most convenient and wise way to search for information, compared with the other two ways, because friends are a trustful and reliable source of information.

source (정보, 연구의) 자료 besides that 그것 말고 previous 이전의 convenient 편리한 compared with ~와 비교할 때 trustful 진실된 reliable 믿을 수 있는

▼3 호텔에 대해

4. 당신은 마지막으로 호텔에서 머문 것이 언제였습니까? 그리고 어떤 호텔에 머물렀습니까?

1) 저의 친구들과 함께 해변에 갔을 8월이었습니다. 저는 해변 옆에 있는 작은 여관에 머물렀습니다.

2) 저는 지난 크리스마스에 친구들과 강남에 있는 호텔에 머물렀습니다. 우리는 호텔에서 함께 휴일을 축하했습니다.

3) 고등학교 졸업 후 저는 저의 친구들과 LA로 여행을 갔습니다. 우리는 여행 기간 동안에 할러데이 인 호텔에 머물렀습니다.

5. 만약 당신이 미리 호텔을 예약해야 한다면, 얼마나 빨리 당신은 그것을 할 것입니까?

1) 만약 제가 미리 계획할 수 있다면, 저는 적어도 일주일 전에 예약하려고 노력합니다. 때때로 휴가 시즌 동안에 장소를 찾기가 어렵습니다.

2) 주로 저는 미리 호텔을 예약하지 않습니다. 저는 여행사에서 일하는 친구가 있습니다. 그래서 제가 여행할 필요가 있을 때마다 쉽게 체크인 할 수 있습니다.

3) 저는 제가 계획을 세우자마자 호텔을 예약하려고 노력합니다. 그런 방법으로 제가 안 갈 변명이 없게 합니다.

6. 다음 중 어떤 것이 호텔 숙박 정보를 위한 최고 자료입니까?
〈여행 책자〉, 〈친구의 경험〉, 〈웹 사이트의 후기〉

1) 제 경우에는 웹 사이트의 후기를 살펴봅니다. 우선, 그것이 가장 빠른 방법입니다. 그리고 저는 그것을 집에서 할 수 있습니다. 보통은 충분한 정보가 있습니다. 게다가 저는 또한 후기들을 읽어 볼 수 있고 다른 후기들의 사진들도 볼 수 있습니다.

2) 저는 주로 친구의 이전 경험을 따릅니다. 저는 정보를 찾는 것을 좋아하지 않고 정보를 찾기에 충분한 시간이 없습니다. 그래서 만약 제가 호텔에 대한 정보가 필요하다면, 제 친구에게 물어봅니다. 저는 이것이 다른 두 가지 방법들과 비교할 때 정보를 찾기에 가장 편리하고 현명한 방법이라고 생각합니다. 왜냐하면 친구들은 진실하고 믿을 수 있는 정보의 출처이기 때문입니다.

4 About Sport Events

4. When was the last time you watched a sports event on TV?

> 1) Because I am not really interested in sports events, I don't watch any of them unless it's something big, like the World Cup.
>
> 2) I watched a soccer game last night at home because I am a huge fan of Manchester United.
>
> 3) The last time I watched a sports event on TV was when I was watching football. I saw the Super Bowl game, and it was very exciting.

unless 만약 ~하지 않는다면   huge fan 열렬한 팬

5. Do you prefer to watch a sports event alone or with someone else?

> 1) For me, the only time I watch a sports event on TV is when I am with someone who wants to watch it. So, I would say that I prefer to watch it with someone else.
>
> 2) I prefer to watch a sports event alone because I don't want to be bothered when I watch TV.
>
> 3) I prefer to watch a sports event with my friends who also like sports because it is more exciting when the team we root for wins.

bother 괴롭히다, 방해하다   root for 응원하다

6. What are some advantages of watching a sports event on TV?

> 1) I mentioned, I am not fond of sports events, so I definitely prefer to watch it on TV. Usually sports stadiums are located in a remote region, so it would take time to get there. For me, that sounds like a waste of time. Worst of all, these days it costs a lot of money to buy the tickets. Also, it's crowded all the time, has too many loud noises, and is steaming hot in the summer. Unless I am paid to watch it live, I choose to watch it at home.
>
> 2) I like to watch sports events on TV, because I can enjoy the game in the comfort of my own home. I'm not distracted by other people in the crowd, and can focus on my favorite athletes and the game. Also, I can eat home-made food, hear the commentary of the sports broadcasters, and can save or pause the game to watch it another time.

be fond of ~를 좋아하다   definitely 당연히   remote 멀리 떨어진   worst of all 무엇보다도 나쁜 것은   crowded 붐비는, 복잡한   all the time 항상   make noise 소음을 발생하다   steaming hot 푹푹 찌게 더운   in the comfort 편안하게   distract 산만하게 하다   focus on ~에 집중하다   athlete 운동선수   commentary 해설   broadcaster 방송진행자   pause 정지하다

스포츠 행사들에 대해

4. 당신은 TV에서 스포츠 행사를 본 게 언제가 마지막이었습니까?

  1) 저는 스포츠 행사에 정말 관심이 있지 않기 때문에, 저는 그것이 월드컵처럼 큰 행사가 아니라면 전혀 보지 않습니다.

  2) 저는 맨체스터 유나이티드의 열렬한 팬이기 때문에 지난밤 집에서 축구 경기를 보았습니다.

  3) 제가 TV에서 스포츠 행사를 본 마지막은 제가 미식축구를 봤을 때입니다. 저는 Super Bowl 게임을 보았고 매우 재미있었습니다.

5. 당신은 스포츠 행사를 혼자서 보는 것을 좋아하나요, 아니면 누군가와 같이 보는 것을 좋아하나요?

  1) 제가 TV에서 스포츠 행사를 보는 유일한 시간은 제가 그것을 보기를 원하는 누군가와 있을 때입니다. 그래서 저는 누군가와 함께 그것을 보는 것을 선호한다고 말하겠습니다.

  2) 저는 TV를 볼 때 방해 받는 것을 원하지 않기 때문에 저는 혼자서 스포츠 행사를 보는 것을 선호합니다.

  3) 저는 스포츠를 같이 좋아하는 친구들과 함께 스포츠 행사를 보는 것을 좋아합니다. 왜냐하면 우리가 응원하는 팀이 이겼을 때 더 신나기 때문입니다.

6. TV에서 스포츠 행사를 보는데 장점은 무엇일까요?

  1) 먼저 말씀드렸지만, 저는 스포츠 행사들을 좋아하지 않습니다. 그래서 저는 TV에서 그것을 보는 것을 당연히 더 좋아합니다. 주로 스포츠 경기장들은 멀리 떨어진 지역에 있습니다. 그래서 거기에 가는 데 시간이 걸립니다. 저에게 그것은 시간 낭비로 들립니다. 무엇보다도 나쁜 것은 요즘에 티켓을 사는 데 많은 돈이 듭니다. 또한, 그곳은 항상 복잡합니다. 그리고 너무 많은 시끄러운 소음들이 있고 여름에는 푹푹 찌게 덥습니다. 만약 제가 라이브로 그것을 보기 위해 지불하지 않는다면 집에서 보는 것을 선택합니다.

  2) 저는 TV에서 스포츠 행사들을 보는 것을 좋아합니다. 왜냐하면 제가 저만의 집에서 편안하게 경기를 즐길 수 있기 때문입니다. 저는 군중 속에서 다른 사람들에 의해 산만해 지지 않으며, 제가 가장 좋아하는 운동선수들과 게임에 집중할 수 있습니다. 또한, 저는 집에서 만든 음식을 먹을 수 있으며, 스포츠 방송 진행자의 해설을 듣고, 나중에 보기 위해 게임을 저장하고 멈출 수 있습니다.

4. How often do you go to the beach?

> 1) I go to the beach once a month because my grandmother lives near the beach.
>
> 2) I go to the beach once a year in the summer when I can take some time off from my work.
>
> 3) I love to go to the beach. I like to go a few times a month, to go swimming, tanning, and looking for my ideal type.

a few times 여러 번   ideal type 이상형

5. What source of information influences your decision when going to the beach?

> 1) I usually search for information on the Internet. There's a lot of useful information on travel websites, so I find information on transportation and hotels on those websites.
>
> 2) Before planning for my vacation to the beach, I usually ask my friends for information. I ask about the places they have been before and decide which would be the best place to enjoy my vacation.
>
> 3) Sometimes I like to go to really scenic beaches that I see on travel brochures. That way, I know where I want to go and what popular places are nearby.

influence 영향을 끼치다   transportation 교통   scenic 경치가 좋은   nearby 가까운

6. Do you like to spend your vacation at the beach and why?

> 1) I like spending my vacation at the beach. In my opinion, the beach is the best place to spend my summer vacation. At the beach, there are a lot of things I can enjoy. I can swim, sun bathe, take a rest and have a good time with my friends. Last year, I tried fishing for the first time, and I really loved it. I think most people would agree with my opinion that the beach is the best place to enjoy the summer.
>
> 2) To tell you the truth, I don't like spending time at the beach. The first reason is that I can't swim, so I have a fear of water. Also, I hate the sticky and humid feeling. At the beach, because of the sea water, my skin gets dry and even burned. So, whenever I go on a vacation, I prefer the mountains because of those reasons.

sun bathe 썬탠하다   for the first time 처음으로   fear 두려움   sticky 끈적끈적한   humid 습기 있는   dry 건조된
burn 태우다

5 해변에 대하여

4. 당신은 얼마나 자주 해변에 갑니까?

1) 저는 한 달에 한 번 해변에 갑니다. 왜냐하면 저의 할머니가 해변 근처에 살기 때문입니다.

2) 저는 일 년에 한 번 제가 직장으로부터 휴가를 받는 여름에 해변에 갑니다.

3) 저는 해변에 가는 것을 좋아합니다. 저는 수영하고, 태닝하고, 저의 새로운 이상형을 찾기 위해서 한 달에 두세 번 가는 것을 좋아합니다.

5. 당신은 해변을 갈 때 어떤 정보의 출처가 결정에 영향을 미칩니까?

1) 저는 주로 인터넷에서 정보를 찾습니다. 여행 웹 사이트에는 많은 유용한 정보가 있습니다. 그래서 저는 교통과 호텔에 대한 정보를 웹 사이트에서 찾습니다.

2) 해변으로의 저의 휴가를 계획하기 전에, 저는 주로 저의 친구에게 정보를 물어봅니다. 저는 그들이 전에 갔었던 장소들에 대해 물어보고 어떤 곳이 저의 휴가를 즐기기에 최고의 장소인지 결정합니다.

3) 때때로 저는 정말로 제가 여행 책자에서 본 경치가 좋은 해변에 가는 것을 좋아합니다. 그런 방법으로 저는 제가 어디를 가고 싶은지, 가까운 곳에 무슨 인기 있는 장소가 있는지 압니다.

6. 당신은 휴가를 해변에서 보내는 것을 좋아합니까? 이유가 무엇입니까?

1) 저는 해변에서 저의 휴가를 보내는 것을 좋아합니다. 해변은 여름 휴가를 보내기에 최고의 장소라고 생각합니다. 해변에서 제가 즐길 수 있는 많은 것들이 있습니다. 저는 수영하고, 썬탠하고, 쉬고, 저의 친구들과 좋은 시간을 보낼 수 있습니다. 작년에 저는 처음으로 낚시를 시도했고, 저는 그것을 매우 좋아했습니다. 저는 많은 사람들이 해변이 여름을 즐기기에 최고의 장소라는 저의 의견에 동의할 것이라고 생각합니다.

2) 사실대로 말하자면 저는 해변에서 시간을 보내는 것을 좋아하지 않습니다. 첫 번째 이유는 제가 수영을 못합니다. 그래서 저는 물을 무서워합니다. 또한 저는 끈적끈적하고 습기 있는 느낌을 싫어합니다. 해변에서 바닷물 때문에 저의 피부는 건조하고 심지어 탑니다. 그래서 제가 휴가를 갈 때마다 저는 그런 이유들 때문에 산에 가는 것을 더 좋아합니다.

6 About Home Repairs

4. When was the last time you repaired something in your house?

> 1) I recently repaired my computer because it broke down due to a virus. Although, I think it is time to change my computer.
>
> 2) I repaired a clock in my house. Last week, I noticed that the clock was not working, so I bought and changed the battery for my clock.
>
> 3) The last time I repaired something in my house was last month. My sink was leaking, and I had to tighten the faucet.

break down 고장 나다   due to ~때문에   notice 알아차리다   leak 새다   tighten 쪼이다   faucet 수도꼭지

5. What do you need to repair in your house?

> 1) My vacuum cleaner needs repair because the vacuum cleaner doesn't work powerfully. The noise is getting worse, so I think it has to be repaired.
>
> 2) In my house, the roof needs to be repaired as soon as possible. Because it was built 20 years ago, the roof needs to be repaired so there isn't any water damage.
>
> 3) Luckily, everything is fine in my house, so nothing needs to be repaired.

vacuum cleaner 청소기   powerfully 힘있게   getting worse 점점 악화되다   roof 지붕

6. What are some advantages of hiring someone to repair the house?

> 1) I think it can reduce your wasted time. The reason is that someone who is hired to repair a house is an expert, so they have a lot of knowledge of how to repair the house. It will be easier for them to repair the house and it makes you feel happy because you don't have to waste time trying to fix the problem yourself.
>
> 2) The best advantage of hiring someone to repair the house is that they can make the house as good as new. Repairmen are experts on repairing some items so they can repair things more accurately and efficiently. Therefore, hiring someone for repair can reduce the time and effort you have to put in to repair something.

reduce 줄이다   be hired 고용되다   knowledge 지식   advantage 장점   expert 전문가   accurately 정확히
efficiently 효과적으로   put in effort 노력하다

집 수리에 대하여

4. 집 안의 무언가를 수리했던 마지막이 언제입니까?

> 1) 저는 제 컴퓨터가 바이러스 때문에 고장이 나서 최근에 수리했습니다. 비록 저는 컴퓨터를 바꿀 때라고 생각하지만요.
>
> 2) 저는 저희 집에 있는 시계를 수리했습니다. 지난주에 저는 시계가 작동하지 않고 있다는 것을 알아차렸습니다. 그래서 저는 시계에 배터리를 사서 바꿨습니다.
>
> 3) 제가 저희 집에서 무언가를 수리했던 마지막은 지난달이었습니다. 저의 싱크대가 새고 있었습니다. 그리고 수도꼭지를 조여야 했습니다.

5. 당신의 집에서 수리해야 할 것은 무엇입니까?

> 1) 저의 청소기는 수리가 필요합니다. 왜냐하면 청소기가 힘있게 작동하지 않습니다. 소음은 점점 더 나빠집니다. 그래서 저는 그것이 수리되야 한다고 생각합니다.
>
> 2) 저의 집에서 지붕은 가능한 한 빨리 수리될 필요가 있습니다. 왜냐하면 그것은 20년 전에 지어졌기 때문에 지붕은 물 피해가 없도록 수리될 필요가 있습니다.
>
> 3) 운 좋게도 저희 집에선 모든 것이 괜찮습니다. 그래서 아무것도 수리될 필요가 없습니다.

6. 집을 수리하는 데 있어서 누군가를 고용하는 것의 장점은 무엇입니까?

> 1) 저는 그것이 저의 쓸데없는 시간을 줄여줄 수 있을 것이라고 생각합니다. 이유는 집을 수리하기 위해 고용된 누군가는 전문가입니다. 그래서 그들은 그 집을 어떻게 수리할지에 대한 많은 지식이 있습니다. 그들이 집을 수리하는 것은 더 쉬울 것입니다. 그리고 당신이 스스로 문제를 고치려고 노력하는 데 시간을 낭비할 필요가 없기 때문에 그것은 당신을 기쁘게 만듭니다.
>
> 2) 집을 수리하는 데 있어서 누군가를 고용하는 것의 최고 장점은 그들이 집을 새것이나 마찬가지로 만들 수 있다는 것입니다. 수리공들은 물건들을 수리하는 데 전문가들이어서 그들은 물건을 더욱 정확하고 효과적으로 수리할 수 있습니다. 그러므로 수리를 위해 누군가를 고용하는 것은 당신이 무언가를 수리하는 데 써야 할 시간과 노력을 줄일 수 있습니다.

4. When was the last time you purchased jewelry? What was the occasion?

1) I purchased jewelry last year. I bought it at the department store with my girlfriend.

2) The last time I purchased jewelry was last month. I bought earrings for my girlfriend because it was her birthday.

3) The last time I purchased jewelry was three months ago. It was my mother's birthday. I bought her a gold ring.

occasion 경우　earrings 귀걸이

5. Where do you normally purchase jewelry?

1) I normally purchase jewelry at the department store. There are many low prices for jewelry in the department store.

2) I usually purchase jewelry at the department store, since they have a large selection and many different brands. Also, it is near my house, so it is easy to get there.

3) I normally purchase jewelry at a jewelry shop because they have a wide variety of jewelry. Also, you can get some jewelry custom made.

normally 보통　a large selection 다양한　a wide variety of 다양한　custom made 주문 제작하는

6. What is the most important feature if you have to buy jewelry?

1) If I have to buy jewelry for someone, the most important feature is design. There are several reasons why. First of all, people usually like beautifully designed jewelry. Second, if it doesn't have a pretty design, I wouldn't like to wear it. So, that is why I consider design the most.

2) The most important feature is quality. There are a few reasons. First, I have a metal allergy. My body is very sensitive to metal. One time I had to go to the hospital because I wore non-silver earrings. Another reason is the value of jewelry is based on quality. If the quality is low, it costs less. Even if it costs more, I think quality is the most important feature.

3) I think the most important feature when I buy jewelry is price. Because I am a student, I have a fixed budget to buy things. However, sometimes jewelry is too expensive for me to buy. I can't afford jewelry that is too expensive. So I think price is most important when I buy jewelry.

feature 특징　several 몇몇의　consider 고려하다　metal allergy 금속 알레르기　sensitive 민감한　non-silver 은으로 되지 않은　value 가치　be based on ～를 기반으로 하다　fixed budget 고정된 예산　afford 살 여력이 되다

보석에 대해

4. 당신은 마지막으로 보석을 구입했던 것이 언제였습니까? 어떤 경우였습니까?

1) 저는 보석을 작년에 구입했습니다. 저는 저의 여자친구와 함께 백화점에서 그것을 구매했습니다.

2) 보석을 마지막으로 구입한 때는 지난달이었습니다. 저는 저의 여자친구를 위해 귀걸이를 샀습니다. 왜냐하면 그녀의 생일이었기 때문입니다.

3) 보석을 마지막으로 구입한 때는 3달 전이었습니다. 저의 엄마의 생일이었습니다. 저는 그녀에게 금반지를 사주었습니다.

5. 어디에서 당신은 보석을 보통 구입합니까?

1) 저는 주로 백화점에서 보석을 구입합니다. 백화점에는 보석에 대해 많은 낮은 가격들이 있습니다.

2) 저는 주로 백화점에서 보석을 구입합니다. 왜냐하면 그들은 다양하고 많은 다른 브랜드를 가지고 있기 때문입니다. 또한, 그곳은 저의 집에서 가까워서 그곳에 가기에 쉽습니다.

3) 저는 보석 상점에서 보석을 주로 구입합니다. 왜냐하면 그들이 다양한 종류의 보석을 가지고 있기 때문입니다. 또한, 보석을 주문 제작할 수 있습니다.

6. 당신이 보석을 사야 한다면 가장 중요한 특징은 무엇입니까?

1) 만약 제가 누군가를 위해서 보석을 사야 한다면, 가장 중요한 특징은 디자인입니다. 왜인지 몇 가지 이유가 있습니다. 첫째, 사람들은 주로 아름답게 디자인된 보석을 좋아합니다. 둘째, 만약 그것이 예쁜 디자인을 가지고 있지 않다면, 그것을 착용하고 싶지 않을 것입니다. 그것이 제가 디자인을 가장 고려하는 이유입니다.

2) 가장 중요한 특징은 품질입니다. 몇 가지 이유들이 있습니다. 첫째, 저는 금속 알레르기가 있습니다. 저의 몸은 금속에 민감합니다. 한때 제가 은으로 되지 않은 귀걸이를 착용했기 때문에 저는 병원에 가야 했습니다. 또 다른 이유는 보석의 가치는 품질에 기반한다는 점입니다. 만약 품질이 낮다면, 비용을 덜 들것입니다. 심지어 그것이 더 비용이 든다 해도 저는 품질이 가장 중요한 특징이라고 생각합니다.

3) 저는 제가 보석을 살 때 가장 중요한 특징은 가격입니다. 저는 학생이기 때문에, 물건들을 사기 위한 고정된 예산을 가지고 있습니다. 그러나 때때로 보석은 제가 구매하기에 매우 비쌉니다. 저는 너무 비싼 보석은 살 수 없습니다. 그래서 저는 제가 보석을 살 때 가격이 가장 중요하다고 생각합니다.

About Electronic Items

4. What electronic item did you buy most recently and when did you buy it?

> 1) The most recent item I bought was a tablet. I bought it last year with my mother.
>
> 2) I bought an MP3 player last week. I lost my last MP3 player, so I needed to buy a new one. It was a present to myself.
>
> 3) I bought a laptop last month because I used my other one for a long time. I bought it with my friends.

electronic item 전자제품 laptop 노트북

5. How often do you use electronic items?

> 1) I use electronic items everyday because I have a smart phone. I use my smart phone to watch the news, to chat with my friends and to play games.
>
> 2) I use electronic items everyday. I use my toaster every morning to make myself toast.
>
> 3) I don't use electronic items because I can't afford to buy them.

chat with ~와 이야기하다 afford (금전, 시간적) 여유가 되다

6. Which feature do you most consider when you buy an electronic item? Brand, Quality or Size?

> 1) Among the three options, I consider the brand. There are some reasons. First, by using a brand item, the item can be trusted because it is used by many people. Second, it has better warranty service because it is a famous brand. I had an Apple iPhone which broke three times, but I could exchange it every time because of the warranty service.
>
> 2) I consider size the most because I have small hands, and need to have small electronic items. If I get a big-sized item, it is difficult for me to handle. Also, I think it is easier to carry around a small item than a big item. So, that is why I consider size the most.
>
> 3) I consider brand the most when I buy electronic items. First, some brands have a very unique design for their electronic items. I like unique things, so I like buying them. Second, I think brand reflects the item's quality. If it is a well-known brand, it shows that a lot of people use the item. As a result, I think the most important feature is the brand of the item.

trusted 신뢰할 수 있는 warranty 보증 exchange 교환하다 handle 다루다 unique 독특한 reflect 반영하다
well-known 잘 알려진 as a result 결과적으로

8 전자제품들에 대하여

4. 당신은 어떤 전자제품을 가장 최근에 구매했습니까? 그리고 그것을 언제 구매했습니까?

1) 제가 구매했던 가장 최근 상품은 태블릿 PC입니다. 저는 그것을 저의 엄마와 구매했습니다.

2) 저는 지난주에 MP3 플레이어를 구매했습니다. 저는 저의 이전 MP3플레이어를 잃어버렸습니다. 그래서, 새로운 것을 살 필요가 있습니다. 그것은 저 자신을 위한 선물이었습니다.

3) 저는 지난달에 노트북을 구매했습니다. 왜냐하면 저는 오랫동안 저의 다른 것을 사용했기 때문입니다. 저는 그것을 저의 친구들과 샀습니다.

5. 당신은 얼마나 자주 전자제품을 사용합니까?

1) 저는 전자제품을 매일 사용합니다. 저는 스마트폰을 가지고 있기 때문입니다. 저는 스마트 폰으로 뉴스를 보고, 친구들과 이야기하고, 게임 하기 위해 사용합니다.

2) 저는 전자제품을 매일 사용합니다. 저는 제가 직접 토스트를 만들기 위해 토스트 기를 매일 아침 사용합니다.

3) 저는 전자제품들을 사용하지 않습니다. 저는 그것들을 살 여력이 되지 않기 때문입니다.

6. 당신이 전자제품들을 살 때 어떤 특징을 가장 고려합니까? 브랜드, 품질 아니면 사이즈?

1) 3가지 옵션들 중에서 저는 브랜드를 고려합니다. 몇 가지 이유들이 있습니다. 첫째, 브랜드 상품을 이용함으로써 상품은 많은 사람들에 의해 사용되기 때문에 신뢰할 수 있습니다. 둘째, 그것은 유명한 브랜드이기 때문에 더 나은 보증 서비스를 가지고 있습니다. 저는 3번 고장 났었던, 애플사 휴대폰을 가지고 있었습니다. 그러나 저는 보증 서비스 때문에 그것을 매번 교환했습니다.

2) 저는 손이 작아서 작은 전자제품들을 가져야 하기 때문에 사이즈를 고려합니다. 만약 제가 큰 사이즈의 상품을 구매한다면, 제가 다루기에 어렵습니다. 또한, 큰 물품보다 작은 물품을 가지고 다니는 것은 더 쉽다고 생각합니다. 그래서 저는 사이즈를 가장 많이 고려합니다

3) 저는 전자제품들을 살 때 브랜드를 가장 고려합니다. 첫째, 몇몇의 브랜드들은 그들의 전자제품에 매우 독특한 디자인을 가지고 있습니다. 저는 독특한 것들을 좋아합니다. 그래서 그것들을 사는 것을 좋아합니다. 둘째, 저는 브랜드가 상품의 품질을 반영한다고 생각합니다. 만약 그것이 잘 알려진 브랜드라면, 그것은 많은 사람들이 그 상품을 사용한다는 것을 보여줍니다. 결과적으로, 저는 가장 중요한 특징은 상품의 브랜드라고 생각합니다.

About Fitness Clubs

4. In your area, do you have a fitness club that has a program for adults?

1) There is a fitness club in my area, and there are swimming and squash programs for adults.

2) There is a fitness club in my area. It has yoga and aerobic programs for adults.

3) In my area, there is a fitness club and it has many programs for adults, such as swimming and yoga.

adult 어른

5. When will be a convenient time for you to use the fitness club and why?

1) After school will be a convenient time for me to use the fitness club because I don't have any time before then.

2) Every weekend will be a good time for me to use the fitness club because I study English to get a job during the weekdays.

3) Mornings will be a convenient time for me to use the fitness club, because I go to my university in the afternoon and in the evening.

before then 그전엔 weekdays 주중 convenient 편리한

6. What do you consider the most when you decide to use a fitness club? Price / Equipment / Quality / Facilities / Services?

1) When I decide on a fitness club, I consider price the most. If the place is too expensive, I wouldn't be able to pay for the fitness club. Also even if it is expensive, I won't use all the equipment in the fitness club so it will be a waste of money.

2) The most important thing I consider when I decide on a fitness club is the equipment quality. First of all, low-quality equipment can cause injuries when people use them. Also, if the equipment is in good condition, it makes me want to work out more.

3) I consider facilities the most when I choose a fitness club. I look for a clean fitness center because fitness clubs are used by people who exercise and the equipment is touched by sweaty people. I don't want to work out in a dirty environment.

equipment 장비 pay for ~를 지불하다 even if 비록 ~일지라도 a waste of money 돈 낭비 cause 야기하다
injury 부상 in good condition 좋은 상태의 work out 운동하다 facility 시설 sweaty 땀 흘리는

피트니스 클럽에 대하여

4. 당신의 지역에서 어른들을 위한 프로그램이 있는 피트니스 클럽이 있습니까?

1) 제 지역에 피트니스 클럽이 있습니다. 그리고 어른들을 위한 수영과 스쿼트 프로그램이 있습니다.

2) 제 지역에 피트니스 클럽이 있습니다. 그곳은 어른들을 위한 요가와 에어로빅 프로그램을 가지고 있습니다.

3) 제 지역에는 피트니스 클럽이 있고, 그곳은 어른들을 위한 수영과 요가와 같은 많은 프로그램들이 있습니다.

5. 당신이 피트니스 클럽을 이용하는 편리한 시간은 언제인가요? 이유는 무엇인가요?

1) 방과 후는 제가 피트니스 클럽을 이용하기에 편한 시간인데 그 전에는 시간이 없기 때문입니다.

2) 매 주말은 제가 피트니스 클럽을 이용하기에 좋은 시간인데 저는 주중에는 직장을 얻기 위해 영어를 공부하기 때문입니다.

3) 아침은 제가 피트니스 클럽을 이용하기에 좋은 시간인데 저는 오후와 저녁에는 대학교를 가기 때문입니다.

6. 당신이 피트니스 클럽을 이용하기로 결정할 때 무엇을 가장 고려합니까?
가격 / 장비 / 질 / 시설 / 서비스

1) 피트니스 클럽을 결정할 때 저는 가격을 가장 중요하게 생각합니다. 만약 그 장소가 너무 비싸다면 저는 피트니스 클럽에 그만한 돈을 지불할 수 없을 것입니다. 또한 비록 그곳이 비쌀지라도 저는 피트니스 클럽에 있는 모든 장비를 다 사용하지는 않을 것이기 때문에 그것은 돈 낭비일 것입니다.

2) 제가 피트니스 클럽을 선택할 때 고려하는 가장 중요한 것은 장비의 품질입니다. 우선, 품질이 낮은 장비는 사람들이 그것을 이용할 때 부상을 야기할 수 있습니다. 또한, 만약 장비가 좋은 상태라면 제가 더욱 운동하기를 원하도록 만들 것입니다.

3) 저는 피트니스 클럽을 선택할 때 시설을 가장 중요하게 생각합니다. 저는 깨끗한 피트니스 센터를 찾는데 피트니스 클럽은 운동하는 사람들이 이용하는 곳이며 땀 흘리는 사람이 장비를 만지기 때문입니다. 저는 더러운 환경에서 운동하는 것을 원하지 않습니다.

10 About Deliveries

4. When was the last time your purchase got delivered?

1) The shoes I purchased online last week were delivered yesterday, at around 10 in the morning.

2) The computer I ordered online 5 days ago was delivered today from the United States.

3) The clothes I bought online was delivered after a week, which arrived later than I thought it would.

purchase 구입하다, 구매품

5. What are the usual problems that occur when products are delivered ?

1) I can get a different product from what I actually wanted. And sometimes shipments can be delayed.

2) The usual problem that occurs is the product being defective. Also, delivery can be delayed for various reasons.

3) The usual problems include lost or damaged items during delivery and delivery of defective products.

occur 일어나다   actually 실제로   shipment 배송   defective 결함이 있는   various 다양한

6. In what situation are you willing to pay extra money on delivery service?

1) When I get a big package, I am willing to pay more money on the delivery service. For example, last month I had a big TV delivered to my house and I had to pay an extra charge for the delivery fee because it was too big. I don't think it is bad to pay extra charges in this case.

2) I am willing to pay extra when the delivery man is kind and helpful. Good service makes me happy, and I would like to give the delivery man a tip for his help. Also, I wouldn't mind paying more when I want the delivery faster than usual.

3) I am willing to pay extra charges when I am ordering things from my home country when I am abroad. Also I wouldn't mind paying more if the delivery is heavy. I understand why I need to pay extra charges in these cases, so I don't mind paying for them.

be willing to 기꺼이 ~할 의향이 있는   charge 요금   mind 꺼려하다   abroad 해외의

배달에 대하여

4. 당신은 마지막으로 구매품을 배달 받은 적이 언제였습니까?

1) 지난주에 온라인에서 구매했던 신발이 어제 아침 10시쯤에 배달되었습니다.

2) 5일 전에 온라인에서 주문했던 컴퓨터는 오늘 미국에서 배달이 되었습니다.

3) 온라인에서 샀던 옷은 일주일 후에 배달되었고, 그것은 제가 생각했던 것보다 더 늦게 도착했습니다.

5 상품들이 배달될 때 일어나는 주된 문제는 무엇입니까?

1) 저는 제가 실제로 원했던 것과 다른 상품을 받았습니다. 때때로 배송은 지연될 수 있습니다.

2) 보통 일어나는 문제는 결함이 있는 상품입니다. 또한, 배달은 다양한 이유들로 지연될 수 있습니다.

3) 보통 일어나는 문제들은 배달하는 동안 물건을 잃어버리거나 물건이 망가지는 경우이며 결함이 있는 제품이 배송되는 경우도 있습니다.

6. 어떤 상황에서 당신은 배달 서비스에 대해 추가 돈을 낼 의향이 있습니까?

1) 제가 큰 소포를 받을 때 저는 배달 서비스에 돈을 더 지불할 의향이 있습니다. 예를 들어, 지난달 저는 큰 TV가 저희 집으로 배달되었고 저는 그것이 너무 컸기 때문에 추가 요금을 내야 했습니다. 저는 이런 경우에 추가 요금을 내는 것은 나쁘다고 생각하지 않습니다.

2) 저는 배달원이 친절하고 도움이 되면 추가로 지불할 의향이 있습니다. 좋은 서비스는 저를 행복하게 합니다. 그리고 저는 배달원에게 그의 도움에 대해 팁을 주기를 원합니다. 또한, 저는 배송이 평소보다 더 빨리 도착하기를 원할 때 더 많은 요금을 지불해도 괜찮습니다.

3) 저는 제가 해외에 있을 때 저의 고국으로부터 물건들을 주문할 때 추가 요금을 낼 의향이 있습니다. 또한, 만약 배송되는 물건이 무겁다면, 저는 더 지불해도 괜찮을 것 같습니다. 저는 이런 경우들에 왜 추가 요금을 낼 필요가 있는지 이해합니다. 그래서 그것들에 대해 지불하는 것은 상관없습니다.

4. When do you usually have free time?

1) I usually have free time after school and during weekends because I don't have class.

2) I usually have free time at night after I finish school. I also have free time during the weekend.

3) I usually have free time after I finish studying and doing my homework.

usually 주로   during ~동안

5. Do you prefer indoor or outdoor activities when you have free time? why?

1) I prefer outdoor activities during my free time because my hobby is playing tennis and during my free time, I like playing tennis.

2) I prefer indoor activities such as playing on the computer or watching TV when I have free time because I can't be bothered to go out.

3) I prefer outdoor activities because if I stay at home, I feel trapped in one place and have nothing to do.

indoor 실내의   outdoor 실외의   bother 괴롭히다, 신경 쓰게 하다   trapped 갇힌

6. If you had more free time, what are some activities you would like to explore?

1) If I had more free time, I would like to climb a mountain. I have never climbed a mountain before so I want to try climbing one. I also want to get some fresh air from the mountains, so I am planning to go next month with my family to exercise together as a family.

2) If I had more free time, I would like to grow some plants. I like plants very much, and it will remind me of my childhood, as I grew many kinds of plants when I was young. Although growing plants in the city may be difficult, I would love to grow plants to make myself happy.

3) If I had more free time, I would take a trip abroad. These days I have no time to take a trip and I want to take a break from all the stress. I want to spend time with my family while travelling so we can make many memories together. Also, I have never been to another country, so I want to travel to another country.

explore 탐험하다   remind A of B A에게 B를 기억나게 하다   take a break 휴식을 취하다

여가 시간에 대해

4. 당신은 주로 언제 여가 시간을 가집니까?

> 1) 저는 주로 수업이 없기 때문에 방과 후와 주말 동안에 여가 시간을 가집니다.
>
> 2) 저는 주로 학교가 끝난 후 밤에 여가 시간을 갖습니다. 또한 주말 동안에 여가 시간을 갖습니다.
>
> 3) 저는 주로 공부와 숙제를 끝낸 후 여가 시간을 갖습니다.

5. 당신이 여가 시간을 가질 때 당신은 실내 활동을 선호합니까? 야외 활동을 선호합니까? 이유는 무엇입니까?

> 1) 저는 여가 시간 동안에 야외 활동들을 선호합니다. 왜냐하면 저의 취미는 테니스 치는 것이기 때문입니다. 그리고 여가 시간 동안에 저는 테니스를 치는 것을 좋아합니다.
>
> 2) 저는 제가 여가 시간이 있을 때 컴퓨터로 게임을 하거나 TV를 보는 것 같은 실내 활동들을 선호합니다. 왜냐하면 저는 나가는 것에 신경 쓰지 않을 수 있습니다.
>
> 3) 저는 야외 활동들을 선호합니다. 왜냐하면 만약 제가 집에 머무른다면, 저는 한 장소에 갇힌 느낌이 들고 할 일이 아무것도 없기 때문입니다.

6. 만약 당신이 더 많은 여가 시간이 있다면, 당신이 탐험하고 싶은 활동들은 무엇입니까?

> 1) 만약 제가 더 많은 여가 시간을 가지고 있다면, 저는 산에 올라가고 싶습니다. 저는 전에 산을 오른 적이 한 번도 없습니다. 그래서 저는 산에 올라가는 것을 시도하기를 원합니다. 저는 또한 산에서 신선한 공기를 마시기를 원합니다. 그래서 저는 가족으로서 함께 운동하기 위해 저의 가족과 다음 달에 갈 계획입니다.
>
> 2) 만약 제가 더 많은 여가 시간을 가지고 있다면, 저는 약간의 식물들을 기르고 싶습니다. 저는 식물들을 매우 좋아합니다. 그리고 그것은 제가 어렸을 때 많은 종류들의 식물들을 길렀기 때문에 저의 어린 시절을 떠오르게 할 것입니다. 비록 도시에서 식물들을 기르는 것은 어려울지라도, 저는 저 자신을 행복하게 하기 위해 식물을 기르고 싶습니다.
>
> 3) 만약 제가 더 많은 여가 시간을 가지고 있다면, 저는 해외로 여행을 갈 것입니다. 요즘 저는 여행을 갈 시간이 없습니다. 그리고 저는 모든 스트레스로부터 휴식을 취하고 싶습니다. 저는 여행하는 동안 저의 가족과 시간을 보내고 싶습니다. 그래서 우리가 함께 많은 기억을 만들 수 있게 말입니다. 또한, 저는 다른 나라에 가본 적이 없습니다. 그래서 저는 다른 나라로 여행하기를 원합니다.

4. When was the last time you went to a library and how often do you use the library?

> 1) The last time I went to the library was last week. I use the library three times a week to do research on my project.
>
> 2) I visited the library last week. I use the library once a week to read books related to my major.
>
> 3) I went to the library yesterday to study. I visit the library every day to study because it is quiet.

do research 연구하다   related to ~에 관련된

5. Who did you go with to the library? With your family or with your friends? Why?

> 1) I go to the library alone to study because I will get distracted if I go with other people.
>
> 2) I go to the library with my friends because I will get bored if I go alone to borrow books or study.
>
> 3) I go to the library with my brother because we both study the same subject and we can help each other.

distract 산만하게 하다   borrow 빌리다

6. What library service facilities do you think must be improved for children?

> 1) I think the library should provide more spaces for children. Children need to read a lot of books in order to become smart. However, sometimes the library doesn't have enough space for the children. I think they should have more books for children and a space for children to read them.
>
> 2) I think the library should provide better facilities for children. Most of the time, libraries have spaces for adults and students to study. But many parents come to the library with their children to read books. They should have more areas for rowdier children to play and have recess, as well as enough reading areas suited for children.

improve 향상시키다   enough 충분한   area 구역   rowdy 소란스러운   have recess 휴식을 취하다   suited for ~에 맞춘

도서관에 대해서

4. 당신이 도서관에 갔던 마지막은 언제였습니까? 그리고 얼마나 자주 당신은 도서관을 이용합니까?

> 1) 제가 도서관을 갔던 마지막은 지난주였습니다. 저는 저의 프로젝트에 대해 연구를 하기 위해 일주일에 세 번 도서관을 이용합니다.
>
> 2) 저는 지난주에 도서관을 방문했습니다. 저의 전공과 관련된 책들을 읽기 위해서 일주일에 한 번 도서관을 이용합니다.
>
> 3) 저는 어제 공부하기 위해 도서관에 갔습니다. 그곳은 조용하기 때문에 저는 공부하기 위해 도서관에 매일 갑니다.

5. 당신은 누구와 도서관에 갔었습니까? 당신의 가족입니까? 아니면 친구들입니까? 이유는 무엇입니까?

> 1) 저는 도서관에 공부하러 혼자 갑니다. 저는 만약 다른 사람들과 함께 간다면 산만해 질 것이기 때문입니다.
>
> 2) 저는 저의 친구들과 도서관에 갑니다. 만약 제가 책을 빌리거나 공부하러 혼자 간다면 저는 지루해 질 것이기 때문입니다.
>
> 3) 저는 저의 남동생과 도서관에 갑니다. 우리는 둘 다 같은 주제를 연구하고 서로를 도울 수 있기 때문입니다.

6. 아이들을 위해서 어떤 도서관 서비스 시설들이 개선되어야 한다고 생각하십니까?

> 1) 저는 도서관이 아이들을 위해서 더 많은 공간을 제공해야 한다고 생각합니다. 아이들은 똑똑해지기 위해 많은 책을 읽을 필요가 있습니다. 그러나, 때때로 도서관은 아이들을 위한 충분한 공간을 가지고 있지 않습니다. 그들이 아이들을 위한 더 많은 책들과 아이들이 그것들을 읽을 장소가 있어야 한다고 생각합니다.
>
> 2) 저는 도서관이 아이들을 위해서 더 나은 시설들을 제공해야 한다고 생각합니다. 대부분의 시간에 도서관은 어른들이나 학생들이 공부할 장소를 가지고 있습니다. 그러나 많은 부모님들은 책을 읽기 위해 그들의 아이들과 도서관에 옵니다. 그들은 아이들에게 맞춘 충분한 독서 구역뿐만 아니라 더 소란스러운 아이들이 놀고 휴식을 취할 더 많은 구역을 가지고 있어야 합니다.

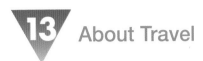

4. How many times do you read about travel related articles?

1) I read about travel related articles every day because I am interested in travelling abroad.

2) I don't read about travel related articles unless I am planning to go traveling somewhere soon.

3) I read about travel-related articles every week in magazines because they are interesting.

related 관련된   article 기사

5. For your next trip, where would you like to go abroad?

1) I would like to go to France for my next trip because I heard that it was beautiful and I want to see the Eiffel Tower.

2) I would like to go to the U.S. for my next trip because I want to visit New York and L.A.

3) I would like to go to Japan for my next trip because it is nearby and it sounds fun.

go abroad 해외로 가다   nearby 가까운 곳의

6. If you are given a chance to go to another country, what would you like to do there and why?

1) I would like to go and visit the famous places in another country. For example, if I go to France, I would like to visit the Eiffel Tower and Louvre Museum because they're famous. I want to visit famous places to experience the different cultures of a country.

2) I would like to meet a lot of people when I have a chance to go to another country. I like meeting new people and I want to talk to new people from another country and talk to them about their culture, country and life. I would also like to tell them about my life in Korea.

3) I would like to study the country's history if I am given a chance to go to another country. I study history at my university and I want to learn about the history of another country while I am actually in the country. It will feel different to study history at the place where it happened.

actually 실제로   happen 일어나다

여행에 대해서

4. 몇 번이나 당신은 여행 관련된 기사들을 읽습니까?

  1) 저는 해외를 여행하는 것에 흥미가 있기 때문에 저는 여행 관련된 기사들을 매일 읽습니다.

  2) 저는 만약 어딘가 곧 여행할 계획이 아니라면 여행 관련된 기사들을 읽지 않습니다.

  3) 저는 잡지에서 매주 여행 관련 기사들에 대해 읽습니다. 그것들은 흥미롭기 때문입니다.

5. 다음 여행에서, 당신은 해외로 어디를 가고 싶습니까?

  1) 저는 다음 여행에 프랑스를 가고 싶습니다. 저는 그곳이 아름답다고 들었고 에펠탑을 보고 싶기 때문입니다.

  2) 저는 다음 여행에 미국에 가고 싶습니다. 저는 뉴욕과 LA를 방문하고 싶기 때문입니다.

  3) 저는 다음 여행에 일본에 가고 싶습니다. 그곳은 가깝고 재미있는 것 같기 때문입니다.

6. 만약 당신이 다른 나라에 갈 기회가 주어진다면, 거기에서 무엇을 하기를 원합니까? 그리고 이유는 무엇입니까?

  1) 저는 다른 나라에서 유명한 장소들을 방문하기를 원합니다. 예를 들어, 만약 제가 프랑스에 간다면, 저는 에펠 탑과 루브르 박물관을 방문하고 싶은데 그곳은 유명한 곳이기 때문입니다. 저는 다른 나라의 문화들을 경험하기 위해서 유명한 장소를 방문하고 싶습니다.

  2) 제가 다른 나라에 갈 기회가 생길 때 많은 사람들을 만나고 싶습니다. 저는 새로운 사람들을 만나는 것을 좋아합니다. 그리고 저는 다른 나라에서 온 새로운 사람들과 말하고 그들의 문화, 나라, 삶에 대해서 말하고 싶습니다. 저는 또한 한국에서의 저의 삶에 대해 그들에게 말해 주고 싶습니다.

  3) 만약 제가 다른 나라에 갈 기회가 주어진다면 저는 그 나라의 역사를 공부하고 싶습니다. 저는 대학교에서 역사를 공부합니다. 그리고 제가 실제로 그 나라에 있는 동안 다른 나라의 역사에 대해 공부하고 싶습니다. 그것이 일어난 장소에서 역사를 공부하는 것은 다르게 느껴질 것입니다.

4. When was the last time you listened to an audio book?

1) The last time I listened to an audio book was when I was a child. I listened to an English audio book.

2) I listened to an audio book yesterday to study English with my friend. I am going to listen to it again today.

3) I listened to an audio book last year when I used to study Japanese. It was very helpful to study Japanese with the audio book.

helpful 유용한

5. Is there any reason you choose an audio book instead of a paper book?

1) I choose an audio book instead of a paper book because I can't concentrate when I read paper books.

2) I choose paper books instead of audio books because I could do something else while listening to an audio book and not have to concentrate.

3) I choose audio books instead of paper books because I can use an audio book while doing other things.

instead of ~대신에   concentrate 집중하다

6. Do you think audio books will be more popular than paper books?

1) I think audio books will be more popular than paper books because as time goes by, people are getting busier, and they don't have enough time to read paper books. So, to save time, they will prefer audio books. Also, there are people who can't read so it will be better for them to have audio books.

2) I don't think audio books will be more popular than paper books because if you are listening to an audio book, you will lose your concentration because you can do something else while listening to the audio book. I think to concentrate better and to learn more from the book, you need to read books on paper.

as time goes by 시간이 지남에 따라   lose concentration 집중력을 잃다

오디오 북들에 대해서

4. 당신이 오디오 북을 들은 마지막은 언제였습니까?

1) 제가 오디오 북을 들은 마지막은 제가 어렸을 때였습니다. 저는 영어 오디오 북을 들었습니다.

2) 저는 저의 친구와 영어를 공부하기 위해서 어제 오디오 북을 들었습니다. 저는 오늘 그것을 다시 들을 것입니다.

3) 저는 제가 일본어를 공부했던 작년에 오디오 북들을 들었습니다. 오디오 북으로 일본어를 공부하는 것은 매우 유용했습니다.

5. 당신이 종이 책 대신에 오디오 북을 선택한 이유가 있습니까?

1) 저는 종이 책 대신에 오디오 북을 선택합니다. 제가 종이 책을 읽을 때 집중할 수 없기 때문입니다.

2) 저는 종이 책 대신에 오디오 북을 선택합니다. 오디오 북을 듣는 동안 다른 무언가를 할 수 있고 집중할 필요가 없기 때문입니다.

3) 저는 종이 책 대신에 오디오 북을 선택합니다. 제가 다른 것들을 하는 동안 오디오 북을 사용할 수 있기 때문입니다.

6. 당신은 오디오 북들이 종이 책들보다 더 인기가 있을 것이라고 생각합니까?

1) 저는 오디오 북들이 종이 책들보다 더 인기가 있을 것이라고 생각합니다. 시간이 지남에 따라, 사람들은 점점 더 바빠지고, 그들은 종이 책을 읽을 충분한 시간이 없기 때문입니다. 그래서 시간을 절약하기 위해서, 그들은 오디오 북들을 선호할 것입니다. 또한, 읽을 수 없는 사람들이 있습니다. 그래서 그들에게는 오디오 북들을 가지는 것이 더 나을 것입니다.

2) 저는 오디오 북들이 종이 책들보다 더 인기가 있을 것이라고 생각하지 않습니다. 만약 당신이 오디오 북을 듣고 있다면, 당신은 집중을 잃을 것입니다. 오디오 북을 듣는 동안 다른 무언가를 할 수 있기 때문입니다. 더 잘 집중하고 책으로부터 더 배우기 위해서, 종이에 쓴 책들을 읽을 필요가 있다고 생각합니다.

About Visiting Museums

4. When was the last time you visited a museum?

1) Last year, I visited a history museum about World War II with my parents on a weekend.

2) The last time I visited a museum was last month with my friends for research on the history of Korea.

3) The last time I visited the museum was around 2 weeks ago when I visited the arts museum.

World War II 2차 세계 대전   research 연구, 조사

5. How long would you consider taking time to visit a museum?

1) I'd consider taking 2 hours to visit a museum because I can't concentrate on one thing for more than 2 hours.

2) I would consider taking around 3 to 4 hours in a museum because to see the museum fully, you need to take enough time.

3) I would consider taking as much time as possible in a museum because I find museums interesting and take a long time to look around.

concentrate on ~에 집중하다   fully 완전히   look around 둘러보다

6. Which one of the museums would you most likely to visit? History, Science, or Art

1) I would likely visit the history museum. I majored in history, so visiting the history museum would be very interesting for me. Also, history museums are usually very interesting with new information about many things in history. Also, it is important to learn about history because it gives you well-rounded knowledge.

2) I would likely visit the art museum because it is related to my hobby. I like drawing and painting, so I like looking at artwork by famous painters. Also, it is much more interesting than history museums. I think art museums are very relaxed, whereas the history museum is very serious, so I would rather visit the art museum.

3) I would likely visit the science museum because I am interested in science. Science museums are full of interesting things that you can experiment with, so I think I can have a lot of fun in the museum. Also by visiting the science museum, I gain more knowledge in a subject that I enjoy.

most likely to ~할 것 같다   well-rounded 폭넓은   drawing and painting 소묘와 회화   artwork 예술품
whereas 반면에   serious 심각한   rather 오히려   be full of ~로 가득 차 있는   experiment 실험하다   gain 얻다

15 박물관 방문에 대해서

4. 당신은 마지막으로 박물관을 방문했던 때가 언제였습니까?

1) 작년에 저는 주말에 저의 부모님과 2차 세계대전에 대한 역사박물관에 방문했습니다.

2) 제가 마지막으로 박물관을 방문했던 때는 친구들과 한국의 역사에 대한 연구를 위해 간 지난달이었습니다.

3) 제가 마지막으로 박물관을 방문했던 때는 2주 전에 미술관을 방문했던 것입니다.

5. 박물관에서 얼마의 시간이 걸릴 것으로 생각합니까?

1) 저는 박물관을 방문하기 위해 2시간이 걸릴 것으로 생각합니다. 저는 2시간 이상 동안은 한 가지에 집중할 수 없기 때문입니다.

2) 저는 박물관에서 3~4시간 정도 걸리는 것을 고려합니다. 박물관을 완전히 보기 위해 당신은 충분한 시간을 가질 필요가 있기 때문입니다.

3) 저는 박물관에서 가능한 한 많은 시간이 걸릴 것을 고려합니다. 저는 박물관이 흥미롭다는 것을 알게 되고 둘러보는 데 오랜 시간이 걸릴 것이기 때문입니다.

6. 어떤 박물관 중 하나를 당신을 가장 방문할 가능성이 큽니까? 역사, 과학, 아니면 미술

1) 저는 역사박물관을 방문할 것 같습니다. 저는 역사를 전공해서 역사박물관을 방문하는 것은 저에게 매우 흥미로울 것입니다. 또한, 역사박물관들은 주로 역사 속 많은 것들에 대한 새로운 정보로 매우 흥미롭습니다. 또한, 역사에 대해 배우는 것은 중요합니다. 그것은 당신에게 폭넓은 지식을 주기 때문입니다.

2) 저는 미술관을 방문할 것 같습니다. 그것은 저의 취미와 관련되어 있기 때문입니다. 그리고 저는 소묘와 회화를 좋아합니다. 그래서 저는 유명한 화가들에 의한 미술품을 보는 것을 좋아합니다. 또한, 그것은 역사박물관보다 훨씬 더 흥미롭습니다. 저는 역사박물관은 심각한 반면에, 미술관들은 매우 편안하다고 생각합니다. 그래서 저는 오히려 미술관들을 방문할 것입니다.

3) 저는 과학박물관을 방문할 것입니다. 저는 과학에 관심 있기 때문입니다. 과학박물관은 당신이 실험할 수 있는 흥미로운 것들로 가득 차 있습니다. 그래서 저는 박물관에서 매우 재미있을 수 있다고 생각합니다. 또한 과학박물관을 방문함으로써, 저는 제가 좋아하는 과목에 더 많은 지식을 얻습니다.

③ 연습 *Practice*

• Practice 1-5까지는 Step별 학습 순서를 따르고, Practice 6-10까지는 시험 환경에 맞춰 연습하세요.

Step 1

키워드를 준비하세요. (질문을 해석하면서 바로 준비해야 합니다)

질문에서 요구하는 핵심 내용을 단어로 준비하세요. 익숙하지 않은 단어라면 쉽고 간단한 단어로 바꿀 것을 추천합니다. 예를 들어, 최근에 선물로 뭐 샀냐? 라는 질문에, 최근 선물로 크리스탈 백조 조형(a crystal swan figure)를 샀다고 하더라도? '책 샀다.' '꽃 샀다'로 키워드를 잡으세요.

Step 2

템플릿을 활용해, 문장 말하기 연습하세요. (말하기 시간 45초 대비)

앞에서 준비한 단어와 템플릿을 활용해, 문장을 만들어 보세요. 이때, 말하기를 연습할 때는, 반드시 적정한 속도로 말하도록 연습하세요. 영어를 꽤 잘 하는 사람도 시험에서 너무 빨리 말하다가 문법적인 실수를 하거나, 횡설수설하기도 합니다. 가장 중요한 것은? "틀리지 않는 것"이며, 그 다음으로 "잘하는 것"이 점수의 비법입니다.

Step 3

반복 체크 박스 리스트를 이용해서 반복하세요. (최소 10번 이상)

모범 답안을 보며 필요한 부분은 내 것으로 만들며 반복 연습하세요. 이때, 반복하겠다는 결심만으로는 부족할 수 있습니다. 교재의 체크 박스를 이용해 자신이 실제로 어떻게 하고 있는지를 기록함으로써 철저히 반복하시기 바랍니다. 최소 10번에서 20번, 많게는 50번도 해야 합니다.

주 의 사 항

1. 바로 답안을 보기보다는, 혼자 스스로 먼저 연습해 보세요.

스스로 먼저 풀어보고, 답안을 참조하세요. 처음부터 모범 답안을 외우거나, 답안을 보고 공부하면, 그 답안밖에 못하는 사람이 됩니다. 혼자 먼저 시도해 보면, 생각나는 점이 반드시 있을 것이며, 없더라도 답안을 봤을 때 흡수력이 달라집니다. (배고플 때 음식을 먹으면 더 맛있는 것처럼요.) 답안의 도움을 받아 보충하고, 답변하는 능력을 키우세요.

2. 실수하더라도 당황하지 마세요. 남은 문제가 많습니다!

관사나 전치사 같은 약간의 실수는 괜찮습니다. 주어 동사가 없는 문장이라든지, 시제가 틀렸다든지 하는 문제들은 감점이 되겠지만, 그렇더라도 너무 낙심하지는 않도록 하세요. 앞으로 남은 문제가 많은데, 앞에서 하나 망쳤다고 해서, 연쇄 사건(?)이 일어나지 않도록 주의해야 합니다.

▼ *Practice 1*

> Imagine that a British marketing firm is doing research in your country. You have agreed to participate in a telephone interview about giving a gift.
>
> Q4. How often do you prepare for a gift?
>
> Q5. When was the last time you bought a gift and who was it for?
>
> Q6. What do you consider the most when you buy a gift?

Step 1 키워드를 준비하세요.(준비 시간 30초 대비)

질의응답 영역은 준비 시간이 따로 없으니, 해석을 하면서 바로 할 말을 생각하세요.

Q4. 빈도	
Q5. 과거 시점, 사람	
Q6. 고려 사항	

Step 2 템플릿을 활용해 문장으로 말하세요. (말하기 시간 45초 대비)

1) 템플릿 구문과 2) 질문의 표현을 사용해 3) 준비한 키워드를 문장으로 말하세요.

Q4. 빈도	I usually ~.
Q5. 과거 시점, 사람	It was 과거 시간 that ~. I ~ for 사람.
Q6. 고려 사항	The most important thing I consider when ~ is 고려 사항. This is because 이유. To be specific, 구체적 사항.

Step 3 반복 연습하기 (최소 10번 연습 추천)

답안과 해설을 참조하며 반복해서 연습하세요. 이때, 녹음을 하면 좋습니다.

✦ 답변 확인 및 해설

> 영국 마케팅 회사가 당신의 나라에서 시장 조사를 하고 있다고 상상하세요. 당신은 선물을 주는 것에 대한 전화 인터뷰에 참석하기로 동의했습니다.
> Q4. 당신은 얼마나 자주 선물을 준비합니까?
> Q5. 당신이 선물을 샀던 마지막은 언제였습니까? 그리고 그것은 누구를 위한 것이었습니까?
> Q6. 당신이 선물을 살 때 무엇을 가장 고려합니까?

firm 회사   participate in ~에 참석하다   prepare for ~를 준비하다

🎧 S1_Part 3_27

✦ 기본 템플릿을 활용한 답안 (쉬운 어휘와 문장 구조)

Q4. I usually prepare for a gift once a month.

Q5. It was yesterday. I bought a gift for my mother.

Q6. The most important thing I consider is the price. This is because I am a student and I don't make money. So, I have to think about my tight budget when I buy a gift.

> Q4. 저는 한 달에 한 번 선물을 삽니다.
> Q5. 어제였고, 엄마를 위한 선물을 샀습니다.
> Q6. 가장 중요한 것은 가격입니다. 왜냐하면 저는 학생인데 돈을 안 법니다. 그래서 선물을 살 때, 부족한 제 빠듯한 예산을 생각해야 합니다.

✦ 기본 템플릿을 변형한 답안 (다양한 어휘와 문장 구조)

Q4. I prepare for a gift once a month for my family and friend's birthdays or special days.

Q5. The last time I bought a gift was yesterday for my mother. It was her birthday.

Q6. The most important thing is the price. As a student, I don't have much money to buy an expensive gift. So, I have to consider the price and my budget. That's why I usually buy books or flowers which I can afford (to buy).

> Q4. 저는 한 달에 한 번 선물을 사는데 친구나 가족의 생일 혹은 특별한 날을 위해서입니다.
> Q5. 가장 최근에 선물을 산 것은 어제인데 엄마 생신이었습니다.
> Q6. 가장 중요한 사항은 가격입니다. 학생으로서 저는 비싼 선물을 사기 위한 많은 돈이 없습니다. 그래서 가격과 제 예산을 생각해 봐야 합니다. 그래서 저는 보통 제가 감당할 수 있는 책이나 꽃을 삽니다.

해설

> – 선물을 사는 횟수는 매번 다르겠지만, 대략 이야기하세요.
> – 매일 선물을 사는 사람도 있을까요? 네 있을 것입니다. 개인적인 문제이니, 자신 있게 대답하세요.
>   (그렇다고 '선물을 얼마나 자주 사냐?'는 질문에, '온라인에서 산다'라고 답하면 안 됩니다. 질문에 맞게 대답하세요.)
> – 선물로 무엇을 사냐? (What do you usually buy as a gift?)라는 질문에도 대비하세요.

⬇ *Practice 2*

> Imagine that you are talking to a friend on the phone. You are talking about clothes.
>
> Q4. Where do you usually buy clothes?
>
> Q5. That sounds good. What kinds of clothes have you bought recently?
>
> Q6. Which do you consider most when you choose a clothing store: price, brand, or location?

Step 1 키워드를 준비하세요.(준비 시간 30초 대비)

질의응답 영역은 준비 시간이 따로 없으니, 해석을 하면서 바로 할 말을 생각하세요.

Q4. 빈도	
Q5. 종류	
Q6. 고려 사항	

Step 2 템플릿을 활용해 문장으로 말하세요. (말하기 시간 45초 대비)

1) 템플릿 구문과 2) 질문의 표현을 사용해 3) 준비한 키워드를 문장으로 말하세요.

Q4. 빈도	I usually ~.
Q5. 종류	It was 과거 시간 that I ~. I ~ for 사람.
Q6. 고려 사항	The most important thing I consider when ~ is 고려 사항. This is because 이유. To be specific, 구체적 사항.

Step 3 반복 연습하기 (최소 10번 연습 추천)

답안과 해설을 참조하며 반복해서 연습하세요. 이때, 녹음을 하면 좋습니다.

☆ 답변 확인 및 해설

> 친구와 전화로 이야기하고 있다고 상상하세요. 옷에 관해 이야기하고 있습니다.
> Q4. 어디에서 옷을 사니?
> Q5. 좋아. 무슨 종류의 옷을 최근에 샀니?
> Q6. 옷 가게를 선택할 때 무엇을 가장 고려하니? 가격, 브랜드 아니면 장소?

🎧 S1_Part 3_29

☆ 기본 템플릿을 활용한 답안 (쉬운 어휘와 문장 구조)

Q4. I buy clothes at home online.

Q5. I bought a shirt and pants recently.

Q6. Well, I consider price most when I choose a clothing store. You know, I am a student and I don't have much money. So, within my tight budget, I have to buy clothes.

Q4. 나는 집에서 온라인으로 옷을 사.

Q5. 최근에 셔츠와 바지를 샀어.

Q6. 음, 나는 옷 가게를 선택할 때 가격을 가장 중요하게 생각해. 너도 알다시피, 내가 학생 이라 돈이 많지 않잖아. 그래서 빠듯한 예산 내에서 옷을 사야 해.

☆ 기본 템플릿을 변형한 답안 (다양한 어휘와 문장 구조)

Q4. I buy clothes at a department store.

Q5. Recently I have bought a jacket and T-shirts.

Q6. I consider the brand the most. Even though they are more expensive, brand-name clothes are worth their high prices. They are durable, fashionable, and made with better materials. For example, I bought a brand-name winter coat several years ago but still enjoy wearing it.

Q4. 나는 백화점에서 옷을 사.

Q5. 최근 재킷과 티셔츠를 샀어.

Q6. 나는 브랜드를 가장 고려해. 더 비쌀지라도 브랜드 이름을 가진 옷들은 높은 가격의 가 치가 있거든. 견고하고, 멋지고 더 좋은 재료로 만들어졌으니까. 예를 들어, 몇 년 전에 브랜드가 있는 겨울 코트를 샀는데 아직도 그것을 잘 입고 있어.

해설

> - 답변 시 문제에서 주어진 시제와 동사를 그대로 쓰면 안전합니다.
>   Have you bought ∼? I have bought ∼.
> - 옷의 종류를 대답할 때, 원피스는 dress이니 주의하세요.
> - 옷 가게를 고를 때, 가게의 위치가 중요하다고 주장한다면, It should be in a convenient location because I don't want to travel far to buy clothes.라고 대답해 보세요.

Practice 3

> Imagine that a US marketing firm is doing research in your country. You have agreed to participate in a telephone interview about transportation.
>
> Q4. What type of transportation do you use the most often?
>
> Q5. When do you choose to take the bus instead of the subway?
>
> Q6. How do you think the transportation in your area could be improved?

Step 1 키워드를 준비하세요. (준비 시간 30초 대비)

질의응답 영역은 준비 시간이 따로 없으니, 해석을 하면서 바로 할 말을 생각하세요.

Q4. 종류	
Q5. 때	
Q6. 방법	

Step 2 템플릿을 활용해 문장으로 말하세요. (말하기 시간 45초 대비)

1) 템플릿 구문과 2) 질문의 표현을 사용해 3) 준비한 키워드를 문장으로 말하세요.

Q4. 종류	I usually ~.
Q5. 때	I ~ because ~ .
Q6. 방법	I think ~. So ~.

Step 3 반복 연습하기 (최소 10번 연습 추천)

답안과 해설을 참조하며 반복해서 연습하세요. 이때, 녹음을 하면 좋습니다.

미국 마케팅 회사가 당신의 나라에서 시장 조사를 하고 있다고 상상하세요. 당신은 교통에 대한 전화 인터뷰에 참석하기로 동의했습니다.
Q4. 어떤 종류의 교통을 가장 자주 이용합니까?
Q5. 언제 지하철 대신 버스를 선택합니까?
Q6. 당신 지역의 교통이 어떻게 개선될 수 있다고 생각하시나요?

🎧 S1_Part 3_31

▼ 기본 템플릿을 활용한 답안 (쉬운 어휘와 문장 구조)

Q4. I use the bus most often.

Q5. I always use the bus because it is more fun.

Q6. I think transportation in my area could be improved if more people use public transportation. The number of cars on the road will decrease. So, we can reduce traffic jams.

> Q4. 저는 버스를 가장 자주 이용합니다.
> Q5. 저는 항상 버스를 이용하는데 더 재미있기 때문입니다.
> Q6. 저의 지역의 교통은 더 많은 사람들이 대중교통을 이용한다면 향상될 수도 있다고 생각합니다. 도로의 차량의 수는 줄어들어 교통 혼잡을 줄일 수 있습니다.

▼ 기본 템플릿을 변형한 답안 (다양한 어휘와 문장 구조)

Q4. I use the subway most often because there is a subway station near my house.

Q5. I choose the bus instead of the subway only when the subway is not available. Other than that, the subway is always better because it is reliable.

Q6. I think that if more people use public transportation (like the bus or subway instead of driving their own cars), traffic jams can be reduced. Also, it will be convenient if the bus runs more frequently. For example, I sometimes wait for the bus for more than 20 minutes, and get exhausted. With shorter intervals, people can save time.

> Q4. 저는 지하철을 가장 자주 이용합니다. 저희 집 가까이에 지하철역이 있기 때문입니다.
> Q5. 저는 지하철이 이용 가능하지 않을 때에만 지하철 대신에 버스를 선택합니다. 그렇지 않고서는, 지하철이 항상 더 낫습니다. 그것은 믿을 수 있기 때문입니다.
> Q6. 만약 더 많은 사람들이 대중교통(그들 소유의 차를 운전하는 것 대신에 버스나 지하철과 같은)을 이용한다면, 교통혼잡은 줄어들 수 있다고 생각합니다. 또한, 만약 버스가 더욱 빈번하게 운영된다면 편리할 것입니다. 예를 들어, 저는 때때로 버스를 20분 이상 기다리고 지치게 됩니다. 더 짧은 간격으로 인해 사람들은 시간을 절약할 수 있습니다.

해설

– 의문사에 집중해 물어본 것에 대답하세요.
– 버스 대신 지하철을 선택하는 이유도 준비해 두세요. Subways are more reliable than buses.
– 교통 개선의 대안으로 길을 개선하는 방법도 있습니다. I think the government should improve the roads and highways.

▼ *Practice 4*

> Imagine that an English language magazine is doing research in your country. You have agreed to participate in a telephone interview about reading books.
>
> Q4. What type of books do you usually read?
>
> Q5. How often do you read books, and how many books have you read this year?
>
> Q6. Why do people read books less often than in the past?

Step 1 키워드를 준비하세요.(준비 시간 30초 대비)

질의응답 영역은 준비 시간이 따로 없으니, 해석을 하면서 바로 할 말을 생각하세요.

Q4. 종류	
Q5. 빈도, 개수	
Q6. 이유	

Step 2 템플릿을 활용해. 문장으로 말하세요. (말하기 시간 45초 대비)

1) 템플릿 구문과 2) 질문의 표현을 사용해 3) 준비한 키워드를 문장으로 말하세요.

Q4. 종류	I usually ~.
Q5. 빈도, 개수	I usually ~.
Q6. 이유	~ because ~.

Step 3 반복 연습하기 (최소 10번 연습 추천)

답안과 해설을 참조하며 반복해서 연습하세요. 이때, 녹음을 하면 좋습니다.

✔ 답변 확인 및 해설

> 영국 잡지가 당신의 나라에서 시장 조사를 하고 있다고 상상하세요.
> 당신은 책을 읽는 것에 대한 전화 인터뷰에 참석하기로 동의했습니다.
> Q4. 어떤 종류의 책을 읽나요?
> Q5. 얼마나 자주 책을 읽으며, 올해에 몇 권을 읽었나요?
> Q6. 왜 요즘 사람들은 과거에 비해 책을 덜 읽나요?

🎧 S1_Part 3_33

✔ 기본 템플릿을 활용한 답안 (쉬운 어휘와 문장 구조)

Q4. I usually read novels.

Q5. I usually read books once a week and I have read about ten books.

Q6. People read books less often than in the past because people today are busy. They don't have much time to read books because of work or study.

> Q4. 주로 소설을 읽습니다.
> Q5. 일주일에 한번 책을 읽습니다. 그리고 약 10권의 책을 읽습니다.
> Q6. 사람들은 과거보다 덜 자주 책을 읽습니다. 오늘날의 사람들은 바쁘기 때문입니다. 그들은 일이나 공부 때문에 책을 읽을 많은 시간이 없습니다.

✔ 기본 템플릿을 변형한 답안 (다양한 어휘와 문장 구조)

Q4. I usually read travel books because I like traveling and want to get information about places.

Q5. I read books once a month, and I have read three books this year.

Q6. I think these days, people read books less and less because there are a lot of other options available to spend time with. For example, we have electronic devices such as mobile phones, TVs, and video games. Also, today's people do not like to reflect. People want instant gratification.

> Q4. 주로 여행 책들을 읽습니다. 여행을 좋아하고 장소들에 대한 정보를 얻기를 원하기 때문입니다.
> Q5. 한 달에 한 번 책들을 읽습니다. 그리고 이번 해에 3개의 책을 읽었습니다.
> Q6. 제 생각에, 요즘 사람들은 점점 덜 책을 읽는 것 같습니다. 왜냐하면 시간을 보내기 위해 이용 가능한 많은 다른 것들이 있기 때문입니다. 예를 들어, 우리는 휴대폰, TV, 비디오 게임과 같은 전자 장비를 가지고 있습니다. 또한, 오늘날의 사람들은 곰곰이 생각하는 것을 좋아하지 않습니다. 사람들은 즉각적인 만족을 원합니다.

once a week 일주일에 한 번   in the past 과거에는   reflect 심사숙고하다   instant 즉각적인
gratification 만족

해설

- Q4. 책의 종류에는 판타지 소설 (fantasy novels), 단편 소설 (short stories), 만화책 (comic books) 등이 있습니다.
- Q5. 몇 권인지 정확히 세기는 힘들 수 있습니다. 대략의 숫자를 이야기하세요.

▼ *Practice 5*

Imagine that your cousin will be visiting your town. You are having a telephone conversation about food.

Q4. What kinds of food do you like?

Q5. By the way, do you ever skip a meal, why or why not?

Q6 Now, tell me about an ordinary meal you normally have for dinner.

Step 1 키워드를 준비하세요.(준비 시간 30초 대비)

질의응답 영역은 준비 시간이 따로 없으니, 해석을 하면서 바로 할 말을 생각하세요.

Q4. 종류	
Q5. Yes/No, 이유	
Q6. 설명	

Step 2 템플릿을 활용해, 문장으로 말하세요. (말하기 시간 45초 대비)

1) 템플릿 구문과 2) 질문의 표현을 사용해 3) 준비한 키워드를 문장으로 말하세요.

Q4. 종류	I usually ~.
Q5. Yes/No, 이유	Yes, ~ / No ~. This is because ~.
Q6. 설명	I usually ~ such as ~. I think ~.

Step 3 반복 연습하기 (최소 10번 연습 추천)

답안과 해설을 참조하며 반복해서 연습하세요. 이때, 녹음을 하면 좋습니다.

❖ 답변 확인 및 해설

> 당신의 사촌이 당신의 마을에 방문할 것이라고 상상하세요.
> 당신은 음식에 대해 전화로 대화하고 있습니다.
> Q4. 어떤 종류의 음식을 좋아하니?
> Q5. 그런데 너 가끔 음식을 안 먹을 때가 있니? 왜 그렇니?
> Q6. 자, 이제 네가 저녁으로 보통 무엇을 먹는지 이야기 해 줘.

🎧 S1_Part 3_35

❖ 기본 템플릿을 활용한 답안 (쉬운 어휘와 문장 구조)

Q4. I like Korean food and Chinese food.

Q5. Yes, I sometimes skip a meal when I am busy.

Q6. I usually have Korean food for dinner such as cooked rice, kimchi, and other side dishes. I think Korean food is very delicious and healthy.

> Q4. 나는 한국 음식과 중국 음식을 좋아해.
> Q5. 응, 바쁠 때 식사를 거를 때가 있어.
> Q6. 주로 저녁에 밥, 김치, 다른 반찬들과 같은 한국 음식을 먹어. 한국 음식이 매우 맛있고 건강하다고 생각하거든.

❖ 기본 템플릿을 변형한 답안 (다양한 어휘와 문장 구조)

Q4. I like Korean food like bulggoggi and kimchi fried rice.

Q5. No, I don't skip a meal. I love eating and think eating regularly is important for my health.

Q6. Well, normally, I eat out very often, more than three times a week, for my dinner. And I try different menus each time. Sometimes I eat Chinese food like noodles and dumplings; and sometimes Italian food like pizzas and spaghetti.

> Q4. 나는 불고기와 김치볶음밥과 같은 한국 음식을 좋아해.
> Q5. 아니. 나는 식사를 거르지 않아. 먹는 것을 좋아하거든. 그리고 규칙적으로 먹는 것은 건강에 중요하잖아.
> Q6. 음. 보통, 저녁에 일주일에 세 번 이상 매우 자주 외식을 해. 그리고 매번 다른 메뉴들을 시도하지. 때로는 면과 만두 같은 중국 음식을 먹고, 때로는 피자와 스파게티 같은 이탈리아 음식을 먹기도 해.

skip a meal 식사를 거르다   cooked rice 밥   side dish 반찬   fried rice 볶음밥   eat out 외식하다
more than ~이상   noodle 국수, 면

해설

> – 다른 음식의 종류로는 이탈리아 음식(Italian food), 멕시코 음식(Mexican food), 인도 음식 (Indian food), 일식(Japanese food), 튀긴 음식(fried food), 면 요리(noodles) 등이 있습니다.
> – Do you ever skip a meal?이라는 질문에 대해, I ever skip a meal이라고 대답하지는 않습니다. ever는 부정문, 의문문, if문 등과 함께 '어느 때고/언제든/한 번이라도'의 뜻으로 쓰입니다.
> – 한국 음식명이나 한국 지명을 말해도 되나, '명사 자리'에 사용해야 하며, 영어식 발음으로 이야기를 하도록 하세요. 그리고 (미국인) 채점관이 이해할 수 있도록 부연 설명할 수 있다면 좋습니다.

▼ *Practice 6*

TOEIC® Speaking

Questions 4-6: Respond to questions

Directions: In this part of the test, you will answer three questions. For each question, begin responding immediately after you hear a beep. No preparation time is provided. You will have 15 seconds to respond to Questions 4 and 5 and 30 seconds to respond to Question 6.

Imagine that a Canadian marketing firm is doing research in your country. You have agreed to participate in a telephone interview about fitness centers.

Q4. What is your favorite way to exercise in a fitness center?

RESPONSE TIME
00:00:15

Q5. Have you ever encouraged your friend to exercise in a fitness center?

RESPONSE TIME
00:00:15

Q6. What is the most important factor among membership fees, equipment and client volume when you choose your favorite fitness center?

RESPONSE TIME
00:00:30

❦ 답변 확인 및 해설

> 캐나다 마케팅 회사가 당신의 나라에서 시장 조사를 하고 있다고 상상하세요.
> 당신은 피트니스 클럽에 대한 전화 인터뷰에 참석하기에 동의했습니다.
> Q4. 피트니스 센터에서 가장 좋아하는 운동이 무엇인가요?
> Q5. 친구에게 피트니스 센터에서 운동하라고 권유한 적이 있나요?
> Q6. 피트니스 센터를 선택할 때, 멤버십 가격, 장비, 회원 수 중에서 가장 중요한 것은 무엇인가요?

❦ **기본 템플릿을 활용한 답안** (쉬운 어휘와 문장 구조)　🎧 S1_Part 3_37

Q4. My favorite way to exercise in a fitness center is running on a tread mill.

Q5. Yes, I have. Once, I encouraged my friend to join the gym together with me.

Q6. I think the membership fee is the most important factor when choosing a fitness center. This is because I am a student and don't have much money. Within my tight budget, I have to choose a fitness center.

Q4. 피트니스 센터에서 운동하는 제가 가장 좋아하는 방법은 러닝머신에서 달리는 것입니다.

Q5. 네, 있습니다. 한번은 제 친구에게 함께 체육관에 등록하자고 권했습니다.

Q6. 저는 피트니스 센터를 선택할 때 멤버십 요금은 가장 중요한 요소라고 생각합니다. 이것은 제가 학생이고 많은 돈을 가지고 있지 않기 때문입니다. 타이트한 예산안에서 피트니스 센터를 선택해야 합니다.

레벨 7
모범답안

▼ 기본 템플릿을 변형한 답안 (다양한 어휘와 문장 구조) 🎧 S1_Part 3_37

Q4. My favorite way to do exercise in a gym is doing sit-ups and push-ups. Also, I like doing weights to develop muscles and stay in good shape.

Q5. Yes, I have. A couple of times, I asked my friend to work out together.

Q6. I think client volume is the most important factor for me to choose a right gym depending on how busy it gets, especially, during peak time. You probably don't want to spend your workout time standing around or waiting for equipment, especially when you plan on working out right after work or in the morning before work.

Q4. 체육관에서 운동하는 가장 좋아하는 방법은 윗몸 일으키기와 팔 굽혀 펴기입니다. 또한, 저는 근육을 키우고 건강을 유지하기 위해 웨이트 트레이닝을 좋아합니다.

Q5. 네, 두세 번, 저는 친구에게 같이 운동하자고 요구했습니다.

Q6. 저는 특히 피크 타임에 얼마나 바빠지는지에 따라 고객수가 적절한 체육관을 선택하는 데 가장 중요한 요소라고 생각합니다. 당신은 특히 당신이 출근 전 아침이나 출근 직후 운동하는 것을 계획할 때 아마 당신의 운동 시간을 서 있거나 기구를 기다리는데 소비하기를 원하지 않습니다.

tread mill 러닝머신   within budget 예산 내에서   sit ups 윗몸 일으키기   push-ups 팔굽혀 펴기   do weight 역기를 들다   stay in good shape 좋은 몸매를 유지하다   client volume 고객 수

해설

– 헬스장에서 하는 다른 운동은 팔굽혀 펴기(push-ups), 턱걸이(pull-ups), 자전거 타기(riding the stationary bike) 등이 있습니다.

– 헬스장과 관련된 다른 질문으로 헬스장에서 운동하는 것의 장단점은 무엇인가도 생각해 보세요.

TOEIC® Speaking

Questions 4-6: Respond to questions

Directions: In this part of the test, you will answer three questions. For each question, begin responding immediately after you hear a beep. No preparation time is provided. You will have 15 seconds to respond to Questions 4 and 5 and 30 seconds to respond to Question 6.

Imagine that a British marketing firm is doing research in your country. You have agreed to participate in a telephone interview about recycling.

Q4. What do you recycle and where do you recycle?

RESPONSE TIME
00:00:15

Q5. Where do you usually buy recycled products and where do you get information about them?

RESPONSE TIME
00:00:15

Q6. What are the benefits of using recycled products?

RESPONSE TIME
00:00:30

✦ 답변 확인 및 해설

> 영국 마케팅 회사가 당신의 나라에서 시장 조사를 하고 있다고 상상하세요.
> 당신은 재활용에 대한 전화 인터뷰에 참석하기로 동의했습니다.
> Q4. 무엇을 재활용하며 어디서 재활용하나요?
> Q5. 재활용 제품을 보통 어디서 사며, 그에 관한 정보를 어디서 얻나요?
> Q6. 재활용 제품을 사는 것의 장점은 무엇인가요?

🎧 S1_Part 3_39

레벨 6 모범답안

✦ 기본 템플릿을 활용한 답안 (쉬운 어휘와 문장 구조)

Q4. I recycle paper and plastic bottles at home. (I have a recycle bin in my home.)

Q5. I usually buy recycled products online and get information about them online, too. (It is very convenient.)

Q6. One benefit of using recycled products is that it is good for the environment. By using recycled products, we can help reduce waste.

> Q4. 저는 집에서 재활용 종이랑 플라스틱 병을 재활용합니다. (저는 집에 재활용 쓰레기통이 있습니다.)
> Q5. 주로 온라인에서 재활용 상품들을 사고 온라인에서 그것들에 대한 정보도 얻습니다. (매우 편리합니다.)
> Q6. 재활용 상품을 사용하는 데 한 가지 혜택은 환경에 좋다는 것입니다. 재활용된 상품을 사용함으로써 우리는 쓰레기를 줄이는 것을 도울 수 있습니다.

레벨 7 모범답안

✦ 기본 템플릿을 변형한 답안 (다양한 어휘와 문장 구조)

Q4. I recycle many items like newspapers, plastic bottles, and aluminum cans at recycling bins in my apartment complex.

Q5. I usually buy recycled products at a supermarket and I get information about them online.

Q6. One advantage of using recycled products is that we can help save the environment. We can reduce waste that is sent to landfills. Another benefit is to save raw materials. Using recycled products means to use less raw material. For example, if we use recycled paper bags, we can save trees.

> Q4. 저는 신문, 플라스틱, 병, 알루미늄 캔과 같은 많은 아이템들을 저의 아파트 복합단지에 있는 재활용 쓰레기통에 재활용합니다.
> Q5. 주로 슈퍼마켓에서 재활용 상품들을 삽니다. 그리고 온라인에서 그것들에 대한 정보를 얻습니다.
> Q6. 재활용 상품을 사용하는 한 가지 장점은 우리가 환경을 보호하는 데 도울 수 있다는 것입니다. 우리는 매립지로 보내지는 쓰레기를 줄일 수 있습니다. 또 다른 혜택은 원 자재를 절약하는 것입니다. 재활용 상품을 사용하는 것은 더 적은 원자재 사용을 의미합니다. 예를 들어, 만약 우리가 재활용 종이봉투를 사용한다면 나무를 아낄 수 있습니다.

해설

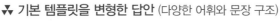

– 다른 recycled products의 장점으로는 재활용 산업을 활성화 시킬 수 있다(we can boost the recycling industry)를 생각해 볼 수 있습니다.

▼ *Practice 8*

TOEIC Speaking

Questions 4-6: Respond to questions

Directions: In this part of the test, you will answer three questions. For each question, begin responding immediately after you hear a beep. No preparation time is provided. You will have 15 seconds to respond to Questions 4 and 5 and 30 seconds to respond to Question 6.

Imagine that an Australian marketing firm is doing research in your country. You have agreed to participate in a telephone interview about parks.

Q4. How long do you usually spend at a park?

RESPONSE TIME
00:00:15

Q5. When did you go to a park recently, and what did you do there?

RESPONSE TIME
00:00:15

Q6. Are you satisfied with parks in your area and how do you think they could be improved?

RESPONSE TIME
00:00:30

⚜ 답변 확인 및 해설

호주 마케팅 회사가 당신의 나라에서 시장 조사를 하고 있다고 상상하세요. 당신은 공원에 대한 전화 인터뷰에 참석하기에 동의했습니다.
Q4. 공원에서 얼마나 시간을 보내나요?
Q5. 언제 최근에 공원에 갔으며, 거기서 무엇을 했나요?
Q6. 당신 지역의 공원에 대해 만족하나요? 그리고 어떻게 하면 개선될 수 있다고 생각하나요?

🎧 S1_Part 3_41

⚜ 기본 템플릿을 활용한 답안 (쉬운 어휘와 문장 구조)

Q4. I usually spend 30 minutes at a park.

Q5. I went to a park yesterday, and just walked around in the park.

Q6. Yes I am satisfied with parks in my area. I think they could be improved if there are more trees and flowers. This is because many people go to parks in order to relax their body and mind. Walking among trees is a good way to release stress.

Q4. 저는 주로 공원에서 30분을 보냅니다.
Q5. 저는 어제 공원에 갔습니다. 그리고 저는 공원을 그냥 돌아다녔습니다.
Q6. 네, 저희 지역의 공원에 만족합니다. 만약에 더 많은 나무들과 꽃들이 있다면 그들이 개선될 수 있다고 생각합니다. 이것은 많은 사람들이 몸과 마음을 쉬기 위해서 공원을 가기 때문입니다. 나무 사이를 걷는 것은 스트레스를 푸는 좋은 방법입니다.

⚜ 기본 템플릿을 변형한 답안 (다양한 어휘와 문장 구조)

Q4. I usually spend 30 minutes at a park, sometimes jogging around and sometimes riding a bicycle.

Q5. I went to a park this morning and I had a bicycle ride. It was very refreshing!

Q6. No, I'm not satisfied with parks in my area. Some places are very dirty, not well managed and cleaned. And some facilities like outdoor exercising equipment or benches need repairing. They need to be fixed and replaced with new ones.

Q4. 저는 주로 공원에서 때때로 조깅하고 자전거 타면서 30분을 보냅니다.
Q5. 저는 오늘 아침에 공원에 갔습니다. 그리고 자전거를 탔습니다. 매우 상쾌했습니다.
Q6. 아니요, 저는 저의 지역의 공원들에 만족하지 않습니다. 몇몇의 장소들은 매우 더럽고 관리도 청소도 되지 않았습니다. 그리고 야외 운동기구나 벤치와 같은 몇몇의 시설들은 수리될 필요가 있습니다. 그들은 고쳐지고 새것들로 대체될 필요가 있습니다.

walk around 돌아다니다   release stress 스트레스를 풀다   refreshing 상쾌한   managed 관리된   equipment 장비   replace 교체하다

해설

– how long을 how often으로 잘못 파악하지 않도록 주의하세요.
– 다른 예상 문제로는, 새로운 공원이 생기는 것에 찬성하나?를 물어볼 수도 있습니다. 공원의 장점이 뭐냐? 혹은 무엇이 사람들을 공원에 가게 만드냐?는 문제도 생각해 보세요.

⯆ *Practice 9*

 S1_Part 3_42

TOEIC Speaking

Questions 4-6: Respond to questions

Directions: In this part of the test, you will answer three questions. For each question, begin responding immediately after you hear a beep. No preparation time is provided. You will have 15 seconds to respond to Questions 4 and 5 and 30 seconds to respond to Question 6.

Imagine that you are having a telephone conversation with a friend. You are talking about movies.

Q4. What type of movies do you NOT enjoy watching, and why?

RESPONSE TIME
00:00:15

Q5. When was the last time you went to see a movie and what was it?

RESPONSE TIME
00:00:15

Q6. Now I want to know about your favorite type of movie. Can you tell me about it?

RESPONSE TIME
00:00:30

♥ 답변 확인 및 해설

> 당신은 친구와 전화로 대화를 하고 있다고 상상하세요. 영화에 대해서 말하고 있습니다.
>
> Q4. 어떤 종류의 영화를 안 좋아하니? 왜?
>
> Q5. 최근에 영화 본 건 언제니? 무슨 영화였니?
>
> Q6. 네가 좋아하는 영화에 대해 알고 싶어. 말해 줄래?

🎧 S1_Part 3_43

♥ 기본 템플릿을 활용한 답안 (쉬운 어휘와 문장 구조)

Q4. I don't enjoy horror movies because I feel it is a waste of time.

Q5. It was yesterday and I saw a romantic comedy movie.

Q6. I like entertaining movies like comedies and romance movies. You know, I get a lot of stress from my study. So when I see a movie, I just want to release my stress and have fun!

> Q4. 난 호러 영화를 좋아하지 않아. 시간 낭비라고 생각하거든.
>
> Q5. 어제였고, 코미디 영화를 봤어.
>
> Q6. 코미디나 로맨스 영화 같은 오락적인 영화들을 좋아해. 알다시피, 내가 학교 때문에 스트레스를 많이 받잖아. 그래서 영화 볼 때는 그냥 스트레스를 풀고 즐기고 싶어.

♥ 기본 템플릿을 변형한 답안 (다양한 어휘와 문장 구조)

Q4. I do not enjoy watching romantic comedies because the stories are all similar and predictable.

Q5. The last time I went to see a movie was last Saturday. It was a fictional movie but based on a real life.

Q6. I like serious movies that stimulate my thoughts. Serious movies like documentaries or history movies are very informative, dealing with real people and real places. As you know, my daily life is full of repetitive and everyday things. When I watch serious movies about disabled people or wars in human history, it gives me different perspectives. I enjoy that!

> Q4. 나는 로맨스 코미디 영화를 좋아하지 않아. 스토리가 늘 비슷하고 예측할 수 있어서.
>
> Q5. 마지막으로 영화를 보러 간 건 지난 토요일이었어. 허구이지만 실제 인생을 바탕으로 한 영화였어.
>
> Q6. 생각을 자극하는 심각한 영화들을 좋아해. 다큐멘터리나 역사 영화들 같은 심각한 영화들은 매우 유익하고, 진짜 사람들과 진짜 장소들을 다루잖아. 너도 알다시피, 내 생활은 반복적이고 일상적인 것들이 많으니까. 장애가 있는 사람들이나 인류 역사 속의 전쟁들에 대한 심각한 영화를 보면, 다른 시각을 가지게 되는데 나는 그런 게 좋아.

predictable 예측 가능한 fictional movie 공상과학 영화 based on ~를 기반으로 하다 stimulate 자극하다 informative 유익한 repetitive 반복적인 disabled 장애가 있는 perspective 견해, 시각

해설

– NOT도 출제될 수 있으니, 주의하세요. 좋아하지 않는 이유로는 무섭거나(scary), 재미없거나 (not fun), 지루하기(boring) 때문 등이 있습니다.

– What was it? 이라고 하면, It was an action movie도 괜찮고, it was "영화 타이틀"도 괜찮습니다.

TOEIC® Speaking

Questions 4-6: Respond to questions

Directions: In this part of the test, you will answer three questions. For each question, begin responding immediately after you hear a beep. No preparation time is provided. You will have 15 seconds to respond to Questions 4 and 5 and 30 seconds to respond to Question 6.

Imagine that an American marketing firm is doing research in your country. You have agreed to participate in a telephone interview about coffee shops.

Q4. How often do you go to a coffee shop in your area?

RESPONSE TIME
00:00:15

Q5. What do you order when you go to a coffee shop?

RESPONSE TIME
00:00:15

Q6. Which is the most important thing you consider when choosing a coffee shop: menu, interior, or service?

RESPONSE TIME
00:00:30

♥ 답변 확인 및 해설

> 미국의 마케팅 회사가 당신의 나라에서 시장 조사를 하고 있다고 상상하세요.
> 당신은 커피숍에 대한 전화 인터뷰에 참석하기로 동의했습니다.
> Q4. 당신 지역의 커피숍에 얼마나 자주 가나요?
> Q5. 커피숍에 가면 무엇을 주문하나요?
> Q6. 커피숍을 고를 때 가장 중요한 게 뭔가요: 메뉴, 인테리어, 서비스?

🎧 S1_Part 3_45

♥ 기본 템플릿을 활용한 답안 (쉬운 어휘와 문장 구조)

Q4. I usually go to a coffee shop in my area once a week.

Q5. I usually order a coffee.

Q6. The most important thing is the menu. It should have fresh coffee and food. I sometimes order a muffin for breakfast.

> Q4. 저는 주로 일주일에 한 번 저의 지역에 있는 커피숍에 갑니다.
> Q5. 저는 주로 커피를 주문합니다.
> Q6. 가장 중요한 것은 메뉴입니다. 커피숍은 신선한 커피와 음식을 가지고 있어야 합니다. 저는 때때로 아침으로 머핀을 주문합니다.

♥ 기본 템플릿을 변형한 답안 (다양한 어휘와 문장 구조)

Q4. I go to a coffee shop almost every day to meet my friends. I sometimes read books there.

Q5. When I go to a coffee shop, I usually order an iced Americano or hot caramel macchiato.

Q6. The most important thing is the interior. I want to go to a coffee shop with a clean and well-decorated interior setting. Also, it will be great if there are some paintings or plants. I usually go to a coffee shop near my university because it has a good atmosphere.

> Q4. 저는 거의 매일 친구를 만나기 위해 커피숍에 갑니다. 가끔 거기에서 책을 읽습니다.
> Q5. 제가 커피숍에 갈 때, 주로 아이스 아메리카노나 뜨거운 카라멜 마끼아또를 주문합니다.
> Q6. 가장 중요한 것은 인테리어입니다. 저는 깨끗하고 잘 장식되어있는 인테리어 환경을 가진 커피숍에 가는 것을 원합니다. 또한, 만약 몇몇의 그림들이나 식물들이 있다면 좋을 것입니다. 저는 주로 저의 대학교 근처의 커피숍을 갑니다. 거기는 분위기가 좋습니다.

fresh 신선한   well-decorated 잘 장식이 되어있는   setting 환경   atmosphere 분위기

해설

> – 다른 출제 가능한 문제로 '어떻게 하면 coffee shop 서비스를 개선할 수 있나? (How do you think coffee shop services could be improved?)'를 생각해 보세요. 요즘은 커피숍에서 일을 하거나 공부를 하는 사람들이 많으니, Free WiFi를 제공하거나, power outlets이 있는 것도 중요하겠지요?

질의 응답

유형 파악

번호	유형	준비 시간	말하기 시간	평가 기준	점수
Q7~Q9	정보 제공	없음	각 15초, 15초, 30초	발음, 강세, 억양, 문법, 어휘, 일관성, 내용의 적절성, 내용의 완전성	3

채점 기준

	3점	**질문에 적절한 대답을 하며 표의 정보가 정확하다.** □ 거의 항상 매끄럽고 일관되게 표현하며 이해가 매우 쉽다. □ 정확하고 적절한 어휘를 사용한다. □ 질문에 적절한 구문을 사용한다.
평가 지침	2점	**질문에 관련된 대답을 하지만 정보가 완벽하지 않거나 부정확할 수 있다.** □ 대체로 알아들을 수는 있으나, 평가자가 이해하는 데 노력이 요 구된다. □ 어휘가 부족하며 부정확할 때도 있다. □ 구문 사용 능력이 조금 부족하다.
	1점	**적절한 응답을 하지 못하며, 정보가 쓸모없는 내용이거나 정확하지 않다.** □ 표현력 때문에 평가자가 이해하는 데 상당히 어려움을 겪는다. □ 어휘 사용이 부정확하고 같은 어휘를 자주 반복한다. □ 구문 사용이 내용에 지장을 준다.
	0점	**무응답 혹은 질문과 답변의 연관성이 없다.**

고득점을
받으려면?

- 발음, 강세, 억양에 주의하세요. (시험을 치는 동안 항상 평가되는 사항입니다.)
- 문법에 맞게 말하세요. (주어와 동사 넣기, 시제 및 수 일치에 유의하세요.)
- 질문의 의문사에 초점을 맞추어, 질문에 적절한 정보를 주세요. (e.g. when, where, what)
- 답변 시간이 남아도 되며, 추가 답변 중에 시간이 끝나도 됩니다.
- 자연스럽고 유창하게 말하세요.

실제 시험 화면

TOEIC® Speaking

Questions 7-9: Respond to questions using information provided

Directions: In this part of the test, you will answer three questions based on the information provided. You will have 30 seconds to read the information before the questions begin. For each question, begin responding immediately after you hear a beep. No additional preparation time is provided. You will have 15 seconds to respond to Questions 7 and 8 and 30 seconds to respond to Question 9.

정보 화면이 나오면?

★ 표의 제목과 구성 확인하기
★ [예측] 언제, 어디서 정보 파악하기
★ [예측] 담당자, 가격 정보 확인하기
★ [예측] 취소/변경 사항이 없는지?
★ [예측] 오전/오후 일정은?

TOEIC® Speaking

Employee Orientation

Date	Thursday, May 15th
Place	Hayatt hotel, Main Auditorium

10:00   Welcoming Speech – James Miller

10:30   Introduction – Department heads

11:00   Documentation Process

12:00   Lunch – Banquet Hall

13:00   Guest Speaker – Paul Smith

14:00   Meeting with Team Members

15:00   Q & A session – Hannah Kim

PREPARATION TIME
00:00:30

RESPONSE TIME
00:00:15

RESPONSE TIME
00:00:15

RESPONSE TIME
00:00:30

말하기 시간 15초, 30초간 해야 할 일

★ 의문사에 반드시 대답하기
★ 적정 속도로 말하기
★ 발음, 강세, 억양에 주의하기
★ 문법에 주의하기(주어, 동사, 시제)
★ 시간 남겨도 됨을 기억하기

주의 사항

★ 준비 시간이 없다는 점에 유의하기
★ LC 놓치면? 과감히 여러 곳을 읽기
★ 8번 문제는 보통 잘못된 정보임
★ 자신 없는 고유명사도 크게 읽기
★ 남는 시간!? 문제 예측하기

1 전략

1 레벨 6, 7학습 전략

각자의 목표에 맞게 적용하세요.

▼ 레벨 6 학습 전략

Part 4 정보 이용은 레벨 6를 맞는 학생들은 3점 배점에 모두 2점 혹은 그 이상의 점수를 받는 그리 쉽지도 그리 어렵지도 않은 영역입니다. 약간의 문법적인 실수나 발음상의 문제가 있을 수 있으나, 기본적으로 질문한 내용에 대한 적절한 내용을 말한다면 점수를 낼 수 있습니다. 처음에는 어렵게 느껴질 수도 있겠지만 계속 문제를 풀다 보면 비슷한 문제들이 출제됨을 알게 됩니다.

템플릿의 문장들을 연습하시면 해당 질문에 대해 문장으로 답할 수 있습니다.

(e.g. 장소, 날짜, 시간, 진행자, 일정, 이력, 학력, 경력 등)

레벨 6 학생들이 Part 4에서 겪는 문제 중의 하나는 LC를 놓치는 경우입니다. LC를 놓치더라도, 무응답은 0점이고, 관계없는 답안은 1점이라는 점을 생각한다면? 그래도 아무 말이라도 하는 게 점수에 더 나을 수 있습니다. 잘 모르겠다면? 시간 안에 최대한 많은 정보를 제시하세요. 또한, 한 문제를 놓쳤다고 다음 문제까지 연쇄적으로 집중하지 못하거나, 남은 문제들을 포기하지 않도록 유의하세요. 한 문제 정도를 놓치더라도, 시간 안에 많은 정보를 말하기 전략을 쓴다면, 최소한 1점~2점, 그리고 맞아 떨어지면? 3점도 받을 수 있습니다.

▼ 레벨 7 학습 전략

레벨 7을 받는 학생들은, Part 4 정보 이용에서 절반 이상을 3점 받습니다. 고득점을 받는 학생들의 특성 중 하나는, RC가 나올 때, 이미 Listening에서 나올 문제를 예측할 수 있다는 것인데요. 정보 화면이 주어지면, 해석만 하지 마시고, 어떤 질문이 나올지를 대비하세요. 물론, 아무리 잘하더라도 Listening에서 집중을 하지 않거나, 문제가 어려운 경우, 문제를 놓치는 경우들도 있습니다. 그러나 한 문제 정도를 놓치고도 레벨 7 받는 사람이 꽤 있으니, 너무 낙담하지 마세요. 남은 영역인 Part 5와 Part 6를 잘 해낸다면, 여전히 레벨 7이 가능합니다.

어려운 문장 구조나 어휘를 쓴다고 더 점수를 주지는 않기 때문에, 굳이 어렵게 이야기하려 하지 마세요. 그러다가 실수하면 감점됩니다. 간단하게 답하고 질문의 내용에 맞는 정확한 정보를 주는 데 집중하세요.

 토스 필살기

- Listening 실력을 키우고자 한다면? Speaking으로 listening을 연습하세요.
  내가 말할 수 있는 것은 다 들리는 법입니다.
- 테이블을 보고, 문제를 예측하는 습관을 들이세요. (언제, 어디서, 누가, 무엇을, 특이 사항은?)

2 채점 기준 전략

Part 4의 채점 기준인 발음/강세/억양/문법/어휘, 내용의 적절성/완성도를 숙지하세요.

♥ 발음

S1_Part 4_01

(1) 외래어 발음에 주의하세요. (e.g. 바나나, 마라톤, 스타)

	Q. What time do I arrive in Singapore?
X	You will arrive in Singapore at 1:30 A.M. [싱가폴]
O	You will arrive in Singapore at 1:30 A.M. [씽거포~열]

(2) 한국어에 없는 발음을 유의하세요. (e.g. f, v, z, l, r, i:)

	Q. What type of appetizers will be served?
X	Shrimp cocktail and banana split will be served as appetizers. [슈림프 칵테일 앤 바나나 스플릿 윌 비 설브드애즈애티파이저]
O	Shrimp cocktail and banana split will be served as appetizers. [쉬~림프카악테일애앤버내~너 스플릿 윌 비 써얼~ㅂㄷ 애~ㅈ 애~피타이저얼ㅈ] sh 발음, served의 'r', 'v' 발음, appetizers의 'z' 발음에 주의하세요.

♥ 강세

S1_Part 4_02

(1) 쉬운 단어도 다시 확인하세요.

	Q. Which do you prefer: audio books or paper books?
X	I prefer audio books.
O	I prefer audio books audio는 1음절 강세입니다.

(2) 장모음의 강세는 더 길고 더 강하게 소리내세요.

	Q. When do the classes start?
X	The classes will start on March 15th.
O	The classes will start on March 15th. 클래애~씨즈, 마알~취, 피피티인~쓰 등 장모음에 주의하세요.

♥ 끊어 읽기와 억양

S1_Part 4_03

(1) 문장의 끝은 애매하게 남겨놓지 말고, 끝을 내리세요.

	Q. Which airline am I flying on?
X	You will be flying on Blue Jay airways.→
O	You will be flying on Blue Jay airways.↘ 문장의 끝을 내리세요.

(2) 쉼표가 나오는 곳은 쉬어 주고 유지되는 억양을 사용하세요.

	Q. What is scheduled in the morning?
X	At 9 A.M, you'll have a meeting with managers, and after that, you are going to attend a presentation.
O	At 9 A.M,→/ you'll have a meeting with managers,→/ and after that,→/ you are going to attend a presentation. \//

(3) 나열되는 항목은, A↗, B↗, and C↘ 억양을 사용하세요.

	Q. Can you tell me the order details?
X	Yes, you ordered one carton of eggs, two boxes of bottled water, and one bag of flour.
O	Yes, you ordered / one carton of eggs,→/ two boxes of bottled water,→/and one bag of flour. \//

✔ 문법에 주의하세요.

🎧 S1_Part 4_04

(1) 주어와 동사가 반드시 있어야 합니다.

	Q. Where is your library located?
X	287 River Rd in Miami, Florida
O	We are located at 287 River Rd in Miami, Florida.

(2) 수 일치 – 주어와 동사를 수 일치 시키세요. (단수 vs. 복수)

	Q. Are there any lectures offered on Thursday?
X	There is two lectures on Thursday.
O	There are two lectures on Thursday. (There are + 복수)

(3) 시제 –과거 시제 질문에는 과거 시제로 대답합니다.

	Q. Did anyone call before I came in?
X	Yes, Mr. Brown call to schedule a meeting this morning.
O	Yes, Mr. Brown called to schedule a meeting this morning.

(4) 전치사의 사용에 주의하세요

*전치사는 점수에 크게 영향을 미치는 사항은 아니나, 가급적 정확하게 사용하도록 연습하세요.

시간: at 시각 / on 요일, 날짜 / in 월, 연도 / from 시각 to 시각

e.g. The first interview will be at 9:30 A.M. on July 5th.

장소: at 건물, 번지수 / on 층수, 길 이름 / in 실내 공간 (room, hall), 도시

e.g. The library is at 73 Frankfort Ave.

♥ 어휘에 주의하세요.

🎧 S1_Part 4_05

(1) 자신 있는 단어나 표현으로 말하세요.

	Q. Where will the meeting be held?
X	The meeting will held...hold in Harrison's Hall. will be held라고 해야 합니다.
O	The place is Harrison's Hall. 쉽고 정확한 표현을 사용하세요.

♥ 내용의 적절성에 주의하세요.

🎧 S1_Part 4_06

(1) 의문사에 집중하세요.

	Q. What time do I arrive in New York?
X	You'll arrive in New York on Friday, May 7th. 요일과 날짜가 아닌 시간을 물어봤음에 유의
O	You'll arrive in New York at 11:30 A.M. 시간을 대답해야 함

(2) Yes, No 질문은 가능한 Yes, No를 먼저 밝히고, 문제의 내용을 그대로 이야기하세요.

	Q. Is lunch included in the registration fee?
X	Lunch is in the main cafeteria. lunch만 듣고 정확한 문제를 파악하지 못한 경우
O	Yes, lunch is included in the registration fee. 질문에 명확히 대답

♥ 내용의 완전성에 주의하세요.

🎧 S1_Part 4_07

(1) 두 가지를 한 질문에 물어보면, 두 가지 모두 대답해야 합니다.

	Q. When and where did she get her master's degree?
X	She got her master's degree in 2014. where 정보가 없습니다.
O	She earned her master's degree in 2014 from the University of New Hampshire.

(2) 문제에 따라 문법적으로는 Yes/No 의문문 같지만, 의미상으로 완전하게 대답하세요.

	Q. Can you tell me about the sale on men's clothes?
X	Yes, I can.
O	Yes, if you buy two shirts, you can get one free.

∇ 템플릿 익히기

다음의 기본 템플릿을 암기하고 내용에 맞게 활용하세요.

> **기본템플릿**
>
> [날짜] The date is 날짜. (e.g. The date is February 2nd.)
>
> [요일] It is on 요일. (e.g. The event is on Friday. The seminar is on Tuesday)
>
> [시간] The time is 시간. (e.g. The time is 8:30; The time is Monday; The time is Monday, May 5th) It starts at 시각; It ends at 시각. (e.g. The time is 9 A.M. to 5 P.M.; It starts at ~.)
>
> [기간] The event is from 시간 to 시간. (e.g. The event is from Monday to Friday.)
>
> [장소] The place is 장소. It will be held in 방; It will take place at 빌딩; It is at 주소.
>
> [가격] It is ~ dollars. (e.g. The ticket is 50 dollars.)
>
> [할인] ~ are 숫자 off. (e.g. Skirts are 20 % off.)
>
> [변경] It has been changed from ~ to ~.
>
> [확인] ~, right? / ~ . Is it still on? → Yes 관련 정보. / No, 관련 정보 / Actually, 관련 정보
>
> [없는 정보] I'm sorry but we don't have any information about it.
>
> [일정] There are some ~. One is ~. Next is ~. The last one is ~.
>
> [나열] There are 개수 sessions. One is ~. Another one is ~. The final one is ~.
>
> [학력] Which university did A go to? => A went to 학교.
>
> [전공] What did A study? => A studied 전공.
>
> [이력] ~ was work experience in 분야.

∇ 템플릿을 활용한 학습 순서

TOEIC Speaking

Schedule
Current Technology National Conference

February 9~10

Rosedale Conference Hall, Las Vegas, NV

Feb. 9	09:30 A.M.	Registration
	10:45 A.M.	Welcome, Inauguration
	11:45 A.M.	Panel Discussion on "Top 10 Strategic Technology Trends Study"-Allen Gardener
	12:45 P.M.	Mobile Banking Payment system : Opportunities & Threats-Samantha Bank
Feb. 10	09:30 A.M.	Panel Discussion on "Emerging Role of CIOs in Difficult Times"-Mark Anthony
	10:45 A.M.	Identity Management-Tomas Jacob
	11:45 A.M.	Emerging Opportunities in Analytics and Forensics-Rosaline Baker

Step 1 정보 분석하기 (Reading 30초 대비 연습)

시간, 장소, 내용, 변경 사항을 확인하며 문제를 예측하세요.

Step 2 질문에 대답하기 (Listening & Speaking)

실제 시험에서는 음성으로만 문제가 주어집니다. 이때, 정보 테이블은 컴퓨터 화면에 계속 제시되어 있습니다. 문제의 내용에 적정한 템플릿을 사용해 보세요.

Hello. My name is Christine. The other day, I registered on the website to attend the conference, but I forgot to print out the schedule. I would like to know some details regarding the conference in order to organize my schedule. Please answer some questions I have.

Q7. What's the venue and when does it start?

The place (venue) is 장소. It starts at 시작 시간.

Q8. I think I remember that there will be a presentation on mobile banking on February 9th at 12:45 P.M., right?

Yes, 관련 정보. or No, 관련 정보.

Q9. I would like you to tell me the entire schedule on February 10th.

Sure, there are some ~. One is ~. Another one is ~, and the final one is ~.

Step 3 반복 연습하기 (최소 10번 연습)

답안과 해설을 참조하며 반복해서 연습하세요. 이때, 녹음을 하면 좋습니다.

시간 전략

지시 화면이 나오는 시간과 말하기 시간에 해야 할 일에 대해 한 번 더 정리합니다.

↯ 정보 화면이 나오면? (30초)

▶ 기본 정보를 분석하며, 문제를 예측하기
날짜, 시간, 장소, 담당자, 가격 등

▶ 변경 사항이나 특별 사항 확인하기
8번 문제로 나올 확률이 높음; 보통 *로 표시되거나 혹은 표의 하단에 제시됨

▶ 점심시간이나 휴식 시간을 기점으로, 오전/오후 등의 전반적 일정 파악해 두기
9번 문제로 나올 수 있음

▶ 공통된 항목은 따로 정리해 두기
Children에 관련된 세션은? (2~3개로 여기저기에 있을 수 있음)

▶ 의미를 생각해 두기
정보 화면과 다른 단어로 문제에서 나올 수 있음 (e.g. the Internet => technology related session)

↯ 말하기 시간 15초, 30초간 해야 할 일

▶ 의문사에 반드시 대답하기 (when, where, who, what, etc.)

▶ 적정 속도로 말하기 & 발음, 강세, 억양에 주의하기

▶ 문법에 주의하기 (주어, 동사, 시제)

Key Sentences

- 정보 이용 주제별 핵심 문장입니다.
- 최근 3년간 출제 빈도가 가장 높은 주제 순으로 배치되어 있습니다.
- (눈으로만 보지 말고) 소리 내어 읽기 연습을 많이 하세요.

✔ 회의   🎧 S1_Part 4_08

1	What time does the meeting start?	The meeting starts at 9:00 A.M.
2	Where does the meeting take place?	It will take place in Conference Room 2C.
3	How long is the first session?	It will last for 30 minutes.
4	When is the conference being held?	The conference will be held on July 14th.
5	Where will the conference take place?	It will be held in the convention center of the university.
6	I heard that Steven's scheduled to give a speech after the break. Am I right?	No, his session is scheduled at 1, which is right before the break.
7	Can you tell me what programs are left after the break?	Sure, according to the timetable, when you return at 2:30, Mr. Charlie Reese will be giving a speech on Global Issues in Human Rights. He is a columnist at the Financial Times. He will also lead a panel discussion scheduled right after his speech. After that there is a session by Victoria Larson.
8	On Tuesday, I will be arriving late around 10. Unfortunately, that is the fastest I can get there. What would I miss?	It wouldn't be a problem if you arrive around 10. The conference is from 10:30, so you won't be missing a thing.
9	I know that there are some sessions about teamwork. Can you tell me about them?	According to the timetable I have, it seems like there are 2 presentations regarding teamwork. The first one would be on the first day of the conference, which is the 11th of May. At 12:30, Mr. Ray is giving a speech about teamwork skill. The title of his presentation is "How To Cooperate." On the 12th, Mrs. Joanne's presentation will take place at 12. Her presentation is also regarding teamwork. It will last 45 minutes.
10	What's the venue and when does it start?	The conference will be held in Rosedale Conference Hall in Las Vegas on February 9th, and it will start from 9:30.

✔ 회의

1	몇 시에 미팅은 시작합니까?	미팅은 9시에 시작합니다.
2	어디서 미팅은 열립니까?	그것은 회의실 2C에서 열릴 것입니다.
3	첫 번째 회의는 얼마나 걸립니까?	30분 동안 지속될 것입니다.
4	언제 회의가 열릴 것입니까?	회의는 7월 5일에 열릴 것입니다.
5	어디에서 회의가 열립니까?	그것은 대학교의 컨벤션 센터에서 열릴 것입니다.
6	저는 스티븐이 휴식 후에 연설하기로 되어있다고 들었습니다. 맞습니까?	아니요, 그의 회의는 1시에 예정되어 있고 휴식 바로 전입니다.
7	당신은 무슨 프로그램이 휴식 후에 남아 있는지 말해줄 수 있나요?	물론입니다. 시간표에 따르면 당신이 2시 30분에 돌아올 때, 찰리 리스 씨가 인권의 국제적 이슈에 대해 연설할 것입니다. 그는 파이낸셜 타임즈의 칼럼니스트입니다. 또한 그는 그의 연설 바로 직후에 예정된 공개 토론을 이끌 것입니다. 그 후에 빅토리아 라슨의 회의가 있습니다.
8	화요일에 저는 10시쯤 늦게 도착할 것입니다. 안타깝게도, 그것이 제가 그곳에 갈 수 있는 가장 빠른 것입니다. 제가 무엇을 놓치게 될까요?	만약 당신이 10시쯤 도착한다면 문제가 되지 않을 것입니다. 회의는 10시 30분입니다. 그래서 당신은 아무것도 놓치기 않을 것입니다.
9	저는 팀워크에 대한 몇몇의 회의들이 있다고 알고 있습니다. 그것들에 대해 말해 줄 수 있나요?	제가 가지고 있는 시간표에 따라, 팀워크에 대한 2가지 발표가 있을 것 같네요. 첫 번째 것은 회의 첫날인 5월 11일에 있습니다. 12시 30분에 레이 씨는 팀워크 기술에 대해 연설을 할 것입니다. 그의 발표의 제목은 "협력하는 방법"입니다. 12일에 조앤 씨의 발표가 12시에 열릴 것입니다. 그녀의 발표는 또한 팀워크에 관련된 것입니다. 그것은 45분간 진행됩니다.
10	어디서 하고 언제 시작하나요?	회의는 라스베이거스의 로즈데일 회의장에서 2월 9일에 열릴 것이고 9시 30분에 시작할 것입니다.

1	Where will the event take place and when is it?	The event will take place at Pima Community Center on Monday, February 5th.
2	What time will the event start and where will it be?	It will start at 9:00 A.M. at the Mondrian Hotel.
3	Are you offering any free events on Friday?	Yes, we are offering a free guided tour from 3 to 4 P.M. on Friday.
4	When will the sales begin? And until when?	The sales will begin on the 10th of December till the 15th of December.
5	I'd like to know the first event and where it will be held.	The first event is the video conference by Rockwell Collins at the Stanford Benefit Hall Room 201.
6	One of our clients just called to make a reservation for Meeting Room C232 at 2 P.M. Can you make this reservation please?	No, unfortunately we won't be able to make a reservation at 2 P.M.
7	Could you please give me all the details of what's going to happen at the Smith's wedding reception?	At the Smith's wedding reception, there will be a lunch buffet, everyone will dance, and then there will be a cake cutting.
8	Before lunch, will there be a break?	No, there will not be any break time before lunch. The break is in the afternoon, from 2:00 to 2:30 P.M.
9	What should I do to attend the event?	You need to e-mail Hannah Kim by January 1st. Her e-mail address is hannah@gmail.com
10	Can you tell me some details about the Tuesday event?	Sure, there will be an award ceremony and banquet dinner at the Hilton Hotel.

✔ 행사

1	어디서 행사가 일어날 것이고 언제입니까?	행사는 피마 커뮤니티 센터에서 2월 5일 월요일에 열릴 것입니다.
2	몇 시에 행사가 시작되고 어디에서 열릴 것입니까?	9시에 몬드리안 호텔에서 시작될 것입니다.
3	금요일에 무료 행사를 제공합니까?	그렇습니다. 우리는 금요일 3시에서 4시까지 무료 가이드 투어를 제공할 것입니다.
4	할인은 언제 시작할 것입니까? 그리고 언제까지입니까?	할인은 12월 10일에 시작하고 12월 15일까지입니다.
5	저는 첫 번째 행사와 어디에서 열리는지 알고 싶습니다.	첫 번째 행사는 스탠포드 베너핏 홀 201호에서 열리는 락웰 콜린스에 의한 비디오 회의입니다.
6	우리의 고객 중 한 명이 방금 회의실 C232를 2시에 예약하기 위해 전화했습니다. 예약을 해줄 수 있나요?	아니요, 안타깝게도 우리는 2시에 예약을 할 수가 없을 것입니다.
7	스미스 씨의 결혼 피로연에서의 자세한 사항을 말해줄 수 있습니까?	스미스의 결혼 피로연에서 점심 뷔페가 있을 것입니다. 모두 춤을 출 것이고, 그리고 나서 케이크 커팅이 있을 것입니다.
8	점심 전에 휴식이 있나요?	아니요, 점심 전에는 어떤 휴식 시간도 있지 않을 것입니다. 휴식은 오후에 2시에서 2시 30분에 있습니다.
9	행사에 참석하기 위해 저는 무엇을 해야 합니까?	당신은 해나 김에게 1월 1일까지 이메일을 보내야 합니다. 그녀의 이메일 주소는 hannah@gmail.com입니다.
10	화요일 행사에 대해서 자세한 사항을 말해줄 수 있나요?	물론입니다. 시상식이 있을 것이고 힐튼 호텔에서 연회 저녁 식사가 있을 것입니다.

1	When do the classes start?	The classes will start on March 15th.
2	When is the deadline for registration?	The deadline is February 1st.
3	Do you have any evening classes available?	Sure, we have two evening classes. One is "Financial Theories" and the other one is "Communication Skills"
4	When will Dr. Martin Kevin deliver his lecture?	According to the schedule, his lecture will take place on May 21st at 5 P.M.
5	I heard that we will have practice exercises. What kind of activities will we have?	Yes, we're going to have three practice exercises. First, you will learn how to access Pima School's Intranet. Second, you will use the fetch program. And the last one is to install antivirus software on your own computer.
6	I think I remember that there will be a presentation on February 9th at 12:45 P.M., right?	No, the presentation on February 9th will start at 10:45 A.M.
7	I was told that Dr. Jeffrey Anderson will give a lecture on new marketing approaches. Is that right?	Actually, no. He will be giving a lecture on International Business.
8	Could you give me some details about the registration process?	Sure, you can register online. If you register before April 3rd, the tuition will be $100. After that the tuition will be $120.
9	Who are the instructors?	We have two instructors. One is Lisa Clark and the other one is Sarah Turner.
10	Do I have to stop by to register for the program?	No, you can visit our website and register online at www.bestdesigners.com.

✔ 강의

1	수업은 언제 시작합니까?	수업은 3월 15일에 시작합니다.
2	등록 마감일은 언제입니까?	마감일은 2월 1일입니다.
3	이용 가능한 저녁 수업이 있습니까?	물론입니다. 우리는 두 가지 저녁 수업이 있습니다. 하나는"재정적 이론"이고 다른 하나는 "의사소통 능력"입니다.
4	마틴 케빈 씨는 언제 강의를 하나요?	스케줄에 따라 그의 강의는 5월 21일 오후 5시에 열릴 것입니다.
5	실습이 있을 것이라고 들었습니다. 어떤 종류의 활동들을 하나요?	그렇습니다. 우리는 세 가지 실습을 할 것입니다. 첫째, 피마 스쿨의 인트라넷에 어떻게 접근하는지 배울 것입니다. 둘째, 패치 프로그램을 사용할 것입니다. 그리고 마지막은 당신의 컴퓨터에 안티바이러스 소프트웨어를 설치하는 것입니다.
6	제 생각에 2월 9일 오후 12시 45분에 발표가 있을 것이라고 기억합니다. 맞나요?	아니요, 2월 9일 발표는 오전 10시 45분에 시작될 것입니다.
7	제프리 앤더슨 박사는 새로운 마케팅 접근에 대해 강의를 할 것이라고 들었습니다. 맞습니까?	사실, 아니요. 그는 국제적 사업에 대해 강의를 할 것입니다.
8	등록 절차에 대해 몇몇의 자세한 사항을 알려 줄 수 있습니까?	물론입니다. 당신은 온라인에서 등록할 수 있습니다. 만약 당신이 4월 3일 전에 등록한다면, 수업료는 100달러일 것입니다. 그 이후에 수업료는 120달러일 것입니다.
9	강사들은 누구입니까?	두 명의 강사들이 있습니다. 한 명은 리사 클러크이고 다른 한 명은 사라 터너입니다.
10	프로그램에 등록하기 위해 들러야 하나요?	아니요. 당신은 우리의 웹 사이트에 방문해서 www.bestdesigners.com에서 온라인 등록할 수 있습니다.

1	What time does the first session start and what is it about?	The first session starts at 10 A.M. and it is a lecture about how to manage a large class.
2	Can you tell me what is scheduled after lunch?	Sure. There are three sessions after lunch. The first session is a meeting with mentors. After that there is a lecture on teamwork building. Finally, there is a presentation on leadership skills.
3	Where will the seminar be held?	It will be held at the Hotel Trinton International.
4	Who will be leading the seminars?	Mr. Harris David will lead the seminars. He is the president of the United Pharmacy Association.
5	When and where is the seminar being held?	The seminar will take place on March 1st, and the location where it'll be held is Central Building.
6	I want to get a simple quick meal for my lunch. Are there any restaurants nearby?	Well, Your lunch is covered by the registration fee. So you don't have to go to a restaurant.
7	I would like to you to tell me the entire schedule on February 10th.	The seminar on February 10th will start at 9:30 A.M. with Mark Anthony's presentation about 'Emerging Role of CIOs in Difficult Times.' And at 11:15 A.M., Tomas Jacob's 'Identity Management' speech will take place and afterwards at 11:45 A.M. Rosaline Baker's presentation will go on.
8	I am curious about the afternoon schedule. Can you tell me about it?	Sure, There are three presentations after lunch. One is "Working at Home". Next is "How to Manage Your Money" and the final one is "How to Invest Your Money."
9	I am supposed to give a demonstration sometime in the morning. Is it okay if I arrive at 11:00 A.M.? This is Emily Fremont.	I'm afraid not. Your session is scheduled at 10:00 A.M.
10	I might have to leave early at 2:00. What will I miss on?	You will miss "How to Avoid Pyramid Schemes."

✔ 세미나

1	몇 시에 첫 번째 회의가 시작하고 무엇에 관한 것입니까?	첫 번째 회의는 오전 10시에 시작합니다. 그리고 어떻게 인원 수가 많은 교실을 다루는지에 대한 강의입니다.
2	점심 후에 무엇이 스케줄 되어 있는지 말해 줄 수 있나요?	물론입니다. 점심 후에 세 가지 회의들이 있습니다. 첫 번째 회의는 멘토들과의 미팅입니다. 그 후에 팀워크 쌓기에 대한 강의가 있습니다. 마지막으로 리더십 능력에 대한 발표가 있습니다.
3	세미나는 어디서 열릴 것입니까?	그것은 호텔 트린톤 인터내셔널에서 열릴 것입니다.
4	누가 세미나를 이끌 것입니까?	해리스 데이비드 씨가 세미나를 이끌 것입니다. 그는 미국 제약 협회의 사장입니다.
5	언제 그리고 어디에서 세미나가 열립니까?	세미나는 3월 1일에 열릴 것입니다. 그리고 그것이 열릴 장소는 센트럴 빌딩입니다.
6	저는 점심에 간단하고 빠른 식사를 하고 싶습니다. 가까운 식당이 있나요?	음, 당신의 점심은 등록비에 포함되어 있습니다. 그래서 당신은 식당에 갈 필요가 없습니다.
7	2월 10일의 전체 스케줄을 말해 주세요.	2월 10일의 회의는 오전 9시 30분 마크 앤소니 씨의 "어려운 시기 속에 떠오르는 CIO의 역할"에 대한 발표로 시작할 것입니다. 그리고 11시 15분에는 토마스 제이콥 씨의 "신원관리" 연설이 있을 것이고 이후 오전 11시 45분에 로잘린 베이커 씨의 발표가 계속될 것입니다.
8	오후 스케줄에 대해 궁금합니다. 그것에 대해 말해 주실 수 있나요?	물론입니다. 점심 후에 세 가지 발표가 있습니다. 하나는 "집에서 일하기"이고, 다음은 "돈을 관리하는 방법" 그리고 마지막은 "돈을 투자하는 방법"입니다.
9	저는 아침 시간에 시연을 하기로 되어있습니다. 제가 오전 11시에 도착하면 괜찮은가요? 저는 에밀리 프리몬트입니다.	안타깝게도 아닙니다. 당신의 회의는 오전 10시에 예정되어 있습니다.
10	저는 2시에 일찍 떠나야 할지도 몰라요. 제가 무엇을 놓치게 될까요?	당신은 "다단계 조직을 피하는 방법"을 놓치게 될 것입니다.

1	What time do I arrive in San Francisco?	You will arrive in San Francisco at 1:30 A.M.
2	Where am I staying?	You will stay at the Four Seasons Hotel.
3	What time do I depart New York?	You will depart New York at 6:30 P.M.
4	From which airport do I leave L.A.?	You will leave from Los Angeles International Airport.
5	What time does my plane depart?	You will depart from New York at 2:00 P.M.
6	Which airline am I flying?	You'll be flying with Hong Kong Airlines.
7	Does your hotel provide a shuttle service?	Yes, there is a shuttle service from the hotel.
8	How far in advance should I check in before my departure time?	You should check in 2 hours before your departure.
9	When do I arrive in New York, and where am I staying?	You will arrive in New York on Thursday at 2:30 P.M. While you are there, you will be staying at Westwood Plaza Hotel.
10	I was thinking about going to a local restaurant my friend recommended on Thursday evening. Would that be possible?	I am sorry to tell you, but on Thursday night you already have dinner plans with seminar guests. So I don't think you will be able to check that restaurant out.

✔ 여행

1	몇 시에 샌프란시스코에 도착합니까?	새벽 1시에 샌프란시스코에 도착할 것입니다.
2	저는 어디에서 머무나요?	포 시즌즈 호텔에서 머물 것입니다.
3	몇 시에 뉴욕을 출발하나요?	6시 30분에 뉴욕을 출발할 것입니다.
4	어떤 공항으로부터 LA를 떠나나요?	로스앤젤레스 국제공항으로부터 떠날 것입니다.
5	몇 시에 저의 비행기는 출발하나요?	오후 2시에 뉴욕으로부터 출발할 것입니다.
6	어떤 비행기를 타나요?	홍콩 비행기를 탈 것입니다.
7	당신의 호텔은 셔틀 서비스를 제공하나요?	네, 호텔로부터의 셔틀 서비스가 있습니다.
8	얼마나 미리 출발 시간 전에 체크인을 해야 하나요?	당신의 출발 2시간 전에 체크인해야 합니다.
9	언제 뉴욕에 도착하고 어디에서 머물게 되나요?	화요일 2시 30분에 뉴욕에 도착할 것이고, 당신이 거기 있는 동안, 웨스트 우드 플라자 호텔에서 머물게 될 것입니다.
10	전 목요일 저녁에 제 친구가 추천한 현지 식당을 가려고 생각 중이었습니다. 가능할까요?	이렇게 말해서 유감이지만, 목요일 밤에 당신은 이미 세미나 손님들과 저녁식사 계획이 있어요. 그래서 당신은 그 식당을 확인할 수 있다고 생각하지 않아요.

1	Where will the interview take place?	The interview will be held in Room 102.
2	What time will the interview start?	The interview starts at 10 A.M.
3	Can you give me the details about the interview for the marketing director position?	Sure, James Lopez will have an interview at 2:00 P.M.
4	Where did he go to school?	He went to the University of Arizona.
5	What did he study? Can you tell me about his educational background in detail?	He studied computer science and engineering and received his bachelor's degree from Phoenix University.
6	What is her current job and where does she work?	She is a manager at Personal Telecom Company from 2012.
7	What is the first candidate's name?	His name is Mark Taylor.
8	I heard that there are several candidates for the editor position. Can you give me their names and the time for the interview?	There are 4 candidates on our list. The first one is Roger Smith. And as I told you, it will start at 11. Maria Valdez is the second candidate, and her interview is at 11:30. After that, Victor Williams' interview is scheduled at 1:30. Finally at 2, our last candidate, Zach Jones will be interviewed.
9	Where is the venue for the interview?	Well, the interview will be at the faculty office on the 15th floor.
10	When will the first candidate be interviewed?	The first interviewer is scheduled for 11 A.M.

✔ 이력서

1	인터뷰는 어디에서 열립니까?	인터뷰는 102번 방에서 열립니다.
2	몇 시에 인터뷰는 시작합니까?	인터뷰는 10시에 시작합니다.
3	마케팅 관리자를 위한 인터뷰에 대해 자세한 사항을 말해 줄 수 있나요?	물론입니다. 제임스 로페즈는 오후 2시에 인터뷰를 할 것입니다.
4	그는 어느 학교에 다녔었나요?	그는 애리조나 대학을 다녔었습니다.
5	그는 무엇을 공부했나요? 그의 교육적 배경을 자세히 이야기 해줄 수 있나요?	그는 컴퓨터 과학과 엔지니어를 공부했고 학사 학위를 피닉스 대학에서 받았습니다.
6	그녀의 현재 직업은 무엇입니까? 그리고 어디에서 그녀는 일합니까?	그녀는 2012년부터 퍼스널 텔레콤 회사에서 매니저입니다.
7	첫 번째 후보자의 이름이 무엇입니까?	그의 이름은 마크 테일러입니다.
8	저는 편집자 자리에 몇몇의 후보자들이 있다고 들었습니다. 그들의 이름과 인터뷰를 위한 시간을 말해 줄 수 있나요?	우리의 목록에는 4명의 후보자들이 있습니다. 첫 번째 사람은 로저 스미스입니다. 그리고 제가 당신에게 말했듯이, 그것은 11시에 시작할 것입니다. 마리아 발데즈는 두 번째 후보자입니다. 그리고 그녀의 인터뷰는 11시 30분입니다. 그 후에, 빅터 윌리엄의 인터뷰가 1시 30분에 예정되어 있습니다. 마지막으로 2시에 우리의 마지막 후보자인 자크 존스가 인터뷰를 받을 것입니다.
9	인터뷰를 위한 장소는 어디입니까?	음, 인터뷰는15층의 교수진 사무실에서 인터뷰가 있을 것입니다.
10	언제 첫 번째 후보자가 인터뷰를 받을 것입니까?	첫 번째 인터뷰는 오전 11시에 예정되어 있습니다.

1	Could you tell me the order details?	Yes, he ordered five large boxes.
2	What time will the messenger deliver the package?	The messenger will deliver it at 2:00 on May 5th.
3	What are your hours?	We're open from 9:00 A.M. to 5 P.M., from Monday to Friday.
4	Where can I pick up the order?	We are at 2002 River Rd. in Miami, Florida.
5	How many packages do you offer?	We offer 3 different packages.
6	It will be great if you can tell me the price range.	The price ranges from $360-595 for 2 nights, $800-1275 for 5 nights and $850 – 1420 for a week.
7	I heard that the 2 night's package offers personal services, right?	No, they do not offer personal services, only the mini-week stay includes personal services.
8	How much should we pay for all the items?	The total amount of the order is $1,532.50.
9	What type of appetizers will be served?	Shrimp cocktail and banana split will be served as appetizers.
10	What will be served after the main course?	The main course will be followed by ice cream for dessert. We also serve green tea, and coffee.

✔ 주문

1	자세한 주문 사항에 대해 말해 줄 수 있나요?	네, 그는 5개의 큰 박스를 주문했습니다.
2	몇 시에 배달부가 소포를 배달해 줄 것입니까?	배달부는 5월 5일 2시에 그것을 배달할 것입니다.
3	영업시간이 어떻게 됩니까?	월요일에서 금요일까지 9시부터 5시까지 엽니다.
4	어디에서 주문한 것을 가져갈 수 있나요?	플로리다 마이애미에 있는 리버 로의 2002번지에 있습니다.
5	당신은 몇 개의 패키지를 제공합니까?	우리는 3개의 다른 패키지를 제공합니다.
6	가격대를 말해 준다면 좋을 것 같습니다.	가격대는 이틀에 360-595달러, 5일에 800-1275달러이고 일주일에 850-1420달러입니다.
7	이틀 패키지는 개인 서비스를 제공한다고 들었습니다. 맞나요?	아니요, 그것들은 개인 서비스를 제공하지 않습니다. 미니 위크스테이만 개인 서비스를 제공합니다.
8	모든 상품은 얼마인가요?	총액은 1,532.50달러입니다.
9	어떤 종류의 애피타이저가 제공되나요?	새우 칵테일과 바나나 스플릿이 애피타이저로 제공됩니다.
10	메인 코스 후에 무엇이 제공됩니까?	아이스크림이 디저트로 메인 코스 다음에 나옵니다. 또한 녹차와 커피도 제공합니다.

1	How much are your standard rooms?	We have three choices depending on the location. It costs $100 for the ocean view, $90 for the bay view, and $85 for the garden view.
2	What time does the thriller start?	The thriller starts at 6:30 P.M. daily.
3	I remember hearing *Monsters From the Deep* was a cartoon. Is that right?	No. *Monsters From the Deep* is a horror movie only for ages 19 and above.
4	Could you tell me all the movies that will be showing daily today?	Yes, *Pokémon* will be showing daily at 1:40 P.M. and 4:35 P.M. today. Also *Carnivore*, a thriller, will be showing daily at 6:30 P.M.
5	Where should I go to see the movies?	You can enjoy the movies in the main building.
6	I believe there was a reservation made for 6? What do I need to prepare?	There was no reservation made for 6 so you don't need to prepare anything.
7	Can you tell me about all the reservations made for after 5?	There are 5 reservations made after 5. Kevin Barclay with 20 guests at 5:30 P.M. for a private party. Jeff Sachet with 18 guests at 7 P.M. for a family reunion. Tammy Kim with 7 guests at 6:30 P.M. for a farewell party. Tiffany Okamoto with 2 guests at 7:30 P.M. for a birthday party and baby chairs are needed. And Steven Stowell with 4 guests at 7 P.M. for a family dinner.
8	What will we be painting on April 14?	You will be painting the River Office Complex in Tucson.
9	I heard we're going to be working early for one day. Is it right?	Yes, you'll be working early on April 6th at 8 A.M.
10	How can I make a reservation?	You can register online at our Web site.

✔ 예약

1	스탠더드 룸은 얼마입니까?	위치에 따라 3가지 선택 사항이 있습니다. 오션 뷰는 100달러이고, 베이 뷰는 90달러, 그리고 가든 뷰는 85달러입니다.
2	스릴러 영화는 언제 시작합니까?	스릴러 영화는 매일 오후 6시 30분에 시작합니다.
3	저는 〈깊은 곳에서 온 몬스터〉가 만화라고 들은 걸로 기억합니다. 맞나요?	아니요, 〈깊은 곳에서 온 몬스터〉는 19금 이상 볼 수 있는 공포 영화입니다.
4	오늘 상영되는 모든 영화들을 말해 줄 수 있나요?	네, 〈포켓몬〉은 오늘 1시 40분과 4시 35분에 상영될 것입니다. 또한 스릴러 영화인 〈육식 동물〉은 6시 30분에 상영될 것입니다.
5	어디에서 영화를 봐야 합니까?	당신은 메인 빌딩에서 영화를 즐길 수 있습니다.
6	6명을 위한 예약이 있다고 생각하는데, 제가 무엇을 준비해야 할까요?	6명을 위한 예약이 없었어요. 그래서 당신은 아무것도 준비할 필요가 없습니다.
7	5시 이후의 모든 예약을 말해줄 수 있나요?	5시 이후에 5개의 예약이 있습니다. 20명의 손님과 함께 케빈 바클레이가 5시 30분에 사적인 파티를 위해 예약했고, 18명의 손님과 함께 7시에 제프 사체트가 가족 모임을 위한 예약, 7명의 손님과 함께 6시 30분에 태미 김 씨가 송별회를 위해 예약했고 티파니 오카모토 씨가 2명의 손님과 생일파티를 위해 7시 30분에 예약했고 아이 의자가 필요합니다. 그리고 스티븐 스토우웰 씨가 4명의 손님들과 가족 저녁 식사를 위해 7시에 예약했습니다.
8	4월 14일에 무엇을 페인트칠 하나요?	투산의 리버 사무실 단지를 페인트칠 할 것입니다.
9	우리는 하루 일찍 일할 것이라고 들었습니다. 맞나요?	네, 4월 6일 8시에 일찍 일할 것입니다.
10	예약을 어떻게 하나요?	웹 사이트에서 온라인으로 등록할 수 있습니다.

1	Where is your hotel located?	We are at 1633 Bayshore Dr, Miami, FL
2	What is discounted during the event?	Women's jackets are 30% off.
3	How much do I have to pay for the rent?	The fee is 10 dollars.
4	I am a member of the museum. How much should I pay?	The fee for members is 7 dollars.
5	Do you have any promotional items for the event?	Yes, we will give free caps to the first 100 visitors.
6	What is the price for alteration?	The alteration costs $20 in total.
7	Are the same discount prices applied even if I order online?	No, the discount prices only apply to in-store purchases.
8	Could you give me detailed information about your fruit and vegetable platter sale?	Large fruit and vegetable platters will be $14.99 each with a discounted rate of 10%. However, our fruit and vegetable platters are $25 if you buy 2.
9	What is available and what are the prices?	We have a double room available for $120 on August 5th.
10	What is the cheapest phone you have?	The cheapest phone is the K7 which is 15 dollars a month.

✔ 가격

1	호텔은 어디에 있나요?	우리는 플로리다 마이애미 베이쇼어 드라이브 1633번지에 있습니다.
2	이벤트 동안에 무엇이 할인이 되나요?	여자 재킷은 30프로 할인입니다.
3	대여는 얼마인가요?	요금은 10달러입니다.
4	저는 박물관의 멤버입니다. 얼마를 내야 하나요?	멤버 요금은 7달러입니다.
5	행사를 위한 홍보 상품이 있습니까?	네, 우리는 선착순 100명의 방문객에게 무료 모자를 줄 것입니다.
6	수정을 위한 가격이 어떻게 되나요?	수정 비용은 총 20달러입니다.
7	제가 온라인에서 주문해도 같은 할인 가격이 적용이 되나요?	아니요, 할인 가격은 오직 상점 내의 구매품에만 적용됩니다.
8	다과용 접시 판매에 대해 자세한 정보를 주실 수 있나요?	큰 과일과 야채 접시들은 10%의 할인율을 적용해 각각 14.99달러일 것입니다. 그러나 만약 당신이 2개를 산다면, 다과용 접시는 25달러입니다.
9	무엇이 이용가능하고 가격은 어떻게 되나요?	우리는 8월 5일에 120달러에 이용 가능한 더블룸을 가지고 있습니다.
10	당신이 가진 가장 싼 휴대폰은 무엇입니까?	가장 저렴한 휴대폰은 한 달에 15달러인 K7입니다.

1	Is the sale going on at all of your stores?	No, the sale is only at Sheena's Clothing Shop at 307 River Rd.
2	In what areas did the customers answer the questions?	Customers answered questions on Installation, Problems and Overall Satisfaction.
3	As I remember, I know we are giving away some gifts to the participants. Do they have to call us to claim it?	They must present their name and company address to Anderson Park at parkanderson@vaughan.org.
4	Can I get a shirt for $10 online?	I'm afraid not. The sale is only valid at the store.
5	Can you tell me about special discounts you are offering?	Sure, there are 2 special discounts. First jackets are 10% off. Also, you can buy golf-shirts at 20% off the regular price.
6	How many locations do you have?	We have two locations. One is on Elm Street, and the other one in downtown.
7	Would you tell me more about family membership?	Sure, family members can use the swimming facilities and have a single complimentary session with one of the personal trainers.
8	Could you tell me about your refund policy?	If you want to receive a refund, you need to request it within 30 days from the purchase date.
9	How long is the summer sale?	It will be held from June 5th to 10th.
10	What are your open hours?	The shop is open from 7 A.M. to 9 P.M.

✔ 광고

1	세일은 모든 당신의 상점에서 진행되나요?	아니요, 판매는 오직 리버 로 307번지에 있는 쉬나의 옷가게에서만 합니다.
2	어떤 부분을 고객들이 질문에 답했었나요?	고객들은 설치, 문제와 전체적인 만족에 대한 질문에 답했습니다.
3	제가 기억하는 바로, 참석자들에게 몇 가지 선물을 줄 것이라고 아는데요, 그것을 요구하기 위해서 그들이 우리한테 전화해야 합니까?	그들은 이름과 회사 주소를 parkanderson@vaughan.org.으로 앤더슨 박에게 제출해야 합니다.
4	제가 셔츠를 온라인에서 10달러에 구입할 수 있나요?	아쉽게도 아닙니다. 세일은 오직 상점에서만 유효합니다.
5	당신이 제공하는 특별 할인에 대해 말해 줄 수 있나요?	물론입니다. 2가지 특별한 할인이 있습니다. 첫째, 재킷은 10%로 할인입니다. 또한 골프 셔츠를 정상가 20% 할인 가격으로 살 수 있습니다.
6	몇 개의 지점이 있나요?	우리는 두 개의 지점이 있습니다. 하나는 엘름 가에 있고, 다른 하나는 시내에 있습니다.
7	패밀리 멤버십에 대해 더 말해 줄 수 있나요?	물론입니다. 패밀리 멤버들은 수영 시설을 사용할 수 있고, 개인 트레이너들 중 한 명과 함께 하는 일일 무료 세션을 가질 수 있습니다.
8	당신의 환불 정책에 대해 말해 줄 수 있나요?	만약 당신이 환불을 원한다면, 당신은 구매 후 30일 이내에 그것을 요청해야 합니다.
9	여름 할인은 얼마 동안 하나요?	6월 5일에서 10일까지 열립니다.
10	영업시간이 어떻게 되나요?	상점은 오전 7시에서 오후 9시까지 엽니다.

• Practice 1–5까지는 Step별 학습 순서를 따르고, Practice 6–10까지는 시험 환경에 맞춰 연습하세요.

Step 1

정보 파악 (준비 시간 30초 대비)

문제를 예측하며 읽기를 하세요.

Step 2

질문에 대답하기 (말하기 시간 15, 15, 30초)

Listening 문제를 듣고 문제의 키워드를 파악해 문장으로 대답하세요. 특히, 의문사에 초점을 맞춰 대답하세요.

Step 3

반복 체크 박스 리스트를 이용해서 반복 (최소 10번 이상)

모범 답안을 보며, 필요한 부분은 반복 연습하세요. 이때, 읽기를 하다 보면 발음을 대충할 수 있으니 발음에도 유의하세요.

주 의 사 항

1. 바로 답안을 보기보다는 혼자 스스로 먼저 연습해 보세요.

스스로 먼저 풀어 보고 답안을 참조하세요. 처음부터 모범 답안을 외우거나 답안을 보고 공부하면 그 답안밖에 못하는 사람이 됩니다. 혼자 먼저 시도해 보면, 궁금한 부분이 있을 것이며, 그때 답안을 보면 학습 효과가 높아집니다.

2. 전체를 못 들었더라도 어떤 단어를 들었다면?

그 단어와 관련된 부분은 모두 읽어 버리세요. 만약, 항공사에서 "점심을 안 주는 게 맞나요?"라고 할 때, 준다고 했는지? 안 준다고 했는지? 잘못 들었고, lunch만 들었다면, "Actually, lunch is provided"라고 대답하세요.

Practice 1

Current Technology National Conference		
February 9~10		
Rosedale Conference Hall, Las Vegas, NV		

Feb. 9	09:30 A.M.	Registration
	10:45 A.M.	Welcome, Inauguration
	11:45 A.M.	Panel Discussion on "Top 10 Strategic Technology Trends Study" - Allen Gardener
	12:45 P.M.	Mobile Banking Payment system : Opportunities & Threats-Samantha Bank
Feb. 10	09:30 A.M.	Panel Discussion on "Emerging Role of CIOs in Difficult Times" - Mark Anthony
	10:45 A.M.	Identity Management-Tomas Jacob
	11:45 A.M.	Emerging Opportunities in Analytics and Forensics- Rosaline Baker

테이블을 읽으며, 문제를 예측해 보세요. (날짜, 시간, 장소, 내용, 담당자 등)

(실제 시험에서는 메모를 할 수 없으나, 분석력을 위해 아래의 테이블에 표시하거나 메모해 보세요.)

Current Technology National Conference

February 9~10

Rosedale Conference Hall, Las Vegas, NV

Feb. 9	09:30 A.M.	Registration
	10:45 A.M.	Welcome, Inauguration
	11:45 A.M.	Panel Discussion on "Top 10 Strategic Technology Trends Study" - Allen Gardener
	12:45 P.M.	Mobile Banking Payment System : Opportunities & Threats - Samantha Bank
Feb. 10	09:30 A.M.	Panel Discussion on "Emerging Role of CIOs in Difficult Times" - Mark Anthony
	11:15 A.M.	Identity Management - Tomas Jacob
	11:45 A.M.	Emerging Opportunities in Analytics and Forensics - Rosaline Baker

Step 2 질문에 대답하기 (Listening & Speaking 연습)

who, when, where, what, how much 등 문제의 키워드를 파악해 적절한 템플릿을 사용해 보세요.

(실제 시험에서는 음성으로만 문제가 주어집니다. 연습 단계이니 문제를 소리 내어 읽어 보세요.)

Hello. My name is Christine. The other day, I registered on the website to attend the conference, but I forgot to print out the schedule. I would like to know some details regarding the conference in order to organize my schedule. Please answer some questions I have.

Q7. What's the venue and when does it start?

[장소] The place(venue) is ~. [시간] It starts at ~.

Q8. I think I remember that there will be a presentation on mobile banking on February 9th at 12:45 P.M., right?

[확인] Yes 관련 정보 / No 관련 정보 / Actually, 관련 정보

Q9. I would like you to tell me the entire schedule on February 10th.

[일정] Sure, there are some ~. One is ~. Another one is ~, and the final one is ~.

Step 3 반복 연습하기 (최소 10번 연습 추천)

답안과 해설을 참조하며 반복해서 연습하세요. 이때, 녹음을 하면 좋습니다.

◌ 답변 확인 및 해설

전국 최신 기술 회의

2월 9일 ~ 10일

로즈데일 회의실, 라스베이거스, 네바다

2월 9일	오전 09:30	등록
	오전 10:45	환영, 취임식
	오전 11:45	톱 10 기술 경향 연구에 관한 공개 토론회 – 앨런 가드너
	오후 12:45	모바일 뱅킹 결제 시스템 : 기회와 위협 – 사만다 뱅크
2월 10일	오전 09:30	"어려운 시기 속에 떠오르는 CIO의 역할"에 관한 공개 토론회 – 마크 앤소니
	오전 11:15	신원 관리 – 토마스 제이콥
	오전 11:45	분석학과 법의학에서 떠오르는 기회 – 로잘린 베이커

Hello. My name is Christine. The other day, I registered on the website to attend the conference, but I forgot to print out the schedule. I would like to know some details regarding the conference in order to organize my schedule. Please answer some questions I have.

안녕하세요. 제 이름은 크리스틴입니다. 전에 저는 회의에 참석하기 위해 웹 사이트에서 등록을 했는데, 스케줄을 출력하는 것을 잊어버렸습니다. 제 스케줄을 조정하기 위해 회의에 대해 자세한 사항을 알고 싶습니다. 질문에 대답해 주세요.

레벨 6
모범답안

◌ 기본 템플릿을 활용한 답안 (쉬운 어휘와 문장 구조)   🎧 S1_Part 4_19

Q7. What's the venue and when does it start?

The place is Rosedale Conference Hall, Las Vegas, NV and it starts at 9:30.

Q8. I think I remember that there will be a presentation on mobile banking on February 9th at 11:45 A.M., right?

No, it starts at 12:45 P.M.

Q9. I would like to you to tell me the entire schedule on February 10th.

Sure, there are some sessions. One is a panel discussion on "Emerging Role of CIOs in Difficult Times" by Mark Anthony from 9:30 A.M. Next is "Identity Management" by Tomas Jacob from 11:15 and the last one is "Emerging Opportunities in Analytics and Forensics" by Rosaline Baker.

Q7. 장소는 어디이며 언제 시작합니까?

장소는 네바다 라스베이거스의 로즈데일 회의장입니다. 그리고 9시 30분에 시작합니다.

Q8. 제 생각에 2월 9일 오전 11시 45분에 모바일 뱅킹에 관한 발표가 있을 것이라고 기억하는데, 맞나요?

아니요, 12시 45분에 시작합니다.

Q9. 2월 10일 전체 스케줄을 말해 주기를 원합니다.

물론입니다. 2월 10일에 몇몇의 회의가 있습니다. 하나는 9시 30분부터 하는 마크 앤소니 씨의 "어려운 시기 속에 떠오르는 CIO의 역할"에 대한 공개 토론회입니다. 다음은 11시 15분부터 하는 토마스 제이콥 씨의 "신원 관리"이고 마지막은 로잘린 베이커 씨의 "분석학과 법의학에서 떠오르는 기회"입니다.

레벨 7
모범답안

▼ **기본 템플릿을 변형한 답안** (다양한 어휘와 문장 구조)　　🎧 S1_Part 4_19

Q7. What's the venue and when does it start?

The conference will be held in Rosedale Conference Hall in Las Vegas on February 9th, and it will start from 9:30.

Q8. I think I remember that there will be a presentation on mobile banking on February 9th at 11:45 A.M., right?

No, the presentation on "Mobile Banking Payment System" on February 9th will start at 12:45, not at 11:45.

Q9. I would like to you to tell me the entire schedule on February 10th.

The conference on February 10th will start at 9:30 A.M. with Mark Anthony's panel discussion about "Emerging Role of CIOs in Difficult Times." And at 11:15 A.M., Tomas Jacob's 'Identity Management' speech will be and at 11:45 A.M. Rosaline Baker's presentation called "Emerging Opportunities in Analytics and Forensics" will go on.

Q7. 장소가 어디이며 언제 시작합니까?

회의는 로즈데일 회의장에서 2월 9일에 열릴 것이고, 그것은 9시 30분부터 시작할 것입니다.

Q8. 제 생각에 2월 9일 오전 11시 45분에 모바일 뱅킹에 관한 발표가 있을 것이라고 기억하는데, 맞나요?

아니요, 2월 9일의 "모바일 뱅킹 결제 시스템"에 관한 발표는 11시 45분이 아닌, 12시 45분에 시작될 것입니다.

Q9. 2월 10일에 있는 전체 스케줄을 말해 주기를 원합니다.

2월 10일의 회의는 9시 30분 마크 앤소니 씨의 "어려운 시기 속에 떠오르는 CIO의 역할"에 대한 공개 토론회로 시작될 것입니다. 그리고 11시 15분에는 토마스 제이콥 씨의 "신원 관리" 연설이 있을 것이고 오전 11시 45분 이후로 로잘린 베이커 씨의 "분석학과 법의학에서 떠오르는 기회"라는 발표가 계속될 것입니다.

해설

- Where 대신 'What's the venue?'라고 질문할 수 있습니다. 장소를 알려 주세요.
- Listening이 약해서 Q8 전체를 정확히 못 들었고, February 9th, 12:45만 들었다면, Yes, No를 말하면서 시작하기 힘들 것입니다. 이럴 때는 Yes, No를 말하지 말고, "Actually, 관련 정보"를 주세요.
- 나열하는 문제는 시간 안에 요구한 정보를 다 이야기하지 못하면 완전한 점수를 받지 못합니다. 느리게 말하는 편이라면 중요한 내용(제목)을 먼저 언급한 후, 세부적인 내용(시간, 사람)을 이야기하세요.

Practice 2

Itinerary for Jerod Smith

Thursday Dec. 14	8:00 A.M.	Depart from Los Angeles (SKYPASS Airlines flight No.456)
	2:30 P.M.	Arrive New York (Westwood Plaza Hotel)
	4:00 P.M.	Seminar at SFM Stock market forecasting
	7:30 P.M.	Dinner with seminar guests
Friday Dec. 15	9:00 A.M.	Meeting with senior officials of SFM
	12:00 P.M.	Lunch with members
	4:00 P.M.	Depart New York (SKYPASS Airlines flight No.784)

테이블을 읽으며, 문제를 예측해 보세요. (날짜, 시간, 장소, 내용, 담당자 등)　　　　　(실제 시험에
서는 메모를 할 수 없으나, 분석력을 위해 아래의 테이블에 표시하거나 메모해 보세요)

Itinerary for Jerod Smith

Thursday Dec. 14	8:00 A.M.	Depart from Los Angeles (SKYPASS Airlines flight No.456)
	2:30 P.M.	Arrive New York (Westwood Plaza Hotel)
	4:00 P.M.	Seminar at SFM Stock market forecasting
	7:30 P.M.	Dinner with seminar guests
Friday Dec. 15	9:00 A.M.	Meeting with senior officials of SFM
	12:00 P.M.	Lunch with members
	4:00 P.M.	Depart New York (SKYPASS Airlines flight No.784)

who, when, where, what, how much 등 문제의 키워드를 파악해 적정한 템플릿을 사용해 보세요.
(실제 시험에서는 음성으로만 문제가 주어집니다. 연습 단계이니, 문제를 소리 내어 읽어 보세요.)

Hi, this is Jerod Smith, and I just wanted to confirm some of the details of my
business trip with you.

Q7. When do I arrive in New York, and where am I staying?
　　You will arrive in New York at 시각 and you will be staying at 장소.

**Q8. I was thinking about going to a local restaurant my friend recommended on
　　Thursday evening. Would that be possible?**
　　[확인] Yes 관련 정보 / No 관련 정보 / Actually, 관련 정보

Q9. Can you tell me everything that is scheduled for my last day in New York?
　　[일정] Sure, there are ~. One is ~. Another one is ~, and the final one is ~.

답안과 해설을 참조하며 반복해서 연습하세요. 이때, 녹음을 하면 좋습니다.

답변 확인 및 해설

<table>
<tr><td colspan="3" align="center">제러드 스미스 씨를 위한 여행 일정표</td></tr>
<tr><td rowspan="4">2월 9일</td><td>오전 8:00</td><td>로스앤젤레스에서 출발 (스카이패스 항공사 456편)</td></tr>
<tr><td>오후 2:30</td><td>뉴욕 도착 (웨스트우드 플라자 호텔)</td></tr>
<tr><td>오후 4:00</td><td>SFM에서 '주식 시장 예측' 세미나</td></tr>
<tr><td>오후 7:30</td><td>세미나 손님들과 함께 저녁 식사</td></tr>
<tr><td rowspan="3">2월 20일</td><td>오전 9:00</td><td>SFM 선배 직원들과의 만남</td></tr>
<tr><td>오후 12:00</td><td>회원들과의 점심 식사</td></tr>
<tr><td>오후 4:00</td><td>뉴욕을 떠남 (스카이패스 항공사 784편)</td></tr>
</table>

Hi, this is Jerod Smith, and I just wanted to confirm some of the details of my business trip with you.

안녕하세요, 저는 제러드 스미스입니다. 저는 당신과 하는 출장의 자세한 사항에 대해 확인하기를 원합니다.

confirm 확인하다   business trip 출장

레벨 6
모범답안

기본 템플릿을 활용한 답안 (쉬운 어휘와 문장 구조) 🎧 S1_Part 4_21

Q7. When do I arrive in New York, and where am I staying?

You will arrive in New York on Thursday at 2:30 P.M. and you will stay at Westwood Plaza Hotel.

Q8. I was thinking about going to a local restaurant my friend recommended on Thursday evening. Would that be possible?

Actually, no. You already have dinner plans with seminar guests.

Q9. Can you tell me everything that is scheduled for my last day in New York?

Sure, there are some things on your last day. One is meeting with senior officials of SFM. Next is lunch with members. Finally, you will depart New York with SKYPASS Airlines flight No.784 at 4 P.M.

Q7. 전 뉴욕에 언제 도착하나요? 그리고 어디에서 머무나요?

당신은 목요일 오후 2시 30분에 뉴욕에 도착할 것입니다. 그리고 당신은 웨스트우드 플라자 호텔에서 머무를 것입니다.

Q8. 전 목요일 저녁에 제 친구가 추천했던 현지 식당을 가려고 생각하고 있는데요. 가능할까요?

사실, 아니요. 당신은 세미나 손님들과 저녁 계획이 이미 있습니다.

Q9. 뉴욕에서 마지막 날에 예정된 모든 것에 대해 이야기 해 줄 수 있나요?

물론입니다. 당신의 마지막 날에 몇 가지 것들이 있습니다. 하나는 SFM의 고위 관리자들과 미팅이 있고, 다음에 멤버들과 점심식사가 있습니다. 마지막으로, 당신은 스카이패스 항공사 비행기 784편을 타고 4시에 뉴욕을 출발할 것입니다.

senior official 고위 관리자   depart 출발하다   airline 항공사

▾▾ 기본 템플릿을 변형한 답안 (다양한 어휘와 문장 구조) 🎧 S1_Part 4_21

Q7. When do I arrive in New York, and where am I staying?

You will arrive in New York on Thursday at 2:30 P.M. While you are there, you will be staying at Westwood Plaza Hotel.

Q8. I was thinking about going to a local restaurant my friend recommended on Thursday evening. Would that be possible?

I am sorry to tell you, but on Thursday night you already have dinner plans with seminar guests. So I don't think you will be able to check that restaurant out.

Q9. Can you tell me everything that is scheduled for my last day in New York?

Let me see, well, the schedule on your last day begins at 9 in the morning. You will be attending a meeting with senior officials of SFM. Then at 12, a lunch with the members is scheduled. I think this would be the last thing. It seems like you will be leaving New York at 4 on SKYPASS Airlines flight No.784.

Q7. 전 뉴욕에 언제 도착하나요? 그리고 어디에서 머무나요?

당신은 목요일 오후 2시 30분에 뉴욕에 도착할 것입니다. 당신이 거기에 있는 동안에 당신은 웨스트우드 플라자 호텔에 머무를 것입니다.

Q8. 전 목요일 저녁에 제 친구가 추천했던 현지 식당을 가려고 생각하고 있는데요. 가능할까요?

유감스럽습니다만, 목요일 저녁에 당신은 이미 세미나 손님들과 저녁 계획이 있습니다. 그래서 식당을 체크아웃할 수 있을 것이라고 생각하지 않아요.

Q9. 뉴욕에서 마지막 날에 예정된 모든 것에 대해 이야기 해 줄 수 있나요?

어디 봅시다. 음, 당신의 마지막 날의 스케줄은 아침 9시에 시작합니다. 당신은 SFM의 고위 관리자들과 함께하는 미팅에 참석할 것입니다. 그리고 나서 12시에 멤버들과 점심이 예정되어 있습니다. 저는 이것이 마지막 스케줄이라고 생각합니다. 당신은 스카이패스 항공사 비행기 784편을 타고 4시에 뉴욕을 출발할 것으로 보여집니다.

let me see 어디 봅시다

해설

– When and where 의문문에 집중하세요.
– Let me see라고 시작 해 두면, 내용을 정리할 시간도 생기고, 흐름이 부드러워집니다.
– 부사구의 위치는 비교적 자유로우며 누적 가능하니, 편하게 이야기하세요.

Basp. Press Corporation

Interview schedule for Newsletter Editor position

Date of the interview: November 29

Time	Candidate
11:00	Roger Smith
11:30	Maria Valdez
1:30	Victor Williams
2:00	Zach Jones

From 11:00 A.M.

At: Faculty office (15th floor)

*If you would like to view the list of common sample questions, a copy could be picked up at the HR department.

정보 파악 (Reading 30초 연습)

테이블을 읽으며, 문제를 예측해 보세요. (날짜, 시간, 장소, 내용, 담당자 등)
(실제 시험에서는 메모를 할 수 없으나, 분석력을 위해 아래의 테이블에 표시하거나 메모해 보세요.)

Basp. Press Corporation
Interview schedule for Newsletter Editor position

Date of the interview: November 29

Time	Candidate
11:00	Roger Smith
11:30	Maria Valdez
1:30	Victor Williams
2:00	Zach Jones

From 11:00 A.M.

At: Faculty office (15th floor)

*If you would like to view the list of common sample questions, a copy could be picked up at the HR department.

Step 2 질문에 대답하기 (Listening & Speaking 연습)

who, when, where, what, how much 등 문제의 키워드를 파악해 적정한 템플릿을 사용해 보세요.
(실제 시험에서는 음성으로만 문제가 주어집니다. 연습 단계이니, 문제를 소리 내어 읽어 보세요.)

Hi, my name is Rebecca White, and I will be on the panel for the Newsletter Editor interviews. However my assistant lost the memo with the details. Could you please give me some information?

Q7. Where is the venue for the interview? And when will the first candidate be interviewed?

[장소] The place(venue) is ~. [시간] The first interview is at ~.

Q8. I heard that there are several candidates for the editor position. Can you give me their names and the time for the interview?

[나열] Sure. Their names are ~, ~, ~, and ~. The times are ~, ~, ~, and ~.

Q9. Actually, this is my first time to be an interviewer, so, I was wondering if you have a list of common sample questions I can ask at the interview?

[확인] Yes 관련 정보 / No 관련 정보 / Actually, 관련 정보

Step 3 반복 연습하기 (최소 10번 연습 추천)

답안과 해설을 참조하며 반복해서 연습하세요. 이때, 녹음을 하면 좋습니다.

▼ 답변 확인 및 해설

Basp. 기자단

사보 편집장 직책을 위한 인터뷰 일정

인터뷰 날짜: 11월 29일

시간	후보자
11:00	로저 스미스
11:30	마리아 발데즈
1:30	빅터 윌리암스
2:00	자크 존스

오전 11시부터는

학부 사무실에서 (15층)

"샘플 질문 리스트를 보고 싶으시다면, 인사부에서 자료를 가져가실 수 있습니다."

Hi, my name is Rebecca White, and I will be on the panel for the Newsletter Editor interviews. However my assistant lost the memo with the details. Could you please give me some information?

안녕하세요, 제 이름은 레베카 화이트입니다. 저는 Newsletter 편집자 인터뷰의 심사위원일 것입니다. 그러나 제 비서가 자세한 사항에 관련된 메모를 잃어버렸습니다. 정보를 주실 수 있나요?

panel 심사위원

레벨 6
모범답안

▼ 기본 템플릿을 활용한 답안 (쉬운 어휘와 문장 구조)   🎧 S1_Part 4_23

Q7. Where is the venue for the interview? And when will the first candidate be interviewed?

The place is Faculty office on 15th floor and the time (for the first interview) is 11:00.

Q8. I heard that there are several candidates for the editor position. Can you give me their names and the time for the interview?

Sure. Their names are Roger Smith, Maria Valdez, Victor Williams, and Zach Jones. The times are 11, 11:30, 1:30, and 2, (respectively).

Q9. Actually, this is my first time to be an interviewer, so, I was wondering if you have a list of common sample questions I can ask at the interview?

Sure, if you would like to view the list of common sample questions, a copy could be picked up at the HR department.

Q7. 인터뷰 장소는 어디인가요? 그리고 언제 첫 번째 후보자가 인터뷰를 받을 것입니까?

장소는 15층의 학부 사무실입니다. 그리고 (첫 번째 인터뷰를 위한) 시간은 11시입니다.

Q8. 저는 편집자 자리에 몇몇의 후보자들이 있다고 들었습니다. 그들의 이름과 인터뷰를 위한 시간을 알려 줄 수 있나요?

물론입니다. 그들의 이름은 로저 스미스, 마리아 발데즈, 빅터 윌리암스, 자크 존스입니다. 시간은 (각각) 11시, 11시 30분, 1시 30분, 2시입니다.

Q9. 사실, 이번이 인터뷰자가 되는 것이 처음입니다. 그래서 저는 당신이 제가 인터뷰에서 물어볼 일반적인 샘플 질문들을 가지고 있는지 궁금했습니다.

물론입니다, 만약 당신이 보통의 샘플 질문들의 목록을 보기를 원한다면, 문서 종이를 인사과에서 가지고 갈 수 있습니다.

레벨 7
모범답안

❤ 기본 템플릿을 변형한 답안 (다양한 어휘와 문장 구조)　🎧 S1_Part 4_23

Q7. Where is the venue for the interview? And when will the first candidate be interviewed?

Well, the interview will be at the faculty office on the 15th floor, and the first interviewer is scheduled at 11 A.M.

Q8. I heard that there are several candidates for the editor position. Can you give me their names and the time for the interview?

Why not, there are 4 candidates on our list. The first one is Roger Smith. And as I told you, it will start at 11. Maria Valdez is the second candidate, and her interview is at 11:30. After that, Victor Williams' interview is scheduled at 1:30. Finally at 2, our last candidate, Zach Jones will be interviewed.

Q9. Actually, this is my first time to be an interviewer, so, I was wondering if you have a list of common sample questions I can ask at the interview.

Fortunately, we do have a list of sample questions. If you would like to review them before the interview, you can come down to our HR department to pick it up.

Q7. 인터뷰 장소는 어디인가요? 그리고 언제 첫 번째 후보자가 인터뷰를 받을 것입니까?

음, 인터뷰는 15층의 학부 사무실에서 열릴 것입니다. 그리고 첫 번째 인터뷰는 11시에 예정되어 있습니다.

Q8. 저는 편집자 자리에 몇몇의 후보자들이 있다고 들었습니다. 그들의 이름과 인터뷰를 위한 시간을 알려 줄 수 있나요?

물론입니다, 목록에는 4명의 후보자들이 있습니다. 첫 번째는 로저 스미스입니다. 그리고 제가 당신한테 말한 대로, 인터뷰는11시에 시작될 것입니다. 마리아 발데즈는 두 번째 후보자입니다. 그리고 그녀의 인터뷰는 11시 30분입니다. 그 후에, 빅터 윌리암스의 인터뷰가 1시 30분에 예정되어 있습니다. 마지막으로 2시에 우리의 마지막 후보자인 자크 존스가 인터뷰를 받을 것입니다.

Q9. 사실, 이번이 인터뷰자가 되는 것이 처음입니다. 그래서 저는 당신이 제가 인터뷰에서 물어볼 일반적인 샘플 질문들을 가지고 있는지 궁금했습니다.

다행히도, 우리는 샘플 질문들의 목록이 있습니다. 만약 당신이 그것들을 인터뷰 전에 검토하기를 원한다면, 인사과에 가지러 내려올 수 있습니다.

faculty 교수진　editor position 편집자 자리　HR department 인사과　fortunately 다행히도

해설

- Q8에서 많은 내용을 짧은 시간에 말하려면 간단하게 말하는 기술이 필요합니다. 같은 항목을 모아서 나열하세요.
- 고유명사는 발음에 자신이 없을 수 있지만, 그래도 목소리를 크게 하고, 철자 기반해서 읽으세요.

Practice 4

Next Generation Tech Ltd.

Agenda for meeting with World Computer Service Ltd.

Date: Thursday, December 22

Place: Conference Room, Floor 4

Time	Event
09:00 A.M. – 10:00 A.M.	Welcome & Introduction of Next Generation Tech Ltd. Melody Griffin, CEO of Next Generation Tech Ltd.
10:00 A.M. – 11:00 A.M.	Company Overview on Last Quarter Sales - Eric Mandelson, Sales Department, World Computer Services
11:00 A.M. – 12:00 P.M.	Q&A about Products and Orders - Samuel Dwight, Product Development, Next Generation Tech Ltd.
12:00 P.M. – 1:00 P.M.	Lunch at Charlotte Hotel
1:00 P.M. – 2:30 P.M.	Factory Tour led by Samantha Jones, Next Generation Tech Ltd.

테이블을 읽으며, 문제를 예측해 보세요. (날짜, 시간, 장소, 내용, 담당자 등)
(실제 시험에서는 메모를 할 수 없으나, 분석력을 위해 아래의 테이블에 표시하거나 메모해 보세요.)

Next Generation Tech Ltd.

Agenda for meeting with World Computer Service Ltd.

Date: Thursday, December 22
Place: Conference Room, Floor 4

Time	Event
09:00 A.M. – 10:00 A.M.	Welcome & Introduction of Next Generation Tech Ltd. Melody Griffin, CEO of Next Generation Tech Ltd.
10:00 A.M. – 11:00 A.M.	Company Overview on Last Quarter Sales - Eric Mandelson, Sales Department, World Computer Services
11:00 A.M. – 12:00 P.M.	Q&A about Products and Orders - Samuel Dwight, Product Development, Next Generation Tech Ltd.
12:00 P.M. – 1:00 P.M.	Lunch at Charlotte Hotel
1:00 P.M. – 2:30 P.M.	Factory Tour led by Samantha Jones, Next Generation Tech Ltd.

Step 2 질문에 대답하기 (Listening & Speaking 연습)

who, when, where, what, how much 등 문제의 키워드를 파악해 적정한 템플릿을 사용해 보세요.
(실제 시험에서는 음성으로만 문제가 주어집니다. 연습 단계이니, 문제를 소리 내어 읽어 보세요.)

Hello! This is Stan Lee from World Computer Services Ltd. I've got few questions about the revised agenda and was wondering if you can provide answers to them.

Q7. What time is the meeting going to be held and where do I have to go?
[장소] The place(venue) is ∼. [시간] It starts at ∼.

Q8. The previous agenda stated that the meeting will be finished by 4 P.M. Is that correct?
[확인] Yes 관련 정보 / No 관련 정보 / Actually, 관련 정보

Q9. Could you tell me about the schedule before lunch?
[일정] Sure, there are ∼. One is ∼. Another one is ∼, and the final one is ∼.

Step 3 반복 연습하기 (최소 10번 연습 추천)

답안과 해설을 참조하며 반복해서 연습하세요. 이때, 녹음을 하면 좋습니다.

넥스트 제너레이션 주식회사
월드 컴퓨터 서비스 사와의 미팅 안건

날짜: 12월 22일 목요일
장소: 4층 회의실

시간	이벤트
오전 9:00 – 오전 10:00	넥스트 제너레이션 테크 사의 환영 및 소개 – 넥스트 제너레이션 테크 사의 CEO인 멜로디 그리핀
오전 10:00 – 오전 11:00	지난 분기 판매에 대한 회사 검토 – 월드 컴퓨터 서비스 판매부의 에릭 멘델슨
오전 11:00 – 오후 12:00	상품과 주문에 대한 질의 응답 넥스트 제너레이션 사 상품 개발부의 사무엘 드와잇
오후 12:00 – 오후 1:00	샬롯 호텔에서 점심
오후 1:00 – 오후 2:30	넥스트 제너레이션 사의 사만사 존스가 이끄는 공장 투어

Hello! This is Stan Lee from World Computer Services Ltd. I've got a few questions about the revised agenda and was wondering if you can provide answers to them.

안녕하세요. 저는 월드 컴퓨터 서비스 사의 스탠 리입니다. 저는 수정된 의제에 대해 몇 가지 질문이 있습니다. 당신이 그것들에 대해 대답을 해 줄 수 있는지 궁금합니다.

---

revised 수정된 agenda 의제 introduction 소개 overview 검토

**레벨 6
모범답안**

✔ 기본 템플릿을 활용한 답안 (쉬운 어휘와 문장 구조)　　🎧 S1_Part 4_25

Q7. What time is the meeting going to be held and where do I have to go?

The place is Conference room on the 4th floor, and the time is from 9 to 2:30.

Q8. The previous agenda stated that the meeting will be finished by 4 P.M. Is that correct?

No, it will finish at 2:30 P.M.

Q9. Could you tell me about the schedule before lunch?

Sure, there are some sessions. One is "Welcome & Introduction of Next Generation Tech Ltd." Next is "Company Overview on Last Quarter Sales" from 10 to 11. And the third one is "Q&A about Products and Orders" from 11 to 12.

Q7. 몇 시에 미팅은 열릴 것이고 저는 어디로 가야 하나요?

장소는 4층에 있는 회의실입니다. 그리고 시간은 9시에서 2시 30분까지입니다.

Q8. 이전 의제에서 미팅이 오후 4시에 끝날 것이라고 되어있는데, 맞나요?

아니요, 그것은 오후 2시 30분에 끝날 것입니다.

Q9. 점심시간 전의 스케줄에 대해 말해 줄 수 있나요?

물론입니다. 몇몇의 세션이 있습니다. 하나는 넥스트 제너레이션 테크 사의 환영 및 소개이고 다음은 10시에서 11시까지 지난 분기 판매에 대한 회사 검토이고 세 번째 것은 상품과 주문에 대한 Q&A가 11시에서 12시까지 있을 것입니다.

레벨 7
모범답안

🔻 **기본 템플릿을 변형한 답안** (다양한 어휘와 문장 구조) 　　🎧 S1_Part 4_25

Q7. What time is the meeting going to be held and where do I have to go?

The meeting will be held from 9 A.M. and you have to come to the conference room on the 4th floor.

Q8. The previous agenda stated that the meeting will be finished by 4 P.M. Is that correct?

No, the meeting will be finished by 2:30 P.M.

Q9. Could you tell me about the schedule before lunch?

Before lunch, there is the welcome and introduction of Next Generation Tech Ltd by the CEO at 9 A.M. Then, there is the company overview on last quarter sales at 10 A.M. After that, there will be a Q&A session about products and orders at 11 A.M.

Q7. 몇 시에 미팅은 열릴 것이고 저는 어디로 가야 하나요?

미팅은 9시에 열릴 것입니다. 그리고 당신은 4층의 회의실로 와야 합니다.

Q8. 이전 의제에서 미팅이 오후 4시에 끝날 것이라고 되어 있는데, 맞나요?

아니요, 미팅은 오후 2시 30분에 끝날 것입니다.

Q9. 점심시간 전의 스케줄에 대해 말해 줄 수 있나요?

점심 전에, 9시에 대표 이사가 하는 넥스트 제너레이션 테크 사의 환영 및 소개가 있습니다. 그리고 나서, 10시에서 11시까지 지난 분기 판매에 대한 회사 검토가 있습니다. 그 후에, 상품과 주문에 대한 Q&A가 11시에 있을 것입니다.

place 장소　**previous** 이전　**state** ~를 분명히 말하다

해설

- 화려한 표현보다는 쉬운 표현으로 정확한 정보를 전달하세요.
- 잘못된 정보를 물어볼 때는, 맞다/아니다 외에, 관련 정보를 반드시 제시해야 합니다.
- Q9에서 before lunch인지 after lunch인지 유심히 듣고 대답하세요.

 *Practice 5*

The AirTell Travel Agency From London to Shanghai					
Flight No.	**Departure**	**Arrival**	**Duration**	**Class**	**Fare**
ATA934	11:50 A.M.	4:30 P.M.	4h 40m	BUSINESS	$495
ATA921	12:10 P.M.	4:50 P.M.	4h 40m	BUSINESS	$495
ATA938	4:30 P.M.	8:10 P.M.	4h 40m	FIRST CLASS	$550
ATA921	5:30 P.M.	10:10 P.M.	4h 40m	BUSINESS	$495

테이블을 읽으며, 문제를 예측해 보세요. (날짜, 시간, 장소, 내용, 담당자 등)
(실제 시험에서는 메모를 할 수 없으나, 분석력을 위해 아래의 테이블에 표시하거나 메모해 보세요)

The AirTell Travel Agency
From London to Shanghai

Flight No.	Departure	Arrival	Duration	Class	Fare
ATA934	11:50 A.M.	4:30 P.M.	4h 40m	BUSINESS	$495
ATA921	12:10 P.M.	4:50 P.M.	4h 40m	BUSINESS	$495
ATA938	4:30 P.M.	8:10 P.M.	4h 40m	FIRST CLASS	$550
ATA921	5:30 P.M.	10:10 P.M.	4h 40m	BUSINESS	$495

Step 2 질문에 대답하기 (Listening & Speaking 연습)

who, when, where, what, how much 등 문제의 키워드를 파악해 적정한 템플릿을 사용해 보세요.
(실제 시험에서는 음성으로만 문제가 주어집니다. 연습 단계이니, 문제를 소리 내어 읽어 보세요.)

Hi, this is Monica Fountaine. I was planning to fly to Shanghai next month, and was doing some research on flights and prices. Would you be so kind to tell me your rates?

Q7. What time does the earliest flight depart from London?
　　[시간] The (earliest departure) time is ～.

Q8. How many travel classes do you have?
　　[나열] There are ～. One is ～ and the other one is ～.

Q9. What is the fare for each flight?
　　[일정] Sure. One is ～. Next one is ～, and the next one is ～. And the last one is ～.

Step 3 반복 연습하기 (최소 10번 연습 추천)

답안과 해설을 참조하며 반복해서 연습하세요. 이때, 녹음을 하면 좋습니다.

♦ 답변 확인 및 해설

<table>
<tr><td colspan="7" align="center">에어텔 여행사
런던에서 상하이까지</td></tr>
<tr><th>항공편</th><th>출발</th><th>도착</th><th>기간</th><th>클래스</th><th>클래스</th></tr>
<tr><td>ATA934</td><td>오전 11:50</td><td>오후 4:30</td><td>4시간 40분</td><td>비즈니스</td><td>495달러</td></tr>
<tr><td>ATA921</td><td>오후 12:10</td><td>오후 4:50</td><td>4시간 40분</td><td>비즈니스</td><td>495달러</td></tr>
<tr><td>ATA938</td><td>오후 4:30</td><td>오후 8:10</td><td>4시간 40분</td><td>퍼스트 클래스</td><td>550달러</td></tr>
<tr><td>ATA921</td><td>오후 5:30</td><td>오후 10:10</td><td>4시간 40분</td><td>비즈니스</td><td>495달러</td></tr>
</table>

Hi, this is Monica Fountaine. I was planning to fly to Shanghai next month, and was doing some research on flights and prices. Would you be so kind to tell me your rates?

안녕하세요, 저는 모니카 파운튼입니다. 저는 다음 달에 상하이를 갈 계획입니다, 그리고 비행기와 가격에 대해 몇 가지를 알아보고 있는데요, 당신의 요금을 알려 주시면 감사하겠습니다.

do some research 조사하다   rate 요금

레벨 6
모범답안

⚓ **기본 템플릿을 활용한 답안** (쉬운 어휘와 문장 구조)　　🎧 S1_Part 4_27

Q7. What time does the earliest flight depart from London?

The earliest departure time is 11:50 A.M.

Q8. How many travel classes do you have?

There are two classes. One is business and the other one is first class.

Q9. What is the fare for each flight?

Sure. The first one is $495. The second one is the same. The third one is $550, and the last one is $495.

> Q7. 몇 시에 가장 빠른 비행기가 런던에서 출발합니까?
> 가장 빠른 출발 시간은 오전 11시 50분입니다.
> Q8. 몇 개의 좌석 등급을 가지고 있나요?
> 두 가지 등급이 있습니다. 하나는 비즈니스석이고 다른 하나는 1등석입니다.
> Q9. 각각의 비행의 요금은 얼마입니까?
> 물론입니다. 첫 번째 것은 495달러이고 두 번째 것도 같습니다. 세 번째 것은 550달러이고 마지막 것은 495달러입니다.

레벨 7
모범답안

⚓ **기본 템플릿을 변형한 답안** (다양한 어휘와 문장 구조)

Q7. What time does the earliest flight depart from London?

The earliest flight departing from London is at 11:50 A.M.

Q8. How many travel classes do you have?

There are 2 classes including business and first class.

Q9. What is the fare for each flight?

For business flights at 11:50 A.M., 12:10 P.M., and 5:30 P.M., it will be $495. For first class at 4:30 P.M., it will be $550.

> Q7. 몇 시에 가장 빠른 비행기가 런던에서 출발합니까?
> 런던에서 출발하는 가장 빠른 비행기는 오전 11시 50분입니다.
> Q8. 몇 개의 좌석 등급을 가지고 있나요?
> 비즈니스석과 1등석을 포함해 두 가지 등급이 있습니다.
> Q9. 각각의 비행의 요금은 얼마입니까?
> 오전 11시 50분, 오후 12시 10분, 5시 30분의 비즈니스석은 495달러입니다. 4시 30분에 있는 1등석은 550달러입니다.

departure 출발　travel classes 좌석 등급　fare 요금

해설

　– 의문사에 초점을 맞추어 대답하세요.
　– 추가적인 정보를 더 이야기해서 손해 볼 것 없으므로, 구체적 정보도 최대한 포함시키세요.
　– 가격 정보를 이야기할 때 숫자에 주의하세요.

TOEIC® Speaking

Questions 7-9: Respond to questions using information provided

Directions: In this part of the test, you will answer three questions based on the information provided. You will have 30 seconds to read the information before the questions begin. For each question, begin responding immediately after you hear a beep. No additional preparation time is provided. You will have 15 seconds to respond to Questions 7 and 8 and 30 seconds to respond to Question 9.

Kindle Communication Service Survey Resident: 343 Forton St.			
*Installation	Excellent	Good	Poor
On time for installation		X	
Preparedness of technician (equipment & materials)	X		
*Problems			
Satisfaction with the problem's resolution		X	
Timeliness of response to a complaint			X
*Overall Satisfaction			
Overall Quality of service		X	

Gift for participants: a stylish LCD transparent digital clock
To collect your gift, you must present your name and company address to the contact below.
Name: Anderson Park   E-mail: parkanderson@vaughan.org
Thank you for taking the time to complete this questionnaire.

PREPARATION TIME
00:00:30

RESPONSE TIME
00:00:15

RESPONSE TIME
00:00:15

RESPONSE TIME
00:00:30

킨들 커뮤니케이션 서비스 설문지 거주민 : 포튼 가 343번지			
*설치	훌륭함	좋음	나쁨
제시간에 설치		X	
기술자의 준비 (장비 & 재료)	X		
*문제			
문제 해결에 대한 만족		X	
불평에 대한 반응 시간			X
*전체 만족도			
전체 서비스의 품질		X	
참가자들을 위한 선물 : 멋진 LCD 투명한 디지털 시계 당신의 선물을 받기 위해서, 당신의 이름과 회사 주소를 아래 연락처에 제출해야 합니다. 이름 : 앤더슨 박 E-mail : parkanderson@vaughan.org 이 질문지를 작성해 주셔서 감사합니다.			

Hello, this is Derek. I have to prepare a report about the survey I did few days ago about your service. But I left one of the surveys on the desk. It is very important that I must include it on the final report. Could you answer some questions?

안녕하세요, 저는 데릭입니다. 저는 제가 당신의 서비스에 대해 며칠 전에 했던 설문지에 대해 리포트를 준비해야 합니다. 그러나 저는 설문지 중 하나를 제 책상에 놓고 왔습니다. 그것은 제가 마지막 리포트에 첨부해야 해서 매우 중요합니다. 몇 가지 질문에 대답해 주실 수 있나요?

prepare 준비하다 leave 남겨두다 installation 설치 preparedness 준비 materials 재료 satisfaction 만족 resolution 해결 overall 전반적인 transparent 투명한 present 제시하다 below 아래의 questionnaire 질문지

레벨 6
모범답안

▼ 기본 템플릿을 활용한 답안 (쉬운 어휘와 문장 구조)　🎧 S1_Part 4_29

Q7. In what areas did the residents answer the questions?

They answered about Installation, Problems and Overall Satisfaction.

Q8. As I remember, I know we are giving away some gifts to the participants. Do they have to call us to claim it?

Actually, they have to present their name and company address to Anderson Park at parkanderson@vaughan.org.

Q9. Can you tell me more about the survey results about problems?

Sure, there are two. One (survey result) is that "Satisfaction with the problem's resolution" is good, but the other says that "Timeliness of response to a complaint" is poor.

Q7. 어떤 부분을 거주민은 질문에 대답하였습니까?

그들은 설치, 문제와 전체 만족도에 대해 대답했습니다.

Q8. 제가 기억하기로는, 저는 우리가 참가자들에게 몇 개의 선물을 줄 것이라고 알고 있습니다. 그들이 그것을 요청하기 위해 우리에게 전화해야 합니까?

사실, 그들은 그들의 이름과 회사 주소를 앤더슨 파크에게 parkanderson@vaughan.org로 보내야 합니다.

Q9. 문제들의 설문지 결과에 대해 말해 줄 수 있나요?

물론입니다. 2가지가 있습니다. (설문지 결과) 첫 번째는 "문제의 해결책에 대한 만족"은 좋습니다. 그러나 또 다른 것은 "불평에 대한 반응 시간"이 나쁘다고 했습니다.

레벨 7
모범답안

◆ 기본 템플릿을 변형한 답안 (다양한 어휘와 문장 구조)　🎧 S1_Part 4_29

Q7. In what areas did the residents answer the questions?

Residence answered questions on Installation, Problems and Overall Satisfaction.

Q8. As I remember, I know we are giving away some gifts to the participants. Do they have to call us to claim it?

They must present their name and company address to Anderson Park at parkanderson@vaughan.org.

Q9. Can you tell me more about the survey results about problems?

Sure, there were two questions on problems. The residents marked good in the area of "Satisfaction with the problem's resolution" but poor in the area of 'Timeliness of responses to a complaint.'

Q7. 어떤 부분을 거주민은 질문에 대답하였습니까?

거주민은 설치, 문제, 전반적인 만족에 대한 질문에 대답했습니다.

Q8. 제가 기억하기로는 저는 우리가 참가자들에게 몇 개의 선물을 줄 것이라고 알고 있습니다. 그들은 그것을 요청하기 위해 우리에게 전화해야 합니까?

그들은 그들의 이름과 회사 주소를 앤더슨 파크에게 parkanderson@vaughan.org로 보내야 합니다.

Q9 문제들의 설문지 결과에 대해 말해 줄 수 있나요?

물론입니다. 문제에 대한 두 가지 질문이 있었습니다. 거주민은 문제의 해결책에 대한 만족도 분야에 좋음을 표시했습니다. 그러나 "불평에 대한 반응 시간"에는 "나쁨"을 표시했습니다.

area 지역　as I remember 기억하기론　participant 참가자　claim 요구하다

해설

– Where 대신 'What's the venue?'라고 질문할 수 있음에 유의하세요.

TOEIC Speaking

Questions 7-9: Respond to questions using information provided

Directions: In this part of the test, you will answer three questions based on the information provided. You will have 30 seconds to read the information before the questions begin. For each question, begin responding immediately after you hear a beep. No additional preparation time is provided. You will have 15 seconds to respond to Questions 7 and 8 and 30 seconds to respond to Question 9.

TIVOLI MOVIE THEATER

Advance Booking Num : 919-545-6400

24 hour phone Num : 919-545-6401

Bargain Tuesdays : all films $5

Children in the Net(12A)	**Pokémon(PG, 12A)**
113 min - Family	105 min - Family
2:00 P.M. (Mon-Fri only)	1:40 P.M. (Daily)
9:35 P.M. (Sat/Sun only)	4:35 P.M. (Daily)
Monsters from the Deep(19A)	**Enigma(12A)**
164 min - Horror	144 min - Comedy
7:55 P.M. (Fri/Sun only)	3:00 P.M. (Mon-Fri only)
	6:00 P.M. (Sat/Sun only)
	King of the Wild(suitable for all ages)
Carnivore(19A)	117 min - Family
148 min - Thriller	3:35 P.M. (Mon-Fri only)
6:30 P.M. (Daily)	6:50 P.M. (Sat/Sun only)

*Ratings info - PG(Parental Guidance), 19A(19 and above), 12A(12 and above)
*Adult: $12 / Children under 12: $7

PREPARATION TIME
00:00:30

RESPONSE TIME
00:00:15

RESPONSE TIME
00:00:15

RESPONSE TIME
00:00:30

▼ 답변 확인 및 해설

<table>
<tr><td colspan="2" align="center">티볼리 영화관</td></tr>
<tr><td colspan="2" align="right">예약 번호: 919-545-6400
24시 가능한 번호: 919-545-6401
화요일 할인: 모든 영화 5달러</td></tr>
<tr>
<td>
칠드런 인 더 넷 (12세 이상)
113분 - 가족
오후 2:00 (월-금만)
오후 9:35 (토/일만)
</td>
<td>
포켓몬 (부모 지도하에 12세 이상)
105분 - 가족
오후 1:40 (매일)
오후 4:35 (매일)
</td>
</tr>
<tr>
<td>
깊은 곳에서 온 괴물 (19세 이상)
164분 - 호러
오후 7:55 (금/일만)
</td>
<td>
수수께끼 (12살 이상)
144분 -코미디
오후 3:00 (월-금만)
오후 6:00 (토/일만)
</td>
</tr>
<tr>
<td>
육식 동물 (19세 이상)
148분 - 스릴러
오후 6:30 (매일)
</td>
<td>
야생의 왕 (모든 연령)
117분 - 가족
오후 3:35 (월-금만)
오후 6:50 (토/일만)
</td>
</tr>
<tr><td colspan="2">
* 등급 정보 - PG(부모의 지도), 19A(19세 이상), 12A(12세 이상)
* 어른: 12달러 / 12살 미만 어린이: 7달러
</td></tr>
</table>

Hi, I was thinking about taking my girlfriend to the movies for a date, but I'm not sure what's playing right now. Could you give me some information?

안녕하세요. 저는 데이트하러 저의 여자 친구를 영화를 보여 주려고 생각하고 있습니다. 그러나 저는 지금 무엇이 상영되고 있는지 확실하지 않습니다. 정보 좀 주실 수 있나요?

take someone to the movies 영화 보러 데리고 가다

레벨 6 모범답안

▼ 기본 템플릿을 활용한 답안 (쉬운 어휘와 문장 구조)

Q7. What time does the thriller start?

It starts at 6:30 P.M. daily.

Q8. I remember hearing *Monsters From the Deep* was a cartoon. Is that right?

No. *Monsters From the Deep* is a horror movie, (not a cartoon).

Q9. Could you tell me all the movies that will be showing daily today?

Sure, there are some movies (that are showing daily). One is *Pokémon*. It is at 1:40 P.M. and 4:35 P.M. today. And the other one is *Carnivore*, a thriller, at 6:30 P.M.

Q7. 몇 시에 스릴러 영화는 시작됩니까?

그것은 매일 오후 6시 30분에 시작됩니다.

Q8. 저는 〈깊은 곳에서 온 괴물〉이 만화라고 들은 걸로 기억합니다. 맞나요?

아니요, 〈깊은 곳에서 온 괴물〉은 공포 영화입니다. (만화가 아니라요.)

Q9. 오늘 상영되고 있는 모든 영화를 말해 주실 수 있나요?

물론입니다. (매일 상영되고 있는) 몇 가지 영화들이 있습니다. 하나는 〈포켓몬〉이고 그것은 오늘 오후 1시 40분과 4시 35분에 합니다. 그리고 다른 것은 〈육식 동물〉인데, 스릴러 영화이고 6시 30분입니다.

레벨 7 모범답안

▼ 기본 템플릿을 변형한 답안 (다양한 어휘와 문장 구조)

Q7. What time does the thriller start?

The thriller starts at 6:30 P.M. daily.

Q8. I remember hearing *Monsters From the Deep* was a cartoon. Is that right?

No. *Monsters From the Deep* is a horror movie only for ages 19 and above.

Q9. Could you tell me all the movies that will be showing daily?

Yes, *Pokémon* will be showing daily at 1:40 P.M. and 4:35 P.M. Also *Carnivore*, a thriller, will be showing daily at 6:30 P.M.

Q7. 몇 시에 스릴러 영화는 시작됩니까?

스릴러 영화는 매일 오후 6시 30분에 시작합니다.

Q8. 저는 〈깊은 곳에서 온 괴물〉이 만화라고 들은 걸로 기억합니다. 맞나요?

아니요, 〈깊은 곳에서 온 괴물〉은 19세 이상만 오직 이용 가능한 공포 영화입니다.

Q9. 매일 상영되고 있는 모든 영화를 말해 주실 수 있나요?

네, 〈포켓몬〉은 오늘 1시 40분과 4시 35분에 상영될 것입니다. 또한 스릴러 영화인 〈육식 동물〉은 6시 30분에 있습니다.

daily 매일 cartoon 만화 available 이용 가능한 for ages 19 and above 19세 이상

해설

- 'It will start at ~'이라고 해도 되고, 'It starts from ~'이라고 해도 됩니다.
  한국어로 "~에 시작할 것입니다"와 "~부터 시작합니다" 정도의 차이입니다.
- 추가 정보를 줘도 되지만, 추가로 이야기를 하다가 틀리면 감점이므로 유의하세요.

TOEIC Speaking

Questions 7-9: Respond to questions using information provided

Directions: In this part of the test, you will answer three questions based on the information provided. You will have 30 seconds to read the information before the questions begin. For each question, begin responding immediately after you hear a beep. No additional preparation time is provided. You will have 15 seconds to respond to Questions 7 and 8 and 30 seconds to respond to Question 9.

Air Angelica
Travel Document Verification Required at Air Angelica Check-in Counter at Airport

Gate: 28A Subject to change
Verify gate assignment at airport
Flight: NW27
Depart: 8:55 A.M.
From: Tokyo, Japan(Narita)
To: Taipei, Taiwan

Name: Rachel Adkins
Seat: 25B
First Class
27 Nov. 2012

Confirmation#: 72VGW4

If your travel plans change you must contact Angelica Airlines Reservations prior to flight departure. You must arrive at the Angelica Airline Check-in counter at the airport for travel document verification at least 60 minutes prior to departure. Reservations are subject to cancellation if you are not on board the aircraft at least 30 minutes prior to departure.

PREPARATION TIME
00:00:30

RESPONSE TIME
00:00:15

RESPONSE TIME
00:00:15

RESPONSE TIME
00:00:30

앤젤리카 항공

앤젤리카 항공 수속 카운터에서 여행 서류 확인이 필요함

게이트 : 28A 변경될 수도 있음   이름 : 레이첼 애킨스

게이트 배정은 공항에서 확인하세요   좌석 : 25B

항공편 : NW27   퍼스트 클래스

출발 : 오전 8:55   2012년 11월 27일

출발지 : 일본 도쿄 (나리타)

도착지 : 타이완 타이베이   확인# : 72VGW4

Hello, this is Rachel Adkins calling. I have a few questions. I'd like to ask regarding my flight reservation.

안녕하세요. 저는 레이첼 애킨스입니다. 저는 몇 가지 질문이 있습니다. 저는 저의 비행 예약에 대해 묻고 싶은데요.

verification 확인   require 요구하다   check-in counter 수속 카운터   verify 확인하다   prior to ~전에   at least 적어도   be subject to ~할 가능성이 있다   on board 비행 중인   aircraft 비행기

레벨 6
모범답안

☙ 기본 템플릿을 활용한 답안 (쉬운 어휘와 문장 구조)　🎧 S1_Part 4_33

Q7. On what date is my flight scheduled to depart and at what time?

It is scheduled to depart at 8:55 A.M. on 27th of November.

Q8. My secretary has told me that I should go to Gate 25B. Is that right?

No, you have to go to 28A, but it is subject to change.

Q9. Someone will pick me up at the airport once I arrive in Taipei. Could you please give me all the necessary information?

I'm sorry but we don't have any information about it.

Q7. 비행기는 언제 출발하기로 예정되어 있나요? 그리고 몇 시예요?

그것은 11월 27일 아침 8시 55분에 출발하기로 예정되어 있습니다.

Q8. 저의 비서는 제가 게이트 25B로 가야 한다고 말했습니다. 맞나요?

아니요, 당신은 28A로 가야 합니다. 그러나 바꿀 가능성도 있습니다.

Q9. 제가 타이베이에 도착하면 누군가 공항으로 데리러 올 것입니다. 모든 필수적인 정보를 줄 수 있나요?

죄송합니다만, 우리는 그것에 대해 어떤 정보도 가지고 있지 않습니다.

레벨 7
모범답안

☙ 기본 템플릿을 변형한 답안 (다양한 어휘와 문장 구조)

Q7. On what date is my flight scheduled to depart and at what time?

It is scheduled to depart at 8:55 A.M. on 27th of November.

Q8. My secretary has told me that I should go to Gate 25B. Is that right?

No, you have to go to 28A, but it is subject to change.

Q9. Someone will pick me up at the airport once I arrive in Taipei. Could you please give me all the necessary information?

I am sorry but there is no information on pick-ups that we have. We do not provide pick-up services, nor do we have anyone to contact.

Q7. 비행기는 언제 출발하기로 예정되어 있나요? 그리고 몇 시예요?

그것은 11월 27일 아침 8시 55분에 출발하기로 예정되어 있습니다.

Q8. 저의 비서는 제가 게이트 25B로 가야 한다고 말했습니다. 맞나요?

아니요, 당신은 28A로 가야 합니다. 그러나 바꿀 가능성도 있습니다.

Q9. 제가 타이베이에 도착하면 누군가 공항으로 데리러 올 것입니다. 모든 필수적인 정보를 줄 수 있나요?

죄송합니다만 우리가 가지고 있는 픽업에 대한 정보는 없습니다. 우리는 픽업 서비스를 제공하지 않고 연락할 누구도 없습니다.

be scheduled to do ～하기로 되어 있다　be subject to ～할 가능성이 있다

해설

- How early should I arrive at the Angelica Airline Check-in counter?라고 얼마나 일찍 도착해야 하나를 물을 수도 있습니다. 이때에는 You should arrive 60 minutes prior to your departure.라고 하세요.
- 보통 잘못된 정보 문제는 8번으로 출제되나, 다른 문제에서도 가능합니다. 반면, 8번 문제에서도 맞는 정보가 주어지기도 하니 주의하세요.

TOEIC Speaking

Questions 7-9: Respond to questions using information provided

Directions: In this part of the test, you will answer three questions based on the information provided. You will have 30 seconds to read the information before the questions begin. For each question, begin responding immediately after you hear a beep. No additional preparation time is provided. You will have 15 seconds to respond to Questions 7 and 8 and 30 seconds to respond to Question 9.

AUVSI
Conference Room Reservation List
150 Blueberry Terrace, London
Date : April 15

Time	Client	Room
10:00 A.M. – 11:00 A.M.	Rockwell Collins; *Video Conference	Stanford Benefit Hall 201 -Orientation & Speech -Snacks and Drinks
11:00 A.M. - 1:00 P.M.	Theodor Smith; Wedding reception	Sydney Reception Hall -Lunch (buffet) -Everyone Dance -Cake Cutting
2:00 P.M. – 3:00 P.M.	Northrop Grumman; Team Meeting	Meeting Room C 232 -Refreshments
2:30 P.M. – 4:00 P.M.	Albert Griffin; Sales Team Meeting	Stanford Benefit Hall 201 -Refreshments(cancelled)

*Web cameras are equipped at Stanford Benefit Hall 201 only! Prior booking is necessary.

*Press Conference Room use is complimentary on a first-come, first-served basis for exhibitors.

Contact Alyssa Reich at reich@auvsi.org or +1-571-255-7786 to reserve a time slot.

PREPARATION TIME
00:00:30

RESPONSE TIME
00:00:15

RESPONSE TIME
00:00:15

RESPONSE TIME
00:00:30

AUVSI
회의실 예약 리스트
런던, 블루베리 테라스 150번지
날짜: 4월 15일

시간	고객	방
오전 10:00 - 11:00	락웰 콜린스; *화상 회의	스탠포드 베너핏 홀 201 -오리엔테이션 &연설 -과자와 음료
오전 11:00 - 1:00	시어도어 스미스; 결혼 피로연	시드니 리셉션 홀 -점심 (뷔페) -댄스타임 -케이크 커팅
오후 2:00 - 3:00	노스랍 그루맨; 팀 미팅	회의실 C 232 -다과
오후 2:30 - 4:00	앨버트 그린판; ˚판매 팀 미팅	스탠포드 베너핏 홀 201 -다과(취소됨)

*웹 카메라가 오직 스탠포드 베너핏 홀 201에만 장착되어 있습니다. 사전 예약은 필수입니다.
˚기자 회견방은 선착순으로 참가자들에게 무료입니다. 시간대를 예약하기 위해
reich@auvsi.org나 +1-571-255-7786로 알리사 라이히에게 연락하세요.

Hi! This is Margaret. I will be working at AUVSI in the conference room reservation division in April, instead of Jenny. I don't have the reservation list for April. So can I ask some questions?

안녕하세요. 저는 마가렛입니다. 저는 4월에 제니 대신에 AUVSI에서 회의실 예약 부서에서 일할 예정입니다. 저는 4월에 관련된 예약 목록이 없습니다. 그래서 질문을 좀 해도 될까요?

division 부서   video conference 화상 회의   wedding reception 웨딩 피로연   be equipped 갖춰져 있다   prior booking 사전 예약   complimentary 무료의   on a first-come first-served basis 선착순으로   exhibitor 참가자

레벨 6
모범답안

♥ 기본 템플릿을 활용한 답안 (쉬운 어휘와 문장 구조)   🎧 S1_Part 4_35

Q7. I'd like to know the first event and where it will be held.

The first event is the video conference by Rockwell Collins and the place is the Stanford Benefit Hall 201.

Q8. One of our clients just called to make a reservation for Meeting Room C 232 at 2 P.M. Can you make this reservation please?

No, we cannot make a reservation. There's a team meeting by Northrop Grumman.

Q9. Could you please give me all the details of what's going to happen at the Smith's wedding reception?

Sure, there will be a lunch buffet, dancing, and cake cutting.

Q7. 첫 번째 행사와 어디에서 열리는지 알고 싶습니다.

첫 번째 행사는 락웰 콜린스에 의한 화상 회의이고 장소는 스탠포드 베너핏 홀 201입니다.

Q8. 고객 중 한 명이 미팅룸 C 232를 2시에 예약하기 위해 방금 전화했습니다. 예약해 줄 수 있나요?

아니요, 예약을 할 수 없습니다. 노스랍 그루맨에 의한 팀 미팅이 있습니다.

Q9. 스미스의 웨딩 피로연에서 무슨 일이 일어날 것인지 모든 자세한 사항을 말해줄 수 있나요?

물론입니다. 점심 뷔페가 있을 것이고, 댄스 타임과 케이크 커팅이 있을 것입니다.

▼ 기본 템플릿을 변형한 답안 (다양한 어휘와 문장 구조) 🎧 S1_Part 4_35

Q7. I'd like to know the first event and where it will be held.

The first event is the video conference by Rockwell Collins at the Stanford Benefit Hall 201.

Q8. One of our clients just called to make a reservation for Meeting Room C 232 at 2 P.M. Can you make this reservation please?

No, unfortunately we won't be able to make a reservation at 2 P.M. Northrop Grumman will have a team meeting there

Q9. Could you please give me all the details of what's going to happen at the Smith's wedding reception?

At the Smith's wedding reception, there will be a lunch buffet, everyone will dance, and then there will be a cake cutting.

Q7. 첫 번째 행사와 어디에서 열리는지 알고 싶습니다.

첫 번째 행사는 락웰 콜린스에 의해 화상 회의이고 장소는 스탠포드 베너핏 홀 201입니다.

Q8. 고객 중 한 명이 미팅룸 C 232를 2시에 예약하기 위해 방금 전화했습니다. 당신은 예약해 줄 수 있나요?

아니요, 안타깝게도, 우리는 2시에 예약을 할 수 없습니다. 노스랍 그루맨이 거기에서 팀 미팅을 가질 것입니다.

Q9. 스미스의 웨딩 피로연에서 무슨 일이 일어날 것인지 모든 자세 사항을 말해 줄 수 있나요?

스미스의 웨딩 피로연에서 점심 뷔페가 있을 것입니다. 모두들 춤을 출 것이고, 그러고 나서 케이크 커팅이 있을 것입니다.

client 고객   unfortunately 안타깝게도   make a reservation 예약하다

해설

– 7번에서 when인지 where인지 혼란스러울 때는 when & where를 모두 이야기하세요.

– 8번에서 LC의 일부(Room C 232)만을 들었고, Yes인지 No인지 모를 때는 'Actually, there is a team meeting by Northrop Grumman'이라고 하세요. Room C 232에 관한 정보를 전부 말하는 전략을 취하세요.

– 나열할 때는 'There are A, B, and C.'라고 해도 되며, 'There will be A, B, and C.'라고 해도 됩니다.

TOEIC Speaking

Questions 7-9: Respond to questions using information provided

Directions: In this part of the test, you will answer three questions based on the information provided. You will have 30 seconds to read the information before the questions begin. For each question, begin responding immediately after you hear a beep. No additional preparation time is provided. You will have 15 seconds to respond to Questions 7 and 8 and 30 seconds to respond to Question 9.

Merlin University's Third Annual Graduate Research Conference in International Relations
Friday, 4th of December
Venue : Convention Center, Merlin University

12:00-12:30 P.M.	**Registration of participants**
12:30-1:00 P.M.	Opening Remarks and Outline by Professor Tim Longman, Director of the Research Center
1:00-2:00 P.M.	In the Phase of Globalization by Eric Taylor, Head of the Student Association
2:00-2:30 P.M.	Intermission
2:30-3:30 P.M.	Global Issues in Human Rights by Charlie Reese, Columnist at the Financial Times * Followed by A Panel Discussion with Charlie Reese (3:30-4:15)
4:15-5:15 P.M.	Conflicts in the Middle East by Victoria Larson, Professor in the Department of Diplomacy

PREPARATION TIME
00:00:30

RESPONSE TIME
00:00:15

RESPONSE TIME
00:00:15

RESPONSE TIME
00:00:30

♥ 답변 확인 및 해설

국제 관계에 대한 멀린 대학의 세 번째 연간 연구 회의
12월 4일, 금요일
장소: 멀린 대학, 회의장

오후 12:00 – 12:30	참가자 등록
오후 12:30 – 1:00	기조연설과 개요 팀 롱맨 교수, 연구 센터의 관리자
오후 1:00 – 2:00	국제화의 단계 에릭 테일러, 학생회 회장
오후 2:00 – 2:30	쉬는 시간
오후 2:30 – 3:30	인권의 국제적 문제 찰리 리스, 파이낸셜 타임즈의 칼럼니스트 * 찰리 리스와의 공개 토론이 이어집니다.(3:30-4:15)
오후 4:15 – 5:15	중동의 갈등 빅토리아 라슨, 외교부 교수

Hello. I'm Jennifer Matthews, V.P. of the Student Association. I need to distribute accurate information about this event. Thanks in advance for all your assistance.

안녕하세요, 저는 학생회의 부회장인 제니퍼 매튜스입니다. 저는 이 행사에 대해서 정확한 정보를 나눠 주고 싶습니다. 도움에 미리 감사드립니다.

V.P. 부회장(vice president)   distribute 나눠주다   assistance 도움   opening remarks 기조연설
outline 개요   intermission 쉬는 시간   followed by ~가 후에 이어지다   diplomacy 외교부

레벨 6
모범답안

♥ 기본 템플릿을 활용한 답안 (쉬운 어휘와 문장 구조)   🎧 S1_Part 4_37

Q7. When is the conference being held? Where would it take place?

It is on Friday, 4th of December, and the place is convention center, Merlin University.

Q8. I heard that Eric's scheduled to give a speech after the break. Am I right?

Actually, Eric Taylor's speech is from 1 to 2, (before the break).

Q9. Thank you for the information and one last thing, can you tell me what programs are left after the break?

Sure, there are some sessions. One is "Global Issues in Human Rights" by Charlie Reese, from 2:30 to 3:30. Next is "A Panel Discussion with Charlie Reese" from 3:30 to 4:15. The final one is "Conflicts in the Middle East" by Victoria Larson, Professor in the Department of Diplomacy from 4:15 to 5:15.

Q7. 회의는 언제 열리나요? 어디에서 열리나요?

12월 4일 금요일입니다. 장소는 멀린 대학교 회의장입니다.

Q8. 저는 에릭이 휴식 시간 후에 연설하기로 예정되어 있다고 들었습니다. 맞나요?

사실, 에릭 테일러의 연설은 1시에서 2시입니다.(휴식 전에)

Q9. 정보 감사합니다. 한 가지만 더요, 휴식 후에 무슨 프로그램이 남았는지 말해 주시겠어요?

물론입니다. 몇 가지 세션이 있습니다. 하나는 찰리 리스에 의한 "인권의 국제적 문제들"이 2시 30분에서 3시 30분까지이고, 다음 것은 찰리 리스와 함께하는 패널 토론이고, 마지막은 외교부 교수인 빅토리아 랄슨에 의한 "중동의 갈등"이 4시 15분에서 5시 15분까지입니다.

레벨 7
모범답안

♨ 기본 템플릿을 변형한 답안 (다양한 어휘와 문장 구조) 🎧 S1_Part 4_37

Q7. When is the conference being held? Where would it take place?

The conference will be held on Friday 4th of December in the convention center of the university.

Q8. I heard that Eric's scheduled to give a speech after the break. Am I right?

Yes, Eric Taylor is one of the speakers at the conference, but his session is scheduled at 1, which is right before the break.

Q9. Thank you for the information and one last thing, can you tell me what programs are left after the break?

Sure, according to the timetable, when you return at 2:30, Mr. Charlie Reese will be giving a speech on Global Issues in Human Rights. He is a columnist at the Financial Times. He will also lead a panel discussion scheduled right after his speech. After that there is a session by Victoria Larson. During the session she will talk about Conflicts in the Middle East. It will be the last thing scheduled for the day.

Q7. 회의는 언제 열리나요? 어디에서 열리나요?

멀린 대학교 회의장에서 12월 4일 금요일에 열립니다.

Q8. 저는 에릭이 휴식 시간 후에 연설하기로 예정되어 있다고 들었습니다. 맞나요?

네, 에릭 테일러는 회의에서 연설자들 중 하나입니다. 그러나 그의 세션은 휴식 바로 전인 1시에 예정되어 있습니다.

Q9. 정보 감사합니다. 한 가지만 더요. 휴식 후에 무슨 프로그램이 남았는지 말해 주시겠어요?

물론입니다. 시간표에 따르면, 당신이 2시 30분에 돌아올 때, 찰리 리스 씨는 인권의 국제적 문제에 대해 연설할 것입니다.

그는 파이낸셜 타임즈의 칼럼니스트입니다. 그는 또한 연설 직후 예정된 패널 토론을 이끌 것입니다. 그 후에 빅토리아 라슨에 의한 세션이 있습니다. 그 세션 동안에 그녀는 중동의 갈등에 대해 말할 것입니다. 그것이 그날 예정된 마지막 것입니다.

convention center 회의장 give a speech 연설하다 break 쉬는 시간 timetable 시간표

해설

- Intermission(휴식 시간)이 break으로 단어를 바꿔서 출제될 수 있음에 주의하세요.
- Q8에서 Eric 밖에 못 들었다면? Eric에 관련된 정보를 모두 읽으세요.
- Q9 나열할 때 ',(comma)'는 쉬었다가 읽도록 주의하세요. 글에서의 문장 부호가 말하기에서는 pause를 의미합니다.

Part 5 문제 해결

유형 파악

번호	유형	준비 시간	말하기 시간	평가 기준	점수
Q10	문제 해결	30초	60초	발음, 강세, 억양, 문법, 어휘, 일관성, 내용의 적절성, 내용의 완전성	5

채점 기준

평가 지침		
	5점	**과제를 성공적으로 수행했고, 쉽게 알아들을 수 있으며, 조리 있고 일관적이다.** □ 음성 메시지를 남긴 사람과 받는 사람의 관계를 이해하고 있으며, 자신의 역할을 적절히 수행한다. □ 메시지 속 상황에 대해 명확히 이해하며 연관되고 자세히 응답한다. □ 말이 명료하고 속도가 적절하다. □ 기본 구문과 복합 구문을 적절히 사용하며 의미를 방해하지 않는 정도의 사소한 실수가 있을 수 있다. □ 어휘를 효과적으로 사용한다.
	4점	**과제를 대체로 적절하게 수행했지만 전개에서 완벽하지 않다. 일반적으로 조리 있고 일관적이며 작은 실수가 있다.** □ 수험자는 음성 메시지를 남긴 사람과 받는 사람의 관계를 이해하고 있다. □ 응답은 상황에 필요한 최소한의 적절한 정보를 가지고 있다. □ 발음, 억양, 혹은 속도 면에서 부족한 면이 있으며, 이해하기 위해, 평가자에게 약간의 노력이 요구된다. □ 효과적으로 어휘를 사용하며, 몇몇 어휘가 부적절하거나 부정확하다.
	3점	**질문에 적절한 대답을 하며, 표의 정보가 정확하다.** □ 거의 항상 매끄럽고 일관되게 표현하며 이해가 매우 쉽다. □ 정확하고 적절한 어휘를 사용한다. □ 질문에 적절한 구문을 사용한다.

	2점	질문에 관련된 대답을 하지만 정보가 완벽하지 않거나 부정확할 수 있다.
		☐ 대체로 알아들을 수는 있으나 평가자가 이해하는 데 노력이 요구된다.
		☐ 어휘가 부족하며 부정확할 때도 있다.
평가 지침		☐ 구문 사용 능력이 조금 부족하다.
	1점	적절한 응답을 하지 못하며 정보가 쓸모없는 내용이거나 정확하지 않다.
		☐ 표현력 때문에 평가자가 이해하는 데 상당히 어려움을 겪는다.
		☐ 어휘 사용이 부정확하고, 같은 어휘를 자주 반복한다.
		☐ 구문 사용이 내용에 지장을 준다.
	0점	무응답 혹은 질문과 답변의 연관성이 없다.

**고득점을
받으려면?**

• 발음, 강세, 억양, 문법에 주의하세요. (시험을 치는 동안 항상 평가되는 사항입니다.)
• 문제를 요약하고 문제에 적절한 해결책을 제시하세요. (기본 상식선의 해결책이면 됩니다)
• 구체적이고 자세한 해결책을 제시하세요. 또는, 여러 가지 해결책을 제시할 수도 있습니다.
• 전화로 응답하는 것처럼 자연스럽고 편안하게 말하세요.

(Type1) 음성 메시지 문제 해결

TOEIC® Speaking

Question 10: Propose a solution

Directions: In this part of the test, you will be presented with a problem and asked to propose a solution. You will have 30 seconds to prepare. Then you will have 60 seconds to speak.

In your response, be sure to

- show that you recognize the problem, and
- propose a way of dealing with the problem.

LC 시간에는?

★ 문제 상황 파악하기(키워드)
★ 문제점 파악하기(키워드)
★ 나와의 관계 파악하기

TOEIC® Speaking

준비 시간 30초간 할 일

★ 문제점 요약(키워드로 정리)
★ 해결책 생각하기(키워드로 정리)
★ 핵심 부분을 문장으로 연습

TOEIC® Speaking

In your response, be sure to

- show that you recognize the problem, and
- propose a way of dealing with the problem.

PREPARATION TIME
00:00:30

말하기 시간 60초간 할 일

★ [구조] 인사→문제→해결→인사
★ 적정 속도로 자연스럽게 말하기
★ 발음, 강세, 억양에 주의하기
★ 문법에 주의하기(주어, 동사, 시제)
★ 시간 관리(해결책을 반드시 제시)

TOEIC® Speaking

In your response, be sure to

• show that you recognize the problem, and

• propose a way of dealing with the problem.

RESPONSE TIME

00:01:00

주의 사항

★ LC를 완벽히 못 들은 경우라도 들은 내용을 최대한 살릴 것

★ 너무 장황하게 말하지 말 것 (특히, 문제점을 너무 오래 설명하면 해결책을 제시하지 못하는 경우가 생김)

★ 당장 해결책이 떠오르지 않을 때는 만나서 생각하자고 하거나, 조사를 한 후 다시 연락하겠다고 할 것 (단, 해결책이 없는 것은 안 됨)

Type2 회의 상황

TOEIC® Speaking

Question 10: Propose a solution

Directions: In this part of the test, you will be presented with a problem and asked to propose a solution. You will have 30 seconds to prepare. Then you will have 60 seconds to speak.

In your response, be sure to

• show that you recognize the problem, and

• propose a way of dealing with the problem.

LC 시간에는?

★ 문제 상황 파악하기(키워드)

★ 문제점 파악하기(키워드)

TOEIC® Speaking

준비 시간 30초간 할 일

★ 문제점 요약(키워드로 정리)

★ 해결책 생각하기(키워드로 정리)

★ 핵심 부분을 문장으로 연습

TOEIC® Speaking

In your response, be sure to

- show that you recognize the problem, and
- propose a way of dealing with the problem.

PREPARATION TIME
00:00:30

말하기 시간 60초간 할 일
★ [구조] 인사→문제→해결→인사
★ 적정 속도로 자연스럽게 말하기
★ 발음, 강세, 억양에 주의하기
★ 문법에 주의하기(주어, 동사, 시제)
★ 시간 관리(해결책을 반드시 제시)

TOEIC® Speaking

In your response, be sure to

- show that you recognize the problem, and
- propose a way of dealing with the problem.

RESPONSE TIME
00:01:00

주의 사항
★ LC를 완벽히 못 들은 경우라도 들은 내용을 최대한 살릴 것
★ 너무 장황하게 말하지 말 것
 (특히, 문제점을 너무 오래 설명하면 해결책을 제시하지 못하는 경우가 생김)
★ 당장 해결책이 떠오르지 않을 때는 만나서 생각하자고 하거나, 조사를 한 후 다시 연락하겠다고 할 것 (단, 해결책이 없는 것은 안 됨)

신유형 200% 이해하기

① 기존 유형이 전화 메시지를 듣고 전화로 해결책을 제시하는 과제였다면, 추가된 신유형은 회의 내용을 듣고 전화로 해결책을 제시하는 과제입니다. 전화 메시지가 아닌 회의 내용이라는 점에서는 다르지만, 해결책을 제시한다는 면에서는 같으며 채점 기준도 동일합니다.

② 기존 시험을 응시한 적이 있는 학생들은 사진에서 가장 큰 차이를 느낄 것입니다. 기존 유형에서는 듣기 부분이 나올 때 전화기 모양의 사진이 제시되었지만 신유형에서는 상황을 들을 때 회의 사진이 제시됩니다.

③ 기존 유형에서는 한 명이 전화로 문제를 제시했다면, 신유형에서는 두 명이 대화하는 식으로 상황이 제시되니 대화체에 익숙해져야 합니다.

A(문제 제기) → B(의문 사항/확인) → A(부연 설명 및 해결 요청)

④ 기존 유형에서도 회사의 문제를 해결하는 내용이 나왔으나, 신유형에서는 회의 상황으로 주어지기 때문에 회사에 관한 전문적인 내용이 출제됩니다. 부서별로 종류가 다른 문제들이 제시되니 상황을 빨리 파악하기 위해서는 부서별, 직급별 어휘에도 익숙해져야 합니다. 🎧 S1_Part 5_01

사업부	기획실 Planning Team / 법무팀 Law Dept. / 총무부 General Affairs Dept. / 인사과 Personnel Section / 홍보실 Public Relations Section / 시설관리부 Facilities Management Dept. / 전략기획팀 Plan Dept. / 해외사업팀 International Development Dept. / 영업기획팀 Sales Planning Team / 영업소 Office / 영업1팀 Sales Team 1 / 구매부 Purchasing Dept. / 재무회계부 Finance & Accounting Dept. / 경영팀 Management Team / 기술지원팀 Technical Support Team / 해외사업부 Overseas Business Division / 국내물류부 Logistics Management Dept. / 연구기획팀 R&D Planning Team / 통신연구소 Communication Research Center / 연구실 R&D Lab. / 생산관리팀 Manufacturing Control Team / 공장관리팀 Factory Planning Team / 품질관리팀 Quality Control Team
직위	회장 Chairman & CEO / 부회장 Vice Chairman & CEO / 사장 President & CEO / 부사장 Senior Executive Vice President / 상무이사 Managing Director / 이사 Director / 감사 Auditor General / 고문, 자문 Advisor / 상임고문 Executive Advisor / 부장 General Manager / 본부장 Director / 부장대리 Deputy General Manager / 차장 Deputy General Manager / 실장 General Manager / 과장 Manager / 과장대리 Deputy Manager / 대리 Assistant Manager / 계장 Chief, Senior Staff / 주임 Assistant Manager / 사원 Employee / 주임기사 Staff engineer / 기사 Engineer 공장장 Plant Manager / 수석연구원 Principal Research Engineer / 책임연구원 Senior Research Engineer / 선임연구원 Research Engineer / 전임연구원 Associate Research Engineer / 주임연구원 Assistant Research Engineer / 상임고문 Executive Advisor / 전문위원 Research Fellow

① 전략

Strategies

1 레벨 6, 7학습 전략

각자의 목표에 맞춰 적용하세요.

⩔ 레벨 6 학습 전략

Part 5문제 해결은 레벨 6를 맞는 학생들은 5점 배점에 평균 3점 혹은 그 이상을 내는 영역입니다. 문법이나 발음, 유창성 면에서 약간의 실수가 있거나 어색함이 있지만, 기본적으로 문제 상황을 이해하고, 문제점을 파악하며, (자세하지 않더라도) 기본적인 해결책을 제시합니다. 본 교재의 템플릿을 활용하면 자동으로1분 감각을 익히며, 시간 안에 문제점과 해결책을 모두 제시하게 됩니다. 여기에 빈출 표현 (e.g. 사람, 사물, 장소, 아이디어, 조언)을 익히면, 여러 문제에 적절한 답변을 할 수 있게 됩니다.

레벨 6을 위해 1) 템플릿을 암기한 후 2) Listening의 문제점과 본인이 생각한 해결책의 단어(키워드)를 정리하는 습관을 들이세요. 그런 후, 3) 템플릿에 키워드를 문장으로 끼워 넣어 말하기 연습을 10번~20번 반복하세요. 가장 유의할 점은? Listening을 놓치는 경우라도 모르겠다, 못 들었다라는 대답보다는 최선을 다하겠다, 자료를 찾거나 조언을 구한 후 연락하겠다 등의 해결책을 제시하세요. 또한, 너무 복잡하고 어려운 해결책보다는, 간단하고 상식적인 해결책을 내도록 하세요. (e.g. 사람을 보낼게; 장소를 찾았어; 광고를 하면 어때?)

⩔ 레벨 7 학습 전략

레벨 7을 받는 학생들은, 문제 해결 영역에서 4점 혹은 5점을 받습니다. 고득점을 받으려면, Listening을 할 때 상대방과 나의 관계, 문제 상황, 문제점 등을 명확히 파악하고 간단하게 요약하는 능력이 필요합니다. 또한, 좋은 해결책을 생각하고, 구체적인 해결책을 제시할 수 있는 문제 해결력도 필요합니다. 여기에 시험 시간 동안, 내용을 정리해서 조리있게, 또 한편 자연스럽게 말을 할 수 있어야 합니다. 각각에 대한 연습이 모두 필요합니다. (Listening, 요약, 문제 해결력, 구체적 사고력, 정리력, 시간 관리력, 표현력, 유창성)

영어를 잘하더라도 정리해서 말하기가 익숙하지 않다면, 템플릿을 사용하도록 하세요. 구조적으로 말하고, 1분 동안 문제에서 요구한 사항을 모두 제시하게 됩니다. 그리고 레벨 6에서 기본적인 해결책을 제시했다면 (e.g. 사람 보낼게.), 레벨 7은 더 구체적이고, 더 명확한, 혹은 다양한 해결책을 제시할 수 있어야 합니다. (e.g. 내일까지 사람 보낼게. 마이클이라는 사람인데, 일을 빨리 배우는 사람이라, 너희 부서에 큰 도움이 될 거야.) 빈출 표현에 있는 내용을 표현 암기로만 보지 말고 모두 1분 분량으로 실전 연습해 보세요.

 토스 필살기

- 문제 해결력을 키우기 위해 실생활의 문제들을 인식하고, 해결책을 찾아보세요.
- 재미있게 공부하려면 스터디 멤버들과 서로의 고민이나 문제를 이야기하고 조언을 해 보세요.

2 채점 기준 전략

Part 5의 채점 기준인 발음/강세/억양/문법/어휘, 내용의 적절성/완성도를 숙지하세요.

▼ 발음

🎧 S1_Part 5_02

(1) 외래어 발음에 주의하세요. (e.g. 팸플릿, 브로슈어)

	We should let more people know about our community health care service. (문제: 더 많은 사람들에게 지역 건강 관리 서비스를 알려야 합니다.)
X	We'll send out pamphlets and brochures to the residents around the area. [위월센드 아웃 팜플렛 앤 브로셔 투 더 레지던츠어라운 더 에어리아]
O	We'll send out pamphlets and brochures to the residents around the area. [위일 센다웃 패~앰플릿ㅊ앤 브로우슈~얼ㅈ투 더 레쥐던ㅊ어롸운디에어리어]

(2) 한국어에 없는 발음을 유의하세요. (e.g. f, v, z, l, r, i:)

	Drivers are unaware of the closure of the road and are causing serious traffic jams. (문제: 운전자들이 도로 폐쇄에 대해 모르고 있고 심각한 교통체증을 일으키고 있어요.)
X	We will display warnings on our traffic alert system on the roads. [위 윌 디스플레이 워닝, 온 아월 트래픽얼러트 시스템 온 더 로드]
O	We will display warnings on our traffic alert system on the roads. [위 윌 디스플레이 워얼닝ㅈ 온 아우월얼러월~ㅌ시스템 온 더 로우즈] * warning의 'r' 발음, traffic의 'f' 발음, alert의 'l', 'r', roads를 loads로 발음하지 않도록 주의

▼ 강세

🎧 S1_Part 5_03

(1) 쉬운 단어도 다시 확인하세요.

	We need ideas on how to offer rewards to employees. (문제: 지원들에게 보상을 제공할 아이디어가 필요하다고 했지요.)
X	We can offer incentive pay or extra holidays to reward a good performance.
O	We can offer incentive pay or extra holidays to reward a good performance. [인센티브, 리워얼~ㄷ, 펄포얼먼스] 2음절 강세 단어에 주의

(2) 장모음의 강세는 더 길게, 더 강하게 소리내세요.

	You asked us what we can do besides the financial rewards. (문제: 금전적 보상 외에도 무엇을 할 수 있을지를 물어보셨습니다.)
X	To add, a complimentary comment from a superior motivates employees too.
O	To add, a complimentary comment from a superior motivates employees too. add 애애~ㄷ, employees 임플로이이~ㅈ – 장모음임에 주의

▼ 끊어 읽기와 억양

(1) 문장의 끝은 애매하게 남겨놓지 말고 끝을 내리세요.

	You wanted some ideas for children coming with their parents, right? (문제: 부모님과 함께 오는 아이들을 위한 아이디어가 필요하다고 하셨습니다.)
X	We should make a kid's friendly zone with some books and toys.→
O	We should make a kid's friendly zone with some books and toys.↘ 문장의 끝을 내리세요.

(2) 쉼표가 나오는 곳은 쉬어주고, 유지되는 억양을 사용하세요.

	You wanted to express how thankful we are, and want advice on this situation. (문제: 얼마나 감사한지를 표현하고 싶고 이 문제에 대한 조언을 원하는군요.)
X	So, for now, we should send some thank you cards to people.
O	So,→/ for now,→/ we should send some thank you cards to people.↘//

(3) 나열되는 항목은, A↗, B↗, and C↘ 억양을 사용하세요.

	Do you have any ideas for Christmas gifts? (문제: 크리스마스 선물로 좋은 아이디어 있나요?)
X	You could buy a book, a sweater, or a bottle of wine. ↘// 밋밋하게 읽지 마세요.
O	You could buy a book,↗/ a sweater,↗/ or a bottle of wine.↘// 항목마다 억양을 올리세요.

▼ 문법에 주의하세요.

(1) 주어와 동사가 반드시 있어야 합니다.

	We need to find a way to avoid future accidents. (문제: 미래의 사고를 막을 방법을 찾아야 합니다.)
X	Manuals and safety training program 마음이 급하다고 단어만 말하면 안 됩니다.
O	We will make some manuals and a safety training program. 주어와 동사를 넣어주세요.

(2) 수 일치 – 주어와 동사를 수 일치 시키세요. (단수 vs. 복수)

	The problem is that the new employees come late. (문제: 새 직원들이 지각하는 게 문제군요.)
X	Recently, more workers is hired for general affairs department.
O	Recently, more workers are hired for general affairs department. 복수 주어와 복수 동사

(3) 시제 – 이미 일어난 일은 과거 시제로 말합니다.

	You need advice on how to attract customers. (문제: 손님을 어떻게 끌지에 대한 조언이 필요하시네요.)
X	You said you open a coffee shop in the university district one month ago.
O	You said you opened a coffee shop in the university district one month ago. 과거 시제

자신 있는 단어나 표현으로 말하세요.

	A new copy shop, a branch of a nationwide franchise, is taking away customers. (문제: 전국 규모 프렌차이즈 업체인, 새로운 복사 가게가 손님을 데려가고 있어요.)
X	You should keep … competitive…. your prices ..in the business. You should keep your prices competitive라고 해야 합니다.
O	You should offer the lowest prices in the business. have 동사나 offer를 쓰세요.

(1) 문제를 해결하라고 했는데 (못 들었더라도) 회피해서는 안 됩니다.

	Due to the low enrollment rate, my music class can be cancelled. (문제: 낮은 등록률 때문에 제 음악 수업이 취소될 수 있어요.)
X	I'm sorry. I don't understand your problem.
O	Okay, I'll do my best to solve this matter. Why don't we meet and talk?

(2) 문제를 해결하지 않고 사과와 보상과 원인만 설명하면 안 됩니다.

	The problem is that the printers I ordered have not arrived. (문제: 주문한 프린터가 도착하지 않았어요.)
X	(해결책 없이) We'd like to apologize for this matter, and for compensation, we will give you 10 % discount coupon. Thank you for your patience. You have a nice day. 이것만으로 레벨 6 불가능합니다.
O	Okay, I will send them by express mail. 짧더라도 해결이 된다면 낮은 레벨 6 가능합니다.

(1) 두 가지를 한 질문에 물어보면 두 가지 모두 대답해야 합니다.

	We need to find a way to gather ideas and how to choose the best idea. (문제: 아이디어를 모을 방법 & 최고의 아이디어를 고를 방법을 찾아야 합니다.)
X	I will send a mass e-mail to get ideas. 한 가지만 대답하면 완전성에서 문제가 됩니다.
O	I will send a mass e-mail to get ideas and then we will have a vote to choose the best idea.

(2) 선택을 해야 한다는 문제가 나올 수 있는데 선택만 하지 말고 이유까지 이야기하세요.

	Which do you think is better for our employees: an indoor café or an outdoor café? (문제: 직원을 위해 실내 카페를 만들지 vs. 야외 카페를 만들지?)
X	I think we should make an indoor café.
O	I think we should make an indoor café because, regardless of weather, employees can take a rest.

3 템플릿을 활용한 단계별 전략

✦ 템플릿 익히기

음성 메시지 문제 해결

[인사] Hello, this is 이름. I got your message saying that we have a situation.

[문제 요약] You said that 상황 설명 but 문제 설명.

So you wanted me to do something about this matter.

[해결 제시] Okay, don't worry about it. I have an idea.

해결안 1. 구체적 설명.

(Also, 해결안 2. That way, 개선되는 점 설명.)

([원인] Actually, this happened because there was a system error.)

([원인] Actually, this happened because our new employee made this mistake.)

([사과] So, we would like to apologize for this matter.)

([보상] To compensate for this, we will give a 10% discount coupon for your next time use.)

[인사] If you have any other problems, just call me back at 전화번호. Bye!

회의 상황 문제 해결

[인사] Hello, this is 이름. I'm calling about our meeting agenda.

[문제 요약] You said that 상황 설명 but 문제 설명.

So you wanted us to do something about this matter.

[해결 제시] Okay, don't worry about it. I have an idea.

해결안 1. 구체적 설명.

(Also, 해결안 2. That way, 개선되는 점 설명.)

[인사] If you have any other problems, just call me back at 전화번호. Bye!

▶ 암기할 분량을 최소화하기 위해 최대한 일반적 템플릿을 제시합니다.

▶ 해결책 1개만으로도 좋은 점수를 낼 수 있으나, 있다면 2개 이상 제시하도록 하세요.
　(다양한 해결책을 생각해 내는 습관은 실질적인 문제 해결에도 도움이 됩니다.)

▶ 상황에 따라 사과를 하거나 보상을 해 주세요.
　(단, 사과나 보상을 먼저 말하다가 시간 안에 해결을 말하지 못하면 안 되니 주의하세요.)

> **궁금해요** 레벨 6와 레벨 7의 차이?
>
> ▶ Part 5를 위한 레벨 6 모범 답안은 최대한 틀을 벗어나지 않으려 했으며, 쉽고 접근 가능한 단어와 문장 구조를 생각했습니다. 또한, 내용상으로도 주제에 적합하면서도, 기억에 가장 잘 남을 내용으로 선정했으니 그대로 흡수하셔도 좋습니다.
>
> ▶ Part 5를 위한 레벨 7 답안은 자유롭게 문제점과 해결책을 제시합니다. 물론, 틀을 벗어나야만 고득점이 가능한 것은 아닙니다. 그러나 고득점자들의 일반적 특성은 자유롭고 자연스럽다는 것임을 기억하세요. 그런 면에서 레벨 7 모범 답안은 다양한 표현과 다양한 문장 구조를 사용했으며, 내용상으로 좀 더 구체적입니다. 모범 답안을 보면서 응용 가능한 아이디어나 표현이 있다면 자신의 것으로 만드시기 바랍니다.

❖ 템플릿을 활용한 학습 순서

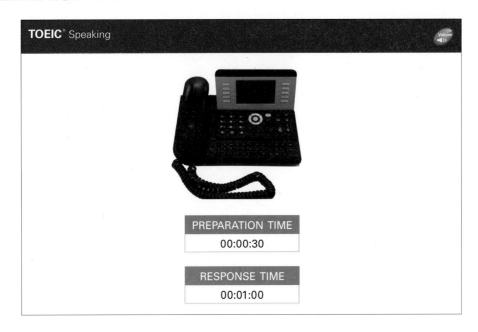

TOEIC® Speaking

PREPARATION TIME
00:00:30

RESPONSE TIME
00:01:00

Step 1 템플릿의 키워드를 준비하는 연습

상황	e.g. 오리엔테이션 (We are going to have an orientation.)
문제	e.g. 발표자 취소 (One employee has cancelled his appearance.)
해결	e.g. 대체자 찾았음 (I've found a replacement.)

Step 2 템플릿에 준비한 단어를 끼워 넣어 문장으로 말하는 연습

기본 템플릿을 사용하되 내용에 따라 변형은 있을 수 있습니다.

> [인사] Hello, this is 이름.
> I got your message saying that we have a situation.
> (회의 상황: I'm calling about our meeting agenda.)
> [문제 요약] You said that 상황 설명 but 문제 설명.
> So you wanted us to do something about this matter.
> [해결 제시] Okay, don't worry about it. I have an idea.
> 해결안 1. 구체적 설명.
> (Also, 해결안 2. That way, 개선되는 점 설명.)
> [인사] If you have any other problems, just call me back at 전화번호. Bye!

Step 3 반복 연습하기 (최소 10번 연습 추천)

답안과 해설을 참조하며 반복해서 연습하세요. 이때, 녹음을 하면 좋습니다.

템플릿이 지겨울 땐?

템플릿을 여러 개 외우면, 오히려 혼란스러울 수도 있습니다.

일단, 기본 템플릿에 충실하되, 잘하고 욕심이 난다면 다른 틀도 사용해 보세요.

전화 메시지를 위한 템플릿

추가템플릿 1

[인사] Hello, this is 이름 from 소속. [문제점] I received your message regarding 대상. According to your message, you have a problem because 문제 상황. I've checked into this situation and have come up with some solutions. [해결책] I think you should 해결안 1. 구체적 설명. Also, what about 해결안 2. 구체적 설명. [인사] I hope everything goes well. If you have any other concerns or problems, just call me back. My phone number is 전화번호. You have a nice day. Bye!

예제 문제 상황　　　　　　　　　　　　　　　　　　　🎧 S1_Part 5_09

손님이 줄고 있고 있어요.	We are losing customers.
레스토랑 이름이 잘못 인쇄되었어요.	The name of the restaurant was misprinted.
이웃이 밤에 큰 소음을 내고 있어요.	Your neighbor makes loud noise at night.

회의 상황을 위한 템플릿

추가템플릿 1

[인사] Hi, I'm giving you a call back, so we can discuss some more issues we are having now. [문제] At the last meeting, you mentioned that 문제 상황. That's why you wanted us to come up with some solutions. [해결] Okay, I've been thinking of some ways to help this out. One solution is 해결안 1. 구체적 설명. As another idea, 해결안 2. 구체적 설명. These are my suggestions. [인사] Please give me a call if you have any questions about my ideas. Thank you.

예제 문제 상황　　　　　　　　　　　　　　　　　　　🎧 S1_Part 5_10

신입사원을 어떻게 선별해야 할지를 찾아야 해요.	We have to find a way to select new employees.
홍보를 위한 예산이 부족하다고 했지요.	We don't have enough budget for advertising.
야유회에 대한 아이디어가 필요하다고 했지요.	We need ideas for a company picnic.

시간 전략

지시화면이 나오는 시간과 말하기 시간에 해야 할 일에 대해서 한 번 더 정리합니다. 자세한 사항은 이전 설명과 예제를 참조하세요.

⩔ Listening 나오면?

▶ 상황 파악하기 – 많은 단어를 기억하려 하기보다는 핵심 단어를 잡으세요. (e.g. 호텔, 차, 사람)

▶ 문제점 파악하기 – 자세한 설명보다는 무엇이 문제인지 / 무엇이 해결되어야 하는지 / 무엇이 필요한 것인지 /무엇이 개선되어야 하는지의 핵심을 파악해, 간단하게 정리해서 기억하세요. (e.g. 손님을 늘릴 방안, 회의에 못 옴, 직원 교육이 필요함)

⩔ 준비 시간 30초간 할 일

▶ 요약하기 (상황, 문제점)

▶ 해결책 생각하기

▶ (시간이 된다면) 문장으로 핵심 단어를 풀어 두는 연습

⩔ 말하기 시간 60초간 할 일

▶ 템플릿에 맞추어 말하면 편합니다. (인사-문제-해결-인사)

▶적정 속도로 말하기

▶ 발음, 강세, 억양에 주의하기

▶ 문법에 주의하기 (주어, 동사, 시제)

▶ 전화로 이야기하는 상황이므로 자연스럽게 말하기

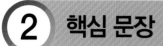
- 문제 해결을 위한 주제별 빈출 표현입니다.
- 최근 3년간 출제 빈도가 가장 높은 주제 순으로 배치되어 있습니다.
- 한글 문장을 보고 영어 문장을 말로 하는 연습을 해보세요. (스터디 그룹에서 활용)
- 이때, 쓰기로 연습하지 말고 반드시 말로 연습하세요. (발음 주의)

✔ **인사** 🎧 S1_Part 5_11

1	Hello, this is Hannah speaking.	안녕하세요, 한나입니다.
2	Hi, this is Donald from the General Affairs Department.	안녕하세요, 총무부의 도널드입니다.
3	I'm calling to return your message about your request.	요청에 대한 메시지에 응답하고자 전화드립니다.
4	Hello, Mrs. Smith. This is Brian Allen in the Technical Support Team.	안녕하세요, 스미스 씨. 저는 기술 지원 팀의 브라이언 알렌입니다.
5	This is Sarah returning your call about your order.	저는 사라인데요, 주문에 관한 전화에 응답드립니다.
6	Good afternoon, I'm calling in regard to your flight request for England.	안녕하세요. 영국으로 가는 비행 요청에 관해 전화드립니다.
7	Hello, I got your message that we have trouble.	안녕하세요. 문제가 있다는 메시지를 들었습니다.
8	Hello, I'm calling about our last meeting agenda.	안녕하세요. 지난번 회의 안건에 대해 전화드립니다.
9	Hello, I'm one of the managers.	안녕하세요, 저는 매니저 중 한 명입니다.
10	Hi, I'm one of the presenters at the seminar.	안녕하세요, 저는 세미나 발표자 중 한 명입니다.

1	I know that you are angry about a problem with your order.	주문에 문제가 있어서 화나셨다는 것을 압니다.
2	I know that you are dissatisfied with the service from our company.	저희 회사 서비스에 불만족스러우신 것을 압니다.
3	It looks like we'll have more people than we originally planned.	처음 계획했던 것보다 더 많은 사람이 올 것 같네요.
4	You had to wait around the airport for several hours and were very inconvenienced.	공항에서 몇 시간이나 기다려서 불편하셨다고 하셨지요.
5	What makes the matter worse is that you weren't offered any sort of compensation.	게다가 어떤 보상도 못 받으신 게 더 문제네요.
6	You said you've lost your baggage.	가방을 잃어버리셨다고 하셨지요.
7	Our phone and fax machine just don't seem to be working properly.	전화와 팩스기가 제대로 작동하는 것 같지 않습니다.
8	I got your message about the 25 additional people.	25명의 추가 인원에 대한 메시지를 받았습니다.
9	There must be some sort of mistake because the statement says that our company owes $ 400.	저희 명세서에는 400달러라고 나와 있으니 실수가 있는 것 같습니다.
10	We received your message about the discomfort you experienced while flying to Paris.	파리로 가는 비행에서 느끼신 불편함에 대한 메시지를 받았습니다.

✔ 회사 – 홍보 & 마케팅   🎧 S1_Part 5_13

(손님이 없어요. We are losing customers.)

1	We should give a discount coupon.	할인 쿠폰을 줘야 합니다.
2	You should make some posters.	포스터를 만들어야 합니다.
3	You should make some banners.	현수막을 만들어야 합니다.
4	You should make some fliers.	전단지를 만들어야 합니다.
5	You should advertise online.	온라인으로 광고를 해야 합니다.
6	You should advertise on local TV and radio.	지역 TV와 라디오에 광고해야 합니다.
7	We should post a notice in the local newspaper.	지역 신문에 공고를 해야 합니다.
8	Why don't you give a special gift to all the participants?	모든 참여자에게 선물을 주는 건 어때요?
9	You should create a television advertisement.	TV 광고를 제작해야 합니다.
10	I think you should make an advertisement video.	홍보 영상을 제작해야 합니다.

✔ 회사 – 직원 구인 & 고용

(직원이 부족해요. We are short-handed./We need more employees.)

1	Why don't you hire extra workers?	추가 인력을 더 고용하면 어떨까요?
2	We can find some volunteers (from the community/from universities).	(지역 사회/대학에서) 자원 봉사자를 찾을 수 있어요.
3	We can put job postings in the local newspaper.	지역 신문에 구인 공고를 할 수 있어요.
4	We can run a radio advertisement for the job.	그 일자리에 대해 라디오 광고를 할 수 있어요.
5	We should have our current employees recommend their acquaintances.	현재 직원들에게 지인을 추천하라고 해야 합니다.
6	We should see their résumés and references.	이력서와 추천서를 봐야 합니다.
7	We should check their academic career.	학력을 확인해야 합니다.
8	We should see their previous experience.	이전 경력을 봐야 합니다.
9	We should have them take a test.	시험을 보게 합시다.
10	We should interview all the applicants/candidates.	모든 지원자/후보자들을 인터뷰해야 합니다.

✔ 회사 – 직원 보상 & 훈계

(좋은 실적에 대해 보상해야 합니다. We need to reward our employees for their good performance.)
(직원에 대한 문제가 있어요. We have a problem with our employees.)

1	We should give them a vacation.	휴가를 줘야 합니다.
2	We should reward them with a bonus.	보너스로 포상해야 합니다.
3	We should give them a pay raise.	임금 인상을 줘야 합니다.
4	We should give her a promotion.	승진을 시켜 줘야 합니다.
5	We should give him a private office.	개별 사무실을 줘야 합니다.
6	We should take disciplinary action.	징계 조치를 취해야 합니다.
7	We should penalize the employee for tardiness.	지각에 대한 처벌을 해야 합니다.
8	You should give the employee a stern talk.	직원에게 단호히 이야기를 해야 합니다.
9	You should give them a warning not to be late.	늦지 말라고 경고해야 합니다.
10	You should charge them a fine every time they break a rule.	규칙을 어길 때마다 벌금을 내게 해야 합니다.

✔ 회사 – 직원 교육

(직원들이 회사 제품/서비스/절차에 대해 제대로 몰라요.
Employees don't know about our company's products/service/procedures properly.)

1	We should retrain them.	다시 훈련시켜야 합니다.
2	We should provide them with a video lecture. (*provide 사람 with 사물)	동영상 강의를 제공해야 합니다.
3	We should provide a manual for them. (*provide 사물 for 사람)	매뉴얼을 제공해야 합니다.
4	We should have some one-on-one training sessions.	1:1 트레이닝 세션을 해야 합니다.
5	Let's have our experienced workers teach the inexperienced workers.	경력자들에게 경험 없는 직원을 가르치게 합시다.
6	Why don't we hire professional trainers?	전문 트레이너를 고용하면 어떨까요?
7	Let's have a training session this Friday.	이번 금요일에 트레이닝 세션을 가집시다.
8	We should require them to take the training.	트레이닝을 받도록 의무화해야 합니다.
9	To create a comfortable atmosphere, let's prepare some snacks.	편안한 분위기를 위해 간식을 준비합시다.
10	Why don't you make a list of attendees?	참석자 리스트를 만들지 그래요?

✔ 주문 – 배송 & 보상

(주문에 문제가 있어요. There is a problem with your order.)

1	We'll exchange it for a new one.	새 걸로 교환해 드릴게요.
2	We will give you a full refund.	전액 환불해 드릴게요.
3	We will deliver it right away.	지금 당장 배달해 드리겠습니다.
4	We will deliver it by express mail.	급송으로 배달하겠습니다.
5	We wouldn't charge you the delivery fee.	배송비를 부과하지 않겠습니다.
6	We will put a "fragile" sticker on the box.	"깨지기 쉬운"이라는 스티커를 박스에 붙일게요.
7	Please bring the damaged item to the nearest store.	가까운 매장으로 파손된 제품을 가져오세요.
8	There was a system error.	시스템 에러가 있었어요.
9	A new employee made this mistake.	새 직원이 실수했어요.
10	For compensation, we'd like to give you a 10% discount coupon.	보상으로 10% 할인 쿠폰을 드리고 싶습니다.

✔ 공지 –주요 사항

(변경 사항이 있어요. There have been some changes.)

1	Let's hold a meeting to talk about this matter.	회의를 열어 이 문제를 이야기해 봅시다.
2	Let's meet face to face.	직접 만납시다.
3	We can send text messages.	문자 메시지를 보낼 수 있어요.
4	Why don't you send e-mails?	이메일을 보내면 어떨까요?
5	Why don't you call everyone?	모두에게 전화하지 그래요?
6	We should call them individually one by one.	한 명씩 개별로 전화해야 합니다.
7	You should announce the change on the bulletin board.	게시판에 변경 사항을 공지해야 합니다.
8	You should broadcast it.	방송해야 합니다.
9	We should post the notice in the local newspaper.	지역 신문에 공고해야 합니다.
10	Let's inform people of our situation on our website.	웹 사이트에 우리 상황에 대해 알리도록 합시다.

✔ 회사 – 조언

(아이디어가 필요합니다. We need ideas.)

1	We should hold a meeting.	회의를 해야 합니다.
2	You should do (conduct) a survey.	설문 조사를 (시행)해야 합니다.
3	You should send a questionnaire to our guests to ask for their ideas.	질문지를 손님들에게 보내 의견을 물어야 합니다.
4	We should make a mileage program.	마일리지 프로그램을 만들어야 합니다.
5	We should make a point system.	포인트 시스템을 만들어야 합니다.
6	We should give a discount to office workers who work out during their lunch break.	점심시간에 운동하는 직원들에게 할인을 해 주어야 합니다.
7	Why don't you give out free product samples?	무료 제품 샘플을 나눠주면 어떨까요?
8	Why don't you give out some snacks for children?	아이들에게 간식을 나눠주면 어떨까요?
9	We should take back all the defective products.	결함이 있는 제품을 모두 회수해야 합니다.
10	We should make sure the products are checked before we send them out.	제품을 내보내기 전에 제품을 반드시 확인해야 합니다.

1	If you have any further questions, please call us back anytime.	다른 질문이 있으면 언제든 전화하세요.
2	Please feel free to call me if you have any questions or concerns.	질문이나 염려되는 사항이 있다면 언제든 전화하세요.
3	Please call me as soon as you get this message because we don't have much time.	시간이 별로 없으므로 이 메시지를 받자마자 전화하세요.
4	Please let me know if there is anything I can do to help you.	제가 도울 수 있는 게 있다면 알려 주세요.
5	Thank you and I hope this solves everything.	감사합니다. 그리고 모든 게 잘되길 바랍니다.
6	Don't worry, we've had this happen before and everything worked out fine.	걱정마세요. 예전에도 이런 적이 있었고 모든 게 잘되었습니다.
7	You can reach me at 293-3245.	293-3245로 저에게 연락하실 수 있습니다.
8	Please stop by the office or call to let me know what you would like to do, and I can take care of everything for you.	사무실을 들르거나 원하시는 게 무엇인지를 전화로 알려 주시면, 제가 모든 것을 처리하겠습니다.
9	I look forward to meeting you.	만나기를 기대하겠습니다.
10	We really appreciate your understanding and patience.	이해와 인내에 정말 감사드립니다.

Step 1

듣고, 말할 내용을 단어로 정리 (듣기 & 준비 시간 30초 대비)

상황, 문제, 해결-템플릿에 넣을 내용을 키워드로 준비하세요.(e.g. [상황] 접시 배송, [문제] 깨진 접시, [해결] 다시 배송) Listening을 완벽히 듣지 못했다고 하더라도, 핵심 내용 (문제 파악)을 잡았다면 괜찮습니다. 그리고, 재빨리 해결책을 생각해야 합니다. 이때, 너무 거대한 해결책보다는, 기본에 충실하고, 상식적인 해결책이면 좋은 점수를 낼 수 있습니다.

Step 2

템플릿을 활용하며 문장 말하기 연습하기 (말하기 시간 60초 대비)

템플릿을 사용하면 편리합니다. 단, 템플릿의 빈칸을 채우려면? 준비한 단어를 문장으로 말할 수 있어야 하는데요. 주어와 동사를 생각하며 말하면 됩니다. 무엇이 어떻다는 것인지? (e.g. The dishes are broken.), 누가 어떻게 해야 한다는 것인지를 말하면 됩니다. (e.g. I will send new dishes.) 1분 분량이면 총 8~10문장인데, 템플릿이 4~5문장을 해결해 주며 내가 4~5문장을 만들 수 있으면 됩니다.

Step 3

반복 체크 박스 리스트를 이용해서 반복하기 (최소 10번 이상)

모범 답안을 보며, 본인의 답안을 보충하며, 필요한 부분은 반복 연습하세요. 이때, 반복하겠다는 결심만으로는 부족할 수 있습니다. 교재의 체크 박스를 이용해 자신이 실제로 어떻게 하고 있는지를 기록함으로써, 철저히 반복하시기 바랍니다. 최소 10번에서 20번, 많게는 50번도 해야 합니다. 이때, 시간을 재서 연습을 해야 시간 감각까지 키울 수 있습니다. 휴대폰의 1분 타이머를 이용하세요.

주 의 사 항

바로 답안을 보기보다는 혼자 스스로 먼저 연습해 보세요.

스스로 먼저 풀어 보고 답안을 참조하세요. LC를 못 들었을 때조차도, 포기하지 않고 들은 것을 최대한 살려서 말해 보는 연습이 필요합니다. 이게 익숙해지면 실시간 전략이 생깁니다. 좀 못 들었더라도 들은 것을 자신 있고 밝게 이야기하며, 일반적인 해결책을 제시해 봐야 합니다.

실수하더라도 당황하지 않고 계속 말을 이어 나가세요.

약간의 실수는 괜찮습니다. 실제로 ETS의 3점 만점 답안 샘플들을 들어 보면, '이게 만점이야?' 하는 답안들도 꽤 있습니다. 한국 학생들이 너무 로봇처럼 완벽하게 말하려 하는데 그러지 않아도 됩니다.

망하지 않기 ★ LC를 못 들었다면?

인사 일단, 밝게 인사하기

🎧 S1_Part 5_21

Hello, I'm calling to solve the problem we are having.
As far as I understood, the problem is 단어, right?
I understand how important this problem is.

해결 1 정보를 구한 후 다시 이야기하기

Okay. I have an idea. (있다면 말하세요.)
First, I will do some research about this matter and get back to you as soon as possible.

해결 2 잘 아는 사람에게 조언 구하기

Also, I will ask help from 마이클. He is experienced, so I think I can get some advice from him.

해결 3 더 자세한 상황 설명 요청하기

Meanwhile, it would be better if you could explain more about this situation in detail. That would help us find the best options.

All right, call me back if you have any other concerns.
My direct number is 293-3245. Bye! Have a nice day!

- 상황을 듣고도 생각하지 않고, 무조건 위의 암기한 내용을 말하는 것은 비추입니다. 핵심 내용이 없다면 레벨 6 는 받기 힘들기 때문입니다. 그러나 내용에 맞춰 응용하는 것은 좋습니다.
- 여담으로 위의 세 가지 방법은 실질적인 문제 해결안이기도 합니다. 어떤 문제가 생기면? 혼자 고민하지 마시고 조사를 하세요. 그리고 조언을 구하며 문제 상황을 더 자세히 파악하시기 바랍니다.

⬇ *Practice 1*

Step 1 Listening을 듣고 키워드를 준비하세요. (준비 시간 30초 대비)

상황	
문제	
해결	

> **Listening Script** (음성으로만 제시됩니다.)

템플릿을 활용하며 문장으로 말하세요. (말하기 시간 45초 대비)

> **음성 메시지 문제 해결**
>
> [인사] Hello, this is 이름. <u>I got your message saying that we have a situation.</u>
>
> [문제 요약] You said that 상황 설명 but 문제 설명.
>
> So you wanted me to do something about this matter.
>
> [해결 제시] Okay, don't worry about it. I have an idea. 해결안 1. 구체적 설명.
>
> (Also, 해결안 2. That way, 개선되는 점 설명.)
>
> ([원인] Actually, this happened because there was a system error.)
>
> ([원인] Actually, this happened because our new employee made this mistake.)
>
> ([사과] So, we would like to apologize for this matter.)
>
> ([보상] To compensate for this, we will give a 10% discount coupon for your next time use.)
>
> [인사] If you have any other problems, just call me back at 전화번호. Bye!
>
> • 회의 상황 문제 해결의 경우, _____ 만 변경 <u>I'm calling about our meeting agenda.</u>

모범 답안 참조하며 반복하기

✔ 답변 확인 및 해설

Listening Script

Hello, this is Campbell from the purchasing department at St. Lawrence Markets Co. I am calling you to inquire about the status of a recent order. We've requested 350 clear plastic containers to be sent directly to our new store in Greenwood Valley, along with our standard monthly order of 50 boxes of brown paper shopping bags to be delivered to our central warehouse in Tucson. Well, the plastic containers were delivered to our store last Friday without any problems. However, as of this morning, the bags have not yet arrived at our central warehouse. I would like to know if there was some sort of problem with this part of our order. If they haven't yet been shipped, we would like to cancel the order and purchase our bags from a local supplier. Please let me know the status of this order at your earliest convenience. We are running very low on paper bags and we need to act soon. You may contact me on my personal cell phone directly since this is urgent. The number is 495-9485. I'd appreciate your prompt attention to this matter.

안녕하세요, 저는 세인트 로렌스 마켓 사의 구매부에서 일하는 캠벨입니다. 저는 최근 주문 상태에 대해 문의하기 위해서 전화했습니다. 우리는 350개의 플라스틱 컨테이너를 우리의 그린우드 밸리에 있는 새로운 상점으로 바로 보내 주고, 갈색의 종이 쇼핑백 50박스의 매달 주문품을 투산에 있는 중앙 창고로 보내 달라고 요청했습니다. 플라스틱 통들은 지난주 금요일에 문제없이 우리의 상점으로 배달이 되었습니다. 그러나 오늘 아침부로, 쇼핑백을 우리의 중앙 창고에 아직 도착하지 않았습니다. 저는 우리가 주문한 이 부분에 어떤 문제가 있는지 알기를 원합니다. 만약 그것들이 아직 배송되지 않았다면, 우리는 그 주문을 취소하고 지역 공급 업체로부터 우리의 가방을 구매하고 싶습니다. 가능한 한 빠른 시일에 이 주문의 상태를 알려 주세요. 우리는 종이 쇼핑백이 거의 다 떨어졌고 즉시 조치를 취해야 합니다. 이것은 긴급하기 때문에 당신은 저의 개인 휴대폰으로 바로 연락해도 됩니다. 번호는 495-9485입니다. 이 문제에 대한 즉각적으로 대처를 해 주시면 감사하겠습니다.

---

status 상태   warehouse 도매점, 창고   as of ~부로   local supplier 현지 공급 업체   at your earliest convenience 가능한 한 빠른 시간에   be running low 다 떨어져 가다   urgent 긴급한   prompt 신속한

레벨 6
모범답안

✔ 키워드: 주문 배송 → 급송   🎧 S1_Part 5_23

인사 Hello, this is Hannah. I got your message saying that we have a situation. 문제 요약 You said that you ordered some products from our store, but they haven't arrived. So you wanted me to do something about this matter. 해결 제시 Okay, don't worry about it. I've already sent them by express mail and you can get them by tomorrow noon. Actually, this delay happened because our new employee made a mistake. So, we would like to apologize for this matter. To compensate for this, we will give you a 10% discount coupon for your next time use. 인사 If you have any other problems, just call me back at 293-3245. Bye!

안녕하세요, 저는 해나입니다. 저는 귀하께서 문제가 있다는 메시지를 받았습니다. 귀하는 우리의 상점에서 몇 개의 상품들을 주문했지만, 그것들이 아직 도착하지 않았다고 말했습니다. 그래서 귀하는 제가 이 문제에 대해 무언가를 하기를 원했습니다. 좋습니다. 그것에 대해 걱정하지 마세요. 저는 이미 그것들을 빠른 우편으로 보냈고 귀하께서 그것들을 내일 정오까지는 받을 수 있습니다. 사실, 이 지연은 저희의 새로운 직원이 실수를 했기 때문에 일어났습니다. 그래서 저희는 이 문제에 대해 사과하고 싶습니다. 이것을 보상하기 위해 저희는 귀하에게 다음에 사용할 수 있는 10% 할인 쿠폰을 드릴 것입니다. 만약 귀하가 또 다른 문제들이 있다면, 293-3245로 저에게 다시 전화 주세요. 그럼 안녕히 계세요.

레벨 7
모범답안

♦ 키워드: 주문 배송 → 주문 취소, 지역 공급 업체　🎧 S1_Part 5_23

Hello, Campbell, I just received your message saying that you've requested 350 clear plastic containers along with bags. However, as of this morning, the bags have not yet arrived at the central warehouse. So you would like to cancel the order and purchase the bags from a local supplier if they haven't yet been shipped. Don't worry. I think it looks like the order was never inputted into our system. I apologize for this mistake. Go ahead and purchase the bags from your local supplier. In order to make up for this mistake, we are willing to give you your next order of 50 boxes of brown paper shopping bags for free. We will also give you free shipping on your order of clear plastic containers. Please let me know if there is anything else we can do for your company. Thank you.

캠벨 씨 안녕하세요, 저는 귀하가 350개의 투명 플라스틱 용기들을 쇼핑백과 함께 요청했다고 말하는 메시지를 방금 받았습니다. 그러나 오늘 아침부로, 쇼핑백이 중앙 창고에 아직 도착하지 않고 있어서 만약 그것들이 아직 배송이 되지 않았다면 당신은 주문을 취소하고 지역 공급 업체로부터 구매하기를 원하십니다. 걱정하지 마십시오. 제 생각에 주문이 저희의 시스템에 입력이 전혀 되지 않은 것처럼 보입니다. 저는 이 실수에 대해 사과합니다. 저희의 공급 업체로부터 가방을 구입해 주세요. 이 실수를 보상하기 위해서 저희는 귀하에게 다음 갈색 종이 쇼핑백의 50박스를 기꺼이 무료로 드리겠습니다. 저희는 귀하가 주문한 플라스틱 용기에 대해 무료 배송을 제공할 것입니다. 귀하의 회사를 위해 저희가 할 수 있는 그 밖에 다른 것이 있다면 알려 주세요. 감사합니다.

along with ~와 같이　input 입력하다　make up for ~를 보상하다

해설

- 해결을 할 때는 과거 시제로 '이미 확인을 했다(I've already checked)'로 응답해도 되며, 미래 시제로 '확인을 하겠다(I'll check the order status)'로 해결을 해도 됩니다.
- 배송에 차질이 생긴 다른 이유로 '잘못된 주소로 배송되었다(It has delivered to a wrong address)'라고 설명할 수도 있습니다.
- 다른 보상으로는, '이번 주문에 대해 10% 할인을 해 주겠다(We will give you a 10% discount on this bill.)'라고 할 수도 있습니다.

▼ *Practice 2*

Step 1 Listening을 듣고 키워드를 준비하세요. (준비 시간 30초 대비)

상황	
문제	
해결	

- **Listening Script** (음성으로만 제시됩니다.)

음성 메시지 문제 해결

[인사] Hello, this is 이름. <u>I got your message saying that we have a situation.</u>

[문제 요약] You said that 상황 설명 but 문제 설명.

So you wanted me to do something about this matter.

[해결 제시] Okay, don't worry about it. I have an idea. 해결안 1. 구체적 설명.

(Also, 해결안 2. That way, 개선되는 점 설명.)

([원인] Actually, this happened because there was a system error.)

([원인] Actually, this happened because our new employee made this mistake.)

([사과] So, we would like to apologize for this matter.)

([보상] To compensate for this, we will give a 10% discount coupon for your next time use.)

[인사] If you have any other problems, just call me back at 전화번호. Bye!

• 회의 상황 문제 해결의 경우, _____만 변경 <u>I'm calling about our meeting agenda.</u>

Step3 모범 답안 참조하며 반복하기

❖ 답변 확인 및 해설

Listening Script

Hello. This is Michael Bart, from the marketing department. I've got bad news. I'm afraid we're not going to be able to get Eric Gilbert in on time. He was bumped from the 10 A.M. Taipei to San Francisco leg of his trip from Hong Kong. He's hoping to make an evening flight, which would get him in by 4 P.M., but he says that the waiting list is pretty long. We'll have to put off his presentation until tomorrow evening. This means we'll need someone for the 9 A.M. slot, and we'll have to cross our fingers and hope Eric can get here before the end of the conference. Can you think of anyone who could fill his spot? Let me know what you find out and what you think we can do about it. Again, I'm Michael Bart, and I am looking forward to hearing from you.

안녕하세요. 마케팅 부서의 마이클 바트입니다. 나쁜 소식이 있습니다. 유감스럽게도 에릭 길 버트 씨를 제시간에 모실 수 없을 것 같습니다. 그는 홍콩에서 샌프란시스코로 향하는 여행 의 중간에 타이베이에서 비행기를 놓쳤습니다. 그는 4시까지 도착할 수 있는 저녁 비행기를 타기를 희망합니다. 그러나 그는 대기자가 많다고 말했습니다. 우리는 그의 발표를 내일 저녁 까지 연기해야 할 것 같습니다. 이것은 우리가 오전 9시 시간대를 위한 누군가를 필요로 할 것이라는 것을 의미합니다. 그리고 우리는 에릭이 회의가 끝나기 전에는 여기에 도착하기를 희망하고 행운을 빌어야 합니다. 당신은 그의 자리를 메울 누군가가 생각납니까? 당신이 알 아낸 것과 당신이 생각하기에 우리가 그것에 대해 무엇을 해야 하는지 알려 주세요. 다시 한 번 저는 마이클 바트이고 저는 당신에게서 연락 오기를 기다리고 있겠습니다.

---

be bumped from ~에서 비행기를 놓치다 leg of (여행의) 일부분 put off 연기하다 slot 시간대 cross one's fingers 행운을 빌다 fill one's spot 자리를 대신 채우다 let me know 알려줘

**레벨 6
모범답안**

❖ 키워드: 비행 지연 → 대체자 🎧 S1_Part 5_25

Hello, this is Sheena. I got your message saying that we have a situation. You said that one of our presenters will be late because of a flight delay. So you wanted me to do something about this matter. Okay, don't worry about it. I asked James if he could change his schedule, and he said it is fine. So, he will do the first presentation. (and Eric can go to the last slot) If you have any other problems, just call me back at 293-3245. Bye!

> 안녕하세요. 저는 쉬나입니다. 당신이 문제에 처해 있다고 말하는 메시지를 받았습니다. 당 신은 우리의 발표자들 중 한 명이 비행기 지연 때문에 늦을 것이라고 말했습니다. 그래서 당 신은 이 문제에 대해 제가 무언가를 하기를 원했습니다. 좋습니다. 그것에 대해 걱정 마세요. 저는 제임스에게 그의 스케줄을 바꿀 수 있는지 물어보았고 그가 괜찮다고 했습니다. 그래 서, 그는 첫 번째 발표를 할 것입니다. (그리고 에릭은 마지막 시간대로 갈 수 있습니다.) 만 약 당신이 또 다른 문제가 있다면, 293-3245로 바로 전화 주세요. 안녕히 계십시오.

♥ 키워드: 비행 지연 → 일정 조정 & 대체자　　　🎧 S1_Part 5_25

Hello, Michael Bart. I just received the message that you're not going to be able to get Eric Gilbert in on time for his presentation, because he was bumped from a plane. He is hoping to get an evening flight out, but the waiting list is long. We have to put off his presentation till tomorrow evening. So you are requesting me to advise you in this situation. You need someone for the 9 A.M. slot. Well, the person who was supposed to do his presentation after Eric can do it first, since he is available. If Eric arrives after the end of the conference, we have no choice but to delay his presentation to a later date. If the worst case scenario happens, we can always scramble to find a new speaker who can fill in his vacant spot. Please keep me updated on Eric's status so we know whether we have to find a new speaker or not. Thank you.

안녕하세요, 마이클 바트 씨. 저는 에릭 길버트 씨가 비행기를 놓쳤기 때문에 그의 발표를 위한 정각에 모실 수 없을 것 같다는 메시지를 방금 받았습니다. 그는 저녁 비행기를 타기를 희망하지만 대기자가 많습니다. 우리는 내일 저녁까지 그의 발표를 미뤄야 합니다. 그래서 당신은 제가 당신에게 이 문제에 대해 충고해 주기를 요청하고 있습니다. 당신은 오전 9시 시간대를 위한 누군가가 필요합니다. 음, 에릭 후에 발표를 하기로 되어 있던 사람은 가능하기 때문에 그것을 먼저 할 수 있습니다. 만약 에릭이 회의가 끝난 후에 도착하면, 우리는 그의 발표를 다음으로 미룰 수밖에 없습니다. 만약 최악의 시나리오가 일어난다면, 우리는 항상 그의 빈자리를 채워 줄 수 있는 새로운 연설자를 앞다투어 찾을 것입니다. 에릭의 상태에 대해 계속 알려 주세요. 그래서 우리가 새로운 연설자를 찾아야 할지 말지에 대해 알 수 있도록 말입니다. 감사합니다.

be supposed to ~하기로 예정되어 있다　have no choice but to do ~할 수밖에 없다　scenario 시나리오　scramble to do 앞다투어 ~하다　keep me updated 계속 업데이트해 주세요

해설

> – 비행 지연을 문제로 잘못 인식할 수 있는데 문제의 핵심은 발표자가 시간 안에 못 온다는 것입니다.
> – 대안으로 '다른 발표자를 찾았다(I have found a substitute.)'라고 할 수도 있습니다.
> – 회의 전체 일정을 연기하는 방법도 있습니다.(We have rearranged the conference to tomorrow.)

⬇ *Practice 3*

Step 1 Listening을 듣고 키워드를 준비하세요. (준비 시간 30초 대비)

상황	
문제	
해결	

> • **Listening Script** (음성으로만 제시됩니다.)

음성 메시지 문제 해결

[인사] Hello, this is 이름. I got your message saying that we have a situation.

[문제 요약] You said that 상황 설명 but 문제 설명.

So you wanted me to do something about this matter.

[해결 제시] Okay, don't worry about it. I have an idea. 해결안 1. 구체적 설명.

(Also, 해결안 2. That way, 개선되는 점 설명.)

([원인] Actually, this happened because there was a system error.)

([원인] Actually, this happened because our new employee made this mistake.)

([사과] So, we would like to apologize for this matter.)

([보상] To compensate for this, we will give a 10% discount coupon for your next time use.)

[인사] If you have any other problems, just call me back at 전화번호. Bye!

• 회의 상황 문제 해결의 경우, _____ 만 변경 I'm calling about our meeting agenda.

Step 3 모범 답안 참조하며 반복하기

답변 확인 및 해설

Listening Script

Hi, this is Tom. In a few days I am opening a bakery, so I was wondering whether I could talk to you about it. Well, this is the first time to run my own business, so I am really excited and nervous at the moment. I have no doubt that opening my bakery in one of the largest marts in the area is quite promising. The place is crowded with customers all the time. However, I want to figure out a way to attract those customers to my bakery. I assure that our products are made out of the freshest ingredients and we do our best to provide the best taste. I just don't know what I am supposed to do to make people take one step into my bakery. I thought you would be the best person to talk to, as you used to be the manager of the place. It would be great if you can give me some advice regarding it. Thanks in advance and I will be waiting for your call. This was Tom.

안녕하세요. 저는 톰입니다. 며칠 후에 저는 빵집을 열 것입니다. 그래서 저는 제가 당신과 그것에 대해서 이야기할 수 있을지에 대해 궁금했습니다. 제가 직접 사업을 운영하는 것은 처음입니다. 그래서 저는 현재 정말 흥분되고 긴장됩니다. 저는 지역에서 가장 큰 마켓들 중 하나에 저의 빵집을 여는 것은 꽤 전망이 좋다는 데 의심할 여지가 없습니다. 그 장소는 항상 고객들로 북적입니다. 그러나 저는 그 고객들을 저의 빵집으로 끌어들이는 방법을 알아내고 싶습니다. 저는 우리의 상품들이 가장 신선한 재료들 중 하나로 만들어지고 최상의 맛을 제공하기 위해 최선을 다한다는 것에 확신합니다. 저는 단지 사람들을 저의 빵집으로 들어오게 하기 위해 무엇을 해야 할지 모르겠습니다. 저는 당신이 이야기하기에 최고의 사람이라고 생각했습니다. 당신이 그 장소의 매니저였기 때문입니다. 만약 당신이 그것에 대해 충고를 주신다면 좋을 것 같습니다. 미리 감사드리며 당신의 전화를 기다리겠습니다. 톰이었습니다.

in a few days 며칠 후에   run one's own business 사업을 운영하다   at the moment 현재   have no doubt that 의심할 여지가 없다   promising 전망 있는   be crowded with ~로 북적거리다   figure out 알아내다   attract 마음을 끌어들이다   take one step into ~로 발을 들여놓다   used to ~하곤 했다   regarding ~에 대하여   in advance 미리

레벨 6
모범답안

▼ 키워드: 빵집 홍보 → 포스터와 현수막　　　🎧 S1_Part 5_27

Hello, this is Morgan. I got your message saying that we have a situation. You said that you are opening your own bakery but you don't know how to attract customers. So you wanted me to do something about this matter. Okay, don't worry about it. I have an idea. Why don't you make some posters and banners about your bakery? Also, if you provide discounts, more customers will visit your bakery. If you have any other problems, also call me back at 293-3245. Bye!

> 안녕하세요. 저는 모건입니다. 저는 당신이 문제가 있다고 말하는 메시지를 받았습니다. 당신은 당신 소유의 빵집을 열 것인데 고객들을 어떻게 끌어들이는지 모른다고 말했습니다. 그래서 당신은 제가 이 문제에 대해서 무언가를 해 주기를 원합니다. 좋습니다. 걱정 마세요. 저는 아이디어 하나가 있습니다. 당신의 빵집에 대한 몇 개의 포스터나 배너들을 만드는 것이 어떻습니까? 또한, 만약 당신이 할인을 제공한다면, 더 많은 고객들이 당신의 빵집을 방문할 것입니다. 만약 당신이 또 다른 문제가 있다면 293-3245로 전화 주세요. 안녕히 계세요.

레벨 7
모범답안

▼ 키워드: 빵집 홍보 → 무료 시식 & 멤버십

Hi, Tom, this is Zoey. First of all, congratulations! You must be quite excited! So, I am supposed to tell you how to make customers take their first step into your bakery so they would be your regulars. Well, there are several things you can try. You know how the word "free" excites people. On the day you open your bakery, put up a large signboard that says, JUST BAKED FOR FREE. Probably everyone who walks by would stop and give it a try. Also, you should apply a membership policy in your shop. Make people sign up for a membership and deposit a certain amount of money for every purchase they make at your shop. That way, people would remember your bakery every time they need baked goods. Well, I hope you would find some of my ideas useful. Before I go, I wish you the best of luck.

> 안녕하세요, 톰. 저는 조이입니다. 우선, 축하드립니다! 매우 흥분되시겠어요! 자, 저는 당신에게 고객들이 당신의 빵집으로 들어오게 해서 당신의 어떻게 단골이 되는지 말하려고 합니다. 음, 당신이 시도할 수 있는 몇 가지 것들이 있습니다. "공짜"라는 단어가 사람들을 얼마나 흥분시키는지 아시죠. 당신의 빵집을 여는 날에, "방금 구운 빵이 공짜!"라는 문구의 광고판을 붙이세요. 아마 지나가는 사람 모두 멈춰서 그것을 먹어 볼 것입니다. 또한, 당신의 상점에 멤버십 정책을 적용해야 합니다. 사람들을 멤버십에 등록하게 하고 당신의 가게에서 사는 모든 구매에 일정량의 돈을 적립해 주세요. 그런 방법으로 사람들은 빵이 필요할 때마다 당신의 빵집을 기억할 것입니다. 음, 저는 당신이 저의 아이디어가 유용하다고 생각하기를 바랍니다. 가기 전에 당신께 행운을 빕니다.

walk by 지나가다　give it a try 시도해 보다　sign up for ~에 등록하다　deposit 적립하다

해설

- 오프라인 광고로는 전단지나 포스터 만들기(You should make fliers and posters.), 그리고 신문 광고를 할 수도 있습니다(Why don't you advertise it on the newspaper?).
- 온라인 광고로는 SNS를 이용하고(You should use SNS like facebook or twitter), 사진이나 후기 등을 올리는 방법(and post some pictures and customer reviews) 등이 있습니다.

⏷ *Practice 4*

Step 1 Listening을 듣고 키워드를 준비하세요. (준비 시간 30초 대비)

상황	
문제	
해결	

> • **Listening Script** (음성으로만 제시됩니다.)

음성 메시지 문제 해결

[인사] Hello, this is 이름. I got your message saying that we have a situation.

[문제 요약] You said that 상황 설명 but 문제 설명.

So you wanted me to do something about this matter.

[해결 제시] Okay, don't worry about it. I have an idea. 해결안 1. 구체적 설명.

(Also, 해결안 2. That way, 개선되는 점 설명.)

([원인] Actually, this happened because there was a system error.)

([원인] Actually, this happened because our new employee made this mistake.)

([사과] So, we would like to apologize for this matter.)

([보상] To compensate for this, we will give a 10% discount coupon for your next time use.)

[인사] If you have any other problems, just call me back at 전화번호. Bye!

• 회의 상황 문제 해결의 경우, ＿＿＿＿만 변경 I'm calling about our meeting agenda.

Step 3 모범 답안 참조하며 반복하기

Listening Script

(Woman): Okay, let's move on to our last agenda item. As you know, we have scheduled a seminar on October 23 but there is a problem. The seminar is supposed to last for two hours and to be held in our main conference room on the 7th floor. However, there's going to be a lighting construction for that room, so we have to move to a new location.

(Man): I see. It seems that we have no choice but to reschedule this particular session. Have you found any other places to move?

(Woman): Yes I did, but unfortunately, our new location can only accommodate 20 people at the maximum, while we have 40 employees. So we have to find a way to handle this matter. Please think this over and call me later with your suggestions.

(여자): 좋습니다. 우리의 마지막 의제 상품으로 넘어갑시다. 당신들도 알다시피, 우리는 10월 23일에 세미나가 잡혀 있었지만 문제가 있습니다. 세미나는 2시간 동안 지속되기로 되어 있고 7층에 있는 우리의 주 회의실에서 열리기로 되어 있습니다. 그러나 그 방에 조명 공사가 있을 예정입니다. 그래서 우리는 새로운 장소로 옮겨야 합니다.

(남자): 알겠습니다. 이 특별한 회의를 다시 스케줄 잡아야 할 수밖에 없어 보입니다. 당신은 옮길 만한 다른 장소들을 찾았습니까?

(여자): 네, 찾았습니다. 그러나 안타깝게도, 우리는 40명의 직원들이 있는 반면 우리의 새로운 장소는 최대 20명만 수용할 수 있습니다. 그래서 우리는 이 문제를 처리할 방법을 찾아야 합니다. 이것을 곰곰이 생각해 보고 당신의 제안과 함께 나중에 전화 주세요.

move on 넘어가다   last 지속되다   lighting 조명   reschedule 스케줄을 재조정하다   particular 특별한
accommodate 수용하다   at the maximum 최대한

🎧 S1_Part 5_29

레벨 6 모범답안

♥ 키워드: 장소 부족 → 그룹 나누기

Hello, this is Maria. I'm calling about our last meeting agenda. You said that we have to change the location for our seminar, but the new location can take only 20 people, (just half of our employees) Okay, don't worry about it. I have an idea. I think we should divide the group and have two sessions. If you want, I can make rearrangements. If you have any other problems, just call me back at 555-1234. Bye!

> 안녕하세요. 저는 마리아입니다. 저는 우리의 마지막 회의 의제에 관해 전화했습니다. 우리가 세미나를 위해 장소를 바꿔야 하지만 새로운 장소가 오직 (직원의 딱 절반인) 20명만 수용할 수 있다고 하셨는데요. 좋습니다. 걱정 마세요. 제게 좋은 생각이 있습니다. 저는 우리가 그룹을 나눠서 두 개의 회의로 나눠야 한다고 생각합니다. 만약 당신이 원한다면 저는 다시 조정할 수 있습니다. 만약 또 다른 문제가 있다면, 555-1234로 다시 전화 주세요. 안녕히 계세요.

레벨 7 모범답안

♥ 키워드: 장소 부족 → 그룹 나누기, 더 생산적

Hello, I'm calling to follow up on our meeting and the issue that you brought up. You said that we don't have enough space for all of the 40 employees in the new location. Then, how about we plan for two 90-minute sessions? Actually, this would be better because a group of 20 would be much more productive than 40 because we can spare more time for the Q&A session at the end of the event. It's doable on the same day or on two separate days. These are my suggestions. If you have any other concerns, just let me know.

> 안녕하세요. 저는 우리의 미팅과 당신이 제기한 문제에 후속 조치를 취하기 위해 전화했습니다. 새로운 장소에 모든 40명의 직원을 위한 충분한 공간이 없다고 말씀하셨는데요. 그렇다면, 90분짜리의 2개의 세션을 계획하는 것은 어떨까요? 사실, 20명의 한 그룹은 40명보다 훨씬 더 생산적일 것이기 때문에 더 나을 것입니다. 왜냐하면 우리는 행사 끝에 Q&A 세션에 더 많은 시간을 할애할 수 있기 때문입니다. 그것은 같은 날에 할 수도 있고 이틀을 나눠서 할 수도 있습니다. 이것이 저의 제안입니다. 만약 당신에게 또 다른 문제들이 있다면 알려 주세요.

follow up on something ~에 대해 후속 조치를 취하다 **bring up** (문제) 제기하다 **productive** 생산적인 **spare** 할애하다 **doable** 할 수 있는

해설

> – 두 번의 세션으로 나누는 해결책에서 '두 그룹으로 나누다(split people into two groups)'라는 표현을 기억하세요. 혹은 'divide people into two parties'라고 해도 됩니다.
> – 대안으로 공간이 부족한 문제라면 '공간을 찾았다(I have found another place.)'라고 해도 됩니다.
> – 더 자세히 구체적 상황을 이야기하고자 한다면, 두 세션으로 일정을 정한 후, '사람들에게 이메일을 보내 가능한 시간을 알려 달라고 요청하자.(We should send an e-mail to people and ask them to let us know which seminar they can attend.)'라고 할 수 있습니다.

▼ *Practice 5*

Step 1 Listening을 듣고 키워드를 준비하세요. (준비 시간 30초 대비)

상황	
문제	
해결	

· **Listening Script** (음성으로만 제시됩니다.)

음성 메시지 문제 해결

[인사] Hello, this is 이름. I got your message saying that we have a situation.

[문제 요약] You said that 상황 설명 but 문제 설명.

So you wanted me to do something about this matter.

[해결 제시] Okay, don't worry about it. I have an idea. 해결안 1. 구체적 설명.

(Also, 해결안 2. That way, 개선되는 점 설명.)

([원인] Actually, this happened because there was a system error.)

([원인] Actually, this happened because our new employee made this mistake.)

([사과] So, we would like to apologize for this matter.)

([보상] To compensate for this, we will give a 10% discount coupon for your next time use.)

[인사] If you have any other problems, just call me back at 전화번호. Bye!

• 회의 상황 문제 해결의 경우, _____만 변경 I'm calling about our meeting agenda.

Step 3 모범 답안 참조하며 반복하기

Listening Script

Hi, may I speak to the football coach of the Central Football Field? This is Beth calling. As you know, we didn't have enough budget to cover the repair costs of the field. Well, I am very delighted to deliver the news. We have met our fundraising goal. A lot of people have donated generously and helped with our campaign. So, I have been thinking of a way to express how thankful we are. Do you have any ideas or suggestions?

안녕하세요, 제가 센트럴 풋볼 필드의 축구 코치와 이야기할 수 있을까요? 저는 베스입니다. 아시다시피, 우리는 경기장의 수리 비용을 부담할 충분한 예산이 없었습니다. 음, 저는 소식을 전하게 되어서 기쁩니다. 우리는 자금 모금 행사 목표를 달성했습니다. 많은 사람들이 관대하게 기부를 했고 우리의 캠페인을 도와주었습니다. 그래서 저는 우리가 얼마나 감사한지 표현할 방법을 생각하고 있습니다. 당신은 아이디어나 제안이 있습니까?

budget 예산 cover 부담하다 delighted 기쁜 meet the goal 목표를 충족시키다 fundraising 자금 모금 행사 generously 관대하게 express 표현하다

레벨 6 모범답안

♨ **키워드: 기부자 → 감사 전화 & 편지**

Hello, this is Michael. I got your message saying that we have a situation. You said that the fundraising was successful but you don't know how to express thanks to the donors. So you wanted me to do something about this matter. Okay, don't worry about it. I have an idea. I think we should call the donors to say thanks. Also, we can write thank you letters for donors. (These are my suggestions.) If you have any other problems, just call me back at 293-3245. Bye!

> 안녕하세요. 저는 마이클입니다. 저는 당신이 문제가 있다고 말하는 메시지를 받았습니다. 지금 모금 행사가 성공적이었지만 어떻게 기부자들에게 감사를 표현할지 모른다고 말씀하셨는데요. 이 문제에 대해서 제가 무언가를 하기를 원했습니다. 좋습니다. 걱정 마세요. 아이디어가 있습니다. 저는 우리가 기부자들에게 전화해서 감사하다고 말해야 한다고 생각합니다. 또한, 우리는 감사 편지를 기부자들에게 쓸 수 있습니다. (이것들이 저의 제안들입니다.) 만약 당신이 또 다른 문제가 있다면, 293-3245로 전화 주세요. 안녕히 계세요.

레벨 7 모범답안

♨ **키워드: 기부자 → 감사 파티 & 카드**

Hey, Beth, it's me, Mark, head coach. Anyway, I am glad to hear the good news. And I agree with you that we should do something for those who helped with our problem. I am not sure yet, but since we have enough in the budget to repair the facilities, maybe we can invite people and have a small thank you party. We will have to wait until the whole renovation is done. So, for now, we should send some thank you cards to people with the message that we are thankful for their support. Also, we can inform them about the party we will be having once the renovation is finished. Let's discuss this in detail when we meet.

> 안녕하세요, 베스. 감독인 마크입니다. 어쨌든, 좋은 소식들을 들어서 기쁩니다. 그리고 저는 우리의 문제를 도와준 사람들에게 무언가를 해야 한다는 것에 동의합니다. 아직 확실하지는 않지만, 우리가 시설들을 수리할 예산이 충분하기 때문에 아마 작은 감사 파티에 사람들을 초대할 수 있을 것입니다. 모든 수리가 끝날 때까지 기다려야 하긴 합니다. 그래서 지금으로서는 그들의 지원에 감사하다는 메시지와 함께 사람들에게 감사 카드를 보내야 한다고 생각합니다. 또한, 수리가 끝나면 가질 파티에 대해서 그들에게 알릴 수도 있을 것입니다. 우리가 만날 때 이것을 자세히 토론합시다.

facility 시설   the whole 전체의   for now 지금은   inform 알리다

해설

> – 좋은 고민도 문제가 될 수 있습니다. 아이디어가 필요한 문제인데, 너무 전문적인 해결을 하려 하기보다는 기본적인 수준(e.g. thank you letters)에서 해결하면 됩니다.
> – 실력을 위해 다양한 아이디어를 생각해 두자? 자석이나 배지와 같은 작은 선물(Why don't you prepare little gifts like a magnet or a badge?)도 좋습니다.
> – '감사 파티를 연다'라고 할 때는 'have/hold/throw a thank you party'라고 합니다.

 *Practice 6*

TOEIC® Speaking

Question 10: Propose a solution

Directions: In this part of the test, you will be presented with a problem and asked to propose a solution. You will have 30 seconds to prepare. Then you will have 60 seconds to speak.

In your response, be sure to
- show that you recognize the problem, and
- propose a way of dealing with the problem.

Respond as if you are the manager of the personnel department.

PREPARATION TIME
00:00:30

RESPONSE TIME
00:01:00

답변 확인 및 해설

Hello! This message is for Mr. Antonio. Last week, the city council had a meeting regarding how we can improve our community services. Among the issues, I would like to raise one that seemed very important for the children and people in our community. Many residents desire to improve the public library service. They are somewhat satisfied with their services, and feel that various kinds of information and programs are available for both adults and young children, but not for teenagers. Since there are a great number of teenagers in our community, we should do something to draw their attention and captivate their interests and needs. I hope you will come up with a great idea and plan for this matter. Please call me at 909-384-3928, ext. 453. Thanks.

안녕하세요. 이 메시지는 안토니오 씨를 위한 것입니다. 지난주, 시위원회는 어떻게 우리가 우리의 지역 서비스를 향상시킬 수 있는지에 대해 미팅을 가졌습니다. 문제들 중에, 저는 아이들과 지역 주민들에게 매우 중요해 보이는 문제를 제기해 주시기를 원합니다. 많은 거주민들은 공공 도서관 서비스를 향상시키기를 바랍니다. 그들은 서비스에 대해 다소 만족하고, 다양한 종류의 정보와 프로그램이 어른과 어린아이들 둘 다를 위해 이용 가능하지만 십 대를 위한 것은 없다고 느낍니다. 우리의 지역에 많은 십 대들이 있기 때문에, 우리는 그들의 관심을 끌고 흥미와 수요를 사로잡을 무언가를 해야 합니다. 저는 당신이 좋은 아이디어를 내고 이 문제에 대해 계획을 세우기를 희망합니다. 909-384-3928로 전화하셔서 내선 453번을 누르세요.

city council 시위원회 community 지역 issue 문제 desire to do ～하는 것을 바라다 somewhat 다소 be satisfied with ～에 만족하다 various 다양한 a great number of 많은 draw attention 주의를 끌다 captivate 사로잡다 come up with the idea 아이디어를 생각해 내다

✦ 키워드: 도서관 십 대 → 영화, 작가 초대   🎧 S1_Part 5_33

레벨 6
모범답안

Hello. I got your message saying that we have a situation. You said that the public library service is generally good but we have to find ways to attract more teenagers. Okay, don't worry. I have an idea. I think we should show them some movies at the library. Teenagers like movies so we can have more teenagers in the library. Also, we can invite some famous authors to have signing events. If you have any other problems, just call me back at 555-1234. Bye!

> 안녕하세요. 저는 문제가 있다고 말하는 당신의 메시지를 받았습니다. 공공 도서관이 일반적으로 좋지만, 더 많은 십 대들을 끌어들일 방법들을 찾아야 한다고 말씀하셨는데요. 좋습니다. 걱정 마세요. 좋은 생각이 있습니다. 저는 우리가 도서관에서 영화들을 보여 줘야 한다고 생각합니다. 십 대들은 영화를 좋아해서 우리는 도서관에 더 많은 십 대들을 있게 할 수 있습니다. 또한, 사인회를 갖기 위해 몇몇의 유명한 작가들을 초대할 수 있습니다. 만약 또 다른 문제가 있다면, 555-1234로 전화 주세요. 안녕히 계세요!

S1_Part 5_33

레벨 7
모범답안

▼ 키워드: 도서관 십 대 → 앱 개발, 주민 회의

Hello. I just checked your message saying that many residents desire to improve the public library service. However, the libraries don't have the kinds of information and programs to satisfy the teenagers in the community. So you need us to come up with a great idea for this. Thank you for showing such a great passion for improving our public library system. I agree with you that teenagers come to the library less often than before, probably because these days provide quite a challenge with all of the different electronics that keep teenagers busy. Maybe we can develop an app to increase their interest in our library system. Through the app, we can update news and events about our library for teenagers. We will discuss more during our town hall meeting. Please come and share your opinion on this matter. Thank you.

안녕하세요. 저는 방금 많은 거주민들이 공공 도서관 서비스를 향상시키기를 바란다고 말하는 메시지를 확인했습니다. 그러나 도서관은 지역의 십 대를 만족시키기 위한 종류의 정보나 프로그램이 없습니다. 그래서 당신은 우리가 이것에 대해 좋은 아이디어를 내주기를 필요로 하고요. 우리의 공공 도서관 시스템을 향상시키려는 커다란 열정을 보여 주셔서 감사합니다. 저는 십 대들이 전보다 도서관에 덜 온다는 것에 동의합니다. 아마 요즘 시대가 십 대들을 바쁘게 하는 각종 전자 기기 때문인 것 같아요. 아마도 우리는 우리의 도서관 시스템에 대한 그들의 흥미를 높이기 위한 앱을 개발할 수 있을 것입니다. 앱을 통해서 십 대들을 위한 도서관에 대한 뉴스나 행사들을 업데이트할 수 있습니다. 타운 홀 미팅에서 더 토론하도록 합시다. 이곳에 오셔서 이 문제에 대한 당신의 의견을 공유해 주세요. 감사합니다.

passion 열정   challenge 어려움   electronics 전자 기기   town hall 공회당, 시민 홀

해설

- 대안으로 지역 고등학교와 협력할 수도 있을 것입니다. (We can cooperate with local high schools)
- 십 대를 위한 리딩 프로그램을 개발하는 방법도 있습니다.(We can develop a reading program for teens)
- 십 대가 아닌 어린아이들을 대상으로 출제될 수도 있으니 미리 생각해 두세요.

▼ *Practice 7*

TOEIC Speaking

Question 10: Propose a solution

Directions: In this part of the test, you will be presented with a problem and asked to propose a solution. You will have 30 seconds to prepare. Then you will have 60 seconds to speak.

In your response, be sure to
- show that you recognize the problem, and
- propose a way of dealing with the problem.

PREPARATION TIME
00:00:30

RESPONSE TIME
00:01:00

✔ 답변 확인 및 해설

> ## Listening Script
>
> (Man): Now, let's talk about our company's employee reward policy. I am proud to tell you that our department has not only met but exceeded the quarterly sales goals and I owe it to the people in my department.
>
> (Woman): That sounds great! I knew that we could do it.
>
> (Man): But I am not sure what our company can offer or how I am supposed to express my appreciation. Since the HR department handles everything that has to do with compensation, I was hoping to get some advice from you. Would you tell me some methods of employee recognition?
>
> (남자): 이제, 우리 회사 직원 보상 정책에 대해 이야기합시다. 저는 우리 부서가 분기 판매 목표를 도달했을 뿐만 아니라 초과했다는 것을 말하게 되어서 자랑스럽습니다. 저의 부서 사람들 덕택입니다.
>
> (여자): 잘되었네요! 저는 우리가 그것을 할 수 있을 것이라는 걸 알고 있었어요.
>
> (남자): 그러나 저는 우리 회사가 무엇을 제공할 수 있고 어떻게 감사를 표현해야 하는지 확실하지 않아요. 인사과가 보상과 관련된 모든 것을 다루기 때문에, 저는 당신에게 몇 가지 충고를 얻기를 희망했어요. 저에게 직원 보상의 몇 가지 방법들을 말해 줄 수 있나요?

reward policy 보상 정책   exceed 초과하다   meet the goal 목표를 충족시키다   quarterly sales 분기판매   I owe it to ~ 덕택이다   express appreciation 감사를 표현하다   handle 다루다   compensation 보상   recognition 보상

레벨 6
모범답안

✔ 키워드: 직원 보상 → 보너스/ 장려금/ 유급 휴가   🎧 S1_Part 5_35

Hello, this is Sheena. I'm calling about our meeting agenda. You said that we need to compensate our employees but you don't have any ideas. So you wanted me to do something about this matter. Okay, don't worry about it. I have an idea. I think we should give them a bonus or incentives. Also, we can give them a paid vacation. That way they can release stress from work. If you have any other problems, just call me back at 555-1234. Bye!

> 안녕하세요, 저는 쉬나입니다. 저는 우리의 미팅 의제에 대해 전화했습니다. 우리가 직원들에게 보상할 필요가 있지만 아이디어가 없다고 했는데요. 그래서 이 문제에 대해 제가 뭔가를 해 주셨으면 한다고 했어요. 좋습니다. 걱정 마세요. 좋은 생각이 있습니다. 저는 우리가 그들에게 보너스나 장려금을 줘야 한다고 생각합니다. 또한, 유급 휴가를 줄 수도 있습니다. 그런 방법으로 그들은 일로부터의 스트레스를 풀 수 있을 것입니다. 만약 또 다른 문제가 있다면, 555-1234로 전화 주세요. 안녕히 계세요!

compensate 보상하다   incentive 장려금   paid vacation 유급 휴가

✔ 키워드: 직원 보상 → 장려금/ 추가 휴일/ 상사의 칭찬　🎧 S1_Part 5_35

Hi, this is Melanie Ervin, from the HR department. I am calling regarding our meeting agenda item. By the way, about the employee reward policy you mentioned, it's good to hear about your accomplishment. Anyway, as you know there are several ways our company rewards a good performance. For example, we offer incentive pay or extra holidays. But in order to decide it, there must be a lot of paperwork you should go through. I will probably have to meet you in person to further discuss this matter. After I hang up, I will send you the document which has all the details you need. Take a look at them and give me a call afterwards. To add, I heard that a complimentary comment from a superior motivates employees too. Why don't you convey some appreciation through words? These are my suggestions and call me back if you have any other problems.

> 안녕하세요. 저는 인사과에서 일하는 멜라니 어빈입니다. 저는 우리의 미팅 의제에 대해 전화했습니다. 그건 그렇고, 당신이 언급한 직원 보상 정책에 대해서, 당신의 성과에 대해 들어서 좋습니다. 아무튼, 당신이 알다시피, 우리 회사가 훌륭한 성과에 대해 보상하는 몇 가지 방법들이 있습니다. 예를 들어, 우리는 장려금이나 추가 휴일을 제공합니다. 그러나 그것을 결정하기 위해, 당신이 해야 하는 많은 서류 작업들이 있음에 틀림없습니다. 저는 아마 이 문제를 더 토론하기 위해 당신을 직접 만나야 할 것 같습니다. 전화를 끊은 후, 저는 모든 세부 사항이 있는 문서를 보내겠습니다. 그것들을 한 번 보시고 그 후에 저에게 전화 주세요. 더불어, 저는 상사로부터의 칭찬도 직원에게 동기 부여를 시킨다고 들었습니다. 감사를 글로 전달하는 것이 어떻습니까? 이것들이 저의 제안들입니다. 만약 다른 문제가 있다면 전화 주세요.

by the way 그런데, 그건 그렇고 mention 언급하다 accomplishment 성과 performance 수행, 성과 paperwork 서류 작업 go through 겪다 hang up 전화를 끊다 take a look at 한번 보다 afterwards 그 후에 complimentary comment 칭찬 superior 상사 motivate 동기 부여시키다 convey 생각이나 감정을 전달하다

해설

> ‑ 회사를 다녀본 적이 없더라도 당황하지 말고, 기본적인 수준에서 해결하도록 하세요.
> ‑ 금전적 보상으로는 보너스(bonus), 장려금(incentive), 임금 인상(pay raise) 등이 있습니다.
> ‑ 금전적인 보상 외에 유급 휴가(paid vacation)나 승진(giving a promotion)을 시키는 방안도 있습니다.

TOEIC Speaking

Question 10: Propose a solution

Directions: In this part of the test, you will be presented with a problem and asked to propose a solution. You will have 30 seconds to prepare. Then you will have 60 seconds to speak.

In your response, be sure to
- show that you recognize the problem, and
- propose a way of dealing with the problem.

PREPARATION TIME
00:00:30

RESPONSE TIME
00:01:00

Listening Script

Hello, this is Robert Russell. There's repair work going on at 1st Avenue. The southbound way from 1st Avenue is closed, and instead we have opened up a new detour. However, I'm afraid drivers using this road haven't been properly informed. We have worked on the repairs for two weeks, and still there are so many drivers exiting from 1st Avenue, and it has caused serious traffic jams every morning. This project is supposed to go on for two more months so I'm not sure how I can handle this situation and explain it to the residents and drivers using this road. Again, this is Robert Russell. It would be very helpful if you suggested a good solution.

안녕하세요. 저는 로버트 러셀입니다. 1번가에서 진행되고 있는 수리 공사가 있습니다. 1번가 로부터 남쪽으로 향하는 길이 폐쇄됩니다. 대신에 우리는 새로운 우회로를 열었습니다. 그러 나 저는 이 도로를 사용하는 운전자들이 제대로 통보받지 않은 것에 대해 안타깝습니다. 우 리는 이 수리 공사를 2주 동안 해 왔고, 아직도 1번가로부터 나가는 너무 많은 운전자들이 있습니다. 그리고 그것은 매일 아침 심각한 교통 혼잡을 야기해 오고 있습니다. 이 프로젝트 는 2달 이상 동안 지속이 되기로 되어 있어서 저는 어떻게 이 상황을 다루고 이 도로를 사용 하는 주민들과 운전자들에게 설명해야 할지 확실치 않습니다. 저는 로버트 러셀이었습니다. 당신이 좋은 해결책을 제안해 준다면 많은 도움이 될 것입니다.

avenue 거리   southbound 남쪽으로 향하는   instead 대신   detour 우회로   inform 통보하다   traffic jam 교통 혼잡   resident 주민

**레벨 6
모범답안**

⭐ 키워드: 도로 공사 공지 → 라디오 방송

Hello, Robert. I got your message saying that we have a situation. You said that there is a road repair but people don't know about the construction and the detour. So you wanted me to do something about this matter. Okay, don't worry about it. I have an idea. I think we need to use radio broadcast (to let people know about the construction). Drivers usually listen to the radio, so it will help. If you have any other problems, just call me back at 555-1234. Bye!

> 안녕하세요, 로버트. 당신이 문제가 있다고 말하는 메시지를 받았습니다. 도로 공사가 있지만 사람들이 공사와 우회로에 대해 모른다고 말씀하셨지요. 그리고 저에게 이 문제에 대해 무언가를 해 주기를 원했습니다. 좋습니다, 걱정 마세요. 제게 좋은 생각이 있습니다. 저는 우리가 (사람들이 공사에 대해 알도록 하기 위해) 라디오 방송을 이용할 필요가 있다고 생각합니다. 운전자들은 주로 라디오를 들어서, 이 방법이 도움이 될 것입니다. 만약 당신이 또 다른 문제가 있다면, 555-1234로 전화 주세요. 안녕히 계세요!

**레벨 7
모범답안**

⭐ 키워드: 도로 공사 공지 → 팸플릿, 교통 경고 표시

Hello, Robert Russell. I got your message regarding the situation that the southbound way from 1st Avenue is closed. However, drivers are unaware of the closure and are causing serious traffic jams in the morning. So you want me to explain to the residents and drivers that 1st Avenue is closed, and there is a detour for drivers to use. This is a big problem that needs to be taken care of quickly. We will do our best to get the word out to the commuters and residents that use this road. We'll send out pamphlets to the residents around the area and we will display warnings on our traffic alert system along the roads and highways leading to 1st Avenue. I hope this helps alleviate traffic congestion in the area. Please let me know if more action is required. Thank you.

> 안녕하세요, 로버트 러셀 씨. 저는 1번가로부터 남쪽으로 향하는 길이 폐쇄된 상황에 대한 메시지를 받았습니다. 그러나 운전자들은 폐쇄에 대해 알지 못하고 아침에 심각한 교통 혼잡을 야기하고 있습니다. 그래서 당신은 제가 주민과 운전자들에게 1번가가 폐쇄되었고 운전자들이 이용할 우회로가 있다고 설명하기를 원합니다. 빠르게 처리될 필요가 있는 큰 문제네요. 우리는 이 도로를 사용하고 있는 통근자들과 거주자들에게 소식을 널리 알리는 데 최선을 다할 것입니다. 지역 주변의 거주민들에게 팸플릿을 보낼 것이고 도로와 1번가로 가는 고속 도로를 따라 교통 알림 시스템에 경고를 표시할 것입니다. 저는 이것이 그 지역의 교통 혼잡을 경감시키는 것을 돕기를 희망합니다. 더 많은 조치가 필요하면 알려 주세요. 감사합니다.

be unaware of ~를 잘 모르는   closure 폐쇄   do one's best 최선을 다하다   commuter 통근자
alert 알림. 경고   highway 고속 도로   lead to ~로 향하는   alleviate 경감시키다   action 조치

해설

- 문제의 핵심은 도로 공사가 아닌, 사람들에게 알리는 법입니다.
- 많은 불특정 다수에게 알리는 방법으로는 방송이 가장 좋습니다.(Broadcasting is the best way.)
- '도로 전광판으로 우회로를 알려 주면 어떨까?(Why don't you use the electronic traffic sings/boards to inform customers about the detour?)'하는 구체적 방안도 좋습니다.

TOEIC® Speaking

Question 10: Propose a solution

Directions: In this part of the test, you will be presented with a problem and asked to propose a solution. You will have 30 seconds to prepare. Then you will have 60 seconds to speak.

In your response, be sure to
- show that you recognize the problem, and
- propose a way of dealing with the problem.

PREPARATION TIME
00:00:30

RESPONSE TIME
00:01:00

❖ 답변 확인 및 해설

Listening Script

Hello, this is Cindy. I'm calling to get some advice from you. As you know, I opened a printing shop one year ago in the university district, and my business struggled for a while in the beginning. Fortunately it started to show some signs of development. However, recently I've heard that there will be a new copy shop opening nearby. It'll be a branch of a nationwide franchise, so I'm afraid it'll threaten our business and take away our customers. Do you have any good ideas on how to deal with this, or if you know anyone who can help us with this, it would be great. Again, this is Cindy.

안녕하세요. 저는 신디입니다. 저는 당신에게서 조언을 얻기 위해 전화했습니다. 당신도 알다시피, 저는 1년 전에 대학가에 복사 가게를 열었습니다. 그리고 저의 사업은 처음에 한동안 어려움을 겪었습니다. 다행히도, 그것은 발전의 약간의 징후들을 보여 주기 시작했습니다. 그러나 저는 가까운 곳에 새로운 복사 가게가 생길 것이라고 들었습니다. 그것은 전국 프랜차이즈의 한 지점일 것입니다. 그래서 저는 그것이 우리의 사업을 위협하고 우리의 고객들을 뺏어갈까 두렵습니다. 당신은 이것을 다루는 방법에 대한 좋은 아이디어가 있습니까? 만약 당신이 이것을 도울 수 있는 누군가를 안다면 좋을 것입니다. 저는 신디였습니다.

---

district 구역 struggle 어려움을 겪다 for a while 한동안 sign 징후 nearby 가까이 nationwide 전국의 threaten 위협하다 take away 빼앗아 가다 deal with 다루다

레벨 6
모범답안

❖ 키워드: 복사 가게 경쟁 → 멤버십   🎧 S1_Part 5_39

Hello, this is Donald. I got your message saying that we have a situation. You said that there will be a new franchise copy shop and you are worried about losing customers. So you wanted me to do something about this matter. Okay, don't worry about it. I have an idea. I think you should make a membership system. Also, you should reward loyal customers with discounts. If you have any other problems, just call me back at 555-1234. Bye!

안녕하세요. 저는 도날드입니다. 저는 문제가 있다고 말하는 당신의 메시지를 받았습니다. 당신은 새로운 프랜차이즈 복사 가게가 생길 것이고 당신은 고객을 잃을까 걱정한다고 말했습니다. 그리고 저에게 이 문제에 대해 무언가를 해 주기를 원했습니다. 좋습니다. 걱정 마세요. 아이디어가 있습니다. 저는 당신이 멤버십 시스템을 만들어야 한다고 생각합니다. 또한, 단골 고객들에게 할인으로 보상해야 합니다. 만약 또 다른 문제가 있다면, 555-1234로 전화 주세요. 안녕히 계세요!

▼ 키워드: 복사 가게 경쟁 → 최저가 제시, 지역 광고 　　🎧 S1_Part 5_39

Hello, Cindy. I just checked your message saying that you opened a printing shop in the university district one year ago. It struggled at first, but has showed some signs of improvement. However, the problem is that there is a new copy shop opening nearby that is a branch of a nationwide franchise. There is a chance it could take away customers. So you are asking for some advice on how to avoid losing your customers to the new copy shop. As you know, nationwide franchises are at an advantage because they can offer the lowest prices in the business. You will have to see what their prices are and make sure that your prices can stay competitive with theirs. Make sure you keep up your advertising campaign in the area because your new competitor will be advertising all over the area. Have faith that university students, who tend to be more liberal, will want to support a local business over a nationwide chain. I hope this advice helps. Let me know if there is anything else, we can do for you. Best of luck.

안녕하세요, 신디. 저는 당신이 일 년 전에 대학가에 복사 가게를 열었다고 말하는 메시지를 방금 확인했습니다. 그것은 처음에는 어려움을 겪었지만 개선의 징후들을 보여 주고 있습니다. 그러나 문제는 가까운 데 생기는 전국 프랜차이즈의 지점인 새로운 복사 가게가 개점될 예정이라는 것입니다. 그것은 고객들을 뺏어갈 가능성이 있다는 것입니다. 그래서 당신은 어떻게 고객들을 새로운 복사 가게에게 뺏기는 것을 피할지에 대해 충고를 요청했지요. 당신도 알다시피, 전국 프랜차이즈들은 사업에서 가장 낮은 가격을 제공할 수 있기 때문에 유리한 입장에 있습니다. 당신은 그들의 가격이 어떻게 되는지 보고 당신의 가격이 그들과 경쟁이 유지될 수 있도록 확실히 해야 할 것입니다. 지역에 광고 캠페인을 계속 내도록 하세요. 왜냐하면 당신의 새로운 경쟁자는 모든 지역에 광고할 것이니까요. 더욱 진보적인 경향이 있는 대학생들은 전국 체인점보다 지역 사업체를 지지하기를 원할 것이라는 신념을 가지세요. 저는 이 충고가 도움이 되기를 희망합니다. 우리가 할 수 있는 그 밖의 다른 것이 있다면 알려 주세요. 행운을 빕니다.

chance 가능성, 기회　ask for 요구하다　be at an advantage 유리한 점이 있다　make sure 확실히 하다　stay competitive 경쟁력을 유지하다　keep up 계속하다　faith 신념　tend to ~하는 경향이 있다　liberal 진보적인, 자유로운

해설

- 대규모의 프랜차이즈 업체와 경쟁하는 것은 쉬운 일은 아니니 차별화된 전략(differentiated strategies)을 찾아야 합니다.
- 경쟁력을 갖추기 위해서는 가격을 낮추는 방법이 있습니다. (To stay competitive, you can offer the lowest prices.)
- 또한 다양한 상품 (개인 사진을 이용한 생일 카드, 달력 출력)을 개발하는 것도 좋은 방법입니다. (You can develop new products or services like birthday cards or calendars using customers' own photos.)

▼ *Practice 10*

Question 10: Propose a solution

Directions: In this part of the test, you will be presented with a problem and asked to propose a solution. You will have 30 seconds to prepare. Then you will have 60 seconds to speak.

In your response, be sure to
- show that you recognize the problem, and
- propose a way of dealing with the problem.

PREPARATION TIME
00:00:30

RESPONSE TIME
00:01:00

Listening Script

(Woman): Okay, Let's move on to our final issue. As you know, there was a serious accident in one of our labs last month, which resulted in a number of researchers being hospitalized and we lost valuable data. Consequently, that has led us to undertake a complete review of our safety guidelines. We are committed to taking whatever steps are necessary to avoid future accidents while making our facilities as safe as possible. However, I haven't really heard any report since the accident. I am sure someone is in charge of this matter to organize it. In my opinion, the problem occurred because we didn't train and inform our staff regarding safety guidelines, procedures, and use of laboratory equipment.

(Man): Well, didn't we come up with a series of 10 new guidelines after the accident?

(Woman): Yes, but it seems to be that no one really knows about them. That's why I would like all of you to find out how we can make sure this never happens again. I will wait for your prompt response.

(여자): 좋습니다. 우리의 마지막 문제로 넘어갑시다. 여러분도 알다시피, 지난달 우리의 실험실 중 하나에서 심각한 사고가 발생해서 많은 연구자들이 병원 신세를 지고 귀중한 자료를 잃게 되었습니다. 결과적으로 그것 때문에 우리는 안전 수칙을 철저히 재검토하게 되었습니다. 우리는 우리의 시설을 가능한 한 안전하게 만들면서 추후의 사고를 피하기 위해 필수적인 무슨 조치든 취하는 데 최선을 다하고 있습니다. 그러나 저는 사고 이후로 어떤 보고도 듣지 못했습니다. 저는 이것을 해결하기 위해 누군가가 이 문제를 담당하고 있다는 걸 확신합니다. 제 생각에 이 문제는 우리가 직원들에게 안전 수칙들, 절차, 연구실 장비의 사용에 대해 훈련하고 알리지 않았기 때문에 일어난 것입니다.

(남자): 음, 우리는 사고 이후에 10가지 새로운 일련의 수칙들을 생각해 내지 않았나요?

(여자): 그렇습니다. 그러나 아무도 그것들에 대해 잘 알지 못하는 것 같습니다. 그래서 저는 여러분 모두 이것이 재발되지 않도록 할 수 있는 방법을 알아내기를 원합니다. 저는 여러분의 신속한 대답을 기다릴 것입니다.

labs 연구실   result in ~의 결과를 내다   a number of 많은   be hospitalized 병원 신세를 지다   valuable 귀중한   consequently 결과적으로   undertake 착수하다, 떠맡다   safety guideline 안전 수칙   be committed to -ing ~하는 것에 헌신하다   in charge of ~를 담당하다   occur 일어나다   come up with 생각해 내다   a series of 일련의   prompt 즉각적인   response 대답, 비용

레벨 6
모범답안

♦ 키워드: 안전 수칙 알리기 → 안전 훈련 & 직원 회의　　🎧 S1_Part 5_41

Hello, this is Jason. I'm calling about our meeting agenda. You said that we have safety guidelines but the employees do not know about them. So you wanted me to do something about this matter. Okay, don't worry. I have an idea. I think we should take this matter more seriously. We should require all the employees to take the safety training and officially inform them about it at the next meeting and on our website. If you have any other problems, just call me back at 555-1217. Bye!

안녕하세요. 저는 제이슨입니다. 회의 의제에 대해 전화했습니다. 당신은 우리가 안전 수칙들을 가지고 있지만 직원들이 그것에 대해 알지 못한다고 말했습니다. 그래서 저에게 이 문제에 대해 무언가를 해 주기를 원했습니다. 좋습니다. 걱정 마세요. 좋은 생각이 있습니다. 저는 우리가 이 문제를 더욱 심각하게 받아들여야 한다고 생각합니다. 우리는 모든 직원들이 안전 훈련을 받게 하고 다음 미팅과 우리의 웹 사이트에 공식적으로 그것을 그들에게 알려야 한다고 생각합니다. 만약 또 다른 문제가 있다면, 555-1217로 전화 주세요. 안녕히 계세요.

✔ 키워드: 안전 수칙 알리기 → 안전 매뉴얼, 안전 훈련   🎧 S1_Part 5_41

Hello, this is Hermes. I'm calling about our last meeting. I heard that there was a serious accident in one of your labs last month, which resulted in a number of researchers being hospitalized, and the loss of valuable data. Consequently, that has led you to undertake a complete review of the safety guidelines. You are committed to taking whatever steps that are necessary to avoid future accidents while making the facilities as safe as possible. However, no one knows the new safety guidelines, procedures, and the use of laboratory equipment. Actually, we are still putting together a new safety manual and organizing a new safety training program. When all of this is completed, we will be sending it out to your division. We also are taking the accident very seriously and we want to make sure we can help you take every precaution to ensure that it doesn't happen again. Let me know if you have any more questions. Thank you.

안녕하세요. 저는 헤르메스입니다. 저는 우리의 지난번 회의에 대해 전화했습니다. 저는 지난달 당신의 실험실 중 하나에서 많은 연구자들이 병원 신세를 지고 귀중한 자료를 잃게 된 심각한 사고가 있었다고 들었습니다. 결과적으로 그것은 우리의 안전 수칙의 완벽한 검토를 하게 했습니다. 당신은 우리의 시설을 가능한 안전하게 만들면서 추후의 사고를 피하기 위해 필수적인 무슨 조치든 취하는 데 헌신하고 있습니다. 그러나 아무도 새로운 안전 수칙들, 절차들, 새로운 실험실 장비의 사용에 대해 알지 못합니다. 사실, 우리는 여전히 새로운 안전 매뉴얼을 구성하고 있고 새로운 안전 훈련 프로그램을 짜고 있습니다. 이 모든 것이 완료가 될 때, 그것을 당신의 부서로 보낼 것입니다. 우리는 또한 그 사고를 매우 심각하게 받아들이고 있습니다. 그것이 다시 일어나지 않는 것을 확실히 하기 위해 모든 예방 조치를 취하는 것을 도울 수 있기를 원합니다. 더 많은 질문이 있다면 알려 주세요. 감사합니다.

해설

– 문제를 구체적으로 생각해 보는 것도 좋습니다. '직원이 바쁜 건지, 중요성을 인식하지 못한 건지를 알아보자. (Let's figure out why they don't know; are they busy?)'라고 문제 분석을 해 결책으로 낼 수도 있습니다.

– 다른 방안으로 트레이너를 고용하는 방안도 있습니다.(I suggest hiring a professional trainer for this.) 매뉴얼을 읽으라고 하는 것보다 더 낫겠지요. (This will be better than just have them read manuals.)

– 중요한 문제임에도 직원들이 따르지 않는다면, 강압적인 방법이 필요할 수도 있습니다. 직원 평가에 반영될 수 있음을 알리세요. (If they still don't follow the rules, give them a warning that it can result in negative evaluation.)

Part 6 의견 제시

유형 파악

번호	유형	준비 시간	말하기 시간	평가 기준	점수
Q10	문제 해결	30초	60초	발음, 강세, 억양, 문법, 어휘, 일관성, 내용의 적절성, 내용의 완전성	5

채점 기준

평가 지침	**5점**	**수험자의 선택이나 의견을 명확히 나타내고, 쉽게 알아들을 수 있으며, 조리 있고 일관적이다.** □ 선택이나 의견이 이유와 부연 설명, 예시로 잘 뒷받침되며, 주제와 관계가 명확하다. □ 속도가 적절하며 명확하다. 내용에 방해되지 않는 사소한 발음이나 억양 실수가 있을 수 있다. □ 기본 구문과 복합 구문을 적절히 사용한다. □ 어휘를 효과적으로 잘 사용한다.
	4점	**수험자의 선택이나 의견을 명확히 나타내며 그에 대한 이유를 적절히 전개시킨다.** □ 응답 내용이 수험자의 의견을 나타내고 있으나 전개 면에서 부족할 수 있다. □ 내용과 주제와의 관계가 대체로 명확하다. □ 발음, 억양, 속도 면에서 약간 부족할 수 있으며 약간 듣는 이의 노력을 요한다. □ 자연스럽고 효과적인 문법을 사용하나 구문의 사용이 다양하지 못하다. □ 어휘의 사용은 굉장히 효과적이나 몇몇 어휘는 부적절하거나 부정확하다.
	3점	**수험자의 의견을 말하지만 의견에 대한 뒷받침은 제한적이다.** □ 의견을 나타내며 적어도 한 개 이상의 이유로 뒷받침된다. 그러나 그 이유에 대한 부연 설명이 없으며 주장을 반복한다. □ 말은 기본적으로 이해할 수 있으나 발음, 억양, 리듬/속도 때문에 평가자의 노력을 요구한다. □ 문법 실력이 부족하며 기본 구문만 제대로 말할 수 있다. □ 사용하는 어휘의 폭이 좁다.

	2점	응답이 질문과 관련 있지만 뒷받침이 없고, 알아듣기 힘들며, 일관성이 없다.
평가 지침		☐ 발음, 강세 및 억양상의 지속적인 어려움 때문에 알아듣기 매우 어렵다.
		☐ 문법 실력이 크게 부족하다.
		☐ 어휘력이 크게 부족하며 같은 어휘의 반복이 심하다.
	1점	질문을 따라 읽는 응답을 한다.
		☐ 자신의 선택, 선호, 의견을 제시하지 못한다.
		☐ 단어 수준으로 이야기하며 모국어와 영어를 합성해 사용한다.
	0점	무응답 혹은 질문과 답변의 연관성이 없다.

▶ 고득점을 받으려면?

- 발음, 강세, 억양에 주의하세요. (시험을 치는 동안 항상 평가되는 사항입니다.)
- 문법에 맞게 말하세요. (주어와 동사 넣기, 시제 및 수 일치에 유의하세요.)
- 내용이 주제에 적절하고 논리적이어야 합니다. (구체적 근거 제시하기)
- 주제에 대한 이해력과 사고력 그리고 판단력, 순발력 모두 필요합니다.
- 중요한 부분을 강조하기 위해 억양을 효과적으로 사용하세요. (단호하고 자신 있게)

TOEIC® Speaking

Question 11: Express an opinion

Directions: In this part of the test, you will give your opinion about a specific topic. Be sure to say as much as you can in the time allowed. You will have 15 seconds to prepare. Then, you will have 60 seconds to speak.

준비 시간 15초간 해야 할 일
★ 문제 해석하기
★ 입장 정하기(찬반, 선호, 의견)
★ 이유 1, 이유 2 (키워드로 준비)

TOEIC® Speaking

Do you agree or disagree with the following statement?

Face to face communication is better than e-mail.

Use specific reasons and details to support your answer.

PREPARATION TIME
00:00:15

말하기 시간 60초간 해야 할 일
★ 주장 → 이유1 → 이유2
  (반드시 두괄식 구조로 말할 것)
★ 적정 속도로 자연스럽게 말하기
★ 발음, 강세, 억양에 주의하기
★ 문법에 주의하기 (주어, 동사, 시제)
★ 이유에 대해서는 부연 설명하거나,
  근거 및 예제 사용하기

TOEIC® Speaking

Do you agree or disagree with the following statement?

Face to face communication is better than e-mail.

Use specific reasons and details to support your answer.

RESPONSE TIME
00:01:00

주의 사항
★ 만약 문제 해석을 못하는 경우에는 추
  측을 해서라도 접근하기(말을 하지 않
  으면 안 됨)
★ 할 말이 없는 경우에는 가설적인 상황
  을 만들어서라도 설명하기
★ 시간을 모두 사용하기

1 전략

Strategies

1 레벨 6, 7학습 전략
각자 목표 레벨에 맞춰 적용하세요.

▼ 레벨 6 학습 전략
Part 6 의견 제시는 레벨 6를 받는 학생들이 5점 배점에 평균 3점을 맞는 영역입니다. 토익 스피킹 시험의 가장 마지막에 배치되어 있으며, 가장 중요하고, 가장 어려운 영역으로 알려져 있습니다. 중괄식, 미괄식 등이 있는 우리나라와는 달리, 영어식 의견 제시는 두괄식으로 말을 해야 합니다. 먼저, 주장을 이야기하고 (찬성 혹은 반대, 선호, 아이디어), 이유를 제시한 후, 이유에 대한 부연 설명과 예제, 혹은 구체적 설명을 하세요. 같은 방식으로, 두 번째 이유와 부연 설명을 붙여가면 됩니다. 이런 구조적인 부분은 본 교재의 템플릿을 이용하면 자동으로 해결이 되니, 템플릿에 맞추어 연습하세요. (의견 → 이유1 (부연 설명) → 이유2 (부연 설명)

레벨 6을 위해 1) 템플릿을 익히고 2) 문제를 보면, 템플릿에 끼워 넣을 키워드를 준비하는 연습을 한 후(e.g. 의견, 이유 1, 이유 2) 3) 템플릿에 키워드를 문장으로 넣어 말하는 연습을 10번~20번 반복하세요.

▼ 레벨 7 학습 전략
레벨 7을 받는 학생들은 의견 제시에서 4점 혹은 5점의 점수를 받습니다. 사실 150점 레벨 6를 받는 학생들의 경우도 굉장히 유창하고 영어를 잘하는 경우가 많은데, 진짜 차이는 말하기의 양보다는 질에서 차이가 납니다. 논리적이고 설득력 있게 의견을 제시해야 합니다. 그러기 위해서는 해당 주제에 대한 이해가 필요하며, 만나보지 못한 주제라면 사고력도 필요하며, 구체적인 예제와 설명으로 자신의 주장을 뒷받침하는 능력도 필요합니다. 전문가에게 논리적인 피드백을 받을 수 있다면 가장 효과적이겠지만, 그럴 수 없다면 스스로 생각하거나, 다른 사람에게 본인의 내용이 설득력 있는가를 물어보세요. 또한, 토론을 하는 것도 다양한 견해를 얻는 데 도움이 됩니다.

레벨 7을 위해? 1) 템플릿을 이용하면 편할 것입니다. 템플릿으로 말하기의 구조를 쉽고 빠르게 끝낸 후 2) 많은 문제를 풀어보며 내용과 논리에 관심을 가지세요. 어떠한 문제가 나오더라도, 깊이 있는 생각을 논리 정연하게 제시할 수 있도록 아이디어, 표현력, 전달력 면에서 모두 준비되어 있어야 합니다.

 토스 필살기

- 점수를 위해 내가 할 수 있는 말을 먼저 생각하세요.
- 실력 향상을 위해서는 하고 싶은 말에 도전하며, 못하는 말은 사전도 찾고 도움을 구하세요.

2 채점 기준 전략

Part 6의 채점 기준인 발음/강세/억양/문법/어휘, 내용의 적절성/완성도를 숙지하세요.

▼▼ 발음

🎧 S1_Part 6_01

(1) 외래어 발음에 주의하세요. (e.g. 팸플릿, 브로슈어)

	Q. Parents should set a good model for their children. Do you agree or disagree?
X	Parents should set a good model for their children in terms of personality and social skills. [모델]
O	Parents should set a good model for their children in terms of personality and social skills. [마~들]

(2) 한국어에 없는 발음을 유의하세요. (e.g. f, v, z, l, r, i:)

	Q. What is the most important characteristic of a good employee?
X	Employees who have enthusiasm in their work are usually hard working. [임플로이즈 후 해브인슈지애즘 인 데어 워크 알 유즈얼리 하드워킹]
O	Employees who have enthusiasm in their work are usually hard working. [임플로이이~ㅈ 후 해애~ㅂ인쓔지어즘 인 데얼워얼~ㅋ 알 유즈얼리하알ㄷ워얼~킹] enthusiasm, walk가 아닌 work임에 주의하세요.

▼▼ 강세

🎧 S1_Part 6_02

(1) 쉬운 단어도 다시 확인하세요.

	Q. Compared to the past, it is harder for celebrities to maintain their popularity.
X	Celebrities nowadays have trouble maintaining their popularity. [셀러브리티]
O	Celebrities nowadays have trouble maintaining their popularity. 셀레브러티즈, 메인테인, 파퓰레러티 단어 강세에 주의하세요.

(2) 장모음의 강세는 더 길게, 더 강하게 소리내세요.

	Q. Good leaders are knowledgeable. Do you agree or disagree?
X	Leaders who have broad knowledge can handle emergency situations easily. [리더스] [날리지] [이질리]
O	Leaders who have broad knowledge can handle emergency situations easily. 리이~덜즈, 브로어~ㄷ, 해앤~들, 이이~질리 장모음에 주의하세요.

⌄⌄ 끊어 읽기와 억양 S1_Part 6_03

(1) 문장의 끝은 애매하게 남겨놓지 말고 끝을 내리세요.

	Q. What is the most important option when choosing a school: location or activities?
X	Students enjoy their school when they have a variety of school activities.→
O	Students enjoy their school when they have a variety of school activities.↘// 문장의 끝을 내리세요.

(2) 쉼표가 나오는 곳은 쉬어 주고 유지되는 억양을 사용하세요.

	Q. Should teenagers do part-time jobs while they are in school?
X	Before they join the workforce, they can learn many social values.
O	Before they join the workforce,→/ they can learn many social values.↘//

(3) 나열되는 항목은, A↗, B↗, and C↘ 억양을 사용하세요.

	Q. Free time makes people happy. Do you agree or disagree?
X	In my free time, I do many activities like playing the piano, reading books, and cooking.
O	In my free time,→/ I do many activities like playing the piano,↗/ reading books,↗/ and cooking.↘//

⌄⌄ 문법에 주의하세요. S1_Part 6_04

(1) 주어와 동사가 있는 문장으로 말하세요.

	Q. Living in a big city is better than living in a small town. Do you agree or disagree?
X	Living in a big city better. 의미가 명확하더라도 문법에 맞게 말하세요.
O	Living in a big city is better.

(2) 수 일치 – 주어와 동사를 수 일치 시키세요. (단수 vs. 복수)

	Q. People today lead a more balanced life in terms of work and family.
X	These days, the number of people who value their family more are higher.
O	These days, the number of people who value their family more is higher. the number가 주어임을 주의하세요. (* the number는 숫자이므로 단수, a number of는 '많은'이라는 뜻으로 복수 취급)

(3) 시제-과거의 일을 이야기할 때는 시제에 주의하세요.

	Q. What are the disadvantages of having a pet?
X	For example, when I lost my cat two years ago, I am in despair.
O	For example, when I lost my cat two years ago, I was in despair.

✔ 어휘에 주의하세요.

🎧 S1_Part 6_05

(1) 자신 있는 단어나 표현으로 말하세요.

	Q. These days people pay more attention to their health.
X	Yes, these days, the lifespan is.... lower? shorter...? 시험에서는 자신 없는 단어는 쓰지 마세요.
O	Yes, these days, people live longer than in the past. 쉽고 명확한 표현으로 말하세요.

✔ 내용의 적절성에 주의하세요.

🎧 S1_Part 6_06

(1) 의문사에 집중하세요.

	Q. Do you think studying English overseas during childhood is a good idea or not?
X	It is interesting for them to go abroad because they can visit many different places. 여러 곳에 놀러 가는 게 아니라 영어를 공부하는 것에 대해 이야기해야 합니다.
O	It will be interesting for them to talk to native speakers and learn from real conversations. 네이티브들과 만나서 이야기 한다는 것은 영어를 배우는 것과 관련된 내용입니다.

(2) 문제를 해결하지 않고, 사과와 보상과 원인만 설명하면 안 됩니다.

	Q. What are the disadvantages of working with people close to you?
X	Working with people close to you would make me feel comfortable. 단점을 물어봤음에 주의하세요.
O	Working with people close to you would create a too comfortable atmosphere. 지나치게 편안한 분위기는 오히려 안 좋을 수 있다며 물어본 내용에 대답을 해야 합니다.

✔ 내용의 완전성에 주의하세요.

(1) 주장만 하지 말고 이유를 말해야 합니다.

	Q. Do you prefer to drive your own car or take the bus?
X	I prefer to take the bus.
O	I prefer to take the bus because it is cheaper.

(2) 이유만 이야기하지 말고 근거나 구체적인 예시를 제시해야 합니다.

	Q. Good relationships among coworkers can help the business.
X	I believe so because they will help each other. 여기까지 하고, 다음 이유로 넘어가지 마세요. 설명해야 합니다.
O	I believe so because they will help each other. When problems happen, they can ask for advice from their coworkers easily, and people would be willing to solve problems together. 부연 설명을 하거나, 실제 있었던 사례를 드세요.

3 템플릿을 활용한 단계별 전략

✔ 템플릿 익히기

다음의 기본 템플릿을 암기하고 주제에 맞게 활용하세요.

> **기본템플릿**
>
> 1. I think that 의견 (I prefer 선호).
> 2. There are some reasons.
> 3. First of all, 이유 1.
> 4. This is because 부연 설명/구체적 근거.
> 5. For example, 예제.
> 6. Next, 이유 2.
> 7. To be specific, 구체적 근거.
> 8. If 원인/이유/조건, then 결과.
> 9. However, 반론/대조.
> 10. For these reasons, 의견.

∵ 템플릿 채우기

이제 템플릿을 내용으로 채웁니다. (★빈출 주제는 기업, 교육, 기술, 일상, 사회 등입니다.)

의견	**[기업]** I think that it is hard for small businesses to succeed these days. 저는 오늘날 작은 기업들이 성공하기 힘들다고 생각합니다. **[교육]** I think that there are many advantages to taking online classes. 저는 온라인 교육의 장점이 많다고 생각합니다. **[일상]** I prefer to use public transportation than to drive my own car. 저는 제 차를 운전하는 것보다 대중교통을 선호합니다.
이유	**[기업]** This is because large companies can attract more customers. 대기업들은 더 많은 고객들을 모을 수 있기 때문입니다. **[교육]** This is because online programs are more affordable. (cheaper/less expensive) 온라인 프로그램이 더 저렴하기 때문입니다. **[일상]** This is because using public transportation is more convenient. 대중교통을 이용하면 더 편리하기 때문입니다.
근거	**[기업]** To be specific, large companies advertise a lot. 구체적으로 대기업은 광고를 많이 합니다. **[교육]** For example, there are no commuting costs and there are many free online courses. 예를 들면, 교통비가 들지 않으며 무료 온라인 수업도 많습니다. **[일상]** For example, instead of driving, I can read a book. 예를 들어, 운전을 하는 대신에 책을 읽을 수도 있습니다.

∵ 템플릿을 활용한 학습 순서

템플릿의 개념을 이해했다면 이제 적용해 봅시다.

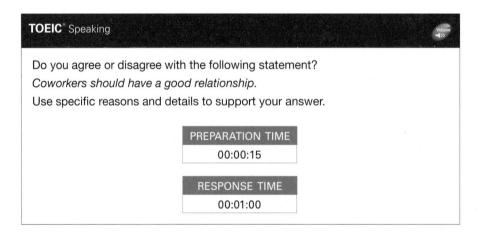

TOEIC® Speaking

Do you agree or disagree with the following statement?
Coworkers should have a good relationship.
Use specific reasons and details to support your answer.

PREPARATION TIME
00:00:15

RESPONSE TIME
00:01:00

템플릿의 키워드를 준비하는 연습

의견	
이유 1	
이유 2	

- 준비 시간 30초 동안 LC의 상황과 문제점을 요약하고, 해결책을 생각해 두세요.
- 너무 거대한 해결책 보다는 기본적이고 상식적인 정도의 해결책이면 됩니다.

Step 2 템플릿에 준비한 단어를 문장으로 끼워 넣기 (말하기 시간 60초 대비)

기본 템플릿을 사용하되, 주제에 따라 약간의 변형은 있을 수 있습니다.

1. I think that 의견.
2. There are some reasons.
3. First of all, 이유 1.
4. This is because 부연 설명/구체적 근거.
5. For example, 예제.
6. Next, 이유 2.
7. To be specific, 구체적 근거.
8. If 원인/이유/조건, then 결과.
9. However, 반론/대조.
10. For these reasons, 의견.

Step 3 반복 연습하기 (최소 10번 연습 추천)

답안과 해설을 참조하며 반복해서 연습하세요. 이때, 녹음을 하면 좋습니다.

Q 궁금해요 레벨 6와 레벨 7의 차이?

▶ 본 교재에서 제시된 레벨 6 답안은 최대한 틀을 벗어나지 않으려 했으며, 쉽고 접근 가능한 단어와 문장 구조를 생각했습니다. 또한, 내용상으로도 주제에 적합하면서도, 기억에 가장 잘 남을 내용으로 선정되었으니 그대로 흡수하셔도 좋습니다. 현재 답안의 70%만 따라 할 수 있어도 레벨 6를 만드실 수 있습니다. 유창하게 잘하신다면 고득점도 가능합니다.

▶ 레벨 7 답안도 레벨 6 답안과 마찬가지로 구조적이긴 하지만, 주어진 템플릿 외에 다양한 표현과 문장 구조를 사용합니다. 또한, 내용상으로 좀 더 구체적이고 추가적인 아이디어를 보충하거나 (주어진 문제에 따라서는) 다른 아이디어로 작성된 답안도 있습니다. (특정 의견이 더 점수를 잘 받지는 않으니 오해는 없으시길 바랍니다) 레벨 6 답안과 레벨 7 답안을 모두 참조하신다면, 점수와 실력을 모두 얻으실 것입니다.

템플릿을 여러 개 외우면, 오히려 혼란스러울 수도 있습니다.

일단, 기본 템플릿에 충실하되, 잘하고 욕심이 난다면, 다른 틀도 사용해 보세요.

장점/단점 의견 제시하기

추가 템플릿 1

Everything has its own advantages and disadvantages.

However, if I have to talk about advantages(disadvantages),

here are some that I can think of.

One advantage of it is 첫 번째 장점.

By doing this, we can 구체적 사항.

Another advantage of it is 두 번째 장점.

If we 대상, 구체적 사항.

모든 것에는 장단점이 있습니다. 그러나 장점(단점)에 대해서만 이야기 해야 한다면, 여기 몇 가지 제가 생각한 사항들이 있습니다. ~의 첫 번째 장점은 ~라는 것입니다. 이것을 함으로써, 우리는 ~할 수 있습니다. 또 다른 장점은 ~입니다. 만약 ~하다면, ~하게 될 것입니다.

세 가지 중 한 가지 선택

추가 템플릿 2

The three options are all important, so it is hard to decide.

However, if I have to make a choice among the three given options,

I would like to talk about 한 가지.

First of all, 첫 번째 사항

To be specific, 구체적 사항

Second, 두 번째 사항

That is, 구체적 사항

In conclusion, 결론 (반복)

세 가지 옵션은 모두 중요해서 결정하기가 힘이 듭니다. 그러나, 세 가지 옵션 중에서 결정을 해야만 한다면, 저는 ~에 대해 이야기를 하고 싶습니다. 첫째, ~합니다. 구체적으로 말하자면, ~지요. 둘째, ~입니다. 말하자면, ~이지요. 결론적으로, ~입니다.

4 시간 전략

지시 화면이 나오는 시간과 말하기 시간에 해야 할 일에 대해서 한 번 더 정리합니다.
자세한 사항은 이전 설명과 예제를 참조하세요.

❖ 문제가 나오면?

- ▶ 해석하되 문제의 키워드를 확인

  e.g. Coworkers should have a good relationship.

❖ 준비 시간 15초간 해야 할 일

- ▶ 키워드 생각하기 (의견, 이유1, 이유2)

  e.g. 찬성, 즐거운 직장 생활, 서로 도움

❖ 말하기 시간 60초간 해야 할 일

- ▶ 템플릿에 맞추어 말해 보기 (주장 → 이유1 → 이유2)

- ▶ 적정 속도로 말하기

- ▶ 발음, 강세, 억양에 주의하기

- ▶ 문법에 주의하기 (주어, 동사, 시제)

- ▶ 시간을 남기지 말고 다 써야 함

최신 기출 모범 답안

Model Answers

- 질의응답 최신 기출 모범 답안입니다.
- 일단, Reading으로 Speaking을 공부합시다. (주제 이해와 표현 흡수하기)
- 다음으로, Writing으로 Speaking을 공부해 보세요. (일부 문장을 영작 연습)
- 그런 후, Speaking으로 Speaking을 공부하세요. (반드시 말로 연습 하세요)
- 최종적으로, 자신의 생각과 표현으로 바꿔서 Speaking연습하세요. (응용하기)

▶ 한글로 보는 게 도움될지?

아이디어를 얻는 데 도움됩니다. Part 6는 한국어로도 할 말이 없는 경우가 많은데, 한국어로 된 내용을 보며 이런 저런 다양한 의견이 있을 수 있음을 이해하세요. 그리고 한글을 영어로 바꿔 말해 보는 것도 좋은 공부법입니다. (이때 스트레스 받지 말고 '이건 영어로 뭘까?'라고 궁금해 하며 학습해 보세요)

▶ 모범 답안을 외워야 하나요?

모범 답안과 완전히 똑같이 외우려 하지 마세요. 시간 낭비입니다.
모범 답안 중 마음에 드는 내용과 표현을 취사 선택한 후 (형광펜 사용 추천), 그 부분을 흡수하면 효과적입니다.

최신 기출 변형 문제 모음

Preview 모범 답안을 보기 전에 먼저 고민해 보세요.
(영어 문제도 있지만 아이디어가 중요하다는 것을 깨닫게 될 것입니다.)

Review 모범 답안을 본 후에는 다시 풀어 보세요.
(한두 번 읽거나 외우는 것만으로 안 된다는 것을 깨닫게 될 것입니다.)

Solution 가장 좋은 방법은?
내용은 이해하고 표현은 외워서 이 과정을 여러 번 반복하도록 하세요.

🎧 S1_Part 6_09

1. If you had to reduce your spending next year, what would you spend less on?
   <Entertainment/Clothes/ Health & Exercise>

2. What are the advantages of having a roommate?

3. If companies want to hire talented employees, which should be provided?
   <Rapid promotion, longer vacation>

4. [찬성/반대] Compared to the past, it is harder for celebrities to maintain their popularity.

5. [찬성/반대] In order to teach children to behave, it is necessary for parents to have strict rules.

6. A lot of Korean parents send their children and even preschoolers overseas to study English. Do you think studying English overseas during childhood is a good idea or not?

7. [찬성/반대] "Patience is the most essential characteristic for a sports coach."

8. [찬성/반대] "Companies have the right to terminate employment without any reason at any time."

9. Some people feel that it is convenient to take academic courses in a traditional class. Others enjoy the convenience of taking classes online. Which do you prefer?

10. If your job pays the same amount of salary, would you like to have a job where you need to travel most of the time or stay at the same location for a long time?

11. When you are getting a new job, which do you think is better: an easy job with less salary, or a difficult job with higher salary?

12. The number of telecommuters has been increasing now. Do you prefer working at home to doing your job at a workplace?

13. What are the most important elements of an employee that a company should look for when hiring?

14. Which character quality is more important in being a leader, knowledge or creativity? Why?

15. What is the most important option when choosing a school?
    Choose one of the options and give reasons or examples to support your opinion.
    (size of school/ location/ school activities)

If you had to reduce your spending next year, what would you spend less on? <Entertainment/Clothes/Health & Exercise>

Entertainment

- It is not necessary. In my case, I make use of discount membership coupons. There are many wise ways to reduce costs and enjoy entertainment for free.

- Compared to the other options, entertainment doesn't need to be a large expense. There are many things a person can do to have fun, and they don't need a large budget.

- With the advancement of technology, most people get their entertainment from the computer, without having to spend exorbitant amounts of money. All they have to pay for is Internet, and the occasional subscription.

make use of 사용하다 compared to ~와 비교할 때 expense 경비 advancement 발달 exorbitant 과도한 amount 양 pay for ~를 지불하다 occasional 가끔의 subscription 구독료

Clothes

- Clothes seem less important than the others. Unfortunately, my days are filled with a heavy work load and I often get stressed out. I need some entertainment in order to release my tension. And exercise is also a good way to get rid of my stress and keep my body fit. On the other hand, these days, clothes are expensive and I can live without buying new clothes every season. I already have plenty of clothes. These are the reasons why I would reduce my expenses on clothing if I have to save money.

- I'm not interested in fashion or the latest trends. Fashion can be very expensive, so I prefer to have a simple wardrobe. That way, I don't have to spend a lot of money or buy new clothes for every new fad.

unfortunately 안타깝게도 heavy work 과중한 업무 get stressed out 스트레스를 받다 release 풀다 tension 긴장 keep the body fit 몸매를 유지하다 get rid of ~를 제거하다 plenty of 많은 wardrobe 옷 fad 유행

Health & Exercise

- Actually, I think that there's no reason why I need to spend any money to exercise. I usually jog and ride a bicycle regularly so it doesn't cost anything.

- I think that buying fruits and vegetables and eating at home is better for one's health. Plus, cooking meals at home lets me know exactly what I am consuming and how much I am cooking. It is cheaper than eating out with friends at restaurants.

- If I eat moderate amounts of healthy meals prepared at home and exercise regularly, there is no need to spend a lot of money when I dine out. Plus, it is free to walk around or do exercises in my home.

consume 먹다 moderate 적당한 regularly 규칙적으로 dine out 외식하다

만약 당신이 내년에 소비를 줄여야 한다면, 무엇을 덜 소비할 것입니까?
〈오락/옷/건강 & 운동〉

오락

- 필수적이지는 않습니다. 제 경우에는 할인 멤버십 쿠폰을 사용합니다. 비용을 줄이고 무료로 오락을 즐길 수 있는 많은 현명한 방법들이 있습니다.
- 다른 옵션들에 비해 오락은 많은 비용을 필요로 하지 않습니다. 사람이 즐기기 위해 할 수 있는 많은 방법들이 있습니다. 그리고 그것들은 큰 예산을 필요로 하지 않습니다.
- 기술의 발달로 대부분의 사람들은 과도한 양의 돈을 소비할 필요 없이 컴퓨터로 오락을 합니다. 가끔 있는 구독료와 사용료만 지불하면 됩니다.

옷

- 옷은 다른 것들보다 덜 중요한 것 같습니다. 안타깝게도, 저의 일상은 과도한 업무로 가득 차 있어서 저는 종종 스트레스를 받습니다. 저는 저의 긴장을 풀어주기 위해 몇몇 오락이 필요합니다. 그리고 운동 또한 저의 스트레스를 없애주며 저의 몸매를 유지해 주는 좋은 방법입니다. 반면에, 요즘에 옷들은 비싸고 저는 매 시즌마다 새로운 옷을 사지 않고 살 수 있습니다. 저는 이미 많은 옷을 가지고 있습니다. 이것이 제가 돈을 절약해야 한다면 옷에 들어가는 경비를 줄일 수 있는 이유들입니다.
- 저는 패션과 최신 트렌드에 관심이 없습니다. 패션은 매우 비쌀 수 있습니다. 저는 심플한 옷을 입는 것을 선호합니다. 그와 같이 저는 매일 새로운 유행을 위해 많은 돈을 쓰거나 새로운 옷을 살 필요가 없습니다.

건강 & 운동

- 사실, 저는 제가 운동하는 데 돈을 써야 하는 이유가 없다고 생각합니다. 저는 주로 조깅을 하거나 규칙적으로 자전거를 탑니다. 그래서 돈이 전혀 들지 않습니다.
- 저는 과일과 야채를 사서 집에서 먹는 것이 건강에 더 좋을 것이라고 생각합니다. 게다가, 식사를 집에서 요리하는 것은 정확히 내가 무엇을 섭취하고 얼마나 요리하는지 알려 줍니다. 친구랑 식당에서 외식하는 것보다 더 저렴합니다.
- 만약 제가 집에서 준비된 적당한 양의 건강한 식사를 하고 규칙적으로 운동한다면, 내가 외식할 때 많은 돈을 쓸 필요가 없습니다. 게다가 걸어 다니고 집에서 운동하는 것은 돈이 들지 않습니다.

2 What are the advantages of having a roommate?
Give specific reasons or examples to support your opinion.

- Though living with someone else isn't easy due to having to share your space and make compromises, having a roommate comes with just as many benefits as possible.

- First off, for financial freedom, splitting your living costs with someone else will reduce the money (coming out of your bank account). It's not just rent, either: heat, water, gas, garbage, cable, Internet, and other common housing costs should all be shared among roommates. Even you can save costs on such items as cleaning supplies, food and furniture.

- Next, it's convenient to have a roommate when you are going to be gone for extended periods of time. Your roommate will probably agree to water your plants, get the mail and take care of your pets. Also, If you can carpool with your roommate to school or work, you will also save on gas and parking fees. If schedules permit, you might even be able to share one bus or subway pass.

share 나누다 make compromises 협상하다 benefit 혜택, 이익 first off 첫째 split 쪼개다 bank account 은행 계좌 housing costs 주거비 convenient 편리한 extended periods of time 장기간 carpool 차를 같이 타다 permit 허락하다

2 룸메이트와 같이 사는 것의 장점들은 무엇입니까?
당신의 의견을 뒷받침할 수 있는 구체적인 이유와 예시를 말하세요.

- 비록 당신의 공간을 나눠야 하고 타협해야 하기 때문에 다른 누군가와 사는 것은 쉽지 않지만, 룸메이트와 같이 사는 것은 많은 이익들이 따라옵니다.

- 첫째, 재정적 자유로서 당신의 생활비를 다른 누군가와 나누는 것은 (당신의 은행 계좌에서 나오는) 돈을 줄일 것입니다. 집세뿐이 아닙니다. 난방, 수도, 가스, 쓰레기, 케이블, 인터넷, 다른 보통의 주거비가 룸메이트들 사이에서 모두 나눠질 수 있습니다. 심지어 당신은 청소용품, 음식, 가구와 같은 물품들의 비용도 줄일 수 있습니다.

- 다음으로 당신이 장시간 동안에 어디를 가야할 때 룸메이트가 있는 것은 편리합니다. 당신의 룸메이트는 아마 식물에 물을 주고, 우편을 받아주고, 당신의 애완동물을 돌봐주는 것에 동의할 것입니다. 또한, 만약 당신이 당신의 룸메이트와 학교나 직장에 같이 차를 타고 간다면, 당신은 기름 값이나 주차비를 아낄 수도 있습니다. 만약 스케줄이 가능하다면 당신은 심지어 하나의 버스나 지하철 패스를 공유할 수도 있습니다.

3 If companies want to hire talented employees, which should be provided?

<Rapid promotion, longer vacation>

Rapid promotion

- Promotion is directly related with salary and furthering one's career. Talented employees wouldn't want to waste their time at a company that didn't offer rapid promotions. The faster one can be promoted, the faster they can further their career and have more job satisfaction.

- Most workers nowadays make use of their vacation freely, and aren't concerned with taking extended vacations. Vacations are a bonus at a company, but most people are more concerned with rising up the corporate ladder and making more money. Therefore, a longer vacation doesn't have a big meaning to them.

- In the case of many people, money and success is important, so they prefer work rather than taking a rest. Money is important for people wanting to start families, and so they need the financial security before settling down. Resting and relaxing can be done later on, after people gain a sufficient amount of money and success.

promotion 승진 be related with ~와 관련되어 있다 further 발전시키다 talented 재능 있는 waste 낭비하다 rapid 빠른 satisfaction 만족 nowadays 요즘 make use of 사용하다 be concerned with ~를 걱정하다 extended 연장된, 장기간의 rise up the corporate ladder 기업체의 계층서열을 올라가다 therefore 그러므로 rather than 차라리 ~보다 financial 재정적인 security 안정 settle down 결혼하다 sufficient 충분한

Longer Vacation

- Realistically, a company that provides both of them would be the most favorable workplace. However, thinking in terms of hardworking employees, I think a longer vacation would appear more attractive. It is a fact that people need a certain amount of time to be away from work in order to enjoy their lives.

- When comparing the 2 options above, a rapid promotion seems less promising than a longer vacation. Although people nowadays are obsessed about tangible or material success, still not many are willing to spend their life in a cubicle just to be on the top of the hierarchy. After all, work is only considered to be a means of making money to live a happy life.

- A longer vacation allows for more personal satisfaction. Many people have high amounts of stress due to work and life, but having a longer vacation can help them refresh themselves. When a person has a better balance between work and relaxation, they can be more optimistic about life and work.

realistically 현실적으로 favorable 선호하는 in terms of ~의 면에서 attractive 매력적인 certain 특정한 be away from ~로부터 떠나디 compare 비교하다 promising 가능성 있는, 전만 있는 be obsessed about ~에 집착하다 tangible 확실한 material success 물질적 성공 still 여전히 be willing to 기꺼이 ~하다 hierarchy 지위, 계층 personal 개인적인 refresh oneself 재충전하다 balance 균형 optimistic about ~에 대해 낙관적인

만약 회사들이 재능 있는 직원들을 고용하기를 원한다면 어떤 것이 제공되어야 할까요?
〈빠른 승진, 더 긴 휴가〉

빠른 승진

• 승진은 봉급과 경력을 발전시키는 데 있어서 직접적으로 관련이 있습니다. 재능 있는 직원들은 빠른 승진을 제공하지 않는 회사에서 그들의 시간을 버리기를 원하지 않습니다. 더 빠르게 승진할 수 있을수록, 더 빨리 경력을 발전시키고 더 많은 직업 만족을 얻을 수 있습니다.

• 요즘의 대부분의 직원들은 그들의 휴가를 자유롭게 사용하고, 장기 휴가를 가지는 것에 대해 걱정하지 않습니다. 휴가는 회사에서의 보너스이지만, 대부분의 사람들은 기업체에서 승진하는 것과 더 많은 돈을 버는 것을 걱정합니다. 그러므로 더 긴 휴가는 그들에게 큰 의미가 없습니다.

• 많은 사람들의 경우에 돈과 성공은 중요합니다. 그래서 그들은 쉬는 것보다 일하는 것을 선호합니다. 돈은 가족을 꾸리기를 원하는 사람들에게 중요합니다. 그래서 그들은 결혼하기 전에 재정적인 안정을 필요로 합니다. 휴식과 쉬는 것은 사람들이 충분한 돈과 성공을 얻은 후에 나중에 할 수 있습니다.

더 긴 휴가

• 현실적으로 둘 다를 제공하는 회사는 가장 선호하는 직장일 것입니다. 그러나 재능 있는 직원들의 입장에서 생각해 보면, 긴 휴가는 더욱 매력적이게 보입니다. 사람들이 그들의 삶을 즐기기 위해 직장으로부터 떨어져 있는 일정한 시간을 필요로 하는 것이 사실입니다.

• 위의 2가지 옵션을 비교해 볼 때, 빠른 승진은 긴 휴가보다 가능성이 적어 보입니다. 비록 요즘 사람들은 확실하고 물질적인 성공에 집착함에도 불구하고, 여전히 많지 않은 사람들은 단지 가장 높은 지위에 있기 위해 좁은 공간 안에서 그들의 삶을 소비하려 하지 않습니다. 결국 일은 단지 행복한 삶을 살기 위해 돈을 벌려는 수단으로써 고려됩니다.

• 더 긴 휴가는 더 많은 개인적인 만족을 가능하게 합니다. 많은 사람들은 일과 삶 때문에 많은 스트레스를 갖고 있지만, 더 긴 휴가를 갖는 것은 그들이 재충전할 수 있도록 도와줄 수 있습니다. 사람이 일과 휴식 사이에서 균형을 가질 때 그들은 삶과 일에 더욱 낙관적이 될 수 있습니다.

4 Do you agree or disagree with the following statement?
Compared to the past, it is harder for celebrities to maintain their popularity.

🎧 S1_Part 6_13

Agree

- Definitely, yes. Celebrities nowadays have trouble maintaining their popularity. With fans being very judgmental and influential, a celebrity can be popular one month, and despised the next. Depending on the publicity or work a celebrity gets, it can greatly influence their image and how people perceive them.

- Society is now saturated with celebrities with many different assets. Many celebrities have different vocations, and some have a variety of abilities. The competition is fierce, and it is more difficult for celebrities to main their popularity.

- Personally, I think there is an overabundance of celebrities who have at least one thing that stands out from others. It could be their looks, their voice, or whatever. But unfortunately, there are too many talented people, so, the one special thing becomes somewhat ordinary and quickly fades away. I think such phenomena arose because of widespread media technology. The frequent exposure of their talent to the public has provided a chance of imitation which means it's no longer unique.

definitely 확실히   celebrity 연예인   maintain 유지하다   popularity 인기   judgmental (남에 대해) 비판을 잘하는   influential 영향력 있는   despise 경멸하다   depending on ~에 따라   influence 영향을 끼치다   perceive 인식하다   be saturated with ~에 어려움을 겪다   vocation 소명, 직업   a variety of 다양한   competition 경쟁   fierce 치열한   personally 개인적으로   overabundance 포화   stand out 눈에 띄다   somewhat 다소   fade away 사라지다   phenomena 현상   arise 일어나다   widespread 넓게 퍼진   exposure 노출   imitation 모방   unique 독특한

Disagree

- Nowadays fans are very loyal to celebrities, regardless of bad publicities and fiascos. Fans have faith in celebrities, so even if they did something horrible, their fans are likely to forgive them or give them the benefit of the doubt.

- It can be easy to recover their popularity. For example, if there is a bad rumor spread about a celebrity, they can know immediately and respond promptly to the situation. With quick communication and response, a celebrity can quickly handle a situation before it escalates.

- Nowadays people are more obsessed with pretty people. Celebrities are often very attractive, and are popular mostly based on their looks, not their real personalities. Because of cosmetic surgeries and procedures, many people are reaching society's high standards of attractiveness. It is hard to remain upset with a beautiful thing, so these days people remain more loyal to attractive celebrities than in the past.

loyal 충성심 있는   regardless of ~에 관계없이   fiascos 큰 실수   bad publicity 나쁜 평판   faith 신념   be likely to ~하기 쉽다   give ~ the benefit of the doubt ~의 말을 믿어 주다(~가 잘못을 저지르지 않았다고 보다)   recover 회복하다   respond to ~에 응답하다   escalate 확대되다   be obsessed with ~에 집착하다   based on ~를 기반으로 하다   personality 성격   cosmetic surgery 성형수술   reach standard 표준에 도달하다   attractiveness 매력

당신은 다음의 주장에 동의하거나 동의하지 않습니까?
과거와 비교할 때 연예인들이 그들의 인기를 유지하는 것이 더 어렵다.

동의

- 확실히 그렇습니다. 요즘 연예인들은 그들의 인기를 유지하는 데 어려움을 겪고 있습니다. 비판하기를 좋아하고 영향력 있는 팬들로 인해 연예인은 한 달 동안 유명해질 수 있고, 다음 달에 경멸당할 수도 있습니다. 인기와 연예인이 하는 작품에 따라, 그들의 이미지와 어떻게 사람들이 그들을 인식하고 있는지에 큰 영향을 줄 수 있습니다.

- 사회는 이제 많은 다른 자산을 가지고 있는 연예인들에 포화되어 있습니다. 많은 연예인들은 다른 소명들을 가지고 있고, 몇몇은 다양한 능력들을 가지고 있습니다. 경쟁은 치열하고, 연예인들이 그들의 인기를 유지하는 것은 더 어려워집니다.

- 개인적으로 다른 사람들로부터 눈에 띄는 적어도 한 가지를 가진 연예인들은 넘쳐난다고 생각합니다. 그것은 그들의 외모든, 목소리든 혹은 무엇이든지 될 수 있습니다. 하지만 불행히도 재능을 가진 사람들이 너무 많이 있습니다. 그래서 한 가지의 특별한 점이 다소 평범해지고 빠르게 사라집니다. 제 생각에 그런 현상은 넓게 퍼진 매스미디어 기술 때문에 일어난다고 생각합니다. 대중에게 그들의 재능을 빈번하게 노출하는 것은 모방의 기회를 제공하는 것이며 이것은 그 재능이 더 이상 특별한 것이 아님을 의미합니다.

동의하지 않음

- 요즘에 팬들은 나쁜 평판과 큰 실수에 관계없이 연예인들에게 매우 충성적입니다. 팬들은 연예들에게 믿음을 가지고 있어서, 비록 그들이 뭔가 끔찍한 것을 했음에도 불구하고, 그들의 팬들은 그들을 용서하거나 그들이 잘못을 하지 않았다고 믿어줍니다.

- 그들의 인기를 회복하는 것은 쉬울 수 있습니다. 예를 들어, 만약 연예인에 대해 퍼진 나쁜 소문이 있다면, 그들은 즉시 알 수 있고 상황에 신속하게 반응합니다. 빠른 의사소통과 반응으로 인해 연예인은 그것이 확대되기 전에 빠르게 상황을 다룰 수 있습니다.

- 요즘 사람들은 예쁜 사람들에 더욱 집착합니다. 연예인들은 종종 매우 매력적입니다. 그리고 대부분 그들의 실제 성격들이 아니라 외모를 기반으로 유명합니다. 성형수술과 절차들 때문에, 많은 사람들은 사회적으로 높은 수준의 매력에 도달하고 있습니다. 아름다운 것에 기분이 상하는 걸 유지하는 것은 어렵습니다. 그래서 요즘 사람들은 과거보다 매력적인 연예인들에게 더욱 충성심을 유지합니다.

Do you agree or disagree with the following statement?
In order to teach children to behave, it is necessary for parents to have strict rules.

🎧 S1_Part 6_14

Agree

- Children's behaviors are generated at an early age. So unless parents want to raise an individual with poor behavior, they must be strict during the child's childhood. Freud, a psychologist, said that people's characters are built before they are 5 to 6 years old. Therefore, I think it is important to be strict in disciplining children.

- Nowadays, parents on average have only one to two children, so they tend to overprotect their children. Compared to earlier generations, children nowadays have become spoiled and selfish. For instance, we can easily find screaming and running children in a restaurant. However, parents let them run around freely, so sometimes in public places, many people are disturbed and annoyed.

- Parents need to be strict with their children to properly teach them manners and how to behave. A parent needs to be a good role model who is able to correct a child's actions. Children can better adjust to living in society if they quickly learn how to behave and interact with other people. A strict upbringing is the best way to teach a child core values.

generate 생성하다 unless 만약 ~하지 않는다면 strict 엄격한 childhood 어린 시절 psychologist 심리학자 discipline 훈계하다 on average 평균적으로 overprotect 과잉보호하다 compared to ~에 비교할 때 generation 세대 spoiled 버릇없는 selfish 이기적인 scream 소리 지르다 public place 공공장소 disturbed 산만한 adjust to ~에 적응하다 interact with ~에 상호작용 하다 upbringing 교육 core value 핵심 가치

Disagree

- Character is built at a young age and can be affected very easily, so it is better to have a relaxed upbringing. Self-esteem can be irreparably damaged if parents are overbearing with their strict rules and discipline. It is easy to learn rules, but character is a precious thing that must not be destroyed by society.

- Strict rules are not necessary to teach good behavior to children. I believe that implementing strict rules unilaterally could invite unwanted conflicts into a family.

- Most people have experienced the negative effects of strict rules and many are against corporal punishment. Children should be allowed to be children and slowly learn how to behave when they become integrated into society.

- Parents should approach their children by conversation and persuade with words. Having a happy childhood is important, and children can be easily manipulated to produce good behavior without strict rules and punishment.

affect 영향을 끼치다 self-esteem 자의식 irreparably 고칠 수 없게 overbear 압도한다 discipline 훈육 precious 소중한 destroy 파괴하다 implement 실시하다 unilaterally 일방적으로 unwanted 원하지 않는 conflict 갈등 negative effect 부정적인 효과 corporal punishment 체벌 integrate into ~에 융화하다 approach 접근하다 persuade 설득하다 manipulate 조종하다

5 당신은 다음의 주장에 동의하거나 동의하지 않습니까?
아이들이 예의 바르게 행동하도록 가르쳐 주기 위해서 부모들이 엄격한 규칙을 가지는 것은 필수적이다.

동의

- 아이들의 행동들은 이른 나이에 형성이 됩니다. 그래서 만약 부모님들이 버릇없는 행동을 가진 개인으로 기르기를 원하지 않는다면, 그들은 아이의 어린 시절 동안에 엄격해야 합니다. 심리학자인 프로이드는 사람들의 캐릭터는 그들이 5, 6세가 되기 전에 생성된다고 말했습니다. 그러므로 아이들은 훈계하는 데 엄격한 것은 중요합니다.

- 요즘 평균적으로 부모님들은 하나나 둘의 아이들만 가집니다. 그래서 그들은 아이들을 과잉보호하는 경향이 있습니다. 더 이전 세대와 비교했을 때, 요즘 아이들은 버릇없고 이기적이 되었습니다. 예를 들어, 우리는 식당에서 소리치거나 뛰어다니는 아이들을 쉽게 찾을 수 있습니다. 그러나, 부모님들은 그들이 자유롭게 뛰어다니는 것을 허락합니다. 그래서 때때로 공공장소에서 많은 사람들은 방해 받거나 짜증이 납니다.

- 부모님들은 아이들에게 어떻게 올바르게 행동하는지 가르치기 위해서 그들에게 엄격할 필요가 있습니다. 부모는 아이의 행동을 고칠 수 있는 좋은 역할 모델이 될 필요가 있습니다. 아이들은 만약 그들이 다른 사람들과 어떻게 행동하고 상호작용 하는지 빠르게 배운다면 사회에서의 생활에 적응을 더 잘할 수 있습니다. 엄격한 교육은 아이들에게 핵심 가치를 가르쳐 줄 최고의 방법입니다.

동의하지 않음

- 성격은 어린 나이에 형성이 되고 매우 쉽게 영향을 받을 수 있습니다. 그래서 관대한 교육을 가지는 것이 더 낫습니다. 자의식은 만약 부모님들이 그들의 엄격한 규칙들과 훈육으로 압도한다면 고칠 수 없도록 망가질 수도 있습니다. 규칙들을 배우는 것은 쉽습니다. 하지만 성격은 사회에 의해 파괴되어서는 안 되는 소중한 것입니다.

- 엄격한 규칙은 아이들에게 좋은 행동을 가르치기에 필수적이지 않습니다. 저는 일방적으로 엄격한 규칙을 시행하는 것은 가족에게 원하지 않는 갈등을 가져다 줄 수 있다고 믿습니다.

- 대부분의 사람들은 엄격한 규칙들의 부정적인 효과들을 경험하고 있고, 많은 사람들은 체벌에 반대합니다. 아이들은 아이들이어야 하는 것이 허용되어야 하고, 그들은 그들이 사회에 융화될 때 어떻게 행동하는지 천천히 배워야 합니다.

- 부모님들은 그들의 아이들에게 대화로 접근해야 하고 그들을 말로 설득해야 합니다. 행복한 어린 시절을 보내는 것은 중요합니다. 그리고 아이들은 엄격한 규칙들과 처벌 없이도 쉽게 좋은 행동을 만들어 내도록 다뤄질 수 있습니다.

A lot of Korean parents send their children and even preschoolers overseas to study English. Do you think studying English overseas during childhood is a good idea or not? Use specific reasons and examples to support your opinion.

S1_Part 6_15

Agree

- Children learn faster than adults. I read an article saying that children can learn foreign languages faster than adults. That's why a lot of parents prefer to send their children overseas to study English.
- Language skills are determined during childhood. I have heard this opinion on TV and newspapers.
- Childhood is the period when they can maximize their potential. They learn very fast and absorb all knowledge from every encounter with new experiences. Looking around and hearing what other people are saying in English, studying English overseas could be a wonderful experience during childhood.
- They can experience various cultures. It is helpful to understand other people and cultures during childhood.
- In my case, I went to England when I was an 8-year-old. At that time, I met lots of foreign friends and I could learn their culture. Through my experience, I can understand other cultures very well.

overseas 해외에서   determine 결정하다   maximize 최대화하다   potential 잠재력   absorb 흡수하다   encounter 직면, 조우   at that time 그 당시에

Disagree

- Young children can be confused with their identities if they go abroad at an early age. Language contains culture, attitude, and a way of thinking.
- They can miss the chance to learn their mother language completely. So they have a hard time to make local friends when they return.
- It makes their parents spend too much money on studying overseas. It can be a burden to their parents.
- Children can get a lot of stress due to learning a new language and culture. Most parents give too much pressure to their children to study English.
- In my older sister's case, she went overseas when she was young. At that time she was confused about her identity, because she could not use Korean. Also she could no longer speak Korean fluently, so she got a lot of stress.

be confused with ~에 혼란스러워 하다   identity 정체성   attitude 태도   mind 사고방식   burden 무남   pressure 압력   no longer 더 이상 ~않다   fluently 유창하게

많은 한국 부모님들은 그들의 아이들과 심지어 유치원생들을 영어를 공부시키기 위해 해외로 보냅니다. 당신은 어린 시절 동안 영어를 해외에서 공부하는 것이 좋은 생각이라고 생각합니까 아닙니까? 당신의 의견을 뒷받침할 구체적인 이유와 예시를 사용하세요.

동의

• 아이들은 어른들보다 더 빨리 배웁니다. 저는 아이들이 어른들보다 더 빠르게 외국어를 배울 수 있다고 말하는 기사를 보았습니다. 그것이 많은 부모님들이 자신들의 아이들을 영어를 공부시키기 위해 해외로 보내는 것을 선호하는 이유입니다.

• 언어 능력은 어린 시절 동안에 결정됩니다. 저는 이 의견을 TV와 신문에서 들었습니다.

• 어린 시절은 그들이 잠재력을 최대화 할 수 있는 기간입니다. 그들은 매우 빠르게 배우고 만나게 되는 모든 새로운 경험으로부터 모든 지식을 흡수합니다. 다른 사람들이 영어로 말하는 것을 주위에서 보고 들으면서, 영어를 해외에서 공부하는 것은 어린 시절 동안에 멋진 경험이 될 수 있습니다.

• 그들은 다양한 문화를 경험할 수 있습니다. 어린 시절에 다른 사람들과 문화를 이해하는 것은 도움이 됩니다.

• 제 경우에 저는 8살에 영국을 갔었습니다. 그 당시에 저는 많은 외국 친구들을 만났고, 그들의 문화를 배울 수 있었습니다. 저는 제 경험을 통해 다른 문화들을 매우 잘 이해할 수 있습니다.

동의하지 않음

• 어린아이들은 만약 그들이 어린 나이에 해외에 간다면 그들의 정체성이 혼란스러울 수 있습니다. 언어는 문화, 태도, 사고방식을 포함합니다.

• 그들은 그들의 모국어를 완전히 배울 기회를 놓칠 수 있습니다. 그래서 그들은 현지 친구들을 만나는 데 어려움이 있습니다.

• 그것은 그들의 부모님들이 해외에서 공부하기 위해서 너무 많은 돈을 소비하게 합니다. 그것은 그들의 부모님들에게 부담이 될 수 있습니다.

• 아이들은 새로운 언어와 문화를 배우기 때문에 많은 스트레스를 받을 수 있습니다. 대부분의 부모님들은 그들의 아이들에게 영어를 배우라고 너무 많은 압박을 줍니다.

• 제 언니의 경우에 그녀는 그녀가 어렸을 때 해외에 갔습니다. 그 당신에 그녀는 그녀의 정체성에 대해 혼란스러웠습니다. 왜냐하면 그녀는 한국어를 사용할 수 없었기 때문입니다. 또한, 그녀는 더 이상 한국어를 유창하게 할 수 없었습니다. 그래서 그녀는 많은 스트레스를 받았습니다.

Do you agree or disagree with the following statement? "Patience is the most essential characteristic for a sports coach." Use specific reasons and examples to support your answer. S1_Part 6_16

Agree: Patience

- Patience is the most essential characteristic for a sports coach. If the coach has the patience to be a good leader, many players will follow and rely on the coach. Then the ability of the players will improve and the team will win more games.
- Patience is important because coaches need to have patience to teach the students. Some students may not follow the rules, or the techniques. The coach will need to teach them with patience to properly improve their skill.
- Patience is very important for human beings. Sometimes if people aren't patient, it can bring about fights and create bad impressions among people. So to make sure that doesn't happen, coaches should have patience while dealing with their students, allowing them to overcome personal obstacles to perform better.

characteristic 특징 rely on ~에 의존하다 patience 인내심 human being 인류 bring about 야기하다
impression 인상 deal with ~를 다루다 overcome 극복하다 obstacle 방해물

Disagree: Communication skill

- Communication skill helps coaches build better relationships with students. There is no instruction, when there's no communication.
- Communication skill will lead to less misunderstanding between the coach and students.
- From my experience, there was a capable coach when I was in high school. But because he had no communication skill, none of the students wanted to work with him.
- Coaches must have the right communication skill to be able to deal with their students. Some students look down on coaches who can't communicate well with the students.
- Patience can help in waiting for a student to perform better. But without communication, the student won't know how to improve without the coach's guidance.

communication skill 의사소통 능력 build relationships 관계를 쌓다 instruction 설명 lead to ~로 이끌다
misunderstanding 오해 capable 유능한 deal with 다루다 look down on 깔보다 patience 인내심

당신은 다음의 주장에 동의합니까, 동의하지 않습니까? "인내심은 운동 코치에게 가장 필수적인 자질입니다" 당신의 답변을 뒷받침할 구체적인 이유와 예시를 사용하세요.

동의: 인내심

- 인내심은 운동코치에게 가장 필수적인 자질입니다. 만약 코치가 좋은 리더가 되기 위한 인내심을 가지고 있다면, 많은 선수들은 그 코치를 따르고 의지할 것입니다. 그러고 나면 선수들의 능력은 향상될 것이고 그 팀은 더 많은 게임들을 우승할 것입니다.
- 인내심은 코치들이 학생들을 가르치기 위해 가질 필요가 있기 때문에 중요합니다. 몇몇의 학생들은 규칙들이나 기술들을 따르지 않을지도 모릅니다. 코치는 그들의 능력을 적절히 향상시키기 위해 인내심을 가지고 가르칠 필요가 있습니다.
- 인내심은 인류에게 중요합니다. 때때로 만약 사람들이 인내심이 없다면, 그것은 싸움을 야기할 수 있고, 사람들 사이에서 나쁜 인상을 만들 수 있습니다. 그래서 그런 것이 일어나지 않게 확실히 하기 위해 코치들은 그들의 학생들을 다루는 동안 그들이 실력을 향상시키고 개인적인 장해물을 극복하도록 허용하면서 인내심을 가지고 있어야 합니다.

동의하지 않음: 의사소통 능력

- 의사소통 능력은 코치들이 학생들과 더 나은 관계를 쌓을 수 있도록 도와줍니다. 설명이 없다면 가르침도 없습니다.
- 의사소통 능력은 코치와 학생들 사이에 오해를 덜 수 있습니다.
- 제 경험으로 제가 고등학교를 다닐 때, 유능한 코치가 있었습니다. 하지만 그분이 의사소통 능력이 없었기 때문에 학생들 그 누구도 그와 같이 일하기를 원하지 않았습니다.
- 코치들은 학생들을 다루기 위해서 올바른 의사소통 능력을 가지고 있어야 합니다. 몇몇의 학생들은 학생들과 의사소통을 잘하지 못하는 코치들을 무시합니다.
- 인내심은 학생이 더 잘 수행하도록 기다리는 데 도움이 됩니다. 하지만 의사소통이 없다면 학생은 어떻게 코치의 지도 없이 향상하는지 모를 것입니다.

8 Do you agree or disagree with the following statement: "Companies have the right to terminate employment without any reason at any time."

S1_Part 6_17

Agree

- I think that companies should have the right to be able to fire employees at their own discretion. It allows for the employees to feel insecure about their job standing and inspire them to work harder and be more productive.

- Sometimes it requires too many justified reasons or too much paperwork to fire an employee for being a liability to the company. With unrestricted termination powers, you could weed out the inefficient employee and help your company prosper.

- Without giving reasons to an employee when you fire them, you don't have to embarrass them. Even if you did tell them the reason, it wouldn't have any effect on their character.

at one's own discretion 자유재량으로   insecure 불안한   inspire someone to do ~하도록 고무시키다
productive 생산적인   justified 정당한   liability 골칫거리   unrestricted 제한을 받지 않는   termination 종결
inefficient 비효율적인   prosper 번영   embarrass 당황하게 하다

Disagree

- I think that employees have the right to know what the reasons are for being terminated before getting fired. They will need to know their mistakes so that they don't make them in their next company.

- It seems very immoral to terminate employees without any reason. If they don't have reason, it is very unfair to the employees who have done nothing wrong to be treated in this manner. It could also be over petty personal matters, like a boss abusing his authority.

- It can cause a decrease in the employee's loyalty. If the company lays off employees on its own authority, they will feel unhappy and will become anxious. Consequently, it makes employees rebellious. So the company would lose their competitiveness.

- I think companies have to take responsibility for and respect their employees. They have to consider the lives and basic rights of their employees when they dismiss them.

- It's not effective for employees focusing on their work. Not only the fired worker, but also the remaining employee won't have the motivation to do great work.

right 권한   terminate 종결시키다   get fired 해고되다   immoral 부당한   unfair 불공평한   petty 사소한   personal matter 개인적 문제   abuse 남용하다   authority 권한   loyalty 충성심   lay off 해고하다   anxious 불안한 consequently 결과적으로   rebellious 반항스러운   competitiveness 경쟁력   take responsibility 책임을 지다 respect 존경하다   basic rights 기본 권리   dismiss 해고하다

8 당신은 다음의 주장에 동의합니까 동의하지 않습니까? "회사들은 언제나 어떤 이유 없이 고용을 끝낼 권리를 가지고 있다."

동의

- 저는 회사들이 그들의 자유 재량으로 직원들을 해고할 수 있는 권한을 가져야 한다고 생각합니다. 그것은 직원들이 일자리의 지속성에 대해 불안함을 느끼게 하고 그들이 더 열심히 일하고 더 생산적이 되도록 고무시킵니다.

- 때때로 그것은 회사의 골칫거리가 되었기 때문에 한 직원을 해고하기 위한 너무 많은 정당화된 이유들이나 많은 서류 작업을 요구합니다. 제한적이지 않는 해고 권한으로 당신은 비효율적인 직원을 걸러내고 당신의 회사의 번영을 도울 수 있습니다.

- 당신이 그들을 해고할 때 직원에게 이유를 대는 것 없이 당신은 그들에게 창피를 줄 필요가 없습니다. 당신이 그들에게 이유를 말한다고 해도 그것은 그들의 성격에 어떤 영향도 받지 않을 것입니다.

동의하지 않음

- 저는 직원들은 해고 당하기 전에 무엇 때문에 해고당한 것인지 알 권리가 있다고 생각합니다. 그들은 그들이 다음 회사에서 실수를 하지 않기 위해서 그들의 실수를 알 필요가 있을 것입니다.

- 어떤 이유 없이 직원들을 해고하는 것은 매우 부당한 것 같습니다. 만약 그들이 이유를 가지고 있지 않다면, 이런 방법으로 취급을 받기에 아무 잘못도 하지 않은 직원들에게 매우 불공평합니다. 그것은 또한 그의 권한을 남용하는 상사와 같이 사소한 개인적인 문제가 될 수 있습니다.

- 그것은 직원들의 충성심의 감소를 야기할 수 있습니다. 만약 회사가 직원들을 그들만의 권한으로 해고한다면, 그들은 기분이 나쁠 것이고 불안해 집니다. 결과적으로 그것은 직원들을 반감을 가지게 만듭니다. 그래서 회사는 그들의 경쟁력을 잃을 것입니다.

- 저는 회사가 책임을 지고 그들의 직원들을 존경해야 한다고 생각합니다. 그들은 직원을 해고할 때 그들의 직원들의 삶과 기본 권리들을 고려해야 합니다.

- 직원들이 그들의 일에 집중하는 데 효율적이지 않습니다. 해고당한 사람뿐만 아니라, 남아 있는 직원에게도, 훌륭한 직무를 하려는 동기가 없을 것입니다.

Some people feel that it is convenient to take academic courses in a traditional class. Others enjoy the convenience of taking classes online. Which do you prefer?

Taking classes online

- I can take classes online regardless of my personal schedule. It means that I can take classes whenever and wherever I want, if I have access to the Internet and a computer.

- I can repeat the online classes as much as needed. Sometimes, it is hard for me to follow classes and to understand them. But, repeating online classes helps my comprehension.

- I usually take additional classes online when I need details about the context of classes or when I review and preview lessons. It is one of the best ways to understand what is said in classes.

regardless of ~에 관계없이　access 접근 권한　comprehension 이해　review 복습하다　preview 예습하다

Taking classes in a traditional way

- I can easily ask questions to teachers in a traditional classroom. During classes, some students can't understand the lectures perfectly. In that case, asking questions to the teacher is very important to students. In a traditional classroom, it's easy, but online it is not.

- It is very hard to concentrate on the lecture if I take an online class. There are many things that I can do with computers such as games, chatting, Google and Facebook. When I am in a traditional class, I don't let myself be distracted by the computer out of respect for my professor.

- In my case, I also did many other things during online classes. Because my attention was so spread out when I was multi-tasking online, I couldn't learn as many things as I could have if I had given my complete attention.

traditional 전통적인　concentrate on ~에 집중하다　distracted 산만한　out of respect 존경심에서　attention 관심　spread out 퍼져 있다

몇몇의 사람들은 전통적인 교실에서 수업을 듣는 것은 편리하다고 느낍니다. 다른 사람들은 온라인에서 수업을 듣는 편리함을 즐깁니다. 당신은 어떤 것을 선호합니까?

온라인에서 수업 듣기

- 저는 저의 개인 스케줄에 관계없이 온라인 수업을 들을 수 있습니다. 그것은 만약 인터넷과 컴퓨터에 접근이 가능하다면 제가 원하는 언제 어디서나 수업을 들을 수 있다는 것을 의미합니다.

- 저는 필요한 만큼 많이 온라인 수업을 반복할 수 있습니다. 때때로 수업을 따라가고 그것을 이해하는 것은 어렵습니다. 그러나 온라인 수업들을 반복하는 것은 저의 이해에 도움을 줍니다.

- 저는 종종 제가 수업의 문맥에 대한 자세한 사항이 필요하거나 수업을 복습하고 예습할 때 온라인에서 추가 수업을 듣습니다. 그것은 수업 시간에 이야기된 내용을 이해하는 가장 좋은 방법 중 하나입니다.

전통적인 방법으로 수업 듣기

- 전통적인 교실에서는 선생님들에게 쉽게 질문할 수 있습니다. 수업 동안에 몇몇의 학생들은 강의를 완벽하게 이해하지 못합니다. 그런 경우에 선생님에게 질문을 하는 것은 학생들에게 매우 중요합니다. 전통적인 교실에서는 쉽지만 온라인에서는 그렇지 않습니다.

- 만약 제가 온라인 수업을 듣는다면 강의에 집중하기 매우 어렵습니다. 게임, 채팅, 구글, 페이스북 같이 제가 컴퓨터로 할 수 있는 많은 것들이 있습니다. 제가 전통적인 교실에 있을 때는 저는 저의 교수님에 대한 존경심에서 컴퓨터에 의해 제 자신을 방해받지 않도록 합니다.

- 제 경우에 저 또한 온라인 수업 동안에 다른 많은 것들을 했었습니다. 제가 온라인에서 여러 가지 일을 할 때 저의 관심이 매우 여기저기 퍼져 있기 때문에 저는 만약 완전한 집중을 했었다면 가능했을 만큼 많은 것들은 배울 수는 없었습니다.

If your job pays the same amount of salary, would you like to have a job where you need to travel most of the time or stay at the same location for a long time?

S1_Part 6_19

Job where I need to travel most of the time

- I can get experiences of several countries and have fun. It's difficult to travel around while having a job. This kind of job could be a really good opportunity to educate myself on different cultures. During work trips, I can meet many people and can go many places.

- I can refresh my mind while looking around unfamiliar places. In this way, I may feel more energized and can work harder.

- I can have a lot of friends. If you have relationships with friends from different countries, you can get help from your friends when you need a hand.

- In my case, when I was an international student in New York, I could learn about other cultures and lifestyles. After that, I have had a broad mind to understand other people from that experience.

educate 교육하다   refresh 충전하다   unfamiliar 친숙하지 않은   energized 힘이 나는   broad 넓은

Job staying at the same location for a long time.

- I can save my time. If I choose a job where I need to travel most of the time, I have to waste my time moving around places. I can avoid this problem by choosing a job staying at the same location for a long time.

- I can save money that is used as transportation cost. Since I stay at the same location for a long time, I don't need to use public transportation that much when it is compared to the case of having a job that I need to travel most of the time.

- I can enjoy my leisure time with my family. I can save commute time due to working at the same location. Then, I can enjoy my leisure time with my family more.

- I have a friend who has been working at a company which needs to travel most of the time. He doesn't have enough time to be with his family, because he has to spend a lot of time traveling to other cities. For that reason, he wants to look for another job.

waste 낭비하다   leisure 레저   commute time 통근 시간   look for ~를 찾다.

만약 당신의 직업이 같은 양의 봉급을 준다면, 당신은 대부분의 시간을 여행해야 할 필요가 있는 직업을 가지겠습니까 아니면 오랜 시간 동안 같은 지역에 머무르는 직업을 갖겠습니까?

대부분의 시간을 여행해야 하는 직업

- 저는 몇몇의 나라들을 경험할 수 있고 즐길 수 있습니다. 직업을 가지고 있는 동안에 여행하는 것은 어렵습니다. 이런 종류의 직업은 나 자신에게 다른 문화에 대해 교육할 수 있는 정말 좋은 기회일 수 있습니다. 출장 동안에 저는 많은 사람들을 만나고 많은 장소들을 갈 수 있습니다.

- 저는 친숙하지 않은 장소들을 보고 다니는 동안 저를 재충전할 수 있습니다. 이런 방법으로 저는 더 힘이 나고 더 열심히 일할 수 있습니다.

- 저는 많은 친구들을 얻을 수 있습니다. 만약 당신이 다른 나라에서의 친구들과 관계를 가지고 있다면, 당신은 필요할 때 당신의 친구들로부터 도움을 얻을 수 있습니다.

- 제 경우에 뉴욕에서 유학생이었을 때 저는 다른 문화들과 삶의 방식을 배울 수 있었습니다. 그 후로 저는 그 경험으로부터 다른 사람들을 이해하는 데 넓은 마음을 가지게 되었습니다.

오랜 시간 동안 같은 지역에 머무르는 직업

- 저는 저의 시간을 절약할 수 있습니다. 만약 제가 많은 시간을 여행해야 하는 직업을 선택한다면, 장소들로 이동하는 데 제 시간을 낭비해야 합니다. 저는 이런 문제들을 같은 지역에 오랫동안 머무르는 직업을 선택함으로써 피할 수 있습니다.

- 저는 이동 비용으로 사용되는 돈을 줄일 수 있습니다. 제가 오랫동안 같은 자리에 머물러야 하기 때문에, 많은 시간을 여행할 필요가 있는 직업을 가지는 경우와 비교했을 때 저는 대중교통을 그렇게 많이 이용할 필요가 없습니다.

- 저는 저의 가족과 여가시간을 즐길 수 있습니다. 저는 같은 지역에서 일하기 때문에 통근 시간을 줄일 수 있습니다. 그리고 나서, 저는 저의 여가 시간을 가족과 더 많이 즐길 수 있습니다.

- 저는 대부분의 시간을 여행해야 하는 회사에 다니고 있는 친구가 있습니다. 그는 그의 가족과 함께 있을 충분한 시간이 없습니다. 왜냐하면 그는 많은 시간을 다른 도시들로 출장 다니면서 써야 하기 때문입니다. 그런 이유로 그는 또 다른 직업을 찾기를 원합니다.

When you are getting a new job, which do you think is better: an easy job with less salary, or a difficult job with higher salary? Give specific reasons or details to support your answer. S1_Part 6_20

An easy job with less salary

- Money is not a critical factor of happiness. I am a family man. I have my wife and two children and I love to share my time with my family. Even though we don't have enough money to spend on luxuries, we can enjoy our life and be satisfied.

- An easy job is not stressful to me. I don't need to get stress from work. Also, I can have a sense of accomplishment from an easy job.

- In addition to this, in my case, when I was working in an engineering company, they provided a lot of money, but I wasn't happy because they asked me to do many hard tasks.

critical 중요한 factor 요소 share 나누다 luxury 사치품 get stress 스트레스를 받다 accomplishment 성과 in addition to ~에 추가적으로 task 업무

A difficult job with higher salary

- Money is an essential factor in life and happiness. No matter who they are, they want more and more money than before. If you don't have enough money to live your life, I'm sure that there will be no love, no family and no happiness.

- Higher salary means my financial state is stable. Under a good financial state, I can focus on my job and it will allow me to give a better performance.

- A difficult job would motivate me to work harder. It will make me work harder and help to develop myself. Also, after a difficult project I could have a sense of pride and self-achievement.

- If I get a high salary, I can do anything I want to do. If I don't have enough money, I can't enjoy my life.

- From my brother's experience, his work is easy but low salary. So he couldn't do what he wants to do because he doesn't have enough money to do those things.

no matter who 누구든지 간에 financial state 재정상태 stable 안정적인 performance 성관 a sense of pride 자부심 self-achievement 자아성취감

당신이 새로운 직업을 가질 때, 어떤 것이 더 낫다고 생각합니까?: 봉급이 적은 편한 직업, 또는 높은 봉급의 힘든 직업? 당신의 답변을 뒷받침할 구체적인 이유나 자세한 사항을 말하세요.

적은 봉급의 편한 직업

- 돈은 행복의 중요한 요소가 아닙니다. 저는 가정적인 남자입니다. 저는 저의 아내와 두 아이들이 있고 저는 제 시간을 가족들과 공유하는 것을 좋아합니다. 비록 우리가 고가품들에 소비할 충분한 돈을 가지고 있지는 않지만, 우리는 우리의 삶을 즐길 수 있고 만족합니다.

- 편한 직업은 저에게 스트레스를 주지 않습니다. 저는 일로부터 스트레스를 받을 필요가 없습니다. 또한, 저는 편한 직업으로부터 성취감을 가질 수 있습니다.

- 이외에도, 제 경우에 제가 엔지니어 회사에서 일하고 있을 때, 그들은 많은 돈을 제공했지만, 저는 행복하지 않았습니다. 왜냐하면 그들은 저에게 많은 힘든 업무를 하도록 요구했기 때문입니다.

높은 봉급의 힘든 직업

- 돈은 삶과 행복에서 필수적인 요소입니다. 그들이 누구이든지 간에 그들은 전보다 점점 더 많은 돈을 원합니다. 만약 당신이 당신의 삶을 살 충분한 돈을 가지고 있지 않다면, 저는 사랑도, 가족도, 행복도 없을 것이라고 확신합니다.

- 높은 봉급은 저의 재정 상태가 안정적이라는 것을 의미합니다. 좋은 재정적 상태 하에, 저는 일에 집중할 수 있고 더 나은 성과를 낳도록 해줄 것입니다.

- 어려운 직업은 더 열심히 일하도록 저에게 동기를 부여할 것입니다. 그것은 제가 더 열심히 일하게 하거나 자신을 개발하도록 도와줄 것입니다. 또한, 어려운 프로젝트 후에 저는 자부심과 자아성취감을 가질 수 있습니다.

- 만약 제가 높은 봉급을 받는다면, 제가 원하는 무엇이든 할 수 있습니다. 만약 제가 충분한 돈이 없다면, 저는 저의 삶을 즐길 수 없습니다.

- 제 형의 경험을 들어 말하면 그의 일은 쉽지만, 봉급은 적습니다. 그래서 그는 그가 원하는 것을 할 수 없었습니다. 왜냐하면 그는 그런 것들을 할 충분한 돈을 가지고 있지 않기 때문입니다.

The number of telecommuters has been increasing now. Do you prefer working at home to doing your job at a workplace? Use specific reasons and examples to support your answer. S1_Part 6_21

Working at home

- It is convenient. I don't need to commute to my workplace. And I can feel free and comfortable while I do a job at my home because I don't have to dress up and put on make-up.

- I can save my money. The fare to commute is really expensive. But, by working at home, I don't need to pay any fares.

- I can concentrate on my job. When I work alone, there is nobody to interrupt me. So I can focus on my job well.

- I can take care of my family. Especially important for women who have babies, as they can take care of their baby while doing work.

- In my older sister's case, she works at home, and it is really convenient because she doesn't have to go out and she can do house work after finishing her work. Also, she can have a lot of time to play with her baby. It's really beneficial for her and her baby.

telecommuter 재택근무자   convenient 편리한   commute 통근하다   comfortable 편안한   dress up 차려 입다
put on make-up 화장하다   interrupt 방해하다   especially 특히   beneficial 이로운

Working at a workplace

- I can lose the efficiency of my work when I work at home. I think a little tension is a good way to work efficiently. However, in my home, I feel relaxed and comfortable. So I can lose the efficiency of my work.

- I can communicate with coworkers. If I have some troubles, we can cooperate and discuss how to solve that.

- I can save time in finishing work. When I work alone, it takes a longer time than working together. I can ask my coworkers for help when we work together at a workplace.

- I'm a sociable and organized person. I like to meet many people and get along with them. I enjoy having a nice chat with coworkers.

- In my case, when I have an assignment to do as a team, the more we meet, the more we can build closer relationships and can discuss how to perform our task efficiently. To add to that, we would need less time to complete the task than if we just exchange information online.

efficiency 효율성   tension 긴장   communicate 의사소통하다   cooperate 협조하다   coworker 동료
workplace 직장   sociable 사회적인   organized 조직적인   get along with ~와 잘 지내다   assignment 임무
build relationships 관계를 쌓다   exchange 교환하다

재택 근무자들의 수는 지금 증가하고 있습니다. 당신은 직장에서 일하는 것보다 집에서 일하는 것을 선호합니까? 당신의 답변을 뒷받침할 구체적인 이유와 예시를 사용하세요.

집에서 일하기

- 편리합니다. 저는 직장으로 통근할 필요가 없습니다. 그리고 제가 집에서 근무하는 동안 저는 자유롭고 편안함을 느낄 수 있습니다. 왜냐하면, 저는 옷을 갖춰 입거나 화장할 필요가 없기 때문입니다.

- 저는 돈을 절약할 수 있습니다. 교통비는 매우 비쌉니다. 그러나 집에서 일함으로써, 저는 어떤 요금도 지불할 필요가 없습니다.

- 저는 일에 집중할 수 있습니다. 제가 혼자 일할 때, 저를 방해하는 사람은 아무도 없습니다. 그래서 저는 저의 일에 잘 집중할 수 있습니다.

- 저는 가족을 돌볼 수 있습니다. 특히 아기들을 가진 여성들에게 중요합니다. 그들은 일하는 동안에 그들의 아기를 돌볼 수 있기 때문입니다.

- 제 언니의 경우에 그녀는 집에서 일합니다. 그리고, 그녀는 나갈 필요가 없고 일이 끝난 후에 집안일을 할 수 있기 때문에 매우 편리합니다. 또한, 그녀는 아기와 놀 많은 시간을 가질 수 있습니다. 그것은 그녀와 그녀의 아기에게 매우 이롭습니다.

직장에서 일하기

- 저는 집에서 일할 때 업무의 효율성을 잃을 수 있습니다. 저는 약간의 긴장은 효율적으로 일하는 데 좋은 방법이라고 생각합니다. 그러나 집에서는 긴장이 풀리고 편안합니다. 그래서 저는 일의 효율성을 잃을 수 있습니다.

- 저는 동료들과 의사소통할 수 있습니다. 만약 제가 약간의 문제가 있다면, 우리는 어떻게 그것을 풀지 협력하고 토론할 수 있습니다.

- 저는 일을 끝내는 시간을 절약할 수 있습니다. 제가 혼자 일할 때 함께 일하는 것보다 더 오래 시간이 걸립니다. 우리가 직장에서 함께 일할 때 저는 저의 동료들에게 도움을 요청할 수 있습니다.

- 저는 사교적이고 조직적인 사람입니다. 저는 많은 사람들을 만나는 것을 좋아하고 그들과 어울리는 것을 좋아합니다. 저는 동료들과 좋은 수다를 떠는 것을 즐깁니다.

- 제 경우에 제가 팀으로서 해야 하는 업무를 가지고 있을 때 우리가 더 많이 만날수록 우리는 더 가까운 관계를 쌓을 수 있고, 어떻게 직무를 효율적으로 수행할지 토론할 수 있습니다. 그것에 더해서 우리는 온라인에서 정보를 단지 교환하는 것보다 직무를 끝내는 데 더 적은 시간이 필요할 것입니다.

What are the most important elements of an employee that a company should look for when hiring?

S1_Part 6_22

Teamwork and enthusiasm

- Employees who have better teamwork are good at dealing with problems with co-workers.
- Employees who have enthusiasm in their work are usually hard working.
- In my case, when I had to do a team project, I needed teamwork to solve many problems. Moreover, if I didn't have enthusiasm about that project, the project would have failed.

enthusiasm 열정 moreover 게다가

Work experience

- Those who have practical working knowledge know how to deal with emergency situations. Also, they have experienced handling the problems among people. So they have the know-how to be productive and reliable.
- In my case, one of my friends has various work experience in her field. At first, she couldn't really deal with her problems at work. Adding up the various experiences in her career, she is getting the knowledge of how to deal with emergency situations and conflicts among people.

practical 실용적인 emergency situation 비상 상황 reliable 믿을 수 있는 conflict 갈등

A broad knowledge

- Knowledge is also important. Actually, creativity is based on knowledge. If we don't know what the basics are, we cannot make any products and services that are innovative or stem from that basic knowledge.
- Employees who have a broad knowledge can solve problems easily. They usually solve problems using their broad knowledge. It is a very important factor in good employees.
- One of my friends, who works at an online marketing firm is a hard worker. He always gets good results with projects because he uses his broad knowledge. His co-workers respect him because he is doing a good job in his field.

creativity 창조성 basics 기본, 기초 innovative 혁신적인 respect 존경하다

회사가 고용할 때 찾는 직원의 가장 중요한 요소가 무엇입니까?

팀워크와 열정

- 더 좋은 팀워크를 가진 직원들은 직장 동료들과 문제를 해결하는 것을 잘합니다.
- 그들의 일에 열정을 가진 직원들은 보통 열심히 일합니다.
- 제 경우에 팀 프로젝트를 해야 했을 때 저는 많은 문제들을 해결하기 위해서 팀워크가 필요했습니다. 게다가 만약 제가 그 프로젝트에 열정을 가지고 있지 않았다면, 그 프로젝트는 실패했었을 것입니다.

직무 경험

- 실무적인 직무 지식을 가진 사람들은 비상 상황을 어떻게 다루는지 알고 있습니다. 또한, 그들은 사람들 사이에서 문제들을 다루는 경험을 가지고 있습니다. 그래서 그들은 생산적이고 믿을 수 있는 노하우를 가지고 있습니다.
- 제 경우에 친구들 중 한 명은 그녀의 분야에 다양한 직무 경험을 가지고 있습니다. 처음에 그녀의 직장에서 문제들을 정말로 다룰 수 없었습니다. 그녀의 경력에 다양한 경험을 쌓아가면서 그녀는 비상 상황과 사람들 사이에서 갈등을 다루는 방법에 대한 지식을 얻고 있습니다.

넓은 지식

- 지식은 또한 중요합니다. 사실 창의력은 지식을 바탕으로 합니다. 만약 우리가 무엇이 기본인지를 모른다면 우리는 혁신적이거나 그런 기본 지식에서 기인한 어떤 상품들과 서비스를 만들 수 없습니다.
- 넓은 지식을 가진 직원들은 문제들을 쉽게 풀 수 있습니다. 그들은 주로 그들의 넓은 지식을 사용하여 문제를 해결합니다. 그것은 좋은 직원들의 매우 중요한 요소입니다.
- 온라인 마케팅 회사에서 일하는 저의 친구들 중 하나는 매우 열심히 일합니다. 그는 항상 프로젝트에서 좋은 결과를 냅니다. 왜냐하면 그는 넓은 지식을 사용하기 때문입니다. 그의 동료들은 그가 그의 분야에서 잘하고 있기 때문에 그를 존경합니다.

Which character quality is more important in being a leader, knowledge or creativity? Why?

Knowledge

- Knowledge is connected with experience. If a leader doesn't have experience, they can't have much knowledge. They've learned many things from experience while they've gotten though many problems.

- Leaders who have a broad knowledge can handle emergency situations easily. From their knowledge, they learn how to handle problems and have a general know-how. So they can handle emergency situations well.

- Knowledge is required to understand their field. To be a leader, they have to know their situation better than other people. Then, they can make decisions from their knowledge.

- In my teacher's case, she is an English teacher. She lived in the U.S. during childhood. From this experience, she can understand English very well, and also has broad knowledge. It is a good advantage for her as she is now an English teacher.

make a decision 결정하다   advantage 장점

Creativity

- Rapidly changing societies prefer creative people for leading a new trend.

- Lacking knowledge can be solved by other ways, such as searching for information from books, Internet or coworkers.

- In Steve Jobs' case, there would be a lot of people with more knowledge. He had even dropped out of college. But he is the man who made the iPod and the iPhone, the former CEO of Apple Co. His creative ideas made the items more comfortable and attractive and has changed the world totally.

rapidly 빠르게   creative 창조적인   lacking 부족한   such as ~와 같이   drop out 중퇴하다   former 이전의
totally 완전히

리더가 되기에 어떤 특성은 더욱 중요합니까, 지식 혹은 창의성? 이유는?

지식

- 지식은 경험과 연결되어 있습니다. 만약 리더가 경험이 없다면, 그들은 많은 지식을 가지고 있을 수 없습니다. 그들은 그들이 많은 문제들을 겪는 동안에 경험으로부터 많은 것들을 배웁니다.

- 넓은 지식을 가진 리더들은 비상 상황을 쉽게 다룰 수 있습니다. 그들의 지식으로부터 그들은 어떻게 문제를 다루는지 배우고, 일반적인 노하우를 가집니다. 그래서 그들은 비상 상황을 잘 다룰 수 있습니다.

- 지식은 그들의 분야를 이해하는 것을 요구합니다. 리더가 되기 위해서, 그들은 그들의 상황을 다른 사람들보다 더 잘 알 필요가 있습니다. 그리고 나서, 그들은 그들의 지식으로부터 결정을 할 수 있습니다.

- 제 선생님의 경우에 그녀는 영어 선생님입니다. 그녀는 어린 시절에 미국에 살았습니다. 이 경험으로부터 그녀는 영어를 매우 잘 이해할 수 있고, 또한 넓은 지식을 가지고 있습니다. 그것은 그녀에게 좋은 장점입니다. 왜냐하면 그녀는 지금 영어 선생님이기 때문입니다.

창의성

- 빠르게 변화하는 사회는 새로운 유행을 이끄는 창의적인 사람들을 선호합니다.

- 부족한 지식은 책, 인터넷 혹은 동료들로부터 정보를 찾는 것과 같이 다른 방법들로 해결될 수 있습니다.

- 스티브 잡스의 경우 더 많은 지식을 가진 많은 사람들이 있을 것입니다. 그는 심지어 대학을 중퇴했습니다. 그러나 그는 아이팟과 아이폰을 만든 애플 사의 전 대표 이사입니다. 그의 창조적인 아이디어들은 상품들을 더욱 편안하고 매력적으로 만들었고 세상을 완전히 바꿨습니다.

What is the most important option when choosing a school?

Choose one of the options and give reasons or examples to support your opinion. (school activities/ location/ size of school)

S1_Part 6_24

School activities

- Students enjoy their school when they have a variety of school activities.
- A variety of school activities develop a student's potential.
- Experiences in childhood affect the entire life of children, and school activities can be influential as well.
- School activities changed me from an introverted person to an outgoing person.
- In my friend's case, he went to elementary school and did many school activities. He told me that school was not boring and he discovered his ability to play piano during school activities. Now he's a famous pianist.

potential 잠재력 entire 전체의 influential 영향력 있는 introverted 내성적인 outgoing 외향적인 discover 발견하다

Location

- I can save my time and money. When I go to school near my house, I can save on my commute expense. Also, it takes less time to go to school than others. So I consider the location.
- There are scholarships for local people. Schools usually offer scholarships for local people. So I can get an advantage from that.
- In my sister's case, my sister went to a school near my house. After the first semester, she received the scholarship for local students from the school. She felt so proud because of it.

commute expense 통학 비용 scholarship 장학금 semester 학기 proud of ~에 자랑스러운

Size of school

- I can meet many friends in a bigger-sized school.
- I am a social person. I prefer to meet friends and hang out with them. So I consider the size of school because there are many students in bigger schools.

social 사교적인 hang out 어울려 다니다

15 학교를 선택할 때 가장 중요한 옵션은 무엇입니까?
옵션들 중 하나를 선택해서 당신의 의견을 뒷받침할 이유 또는 예시를 말하세요. (학교의 규모/위치/학교 활동)

학교 활동

- 학생들은 다양한 학교 활동을 할 때 학교 생활을 즐깁니다.
- 다양한 학교 활동은 학생들의 잠재력을 개발합니다.
- 어린 시절의 경험들은 아이들의 전체 삶에 영향을 줍니다. 학교 활동들 역시 영향을 줄 수 있습니다.
- 학교 활동은 저를 내성적인 사람에서 외향적인 사람으로 바꾸었습니다.
- 제 친구의 경우에 그는 초등학교를 갔고 많은 학교 활동을 했었습니다. 그는 학교는 지루하지 않고, 학교 활동 중에 피아노 치는 능력을 발견했다고 저에게 말했습니다. 지금 그는 유명한 피아니스트입니다.

위치

- 저는 시간과 돈을 절약할 수 있습니다. 제가 집 근처의 학교를 갈 때, 저는 통학 비용을 줄일 수 있습니다. 또한, 다른 사람들보다 학교 가는 데 더 적은 시간이 걸립니다. 그래서 저는 위치를 고려합니다.
- 현지 사람들을 위한 장학금이 있습니다. 학교들은 주로 현지 사람들을 위해 장학금을 제공합니다. 그래서 저는 그것으로부터 이익을 얻을 수 있습니다.
- 제 언니의 경우에 저의 집과 가까운 학교에 다녔습니다. 첫 학기 후에 그녀는 학교로부터 지역 학생들을 위한 장학금을 받았습니다. 그녀는 그것 때문에 매우 자랑스러워했습니다.

학교의 규모

- 저는 더 큰 규모의 학교에서 많은 친구들을 만날 수 있습니다.
- 저는 사교적인 사람입니다. 저는 친구들을 만나서 그들과 어울려 다니는 것을 선호합니다. 그래서 저는 학교의 규모를 고려합니다. 왜냐하면 더 큰 학교에는 많은 학생들이 있기 때문입니다.

③ 연습

Practice

Step 1 **키워드를 준비하기** (준비 시간 15초 대비)

의견, 이유1, 이유2-템플릿의 키워드를 준비하세요. 공부하는 상황에서는 이리저리 생각해 보고, 분석하는 습관을 들여야 하지만, 시험 상황에서는 순발력이 중요합니다. 그렇게 하려면 **직감적 선택**을 연습해야 합니다. 빠른 선택을 하고 그 방향으로 이유를 생각해 보세요. 그리고, 보통 이유가 1개밖에 생각나지 않는데, 이런 경우에는 예제를 길게 이야기할 수 있습니다. 일반적으로, 고득점자들의 경우 이유를 2개 이상 제시하며, 여러 가지 생각을 연결해 내지만, 가짓수보다 중요한 것은 내용입니다. 한 가지 이유라도 잘 설명하고, **설득력이 있다면 고득점을 받을 수** 있습니다.

Step 2 **템플릿을 활용해 문장 말하기 연습하기** (말하기 시간 60초 대비)

템플릿을 활용해 문장을 만들어 보세요. 이때 말하기를 연습할 때는 반드시 적정한 속도로 말하도록 연습하세요. 영어를 꽤 잘하는 사람도 시험에서 너무 빨리 말해 버린 후, 시간이 많이 남으면 당황해서 오히려 반복하거나 실수하게 됩니다. 여유 있게 말하도록 노력하세요.

Step 3 **반복 체크 박스 리스트를 이용해서 반복하기** (최소 10번 이상!)

모범 답안을 보며 필요한 부분은 반복 연습하세요. 이때, 반복하겠다는 결심만으로는 부족할 수 있습니다. 교재의 체크 박스를 이용해 자신이 실제로 어떻게 하고 있는지를 기록함으로써 철저히 반복하시기 바랍니다. 최소 10번에서 20번, 많게는 50번도 해야 합니다. 하나를 유창하게 잘하게 되면 새로운 사진을 만나더라도 잘하게 될 것입니다.

주 의 사 항

바로 답안을 보기보다는 혼자 스스로 먼저 연습해 보세요.

> 스스로 먼저 풀어 보고 답안을 참조하세요. 처음부터 모범 답안을 외우거나 답안을 보고 공부하면 그 답안밖에 못하는 사람이 됩니다. 혼자 먼저 시도해 보면 생각나는 점이 반드시 있을 것입니다. 답안의 도움을 받아 보충하고 묘사하는 능력을 키우세요.

실수하더라도 당황하지 말고 계속 말을 이어 나가세요.

> 약간의 실수는 괜찮습니다. 문법을 수정하거나 생각나지 않는 단어를 말하려고 계속 시간을 보내기보다는 다른 길을 찾아야 합니다. 문제가 생기면 잠깐 쉬었다가 다른 이야기로 시작해 보세요. 예제를 들거나, 반대되는 의견의 문제점 등을 이야기해 보는 것도 괜찮습니다.

 *Practice 1*

> *Some people think that money can buy happiness.*
> Do you agree or disagree?

Step 1 Listening을 듣고 키워드를 준비하세요. (준비 시간 30초 대비)

문제를 해석한 후 [의견, 이유 1, 이유 2]를 단어로 준비하세요.

의견	
이유 1	
이유 2	

Step 2 템플릿을 활용하며 문장으로 말하세요. (말하기 시간 45초 대비)

기본 템플릿을 사용하되, 주제에 따라 약간의 변형은 있을 수 있습니다.

1. I think that 의견.
2. There are some reasons.
3. First of all, 이유 1.
4. This is because 부연 설명/구체적 근거.
5. For example, 예제.
6. Next, 이유 2.
7. To be specific, 구체적 근거.
8. If 원인/이유/조건, then 결과.
9. However, 반론/대조.
10. For these reasons, 의견.

Step 3 모범 답안 참조하며 반복하기

어떤 사람들은 돈으로 행복을 살 수 있다고 생각합니다. 이에 동의하시나요 혹은 동의하지 않으시나요?

레벨 6
모범답안

▼ 기본 템플릿을 활용한 답안 (쉬운 어휘와 문장 구조)　　🎧 S1_Part 6_26

I think money can buy happiness. There are some reasons to support my opinion. First of all, money means a lot. If we have a lot of money, we can have more freedom. To be specific, we don't have to work for money, but we can enjoy our life more. For example, if I am rich, I want to travel around the world meeting people and eating delicious food. Second, money gives a sense of security. We need money to buy food, a house, or insurance. These are basic things to feel happiness. For these reasons, I agree that money can buy happiness.

> 저는 돈이 행복을 살 수 있다고 생각합니다. 저의 의견을 뒷받침하는 몇 가지 이유가 있습니다. 첫째, 돈은 많은 것을 의미합니다. 만약 많은 돈을 가지고 있다면, 더 많은 자유를 가질 수 있습니다. 구체적으로, 우리는 돈을 위해서 일할 필요가 없습니다. 반면에 우리는 삶을 더 즐길 수 있습니다. 예를 들어, 만약 제가 부자라면 저는 사람들을 만나고 맛있는 음식을 먹으면서 세계를 여행하고 싶습니다. 둘째, 돈은 안정감을 줍니다. 우리는 음식, 집이나 보험을 사기 위해 돈이 필요합니다. 이것들은 행복을 느낄 수 있는 기본적인 것입니다. 이런 이유로 저는 돈이 행복을 살 수 있다는 데 동의합니다.

mean 의미하다　to be specific 구체적으로　a sense of security 안정감　insurance 보험

☝ 답변 확인 및 해설

어떤 사람들은 돈으로 행복을 살 수 있다고 생각합니다. 이에 동의하시나요 혹은 동의하지 않으시나요?

레벨 7
모범답안

☝ **기본 템플릿을 변형한 답안** (다양한 어휘와 문장 구조)　🎧 S1_Part 6_26

I don't think money can buy happiness. There are some reasons. First of all, happiness comes from quality relationship. When we have true friends or a good family, we feel happiness. We can never buy happy-and-healthy relationships with money. Second, happiness is directly related to our life attitude or mindset. Usually, happy people know how to appreciate the little things in life such as getting some sunshine, or flowers on the sidewalk or a sudden phone call from an old friend. Unfortunately, I see many rich people who are rather unhappy because they are so busy making money, maintaining money, and worrying about money. For these reasons, I think money cannot buy happiness.

> 저는 돈이 행복을 살 수 있다고 생각하지 않습니다. 몇 가지 이유가 있습니다. 첫째, 행복은 양질의 관계에서 옵니다. 우리에게 진정한 친구들이나 좋은 가족이 있을 때, 우리는 행복을 느낍니다. 행복하고 건강한 관계들은 결코 돈으로 살 수 없습니다. 둘째, 행복은 우리의 삶의 태도나 사고방식과 직접적으로 관련이 있습니다. 주로 행복한 사람들은 햇빛을 쬐거나, 보도의 꽃들이나 오랜 친구로부터의 갑작스러운 전화 연락 같이 삶에서 작은 것들에 감사하는 방법을 알고 있습니다. 불행히도, 저는 그들이 돈을 벌고, 돈을 관리하거나, 돈에 대해 걱정하는 데 매우 바쁘기 때문에 오히려 행복하지 않은 부자인 사람들을 봅니다. 이런 이유로 저는 돈으로 행복을 살 수 있다고 생각하지 않습니다.

quality 질 좋은　sidewalk 보도　sudden 갑작스러운　be busy -ing ~하느라 바쁘다

해설

- buy happiness라고 하면 부정적인 생각이 들 수 있으나, 설명을 잘한다면 괜찮습니다.
- 돈 자체가 행복을 가져다주지는 않겠지만 돈은 자유, 안락을 의미할 수 있음을 설명하세요.
- 목적(행복)과 수단(돈)이 바뀌지 않도록 실제 삶에서 특히 주의하세요.

 *Practice 2*

In the future, students may have the choice of studying at home by using technology such as computers or television or of studying at traditional schools. Which would you prefer?

Step 1 Listening을 듣고 키워드를 준비하세요. (준비 시간 30초 대비)

문제를 해석한 후 [의견, 이유 1, 이유 2]를 단어로 준비하세요.

의견	
이유 1	
이유 2	

Step 2 템플릿을 활용하며 문장으로 말하세요. (말하기 시간 45초 대비)

기본 템플릿을 사용하되 주제에 따라 약간의 변형은 있을 수 있습니다.

1. I think that 의견.
2. There are some reasons.
3. First of all, 이유 1.
4. This is because 부연 설명/구체적 근거.
5. For example, 예제.
6. Next, 이유 2.
7. To be specific, 구체적 근거.
8. If 원인/이유/조건, then 결과.
9. However, 반론/대조.
10. For these reasons, 의견.

Step 3 모범 답안 참조하며 반복하기

❦ 답변 확인 및 해설

> 미래에는 학생들이 컴퓨터나 TV를 이용해 집에서 공부하거나 학교에서 공부하는 것 중에서 선택할 수 있을 것입니다. 어떤 것을 선호하나요?

레벨 6
모범답안

❦ 기본 템플릿을 활용한 답안 (쉬운 어휘와 문장 구조로 작성) 🎧 S1_Part 6_28

I prefer studying at home by using technology (rather than studying at traditional schools). There are some reasons to support my opinion. First, students can save time. It takes time to go to school. However, if they don't have to go to school, they can study at home and have more time to study or do something that they like. Second, students can save money as well. Usually, online classes are cheaper than traditional classroom classes. In addition, they can save on transportation costs. For these reasons, I think online classes are better.

저는 기술을 사용하면서 (전통적인 학교에서 공부하는 것보다) 집에서 공부하는 것을 선호합니다. 저의 의견을 뒷받침할 몇 가지 이유가 있습니다. 첫째, 학생들은 시간을 절약할 수 있습니다. 학교를 가는 데 시간이 걸립니다. 그러나 그들이 학교에 갈 필요가 없다면, 집에서 공부하고 자신이 좋아하는 무언가를 하거나 연구하는 데 더 많은 시간을 가질 수 있습니다. 둘째, 학생들은 돈도 절약할 수 있습니다. 주로, 온라인 수업은 전통적인 교실 수업보다 더 저렴합니다. 게다가 그들은 이동 비용을 절약할 수 있습니다. 이런 이유들로 저는 온라인 수업이 더 낫다고 생각합니다.

as well ~도 역시 in addition 게다가 transportation cost 대중교통 비용

▼ 답변 확인 및 해설

> 미래에는 학생들이 컴퓨터나 TV를 이용해 집에서 공부하거나 학교에서 공부하는 것 중에서 선택할 수 있을 것입니다. 어떤 것을 선호하나요?

레벨 7
모범답안

▼ 기본 템플릿을 변형한 답안 (다양한 어휘와 문장 구조)　🎧 S1_Part 6_28

I think learning in a classroom is much better than studying online. There are some reasons. First, we can learn better. This is because the learning atmosphere is more lively. In a classroom, we can ask the teacher questions and get feedback immediately. However, if I study online at home, I would feel bored and get easily distracted by my surroundings such as TV, family, and other contents on the Internet. Second, interacting with classmates is another important thing in learning. I think students should develop social skills by communicating face to face. That way, students can learn how to deal with other people and various real situations. Therefore, I think online learning should only be for those with the problem of time and distance.

저는 교실에서 배우는 것이 온라인으로 공부하는 것보다 더 낫다고 생각합니다. 몇 가지 이유가 있습니다. 첫째, 우리는 더 잘 배울 수 있습니다. 이것은 배움의 분위기가 더욱 생생하기 때문입니다. 교실에서 우리는 선생님에게 질문을 할 수 있고 바로 피드백을 받을 수 있습니다. 그러나 만약 제가 집에서 온라인으로 공부한다면, 저는 지루할 것이고 TV, 가족, 인터넷 콘텐츠와 같이 주위 환경들에 의해 쉽게 산만해질 것입니다. 둘째, 급우와 상호작용하는 것은 배움에서 또 다른 중요한 점입니다. 저는 학생들이 마주보며 의사소통함으로써 사교적 기술을 개발시켜야 한다고 생각합니다. 그런 방법으로 학생들은 어떻게 다른 사람들과 다양한 실제 상황을 다루는지 배울 수 있습니다. 그러므로 저는 온라인 교육은 시간과 거리에 문제가 있는 사람들에게만 주어져야 한다고 생각합니다.

해설

- 문제의 핵심은 온라인, 돈 절약, 시간 절약입니다.
- 교육의 과정(the process of education)이나, 인성교육 (character education), 교육의 질(the quality of education)에 대해서도 생각해 보시기 바랍니다.
- '분위기가 활기차다'라고 할 때, lively의 발음은 [라이블리]입니다.

▼ *Practice 3*

> Which would you choose: a high paying job or a job that you like?

Step 1 Listening을 듣고 키워드를 준비하세요. (준비 시간 30초 대비)

문제를 해석한 후 [의견, 이유 1, 이유 2]를 단어로 준비하세요.

의견	
이유 1	
이유 2	

Step 2 템플릿을 활용하며 문장으로 말하세요. (말하기 시간 45초 대비)

기본 템플릿을 사용하되 주제에 따라 약간의 변형은 있을 수 있습니다.

1. I think that 의견.
2. There are some reasons.
3. First of all, 이유 1.
4. This is because 부연설명/구체적 근거.
5. For example, 예제.
6. Next, 이유 2.
7. To be specific, 구체적 근거.
8. If 원인/이유/조건, then 결과.
9. However, 반론/대조.
10. For these reasons, 의견.

Step 3 모범 답안 참조하며 반복하기

레벨 6
모범답안

🔻 답변 확인 및 해설

높은 연봉을 주는 직업과 좋아하는 직업 중 어떤 직업을 선택할 것인가요?

🔻 **기본 템플릿을 활용한 답안** (쉬운 어휘와 문장 구조)   🎧 S1_Part 6_30

I would choose a high paying job. There are some reasons to support my opinion. First of all, I want to make a lot of money. If I have a high paying job, I can do many things. For example, I want to buy a good house and a nice car. Also, I want to support my family. Second, if I get a high salary from my job, I would work harder. That is, I would get motivated to work harder. Working hard leads me to greater success. For these reasons, I think a high paying job is better.

> 저는 보수가 많은 직업을 선택할 것입니다. 저의 의견을 뒷받침할 몇 가지 이유가 있습니다. 첫째, 저는 많은 돈을 벌고 싶습니다. 만약 제가 보수가 많은 직업을 가지고 있다면 저는 많은 것을 할 수 있습니다. 예를 들어, 저는 좋은 집과 멋진 차를 사고 싶습니다. 또한, 저는 저의 가족을 부양하고 싶습니다. 둘째, 만약 제가 직장에서 높은 연봉을 받는다면, 더 열심히 일할 것입니다. 즉, 저는 더 열심히 일하도록 동기부여될 것입니다. 열심히 일하는 것은 더 커다란 성공으로 저를 이끕니다. 이런 이유들로 저는 보수가 많은 직업이 더 낫다고 생각합니다.

make money 돈을 벌다   motivate 동기부여하다   high paying job 고액 연봉 일

높은 연봉을 주는 직업과 좋아하는 직업 중 어떤 직업을 선택할 것인가요?

레벨 7
모범답안

▼ **기본 템플릿을 변형한 답안** (다양한 어휘와 문장 구조)　　🎧 S1_Part 6_30

I would definitely choose a job that I like over a high paying job. There are some reasons. First, if I do what I love, I can have a happy work life. I would rarely complain at work and work happily almost all the time. Usually, many people spend long hours at work, and if they are unhappy, I think it is something sad. Second, having a job that I like, I can keep working actively and passionately. I would make untiring effort and want to make it better and better, which leads to greater success. In addition, I can overcome whatever difficulties I may face, and never even think about giving up. So, I think having a job that I like is much better.

저는 보수가 많은 직업보다 제가 좋아하는 직업을 당연히 선택할 것입니다. 몇 가지 이유가 있습니다. 첫째, 만약 제가 좋아하는 것을 한다면, 저는 행복한 직장 생활을 할 수 있습니다. 저는 거의 직장에서 불평하지 않을 것이고 거의 항상 행복하게 일할 것입니다. 많은 사람들은 직장에서 긴 시간을 보냅니다. 그리고 만약 그들이 행복하지 않다면, 슬픈 것이라고 생각합니다. 둘째, 제가 좋아하는 직업을 갖기 때문에 활동적이고 열정적으로 계속 일할 수 있습니다. 지칠 줄 모르는 노력을 할 것이고 점점 더 발전하기를 원할 것입니다. 그것은 더 커다란 성공으로 이끕니다. 게다가, 저는 제가 직면할지도 모르는 무슨 어려움이든지 극복할 수 있습니다. 그리고 결코 포기할 생각을 하지 않을 것입니다. 그래서 저는 제가 좋아하는 직업을 가지는 것이 훨씬 더 낫다고 생각합니다.

rarely 거의 ~않는　all the time 항상　passionately 열정적으로　untiring 지칠 줄 모르는

해설

- 이 문제는 양쪽 의견이 모두 강력할 것이나 시험에서는 빠른 결정을 해야 함을 잊지 마세요.
- 재미있고 좋아하는 직업을 찾기보다는 직업과 취미를 구분해야 한다는 주장도 있습니다. (Jobs are different from hobbies.)
- 반면, 직업도 인생의 일부이며 행복해야 한다.(Work is a part of life; so it should be happy.) 라고 생각할 수도 있습니다.

Practice 4

Which is the best way to communicate among the following three options: sending text-message, making a video call, having a face-to-face meeting?

Step 1 Listening을 듣고 키워드를 준비하세요. (준비 시간 30초 대비)

문제를 해석한 후, [의견, 이유 1, 이유 2]를 단어로 준비하세요.

의견	
이유 1	
이유 2	

Step 2 템플릿을 활용하며, 문장으로 말하세요. (말하기 시간 45초 대비)

기본 템플릿을 사용하되 주제에 따라 약간의 변형은 있을 수 있습니다.

1. I think that 의견.
2. There are some reasons.
3. First of all, 이유 1.
4. This is because 부연 설명/구체적 근거.
5. For example, 예제.
6. Next, 이유 2.
7. To be specific, 구체적 근거.
8. If 원인/이유/조건, then 결과.
9. However, 반론/대조.
10. For these reasons, 의견.

Step 3 모범 답안 참조하며 반복하기

다음 3가지 중에서 소통에 가장 좋은 방법은 어떤 것인가요?
문자 메시지 보내기, 화상전화, 대면 회의

레벨 6
모범답안

▼ **기본 템플릿을 활용한 답안** (쉬운 어휘와 문장 구조)　🎧 S1_Part 6_32

Among the three options, I think making a video call is the best way to communicate. There are some reasons to support my opinion. First, it is very convenient (compared to meeting in person) To be specific, I can make a video call anywhere anytime. Using my cell phone, I can communicate with others easily. Second, I can communicate more effectively. This is because I can see the person's face and their body language. In addition, I can listen to their voice as well. This is much better than just sending text messages.

> 세 가지 옵션 중에서 저는 화상 전화가 최고의 의사소통 방법이라고 생각합니다. 저의 의견을 뒷받침할 몇 가지 이유들이 있습니다. 첫째, (직접 만나는 것에 비해) 매우 편리합니다. 구체적으로 저는 어디서나 화상전화를 할 수 있습니다. 제 휴대 전화를 이용하여 다른 사람들과 쉽게 의사소통할 수 있습니다. 둘째, 저는 더 효과적으로 의사소통할 수 있습니다. 이것은 제가 사람들의 얼굴과 몸동작을 볼 수 있기 때문입니다. 게다가 저는 그들의 목소리도 들을 수 있습니다. 이것은 그냥 문자를 보내는 것보다 훨씬 더 낫습니다.

in person 직접　to be specific 구체적으로

다음 3가지 중에서 소통에 가장 좋은 방법은 어떤 것인가요?
문자 메시지 보내기, 화상전화, 대면 회의

레벨 7
모범답안

▼ **기본 템플릿을 변형한 답안** (다양한 어휘와 문장 구조) 🎧 S1_Part 6_32

I think sending text messages is the best way to communicate. There are some reasons. First of all, we can send text messages anywhere. In public places such as in the library, or in the bus, we can communicate quietly without making any noise. For example, with my cell phone, I text to my friends a lot in the bus when I go to school. It's very convenient and easy. Next, sending text messages is the best especially when communicating with many people. I can send a mass text to many people at once. It will be quite a hassle to meet 30 people in person. So I mostly use my phone messages to communicate.

저는 문자를 보내는 것이 최고의 의사소통 방법이라고 생각합니다. 몇 가지 이유가 있습니다. 첫째, 저는 어디서든지 문자를 보낼 수 있습니다. 도서관이나 버스와 같은 공공장소에서, 소음을 내지 않고 조용히 의사소통할 수 있습니다. 예를 들어, 저는 학교를 갈 때 휴대 전화로 제 친구들에게 문자를 많이 보냅니다. 그것은 매우 편리하고 쉽습니다. 다음으로, 문자를 보내는 것은 특히 많은 사람들과 의사소통할 때 최고입니다. 저는 대량의 문자를 많은 사람들에게 한꺼번에 보낼 수 있습니다. 직접 30명을 만나는 것은 꽤 혼란스러울 수 있습니다. 그래서 저는 의사소통하기 위해서 대부분 휴대 전화 문자 메시지를 사용합니다.

public place 공공장소   text 문자 보내다   at once 한꺼번에   hassle 혼란   in person 직접

해설

- 각각에 대한 장단점을 생각해 보세요.
- face to face를 선택한다면? 만나는 것 자체가 신뢰를 쌓는다. (Meeting in person, itself, develops trust.) 그리고, 언어, 목소리, 얼굴 표정, 몸짓 등을 모두 이용하므로 가장 효과적으로 소통할 수 있다고 주장할 수 있습니다. (Face to face is the most effective because we can use language, voice, facial expressions, and body language.)
- 구체적인 예를 들 때는 어떤 상황에서, 누구와의 소통인지, 소통의 목적은 무엇인지를 이야기하세요. (e.g. 친구와 소통할 때는 텍스트, 고객과의 계약은 직접 만나기)

▼ *Practice 5*

> *Having a good relationship with coworkers is important.*
> Do you agree or disagree?

Step 1 Listening을 듣고 키워드를 준비하세요. (준비 시간 30초 대비)

문제를 해석한 후 [의견, 이유 1, 이유 2]를 단어로 준비하세요.

의견	
이유 1	
이유 2	

Step 2 템플릿을 활용하며 문장으로 말하세요. (말하기 시간 45초 대비)

기본 템플릿을 사용하되 주제에 따라 약간의 변형은 있을 수 있습니다.

1. I think that 의견.
2. There are some reasons.
3. First of all, 이유 1.
4. This is because 부연 설명/구체적 근거.
5. For example, 예제.
6. Next, 이유 2.
7. To be specific, 구체적 근거.
8. If 원인/이유/조건, then 결과.
9. However, 반론/대조.
10. For these reasons, 의견.

Step 3 모범 답안 참조하며 반복하기

동료와 좋은 관계를 가지는 것은 중요하다. 동의하시나요?

레벨 6
모범답안

♥ **기본 템플릿을 활용한 답안** (쉬운 어휘와 문장 구조) 🎧 S1_Part 6_34

I agree that having a good relationship with coworkers is important. There are some reasons. First of all, if coworkers have a good relationship, they can work more comfortably. Usually, people get a lot of stress at work. However, when they are close to their coworkers, the work atmosphere will be more pleasant. Second, coworkers with a good relationship would help each other. For example, I have a good relationship with my coworkers. So, I can easily ask for help and get advice from them, and I do the same when they have a problem. Therefore, it is very important to build a good relationship with coworkers.

> 저는 동료들과 좋은 관계를 갖는 것은 중요하다는 것에 동의합니다. 몇 가지 이유가 있습니다. 첫째, 동료들이 좋은 관계를 갖는다면, 그들은 더욱 편하게 일할 수 있습니다. 사람들은 주로 직장에서 스트레스를 받습니다. 그러나 그들이 동료들과 가깝다면 직장 분위기는 더욱 즐거울 것입니다. 둘째, 좋은 관계에 있는 동료들은 서로 도울 수 있습니다. 예를 들어, 저는 동료들과 관계가 좋습니다. 그래서 저는 쉽게 도움을 요청하고 그들로부터 조언을 얻습니다. 그리고 저도 그들이 문제가 있을 때 똑같이 합니다. 그러므로 동료들과 좋은 관계를 쌓는 것은 매우 중요합니다.

coworker 동료   atmosphere 분위기   pleasant 즐거운   each other 서로서로

✔ 답변 확인 및 해설

> 동료와 좋은 관계를 가지는 것은 중요하다. 동의하시나요?

레벨 7
모범답안

✔ 기본 템플릿을 변형한 답안 (다양한 어휘와 문장 구조) 🎧 S1_Part 6_34

I believe that having a good relationship with coworkers is really important. There are some reasons. First, we spend long hours with them. If we work full time, we are likely to be in contact with our co-workers almost as much as with our family members. So, it is important that we can get along with them in a working relationship as well as enjoy their company. Second, a good relationship helps solve problems. If you are close to your coworkers, you are willing to help them whether they have problems with their computers or with clients. Helping each other can solve problems and bring better results. For these reasons, I think positive coworker relationships are important.

> 저는 동료들과 좋은 관계를 갖는 것은 매우 중요하다고 믿습니다. 몇 가지 이유가 있습니다. 첫째, 우리는 그들과 오랜 시간을 보냅니다. 만약 우리가 정규직으로 일한다면, 우리는 동료들과 가족들과 함께 하는 것만큼 많이 연락을 할 가능성이 큽니다. 그래서 우리가 그들과 함께 있는 것을 즐기는 것뿐만 아니라 그들과 일적인 관계에서 잘 지낼 수 있는 것은 중요합니다. 둘째, 좋은 관계는 문제를 해결하는 데 도움을 줍니다. 만약 당신이 동료들과 가깝다면, 그들이 컴퓨터에 문제가 있든, 고객과 문제가 있든지 그들을 기꺼이 도울 것입니다. 서로 돕는 것은 문제를 풀 수 있고 더 나은 결과를 가지고 옵니다. 이런 이유에서 저는 동료와의 좋은 관계는 중요하다고 생각합니다.

get along with ~와 잘 지내다   be willing to 기꺼이 ~하다   whether ~인지 아닌지   positive 긍정적인

해설

> – 반대하기 힘든 주제입니다.
> – 그러나 만약 '좋은 관계가 문제될 수 있다'라는 방향으로 출제된다면 분위기가 느슨해질 수 있다 (The atmosphere can be too loose.)라고 하세요.
> – 좋은 관계는 직장 동료간뿐 아니라 스터디를 할 때도 도움이 됩니다.

TOEIC® Speaking

Question 11: Express an opinion

Directions: In this part of the test, you will give your opinion about a specific topic. Be sure to say as much as you can in the time allowed. You will have 15 seconds to prepare. Then you will have 60 seconds to speak.

What are some advantages of requiring high school students to take physical education?

PREPARATION TIME
00:00:15

RESPONSE TIME
00:01:00

고등학생들에게 체육 교육을 의무화하는 것의 장점은 무엇인가요?

❤ **키워드: 건강, 팀 스포츠, 협동심**

There are some advantages of requiring high school students to take physical education. One advantage is that they can stay healthy. If physical education is required, students can exercise more and release their stress from study. So it is good for their mind and body. Another advantage is that they can learn many things from team sports. To be specific, when students play team sports, they have to cooperate with other people. In addition, they can learn how to compete fairly. These are important social skills that students should develop.

> 고등학생들에게 체육 수업을 듣도록 요구하는 것에 몇 가지 장점들이 있습니다. 한 가지 장점은 건강을 유지할 수 있다는 것입니다. 만약 체육 수업이 필수라면 학생들은 더욱 운동할 수 있고 공부하면서 받은 스트레스를 풀 수 있습니다. 그래서 마음과 몸에 좋습니다. 또 다른 장점은 그들이 팀 스포츠로부터 많은 것들을 배울 수 있다는 것입니다. 구체적으로 학생들이 팀 스포츠를 할 때 다른 사람들과 협력해야 합니다. 게다가 어떻게 공정하게 경쟁하는지 배울 수 있습니다. 이것들은 학생들이 발달시켜야 할 중요한 사교적 기술입니다.

❤ **키워드: 건강, 사교성, 재미**

There are many advantages of requiring high school students to take physical education. For one thing, students can keep their health. High school students would be busy studying and preparing for exams. However, they should not forget the importance of health. Regular physical education will teach them how to exercise right and help them stay healthy. Second, playing team sports is good for social skills. For example, in playing soccer, they can learn to work as a team, assign roles, and give opportunities to other people. In doing so, they can know how to complement each other. Third, physical education courses are fun. By playing sports, students can release their stress from study and have some fun at school.

> 고등학생들에게 체육 수업을 듣게 하는 것은 많은 이점들이 있습니다. 한 가지는 학생들은 건강을 유지할 수 있습니다. 고등학생들은 공부하고 시험을 준비하는 데 바쁠 것입니다. 그러나 그들은 건강의 중요성을 잊어서는 안 됩니다. 규칙적인 체육 수업은 그들은 어떻게 올바르게 운동하는지 가르쳐 주고 건강을 유지하도록 도와줄 것입니다. 둘째, 팀스포츠를 하는 것은 사교적 능력에 좋습니다. 예를 들어 축구를 할 때 그들은 역할을 할당하고 다른 사람들에게 기회를 주면서 팀으로서 해나가야 하는 것을 배울 수 있습니다. 그러면서 서로를 어떻게 보완하는지 알 수 있습니다. 셋째, 체육 수업은 재미있습니다. 스포츠를 함으로써 학생들은 공부에서 받은 스트레스를 풀고 학교에서 재미있게 지낼 수 있습니다.

해설

> – 균형잡힌 교육(balanced education)을 위해 체육 의무화를 주장할 수도 있습니다.
> – 만약 '단점은 무엇인가'라고 출제되는 경우에는 모든 학생들이 체육을 하고 싶어 하지는 않는다(Not all students like physical education.)라고 주장하세요. 그리고 운동하다가 다치기도 한다(They can get injured while exercising.)라고 하세요.

TOEIC Speaking

Question 11: Express an opinion

Directions: In this part of the test, you will give your opinion about a specific topic. Be sure to say as much as you can in the time allowed. You will have 15 seconds to prepare. Then you will have 60 seconds to speak.

Do you agree or disagree with the following statement?

Advertisements have a great influence on consumers' purchasing decisions.

Give specific reasons and details to support your opinion.

PREPARATION TIME
00:00:15

RESPONSE TIME
00:01:00

> 다음 진술에 동의하시나요, 아니면 동의하지 않으시나요?
> 광고는 고객의 구매 결정에 큰 영향을 미친다.
> 의견을 뒷받침할 수 있는 구체적인 이유를 들어 주세요.

✦ 키워드: 찬성, 광고 노출, 정보

I agree that advertisements have a great influence on consumers' purchasing decisions. There are some reasons. First of all, consumers see advertisements a lot. This is because advertising is almost everywhere on TV, radio, and on the Internet. People see a lot of advertisements and get influenced when they buy a certain product. Second, advertisements give information about products or services. When people want to buy something, they check advertisements. This is because advertisements tell us what options and discounts are available.

> 저는 광고가 소비자의 구매 결정에 큰 영향을 미친다는 데 동의합니다. 몇 가지 이유가 있습니다. 첫째, 소비자는 광고를 많이 봅니다. 이것은 광고가 TV, 라디오, 인터넷 등 거의 모든 곳에 있기 때문입니다. 사람들은 많은 광고들을 보고 그들이 어떤 상품을 살 때 영향을 받습니다. 둘째, 광고는 상품과 서비스에 대한 정보를 줍니다. 사람들이 무언가를 사기를 원할 때 광고를 확인합니다. 이것은 광고들이 우리에게 무슨 옵션과 할인이 가능한지 말해 주기 때문입니다.

✦ 키워드: 찬성, 정보, 기억에 남음

I agree that advertisements have a great influence on consumer buying decisions. There are some reasons. First of all, advertisements give information about products and services. They compare prices, explain what functions we can conveniently use, or show what color options we can choose from. So, when people want to buy something such as a digital camera, or a laptop computer, they check advertisements, first. Second, advertisements are good at making people purchase their products. They are fun and interesting in order to attract consumer's attention and make their products more memorable. When people are familiar with the brand or a certain product, they are more likely to choose the product when there are many other similar products on the market.

> 저는 광고가 소비자 구매 결정에 큰 영향을 미친다는 데 동의합니다. 몇 가지 이유가 있습니다. 첫째, 광고는 상품과 서비스에 대해 정보를 줍니다. 그들은 가격을 비교하고 무슨 기능들을 편리하게 사용할 수 있고, 또한 무슨 색상의 옵션을 선택할 수 있는지 보여줍니다. 그래서 사람들이 디지털 카메라나 노트북 같은 것을 사기를 원할 때 먼저 광고를 확인합니다. 둘째, 광고는 사람들이 상품을 구매하도록 만드는 것을 잘합니다. 광고들은 고객의 관심을 끌고 상품을 더욱 기억에 남게 하기 위해서 재미있고 흥미롭습니다. 사람들이 브랜드나 특정한 상품에 친숙할 때 많은 다른 비슷한 상품들이 시장에 있으면 그 상품을 선택할 가능성이 더 있습니다.

해설

> – 재미있고, 유용하고, 창의적인 광고가 많기 때문이기도 합니다. (fun, useful, creative)
> – 그러나 광고 때문에 불필요한 물건(unnecessary items)을 사거나, 과소비(overspending)로 이어질 수도 있습니다.

TOEIC® Speaking

Question 11: Express an opinion

Directions: In this part of the test, you will give your opinion about a specific topic. Be sure to say as much as you can in the time allowed. You will have 15 seconds to prepare. Then you will have 60 seconds to speak.

Which of the following three fields do you think will see the greatest changes in the next 20 years: housing, education, health care

PREPARATION TIME
00:00:15

RESPONSE TIME
00:01:00

다음 3가지 영역 중 20년 후에 가장 큰 변화가 일어날 영역은 무엇이라고 생각하십니까?
주거, 교육, 건강

레벨 6 모범답안

♥ 키워드: 교육, 학교에 안 감, 재미

I think the greatest changes will occur in the field of education. There are some reasons. First, many students will not go to school. This is because they can study online using their computers at home. Even today people take online courses, and online education will be very popular in the future. Second, future education will be more fun. Many interesting educational materials will be developed. For example, they might play video games to learn English. So I think there will be great changes in education.

저는 가장 큰 변화는 교육 분야에서 일어날 것이라고 생각합니다. 몇 가지 이유가 있습니다. 첫째, 많은 학생들은 학교에 가지 않을 것입니다. 이것은 그들이 집에서 컴퓨터를 사용하면서 온라인으로 공부할 수 있기 때문입니다. 심지어 오늘날에도 사람들은 온라인 수업을 듣고 있고 미래에 온라인 수업은 매우 인기 있을 것입니다. 둘째, 미래의 교육은 더욱 재미있을 것입니다. 많은 흥미로운 교육 자료들이 개발될 것입니다. 예를 들어, 그들은 영어를 배우기 위해 비디오 게임을 할지도 모릅니다. 그래서 저는 교육에서 큰 변화가 있을 것이라고 생각합니다.

레벨 7 모범답안

♥ 키워드: 건강 관리, 장수, 가정용 의학 장비

I think health care will change the most in the next 20 years. There are some reasons. First, people want to live longer. Thanks to medical technology, people's average lifespan has been increasing. People in the future will enjoy a longer and healthier life. Second, people in the future will get their medical check-ups at home. They don't have to go to the hospital because many home medical devices will be available. With home medical equipment, people can diagnose their own diseases or check their health conditions at home.

저는 건강 관리가 추후 20년간 가장 크게 변화할 것이라고 생각합니다. 몇 가지 이유가 있습니다. 첫째, 사람들은 오래 살기를 원합니다. 의학 기술 덕분에 사람들의 평균 수명은 증가하고 있습니다. 미래의 사람들은 더 오래 그리고 더 건강한 삶을 즐길 것입니다. 둘째, 미래의 사람들은 그들의 의학 정기검진을 집에서 받을 것입니다. 그들은 병원에 갈 필요가 없습니다. 많은 가정용 의학 장비들이 이용 가능할 것이기 때문입니다. 가정용 의학 장비로 사람들은 자신의 질병을 진단할 수 있고 집에서 자신의 건강 상태를 확인할 수 있습니다.

해설

- 미래 사회에 대한 예측 문제는 자주 출제되는 문제입니다.
- 미래 사회에는 여가시간이 늘어날 것이다. (In the future, people will have more free time.) 도 생각해 두세요.
- housing을 선택한다면? 미래의 집들은 환경친화적일 것이다. (Future houses will be eco-friendly.)라고 할 수 있습니다.

Practice 9

TOEIC Speaking

Question 11: Express an opinion

Directions: In this part of the test, you will give your opinion about a specific topic. Be sure to say as much as you can in the time allowed. You will have 15 seconds to prepare. Then you will have 60 seconds to speak.

Do you agree or disagree with the following statement.

The best TV programs are educational.

Use specific reasons and examples to support your answer.

PREPARATION TIME
00:00:15

RESPONSE TIME
00:01:00

다음 진술에 동의하시나요 혹은 동의하지 않으시나요?
최고의 TV 프로그램은 교육적이다.

레벨 6 모범답안

▼ 키워드: 반대, 재미있어야 함, 다른 교육 자원

I don't agree that the best TV programs are educational. There are some reasons. First of all, the best TV programs should be fun. Many people watch TV because it is amusing and entertaining. Watching TV, people can relieve their stress from their real life. Second, there are many educational sources other than TV. If people want to learn something, they can read books or take classes. Again, the main reason people watch TV is to relax, not to learn.

> 저는 최고의 TV 프로그램이 교육적이라는 데 동의하지 않습니다. 몇 가지 이유가 있습니다. 첫째, 최고의 TV 프로그램은 재미있어야 합니다. 많은 사람들은 재미있고 즐겁기 때문에 TV를 시청합니다. 사람들은 TV를 보면서 현실의 삶에서 받는 스트레스를 풉니다. 둘째, TV보다 많은 교육적 자원들이 있습니다. 만약 사람들이 무언가를 배우기를 원한다면, 책을 읽거나 수업을 들을 수 있습니다. 다시 말하면, 사람들이 TV를 시청하는 주요한 이유는 편하게 쉬기 위해서이지 배우기 위해서가 아닙니다.

레벨 7 모범답안

▼ 키워드: 찬성, 견문 넓힘, 다양한 과목

I agree that the best TV programs are educational. First, the best TV programs help people understand other people better. For example, travel programs introduce many different cultures, customs, and ways of thinking. By watching them, people can broaden their perspectives and have better understanding of others different from them. Second, educational TV programs teach various subjects. For example, from how to cook, to how to draw, to how to improve English, people can get high quality education from watching TV. I think those programs are much better than just entertainment programs.

> 저는 최고의 TV 프로그램이 교육적이라는 것에 동의합니다. 첫째, 최고의 TV 프로그램은 사람들이 다른 사람들을 더 잘 이해하도록 도와줍니다. 예를 들어, 여행 프로그램은 많은 다른 문화, 관습, 사고방식을 소개합니다. 이를 시청함으로써 사람들은 자신들의 견해를 넓힐 수 있고 자신과 다른 사람들을 더 잘 이해할 수 있습니다. 둘째, 교육적인 TV 프로그램들은 다양한 주제들을 가르쳐줍니다. 예를 들어, 요리하는 방법부터 그림 그리는 법, 영어를 향상시키는 법까지 사람들은 양질의 교육을 TV를 시청함으로써 얻을 수 있습니다. 저는 그런 프로그램들은 단지 오락 프로그램보다 훨씬 더 낫다고 생각합니다.

해설

- 사람마다 다른 생각을 가질 수 있으니 어느 쪽이든 자신 있게 주장하세요.
- 구체적인 예시로 자신이 즐겨보는 TV 프로그램을 소개해 보세요.
- 문제가 약간 변형되어 출제될 수 있으나, 본질은 같은 문제들입니다. Educational programs are better than entertainment programs; TV programs should be educational; Which do you like better: educational programs or entertainment programs?

TOEIC Speaking

Volume

Question 11: Express an opinion

Directions: In this part of the test, you will give your opinion about a specific topic. Be sure to say as much as you can in the time allowed. You will have 15 seconds to prepare. Then you will have 60 seconds to speak.

Some people prefer to travel by public transportation while others prefer to drive their own cars. Which do you prefer?

PREPARATION TIME
00:00:15

RESPONSE TIME
00:01:00

어떤 사람들은 대중교통으로 여행하는 것을 선호하며 어떤 사람들은 자신의 차를 운전하는 것을 선호합니다. 어떤 것을 선호하시나요?

레벨 6 모범답안

❖ 키워드: 대중교통, 돈 절약, 시간 절약

I prefer to travel by public transportation rather than to drive my own car. There are some reasons. First of all, I can save money. Taking public transportation (such as buses or subways) is much cheaper. However, it takes a lot of money to buy a car and maintain it. Second, I can save time. This is because if I take a bus or a subway, I can do other things such as reading books or just relaxing. I think it is a more efficient way of using my time.

> 저는 차로 운전하는 것보다 대중교통으로 여행하는 것을 선호합니다. 몇 가지 이유가 있습니다. 첫째, 돈을 절약할 수 있습니다. (버스와 지하철 같은) 대중교통을 이용하는 것은 훨씬 저렴합니다. 그러나 차를 사고 그것을 유지하는 데는 많은 돈이 들어갑니다. 둘째, 시간을 절약할 수 있습니다. 만약 버스나 지하철을 탄다면, 책을 읽거나 단지 쉬는 것같이 다른 것들을 할 수 있기 때문입니다. 저는 이것이 제 시간을 사용하는 데 있어서 더 효과적인 방법이라고 생각합니다.

public transportation 대중교통　**maintain** 유지하다　**efficient** 효과적인

레벨 7 모범답안

❖ 키워드: 차 운전, 편리, 개인 공간

I prefer to travel by driving my own car. There are some reasons. First of all, it is more convenient. If I travel by car, my schedule can be more flexible. This is because I can choose where to go and how long to stay there. However, the bus schedule is fixed, and sometimes the bus doesn't go where I want to go. Next, I can enjoy my private space. I like listening to music and singing songs while traveling. This is more fun and something that is not allowed in the bus.

> 저는 자가용으로 운전해서 여행하는 것을 선호합니다. 몇 가지 이유가 있습니다. 첫째, 그것은 더욱 편리합니다. 만약 제가 자가용으로 여행한다면 저의 스케줄은 더욱 융통성 있을 수 있습니다. 제가 어디를 가고 그곳에 얼마나 머무를지 선택할 수 있기 때문입니다. 그러나 버스 스케줄은 정해져 있고, 때때로 버스는 제가 가기를 원하는 곳에 가지 않습니다. 다음으로 저는 사적인 공간을 즐길 수 있습니다. 저는 여행하는 동안에 음악을 듣고 노래를 부르는 것을 좋아합니다. 이것은 더 재미있고 버스에서는 허용되지 않는 것입니다.

flexible 융통성 있는　**fixed** 정해져 있는　**private space** 개인 공간

해설

> – 대중교통을 이용하면 교통 혼잡을 피할 수 있다(avoid traffic jams)라고 할 수도 있습니다.
> – 자기 차를 선택해서 시간 절약을 할 수도 있습니다. 버스는 고정된 경로가 있고 차보다 천천히 운행됩니다. (Buses have fixed routes and run at slower speeds than cars.)

Section

2

MP3 & 동영상
바 로 가 기

ACTUAL TEST

TOEIC Speaking

Volume

Questions 1-2: Read a text aloud

Directions: In this part of the test, you will read aloud the text on the screen. You will have 45 seconds to prepare. Then you will have 45 seconds to read the text aloud.

Thank you for calling First Row Theater. As we mentioned earlier, we are planning to make some renovations, so we will close from January 1st for a couple of months. That is, we will be open around at the end of March, 2015. Major renovations will be centered on seats, screen and projectors in order to provide our customers with greater satisfaction. Please visit our Website for more information.

PREPARATION TIME
00:00:45

RESPONSE TIME
00:00:45

This is Lewis of the National Highway Traffic Safety Administration. On December 17th, 2015, there will be a "River Bicycle Race" held from 8:00 A.M. to 4:00 P.M. around Haverford Ave, Philadelphia, Pennsylvania. In order to create a safe environment for the riders, spectators and general public, the following temporary road closures on Market Street and Haverford Avenue, and parking restrictions to automobiles will be in place for the times stated above.

PREPARATION TIME
00:00:45

RESPONSE TIME
00:00:45

TOEIC Speaking

Question 3: Describe a picture

Directions: In this part of the test, you will describe the picture on your screen in as much detail as you can. You will have 30 seconds to prepare your response. Then you will have 45 seconds to speak about the picture.

TOEIC Speaking

Question 3 of 11

PREPARATION TIME
00:00:30

RESPONSE TIME
00:00:45

TOEIC® Speaking

Questions 4-6: Respond to questions

Directions: In this part of the test, you will answer three questions. For each question, begin responding immediately after you hear a beep. No preparation time is provided. You will have 15 seconds to respond to Questions 4 and 5 and 30 seconds to respond to Question 6.

TOEIC® Speaking

Question 4 of 11

Imagine that an American marketing firm is doing research in your country. You have agreed to participate in a telephone interview about communication.

When was the last time you made a phone call to one of your school peers or co-workers?

RESPONSE TIME
00:00:15

Imagine that an American marketing firm is doing research in your country. You have agreed to participate in a telephone interview about communication.

What is the best time for making a phone call to your school peer or co-worker?

RESPONSE TIME

00:00:15

Imagine that an American marketing firm is doing research in your country. You have agreed to participate in a telephone interview about communication.

Which one do you think is better between making a phone call and sending an e-mail?

RESPONSE TIME

00:00:30

TOEIC® Speaking

Questions 7-9: Respond to questions using information provided

Directions: In this part of the test, you will answer three questions based on the information provided. You will have 30 seconds to read the information before the questions begin. For each question, begin responding immediately after you hear a beep. No additional preparation time is provided. You will have 15 seconds to respond to Questions 7 and 8 and 30 seconds to respond to Question 9.

TOEIC® Speaking

National Childhood Obesity Conference	
Long Beach Convention Center, March 27, 2015	
[Morning Session]	
08:00-08:30 A.M.	Welcome Speech & Instruction (Victoria Rogers, MD)
08:30-10:30 A.M.	What Is Metabolic Syndrome And Why Are Children Getting It? (Edward Kane)
10:30 A.M.-12:30 P.M.	Health Care Reform: Opportunities for Treatment and Prevention of Childhood Obesity(Margaret Mead, MD)
12:30-01:30 P.M.	Lunch Break
[Afternoon Session]	
01:30-04:00 P.M.	Increasing Healthy Food and Beverage Options in Schools and Hospitals(Margaret Mead, MD)
04:00-05:30 P.M.	Staying Healthy Without Malfunctioning(Jonathan Fanburg, MD)

*** Onsite registration will only be available starting February 17, 2015 at 8:00 A.M.

Fees: Half day($50) / Full day($80)

PREPARATION TIME
00:00:30

National Childhood Obesity Conference
Long Beach Convention Center, March 27, 2015

[Morning Session]

Time	Event
08:00-08:30 A.M.	Welcome Speech & Instruction (Victoria Rogers, MD)
08:30-10:30 A.M.	What Is Metabolic Syndrome And why are Children Getting It? (Edward Kane)
10:30 A.M.-12:30 P.M.	Health Care Reform: Opportunities for Treatment and Prevention of Childhood Obesity(Margaret Mead, MD)
12:30-01:30 P.M.	Lunch Break

[Afternoon Session]

Time	Event
01:30-04:00 P.M.	Increasing Healthy Food and Beverage Options in Schools and Hospitals(Margaret Mead, MD)
04:00-05:30 P.M.	Staying Healthy Without Malfunctioning(Jonathan Fanburg, MD)

*** Onsite registration will only be available starting February 17, 2015 at 8:00 A.M.

Fees: Half day($50) / Full day($80)

RESPONSE TIME
00:00:15

National Childhood Obesity Conference
Long Beach Convention Center, March 27, 2015

[Morning Session]	
08:00-08:30 A.M.	Welcome Speech & Instruction (Victoria Rogers, MD)
08:30-10:30 A.M.	What Is Metabolic Syndrome And Why Are Children Getting It? (Edward Kane)
10:30 A.M.-12:30 P.M.	Health Care Reform: Opportunities for Treatment and Prevention of Childhood Obesity(Margaret Mead, MD)
12:30-01:30 P.M.	Lunch Break
[Afternoon Session]	
01:30-04:00 P.M.	Increasing Healthy Food and Beverage Options in Schools and Hospitals(Margaret Mead, MD)
04:00-05:30 P.M.	Staying Healthy Without Malfunctioning(Jonathan Fanburg, MD)

*** Onsite registration will only be available starting February 17, 2015 at 8:00 A.M.

Fees: Half day($50) / Full day($80)

RESPONSE TIME
00:00:15

National Childhood Obesity Conference	
Long Beach Convention Center, March 27, 2015	
[Morning Session]	
08:00-08:30 A.M.	Welcome Speech & Instruction (Victoria Rogers, MD)
08:30-10:30 A.M.	What Is Metabolic Syndrome And Why Are Children Getting It? (Edward Kane)
10:30 A.M.-12:30 P.M.	Health Care Reform: Opportunities for Treatment and Prevention of Childhood Obesity(Margaret Mead, MD)
12:30-01:30 P.M.	Lunch Break
[Afternoon Session]	
01:30-04:00 P.M.	Increasing Healthy Food and Beverage Options in Schools and Hospitals(Margaret Mead, MD)
04:00-05:30 P.M.	Staying Healthy Without Malfunctioning(Jonathan Fanburg, MD)

*** Onsite registration will only be available starting February 17, 2015 at 8:00 A.M.

Fees: Half day($50) / Full day($80)

RESPONSE TIME
00:00:30

TOEIC Speaking

Volume

Question 10: Propose a solution

Directions: In this part of the test, you will be prepared with a problem and asked to propose a solution. You will have 30 seconds to prepare. Then you will have 60 seconds to speak.

In your response, be sure to
· show that you recognize the problem, and
· propose a way of dealing with the problem.

In your response, be sure to
· show that you recognize the problem, and
· propose a way of dealing with the problem.

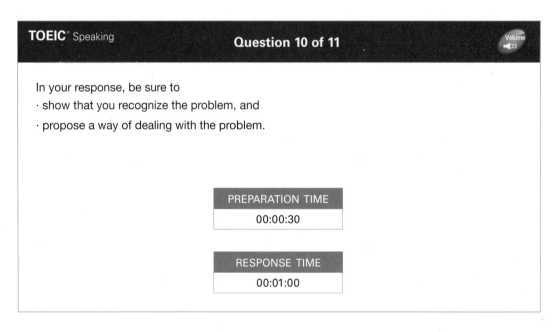

PREPARATION TIME
00:00:30

RESPONSE TIME
00:01:00

TOEIC® Speaking

Question 11: Express an opinion

Directions: In this part of the test, you will give your opinion about a specific topic. Be sure to say as much as you can in the time allowed. You will have 15 seconds to prepare. Then you will have 60 seconds to speak.

TOEIC® Speaking   **Question 11 of 11**

Do you agree or disagree with the following statement?

To learn a new skill, reading a book is better than researching on the Internet.

Give specific reasons or examples to support your opinion.

PREPARATION TIME
00:00:15

RESPONSE TIME
00:01:00

MP3 & 동영상
바로 가기

S2_Actual 02_01~02

TOEIC Speaking

Volume

Questions 1-2: Read a text aloud

Directions: In this part of the test, you will read aloud the text on the screen. You will have 45 seconds to prepare. Then you will have 45 seconds to read the text aloud.

Enjoy a hassle free holiday with us! We offer India travel packages and tourist guide information for our valued travelers to explore the civilization of this beautiful and mysterious land. As one of India's biggest travel agencies, not to mention tickets, hotels and tour packages, we provide broad and locally tailored services such as economical group travel packages, luxury private travel packages as well as hotel reservations in India with experienced staff online. Special tour packages will be available with customized itinerary reservations on request.

PREPARATION TIME
00:00:45

RESPONSE TIME
00:00:45

Welcome to "Euro Folk 2015," the No. 1 festival in Europe for the traditional folklore arts! Every year from 7,000 to 15,000 musicians, singers and dancers take part in it. Here are some useful tips to enjoy the festival. First, purchase the tickets well in advance so as not to be disappointed if it's sold out. Next, have a look at the event information so you know what time it starts leaving plenty of time to get to the site without rushing it. Lastly, be aware of sorting out recyclables such as paper, plastic bags or other materials in designated, separate recycling bins.

PREPARATION TIME
00:00:45

RESPONSE TIME
00:00:45

TOEIC Speaking

Question 3: Describe a picture

Directions: In this part of the test, you will describe the picture on your screen in as much detail as you can. You will have 30 seconds to prepare your response. Then you will have 45 seconds to speak about the picture.

TOEIC Speaking   Question 3 of 11

PREPARATION TIME
00:00:30

RESPONSE TIME
00:00:45

TOEIC® Speaking

Questions 4-6: Respond to questions

Directions: In this part of the test, you will answer three questions. For each question, begin responding immediately after you hear a beep. No preparation time is provided. You will have 15 seconds to respond to Questions 4 and 5 and 30 seconds to respond to Question 6.

TOEIC® Speaking

Question 4 of 11

Imagine that you are talking on the telephone with a friend. You are talking about an exhibition.

When was the last time you visited an exhibition? How was it?

RESPONSE TIME
00:00:15

Imagine that you are talking on the telephone with a friend. You are talking about an exhibition.

Okay, I want to go there. Would you recommend the best time to visit the exhibition?

RESPONSE TIME
00:00:15

Imagine that you are talking on the telephone with a friend. You are talking about an exhibition.

Which one do you think is better for me between looking around on my own and taking a guided tour?

RESPONSE TIME
00:00:30

TOEIC Speaking

Questions 7-9: Respond to questions using information provided

Directions: In this part of the test, you will answer three questions based on the information provided. You will have 30 seconds to read the information before the questions begin. For each question, begin responding immediately after you hear a beep. No additional preparation time is provided. You will have 15 seconds to respond to Questions 7 and 8 and 30 seconds to respond to Question 9.

TOEIC Speaking

TRAVEL ITINERARY

Purpose	Meeting & Training	Trip Start:	Mar/13/15
Destination	Tokyo	Trip End:	Mar/21/15

DEPARTING FLIGHT   LAST NAME: Houston   FIRST NAME: Kate

Date	Departs	Airline	Confirm#	Departure	Gate	Date	Arrives	Arrival	More Info
Mar/13/15	06:00 A.M.	JAL157	8DJ2OFG	LA	B11	Mar/14/15	10:30 A.M.	NARITA	

How to get you into your hotel in Tokyo: Two train lines available from Narita airport

- Upon arrival in Narita International Airport, you will be taking pre-arranged train to the hotel for check-in

RETURNING FLIGHT

Date	Departs	Airline	Confirm#	Departure	Gate	Date	Arrives	Arrival	More Info
Mar/21/15	12:00 P.M.	JAL157	8DJ2OFG	NARITA	F7	Mar/21/15	06:30 A.M.	LA	

**All hotels are subject to availability. Please make sure you are scheduled to check in Shiba park hotel on March 14, 2015. However, every participant should make changes to their stay at Hilton Hotel from Mar 18 to 21 due to the Shiba Park hotel fully booked out during those periods. We apologize for any inconvenience incurred caused by a reservation change.

PREPARATION TIME
00:00:15

TRAVEL ITINERARY

Purpose	Meeting & Training	Trip Start:	Mar/13/15
Destination	Tokyo	Trip End:	Mar/21/15

DEPARTING FLIGHT   LAST NAME: Houston   FIRST NAME: Kate

Date	Departs	Airline	Confirm#	Departure	Gate	Date	Arrives	Arrival	More Info
Mar/13/15	06:00 A.M.	JAL157	8DJ2OFG	LA	B11	Mar/14/15	10:30 A.M.	NARITA	

How to get you into your hotel in Tokyo: Two train lines available from Narita airport

- Upon arrival in Narita International Airport, you will be taking pre-arranged train to the hotel for check-in

RETURNING FLIGHT									
Date	Departs	Airline	Confirm#	Departure	Gate	Date	Arrives	Arrival	More Info
Mar/21/15	12:00 P.M.	JAL157	8DJ2OFG	NARITA	F7	Mar/21/15	06:30 A.M.	LA	

**All hotels are subject to availability. Please make sure you are scheduled to check in Shiba park hotel on March 14, 2015. However, every participant should make changes to their stay at Hilton Hotel from Mar 18 to 21 due to the Shiba Park hotel fully booked out during those periods. We apologize for any inconvenience incurred caused by a reservation change.

RESPONSE TIME
00:00:30

TRAVEL ITINERARY

Purpose	Meeting & Training	Trip Start:	Mar/13/15
Destination	Tokyo	Trip End:	Mar/21/15

DEPARTING FLIGHT   LAST NAME: Houston   FIRST NAME: Kate

Date	Departs	Airline	Confirm#	Departure	Gate	Date	Arrives	Arrival	More Info
Mar/13/15	06:00 A.M.	JAL157	8DJ2OFG	LA	B11	Mar/14/15	10:30 A.M.	NARITA	

How to get you into your hotel in Tokyo: Two train lines available from Narita airport

- Upon arrival in Narita International Airport, you will be taking pre-arranged train to the hotel for check-in

RETURNING FLIGHT

Date	Departs	Airline	Confirm#	Departure	Gate	Date	Arrives	Arrival	More Info
Mar/21/15	12:00 P.M.	JAL157	8DJ2OFG	NARITA	F7	Mar/21/15	06:30 A.M.	LA	

**All hotels are subject to availability. Please make sure you are scheduled to check in Shiba park hotel on March 14, 2015. However, every participant should make changes to their stay at Hilton Hotel from Mar 18 to 21 due to the Shiba Park hotel fully booked out during those periods. We apologize for any inconvenience incurred caused by a reservation change.

RESPONSE TIME
00:00:15

TRAVEL ITINERARY

Purpose	Meeting & Training	Trip Start:	Mar/13/15
Destination	Tokyo	Trip End:	Mar/21/15

DEPARTING FLIGHT   LAST NAME: Houston   FIRST NAME: Kate

Date	Departs	Airline	Confirm#	Departure	Gate	Date	Arrives	Arrival	More Info
Mar/13/15	06:00 A.M.	JAL157	8DJ2OFG	LA	B11	Mar/14/15	10:30 A.M.	NARITA	

How to get you into your hotel in Tokyo: Two train lines available from Narita airport

- Upon arrival in Narita International Airport, you will be taking pre-arranged train to the hotel for check-in

RETURNING FLIGHT

Date	Departs	Airline	Confirm#	Departure	Gate	Date	Arrives	Arrival	More Info
Mar/21/15	12:00 P.M.	JAL157	8DJ2OFG	NARITA	F7	Mar/21/15	06:30 A.M.	LA	

**All hotels are subject to availability. Please make sure you are scheduled to check in Shiba park hotel on March 14, 2015. However, every participant should make changes to their stay at Hilton Hotel from Mar 18 to 21 due to the Shiba Park hotel fully booked out during those periods. We apologize for any inconvenience incurred caused by a reservation change.

RESPONSE TIME
00:00:30

TOEIC Speaking

Question 10: Propose a solution

Directions: In this part of the test, you will be prepared with a problem and asked to propose a solution. You will have 30 seconds to prepare. Then you will have 60 seconds to speak.

In your response, be sure to
· show that you recognize the problem, and
· propose a way of dealing with the problem.

Respond as if you are one of the team members for the survey

In your response, be sure to
· show that you recognize the problem, and
· propose a way of dealing with the problem.

PREPARATION TIME
00:00:30

RESPONSE TIME
00:01:00

TOEIC Speaking

Question 11: Express an opinion

Directions: In this part of the test, you will give your opinion about a specific topic. Be sure to say as much as you can in the time allowed. You will have 15 seconds to prepare. Then you will have 60 seconds to speak.

TOEIC Speaking   **Question 11 of 11**

Do you agree or disagree with the following statement?

For your future career, it is better to ask for advice from your friends.

Give specific reasons or examples to support your opinion.

PREPARATION TIME
00:00:15

RESPONSE TIME
00:01:00

S2_Actual 03_01~02

Actual Test 3

TOEIC Speaking

Questions 1-2: Read a text aloud

Directions: In this part of the test, you will read aloud the text on the screen. You will have 45 seconds to prepare. Then you will have 45 seconds to read the text aloud.

Welcome to the City of Vaughan! Stay up-to-date on our winter maintenance program. The City of Vaughan operates a road maintenance program to keep the public safe during the winter months. Visit our Website to learn more about the program, your responsibilities and road clearing updates. Above all, road safety is the top priority of the city with a focus on keeping primary roads clear for emergency and transit vehicles. Don't park your car on the street overnight or while snow clearing operations are underway.

PREPARATION TIME
00:00:45

RESPONSE TIME
00:00:45

Attention shoppers! We will be bringing you the latest Black Friday 2015 deals on such items as apparel, electronics, and more right here! Make your Black Friday 2015 wishes now, and stay tuned to see the hottest deals and sales of up to 75%, especially for TVs, projectors and office gadgets. Don't wait until Thanksgiving Day to find major sale events at stores. By entering your e-mail, we'll start sending out Black Friday 2015 hot deals. Offers include free shipping for orders over $50.

PREPARATION TIME
00:00:45

RESPONSE TIME
00:00:45

TOEIC® Speaking

Question 3: Describe a picture

Directions: In this part of the test, you will describe the picture on your screen in as much detail as you can. You will have 30 seconds to prepare your response. Then you will have 45 seconds to speak about the picture.

TOEIC® Speaking — **Question 3 of 11**

PREPARATION TIME
00:00:30

RESPONSE TIME
00:00:45

TOEIC® Speaking

Questions 4-6: Respond to questions

Directions: In this part of the test, you will answer three questions. For each question, begin responding immediately after you hear a beep. No preparation time is provided. You will have 15 seconds to respond to Questions 4 and 5 and 30 seconds to respond to Question 6.

TOEIC® Speaking · **Question 4 of 11**

Imagine that an Australian marketing firm is doing research in your country. You have agreed to participate in a telephone interview about travel by public transportation.

What public transportation do you take and how often do you travel by it?

RESPONSE TIME
00:00:15

Imagine that an Australian marketing firm is doing research in your country. You have agreed to participate in a telephone interview about travel by public transportation.

When was the last time you took the train and where did you go?

RESPONSE TIME
00:00:15

Imagine that an Australian marketing firm is doing research in your country. You have agreed to participate in a telephone interview about travel by public transportation.

Which one do you prefer taking between bus and train?

RESPONSE TIME
00:00:30

TOEIC Speaking

Questions 7-9: Respond to questions using information provided

Directions: In this part of the test, you will answer three questions based on the information provided. You will have 30 seconds to read the information before the questions begin. For each question, begin responding immediately after you hear a beep. No additional preparation time is provided. You will have 15 seconds to respond to Questions 7 and 8 and 30 seconds to respond to Question 9.

TOEIC Speaking

Australia and New Zealand International Business Conference
Hilton Melbourne South Wharf, 11th -12th February 2015

Wednesday, February 11 Venue: Grand Ballroom A

18:00-20:00	Welcome Reception

Thursday, February 12 Venue: Grand Ballroom B

08:30-09:30	Registration
09:30-10:30	Conference Opening, Keynote Address by Professor S. Tamer Berry
11:00-12:30	International Human Resource Management and Global Mobility by Professor Denice Welch, University of Melbourne
12:30-13:30	Lunch
13:30-15:00	International Marketing led by Professor Lawrence Welch, University of Melbourne
15:30-18:00	International Economics and Finance by Professor Denice Welch, University of Melbourne
18:00-21:00	Gala Dinner, Dinner Speaker – Professor Peter Buckley

*** Morning Tea & Afternoon Tea will be served from 10:30 to 11:00, and from 15:00 to 15:30, respectively.

PREPARATION TIME
00:00:30

Australia and New Zealand International Business Conference
Hilton Melbourne South Wharf, 11th -12th February 2015

Wednesday, February 11 Venue: Grand Ballroom A

18:00-20:00	Welcome Reception

Thursday, February 12 Venue: Grand Ballroom B

08:30-09:30	Registration
09:30-10:30	Conference Opening, Keynote Address by Professor S. Tamer Berry
11:00-12:30	International Human Resource Management and Global Mobility by Professor Denice Welch, University of Melbourne
12:30-13:30	Lunch
13:30-15:00	International Marketing led by Professor Lawrence Welch, University of Melbourne
15:30-18:00	International Economics and Finance by Professor Denice Welch, University of Melbourne
18:00-21:00	Gala Dinner, Dinner Speaker – Professor Peter Buckley

*** Morning Tea & Afternoon Tea will be served from 10:30 to 11:00, and from 15:00 to 15:30, respectively.

RESPONSE TIME
00:00:15

Australia and New Zealand International Business Conference
Hilton Melbourne South Wharf, 11th -12th February 2015

Wednesday, February 11 Venue: Grand Ballroom A

18:00-20:00	Welcome Reception

Thursday, February 12 Venue: Grand Ballroom B

08:30-09:30	Registration
09:30-10:30	Conference Opening, Keynote Address by Professor S. Tamer Berry
11:00-12:30	International Human Resource Management and Global Mobility by Professor Denice Welch, University of Melbourne
12:30-13:30	Lunch
13:30-15:00	International Marketing led by Professor Lawrence Welch, University of Melbourne
15:30-18:00	International Economics and Finance by Professor Denice Welch, University of Melbourne
18:00-21:00	Gala Dinner, Dinner Speaker – Professor Peter Buckley

*** Morning Tea & Afternoon Tea will be served from 10:30 to 11:00, and from 15:00 to 15:30, respectively.

RESPONSE TIME
00:00:15

Australia and New Zealand International Business Conference
Hilton Melbourne South Wharf, 11th -12th February 2015

Wednesday, February 11 Venue: Grand Ballroom A

18:00-20:00	Welcome Reception

Thursday, February 12 Venue: Grand Ballroom B

08:30-09:30	Registration
09:30-10:30	Conference Opening, Keynote Address by Professor S. Tamer Berry
11:00-12:30	International Human Resource Management and Global Mobility by Professor Denice Welch, University of Melbourne
12:30-13:30	Lunch
13:30-15:00	International Marketing led by Professor Lawrence Welch, University of Melbourne
15:30-18:00	International Economics and Finance by Professor Denice Welch, University of Melbourne
18:00-21:00	Gala Dinner, Dinner Speaker – Professor Peter Buckley

*** Morning Tea & Afternoon Tea will be served from 10:30 to 11:00, and from 15:00 to 15:30, respectively.

RESPONSE TIME
00:00:30

TOEIC Speaking

Volume

Question 10: Propose a solution

Directions: In this part of the test, you will be prepared with a problem and asked to propose a solution. You will have 30 seconds to prepare. Then you will have 60 seconds to speak.

In your response, be sure to
· show that you recognize the problem, and
· propose a way of dealing with the problem.

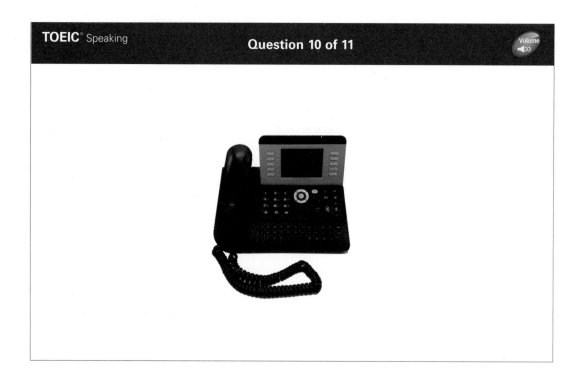

In your response, be sure to

· show that you recognize the problem, and

· propose a way of dealing with the problem.

PREPARATION TIME
00:00:30

RESPONSE TIME
00:01:00

TOEIC Speaking

Volume

Question 11: Express an opinion

Directions: In this part of the test, you will give your opinion about a specific topic. Be sure to say as much as you can in the time allowed. You will have 15 seconds to prepare. Then you will have 60 seconds to speak.

TOEIC Speaking

Volume

What are some advantages for you to work overseas. Give specific reasons or examples to support your opinion.

PREPARATION TIME
00:00:15

RESPONSE TIME
00:01:00

S2_Actual 04_01~02

TOEIC Speaking

Volume

Questions 1-2: Read a text aloud

Directions: In this part of the test, you will read aloud the text on the screen. You will have 45 seconds to prepare. Then you will have 45 seconds to read the text aloud.

We are here to celebrate Ms. Rebeca who has been one of the greatest artists well known for her amazing and exquisite artworks in New York since 2002. She has even been credited with a collection of artworks as drawings, paintings, and photographs. A great number of people in New York have been continuously inspired by her talent and faith, so we wish to honor her ever-lasting dedication to work, especially for her paying careful attention to every detail looking for an absolutely flawless finish in the top notch of speechless perfection.

PREPARATION TIME
00:00:45

RESPONSE TIME
00:00:45

Thank you for your stay in Ocean Breeze Hotel. To improving our overall service quality and efficient staff management, we plan to perform automated surveys to collect information and gain feedback via the telephone. If you agree to take part in it, then press one on your telephone keypads. After that, you will be automatically transferred to the survey questionnaires at the end of your call. If you want to do it another time, you can give us a call, send an e-mail or visit in person later sometime.

PREPARATION TIME
00:00:45

RESPONSE TIME
00:00:45

TOEIC Speaking

Question 3: Describe a picture

Directions: In this part of the test, you will describe the picture on your screen in as much detail as you can. You will have 30 seconds to prepare your response. Then you will have 45 seconds to speak about the picture.

PREPARATION TIME
00:00:30

RESPONSE TIME
00:00:45

TOEIC Speaking

Questions 4-6: Respond to questions

Directions: In this part of the test, you will answer three questions. For each question, begin responding immediately after you hear a beep. No preparation time is provided. You will have 15 seconds to respond to Questions 4 and 5 and 30 seconds to respond to Question 6.

TOEIC Speaking

Imagine that you are talking on the telephone with a friend. You are talking about hair salons.

How often do you go to the hair salon and where do you go?

RESPONSE TIME
00:00:15

Imagine that you are talking on the telephone with a friend. You are talking about hair salons.

Do you usually go to the same hair salon or try to go to a different one and why?

RESPONSE TIME

00:00:15

Imagine that you are talking on the telephone with a friend. You are talking about hair salons.

Actually, I need to do my hair. Can you recommend me a hair salon?

RESPONSE TIME

00:00:30

TOEIC Speaking

Questions 7-9: Respond to questions using information provided

Directions: In this part of the test, you will answer three questions based on the information provided. You will have 30 seconds to read the information before the questions begin. For each question, begin responding immediately after you hear a beep. No additional preparation time is provided. You will have 15 seconds to respond to Questions 7 and 8 and 30 seconds to respond to Question 9.

TOEIC Speaking

Starbound Theater Trade Premiere & Review	
February 1	A list of premieres for 2015 new releases online
February 7	Premiere Session for existing and new subscribers
February 10	Movie Review Session and comments
February 22	Actors fan meeting with autograph signing
February 25	Trailers available for the public online
March 3	Tickets sales available for new release online
March 7	Local premiere (film screening)

*** Ticket sales will start at 9 A.M. sharp on March 3rd at www.starboundmoviehit.com. Some popular premiere tickets will sell out quickly.

PREPARATION TIME
00:00:30

Starbound Theater Trade Premiere & Review	
February 1	A list of premieres for 2015 new releases online
February 7	Premiere Session for existing and new subscribers
February 10	Movie Review Session and comments
February 22	Actors fan meeting with autograph signing
February 25	Trailers available for the public online
March 3	Tickets sales available for new release online
March 7	Local premiere (film screening)

*** Ticket sales will start at 9 A.M. sharp on March 3rd at www.starboundmoviehit.com. Some popular premiere tickets will sell out quickly.

RESPONSE TIME
00:00:15

Starbound Theater Trade Premiere & Review	
February 1	A list of premieres for 2015 new releases online
February 7	Premiere Session for existing and new subscribers
February 10	Movie Review Session and comments
February 22	Actors fan meeting with autograph signing
February 25	Trailers available for the public online
March 3	Tickets sales available for new release online
March 7	Local premiere (film screening)

*** Ticket sales will start at 9 A.M. sharp on March 3rd at www.starboundmoviehit.com. Some popular premiere tickets will sell out quickly.

RESPONSE TIME

00:00:15

Starbound Theater Trade Premiere & Review	
February 1	A list of premieres for 2015 new releases online
February 7	Premiere Session for existing and new subscribers
February 10	Movie Review Session and comments
February 22	Actors fan meeting with autograph signing
February 25	Trailers available for the public online
March 3	Tickets sales available for new release online
March 7	Local premiere (film screening)

*** Ticket sales will start at 9 A.M. sharp on March 3rd at www.starboundmoviehit.com. Some popular premiere tickets will sell out quickly.

RESPONSE TIME
00:00:15

TOEIC Speaking

Volume

Question 10: Propose a solution

Directions: In this part of the test, you will be prepared with a problem and asked to propose a solution. You will have 30 seconds to prepare. Then you will have 60 seconds to speak.

In your response, be sure to
· show that you recognize the problem, and
· propose a way of dealing with the problem.

In your response, be sure to
· show that you recognize the problem, and
· propose a way of dealing with the problem.

PREPARATION TIME
00:00:30

RESPONSE TIME
00:01:00

TOEIC Speaking

Question 11: Express an opinion

Directions: In this part of the test, you will give your opinion about a specific topic. Be sure to say as much as you can in the time allowed. You will have 15 seconds to prepare. Then you will have 60 seconds to speak.

TOEIC Speaking

Question 11 of 11

Whether to accept a job offer, which one would be your preference out of of the following?

location of company / long term career option / amount of business travel

Give specific reasons or examples to support your opinion.

PREPARATION TIME
00:00:15

RESPONSE TIME
00:01:00

Actual Test 5

MP3 & 동영상
바로 가기

Questions 1-2: Read a text aloud

Directions: In this part of the test, you will read aloud the text on the screen. You will have 45 seconds to prepare. Then you will have 45 seconds to read the text aloud.

Whether you are looking to upgrade your restaurant's kitchen for better efficiency and safety, or infuse your dining area with a more romantic atmosphere, Cozy Construction's talented team of interior designers and commercial remodeling contractors can help. Our services are perfect for both small cafés and large restaurants throughout New York. Bring value, style, and a perfect atmosphere into your restaurant with a professional renovation today, and see what a difference it makes for your business!

PREPARATION TIME
00:00:45

RESPONSE TIME
00:00:45

A combination of sunshine, warm weather and a Bank Holiday should be the perfect mix for a happy weekend. But the long-awaited warm weather could spell disaster for the many families hoping to capitalize on the long weekend by hitting the road for a break. Motorists have been also warned to expect chaos due to huge traffic jams on their way home. During the weekend, temperatures will remain at a balmy 16 degrees Celsius and the beach will be packed with students, elderly couples and young families as thousands of people will race to the south coast's beaches to enjoy sunshine on the extended break.

PREPARATION TIME
00:00:45

RESPONSE TIME
00:00:45

TOEIC® Speaking

Question 3: Describe a picture

Directions: In this part of the test, you will describe the picture on your screen in as much detail as you can. You will have 30 seconds to prepare your response. Then you will have 45 seconds to speak about the picture.

TOEIC® Speaking

PREPARATION TIME
00:00:30

RESPONSE TIME
00:00:45

TOEIC Speaking

Questions 4-6: Respond to questions

Directions: In this part of the test, you will answer three questions. For each question, begin responding immediately after you hear a beep. No preparation time is provided. You will have 15 seconds to respond to Questions 4 and 5 and 30 seconds to respond to Question 6.

TOEIC Speaking   **Question 4 of 11**

Imagine that an Australian marketing firm is doing research in your country. You have agreed to participate in a telephone interview about sports events.

What kind of sports events do you watch on TV, and how often?

RESPONSE TIME
00:00:15

Imagine that an Australian marketing firm is doing research in your country. You have agreed to participate in a telephone interview about sports events.

Are there many sports events where you live?

RESPONSE TIME
00:00:15

Imagine that an Australian marketing firm is doing research in your country. You have agreed to participate in a telephone interview about sports events.

Which one do you think is better between attending a sports event and watching it on TV?

RESPONSE TIME
00:00:30

TOEIC Speaking

Questions 7-9: Respond to questions using information provided

Directions: In this part of the test, you will answer three questions based on the information provided. You will have 30 seconds to read the information before the questions begin. For each question, begin responding immediately after you hear a beep. No additional preparation time is provided. You will have 15 seconds to respond to Questions 7 and 8 and 30 seconds to respond to Question 9.

TOEIC Speaking

	Valley Performing Arts Center 181 Nordhoff Street, Northridge, CA
Saturday, October 15	Paint Your Heart Out at Great Hall, 2 to 5 P.M.
Sunday, October 16	Workshop: Pottery class building clay-working skills for beginner through advanced classes at Education Center, Room 151, 9 A.M. to 12 P.M.
Monday, October 17	Landscapes In Passing: Photographs by Steve Fitch at Auditorium B, 3 to 6 P.M.
Wednesday, October 19	The Great American Hall of Wonders at Auditorium A, from 1 to 4 P.M.
Sunday, October 23	Watch This! New Directions in the Art of the Moving Image at Auditorium B, 2 to 5 P.M.

*Shuttle Services: The shuttle will run from the B1 parking lot to the D1 drop-off zone every 15 minutes for one hour before and after each performance. Please allow sufficient time before and after each performance as delays may occur.

PREPARATION TIME
00:00:30

Valley Performing Arts Center
181 Nordhoff Street, Northridge, CA

Saturday, October 15	Paint Your Heart Out at Great Hall, 2 to 5 P.M.
Sunday, October 16	Workshop: Pottery class building clay-working skills for beginner through advanced classes at Education Center, Room 151, 9 A.M. to 12 P.M.
Monday, October 17	Landscapes In Passing: Photographs by Steve Fitch at Auditorium B, 3 to 6 P.M.
Wednesday, October 19	The Great American Hall of Wonders at Auditorium A, from 1 to 4 P.M.
Sunday, October 23	Watch This! New Directions in the Art of the Moving Image at Auditorium B, 2 to 5 P.M.

*Shuttle Services: The shuttle will run from the B1 parking lot to the D1 drop-off zone every 15 minutes for one hour before and after each performance. Please allow sufficient time before and after each performance as delays may occur.

RESPONSE TIME
00:00:15

Valley Performing Arts Center	
181 Nordhoff Street, Northridge, CA	
Saturday, October 15	Paint Your Heart Out at Great Hall, 2 to 5 P.M.
Sunday, October 16	Workshop: Pottery class building clay-working skills for beginner through advanced classes at Education Center, Room 151, 9 A.M. to 12 P.M.
Monday, October 17	Landscapes In Passing: Photographs by Steve Fitch at Auditorium B, 3 to 6 P.M.
Wednesday, October 19	The Great American Hall of Wonders at Auditorium A, from 1 to 4 P.M.
Sunday, October 23	Watch This! New Directions in the Art of the Moving Image at Auditorium B, 2 to 5 P.M.

*Shuttle Services: The shuttle will run from the B1 parking lot to the D1 drop-off zone every 15 minutes for one hour before and after each performance. Please allow sufficient time before and after each performance as delays may occur.

RESPONSE TIME
00:00:15

Valley Performing Arts Center	
181 Nordhoff Street, Northridge, CA	
Saturday, October 15	Paint Your Heart Out at Great Hall, 2 to 5 P.M.
Sunday, October 16	Workshop: Pottery class building clay-working skills for beginner through advanced classes at Education Center, Room 151, 9 A.M. to 12 P.M.
Monday, October 17	Landscapes In Passing: Photographs by Steve Fitch at Auditorium B, 3 to 6 P.M.
Wednesday, October 19	The Great American Hall of Wonders at Auditorium A, from 1 to 4 P.M.
Sunday, October 23	Watch This! New Directions in the Art of the Moving Image at Auditorium B, 2 to 5 P.M.

*Shuttle Services: The shuttle will run from the B1 parking lot to the D1 drop-off zone every 15 minutes for one hour before and after each performance. Please allow sufficient time before and after each performance as delays may occur.

RESPONSE TIME
00:00:30

TOEIC® Speaking

Question 10: Propose a solution

Directions: In this part of the test, you will be prepared with a problem and asked to propose a solution. You will have 30 seconds to prepare. Then you will have 60 seconds to speak.

In your response, be sure to
· show that you recognize the problem, and
· propose a way of dealing with the problem.

Respond as if you work at the hotel

In your response, be sure to
· show that you recognize the problem, and
· propose a way of dealing with the problem.

PREPARATION TIME
00:00:30

RESPONSE TIME
00:01:00

TOEIC® Speaking

Question 11: Express an opinion

Directions: In this part of the test, you will give your opinion about a specific topic. Be sure to say as much as you can in the time allowed. You will have 15 seconds to prepare. Then you will have 60 seconds to speak.

TOEIC® Speaking

Question 11 of 11

Out of confidence, honesty and patience, which one do you think is the most important factor a leader should have to be successful? Give specific reasons or examples to support your opinion.

PREPARATION TIME
00:00:15

RESPONSE TIME
00:01:00

스피킹시험도 트렌드를 따라가야 한다!

라이브인강은 단연, 플랜티라이브!

플랜티라이브는 언제 촬영한지도 모르는 온라인 강의를 제공하지 않습니다.

▶ **인터넷 강의! 왜 촬영 일자를 따져야 하나요?**

토익 스피킹 시험은 한 달에 4~8회, 하루 1~5회의 시험이 진행됩니다. 시험 출제 경향은 약 2개월마다 바뀌고 있어서, 개인 학습자가 혼자서 파악하기는 어렵습니다. 아무리 유명 강사의 인터넷 강의라고 해도 촬영 일자가 오래된 경우에는 최신 경향을 반영할 수 없습니다. 인터넷 강의! 반드시 촬영 일자를 확인하세요.

▶ **매일 촬영, 매일 업로드**

현장 강의를 매일 촬영하여 당일 업로드

▶ **스타강사의 현장강의를 인강으로**

토스, 오픽 유명 강사의 현장 감동을 그대로 전달

www.plantlive.co.kr

나혼자 끝내는
新토익 PART 5&6

신토익 실전 12회

저자 직강 무료
음성 강의 제공

토익 고득점을 위해 필히 정복해야 하는 PART 5&6

틀린 문제는 다시는
틀리지 않도록
훈련하는 체계적 구성

스스로 점검하고
보완할 수 있는 나혼토
체크 리스트 제공

저자 직강의
무료 음성 강의 지원

어휘 리스트
& 테스트 제공

신토익 실전 12회 수록 | 박혜원, 전보람 지음 | 2017년 2월 출간 | 257페이지

토익 스피킹 2주 만에 끝내기

플랜티 어학연구소 지음

스크립트 및 정답

넥서스

토익 스피킹 2주 만에 끝내기

2주 만에 끝내기

플랜티 어학연구소 지음

스크립트 및 정답

넥서스

Actual Test 1

Questions 1-2 Read a text aloud

🎧 S2_Answer 01_01~02

 Q1

> **Tha**nk you for **call**ing **First Row Theater**. ↘// As we **men**tioned earlier, ⇀/ we are **plan**ning to make some renov**a**tions, ⇀/ so we will **close** from **Ja**nuary **1ˢᵗ** for a couple of months. ↘// That is, ⇀/ we will be open around at the end of **Mar**ch, 2015. ↘// **Ma**jor renov**a**tions will be **cen**tered ⇀/ on **seat**s, ↗/ **screen** ↗/ and proj**ec**tors ⇀/ in order to pro**vi**de our **cus**tomers with greater satis**fac**tion. ↘// Please visit our **Web**site for more infor**ma**tion. ↘//

⊕ 퍼스트 로우 극장에 전화 주셔서 감사합니다. 이전에 말씀드린 대로 보수 작업을 할 예정이어서 1월 1일 이후로 몇 달 간 휴업이 있을 것입니다. 이에 따라 재개관은 2015년 3월 말경이 될 것입니다. 고객님께 더 나은 만족을 드리고자 주요 보수 작업은 좌석, 스크린, 프로젝터를 중심으로 이루어질 것입니다. 더 많은 정보를 원하시면 저희 웹 사이트를 방문해 주세요.

📝 어휘 renovation 보수   provide A with B A에게 B를 제공하다   satisfaction 만족(감)

🔍 해설 • 한국인 유의 발음[f, v, r, l, ð, z]에 주의하세요. calling, close, please, visit, information
　　　 • 장모음은 길게 발음하세요. as, planning, January, seats, screen, please
　　　 • 강세에 주의하세요. renovation, projectors, satisfaction

 Q2

> This is **Le**wis of the **Na**tional **High**way **Tra**ffic **Sa**fety Administr**a**tion. ↘// On December **17ᵗʰ**, ⇀/ 2015 there will be a "**Ri**ver **Bi**cycle **Ra**ce" ⇀/ held from 8:00 A.M. to 4:00 P.M. ⇀/ around **Ha**verford Ave, Phila**del**phia, Pennsyl**va**nia. ↘// In order to create a safe envi**ron**ment ⇀/ for the **ri**ders, ↗/ spect**a**tors ↗/ and general public, ⇀/ the following temporary road **clo**sures ⇀/ on **Mar**ket Street ↗/ and **Ha**verford **A**venue, ⇀/ and **par**king restr**ic**tions to au**to**mobiles will be in **pla**ce ⇀/ for the times stated ab**o**ve. ↘//

⊕ 전미 고속 도로 교통 안전국의 루이스입니다. 2015년 12월 17일 오전 8시부터 오후 4시까지 '강변 자전거 대회'가 펜실베이니아 주 필라델피아 해버포드 가 근방에서 열릴 예정입니다. 참가자, 관중, 일반 대중 모두에게 안전한 환경을 마련하기 위하여 마켓 가와 해버포드 가 근방에서 다음과 같이 임시적으로 도로를 폐쇄할 예정이며 상기 시간 동안 자동차 주차 제한이 있을 예정입니다.

📝 어휘 spectator 관중   temporary 임시의   closure 폐쇄   restriction 제한

🔍 해설 • 한국인 유의 발음[f, v, r, l, ð, z]에 주의하세요. Traffic, there, safe, spectator, above
　　　 • 장모음은 길게 발음하세요. traffic, street, Avenue
　　　 • 강세에 주의하세요. Administration, Philadelphia, Pennsylvania

Level 6

This is a picture of an outdoor restaurant. There are some people in this picture. In the middle of this picture, I can see a server. She is wearing a white shirt and an apron. Some customers are sitting at tables. They are talking to each other and drinking something. On the right side of this picture, there is a woman walking. She has long hair. Also, I can see some cars and plants along the road. The weather looks nice.

이 사진은 야외 식당의 사진입니다. 사진 속에는 사람들이 몇 명 있습니다. 이 사진 중간에서 종업원을 볼 수 있습니다. 그녀는 하얀색 셔츠를 입고 앞치마를 두르고 있습니다. 몇몇 손님들은 테이블에 앉아 있습니다. 그들은 서로 대화를 나누며 무언가를 마시는 중입니다. 사진 오른쪽에는 걷고 있는 여성이 한 명 있습니다. 긴 머리입니다. 또한 길가에 자동차 몇 대와 식물을 볼 수 있습니다. 날씨가 좋아 보입니다.

📄 어휘 **outdoor** 야외의 **server** 웨이터 **apron** 앞치마

Level 7

This picture was taken at an outdoor restaurant. The woman in the middle is serving some drinks to the customers sitting in front of her. She is wearing a white shirt, tie and apron. It looks like the customer has ordered a fruit juice. Customers are sitting at tables and enjoying the weather. On the right side of this picture, I can see a woman walking. She is wearing a beige jacket and black pants. To her right, there are some potted plants. In the background of this picture, some cars are parked and some are waiting for a traffic signal.

이 사진은 야외 레스토랑에서 찍혔습니다. 가운데 있는 여성은 그녀 앞에 앉아 있는 손님들에게 음료를 서빙하고 있습니다. 이 여성은 흰 셔츠, 타이, 앞치마를 착용하고 있습니다. 손님은 과일 주스를 주문한 것처럼 보입니다. 손님들은 테이블에 앉아서 날씨를 즐기고 있습니다. 사진 오른편에는 여성 한 명이 걷고 있는 것을 볼 수 있습니다. 이 여성은 베이지색 재킷과 검정색 바지를 입고 있습니다. 그녀의 오른쪽에는 화분 몇 개가 있습니다. 사진 배경에 차 몇 대는 주차되어 있고 몇 대는 교통 신호를 기다리고 있습니다.

📄 어휘 **tie** (넥)타이 **beige** 베이지 **traffic signal** 교통 신호

🔍 해설 • 장소를 말할 때 outdoor café, outdoor restaurant, café 모두 괜찮습니다.
　　　• walking을 working으로 발음하지 않도록 주의하세요.
　　　• 추가 문장으로 'This picture reminds me of my last trip.'이라고 해 보세요.

Imagine that an American marketing firm is doing research in your country. You have agreed to participate in a telephone interview about communication.

어느 미국 마케팅 회사가 여러분의 나라에서 시장 조사를 하고 있다고 가정해 봅시다. 여러분은 의사소통에 관한 전화 인터뷰 참여에 동의했습니다.

Q4

When was the last time you made a phone call to one of your school peers or co-workers?

학교 친구나 동료 중 한 명에게 마지막으로 전화해 본 적이 언제였습니까?

Level 6

The last time I made a phone call to my friend was yesterday.

친구에게 마지막으로 전화했던 것은 어제였습니다.

Level 7

Last week I made a phone call to my friend John to let him know I'm having a party on my birthday.

지난주에 친구 존에게 전화를 해서 내 생일에 파티를 할 것이라고 알려 주었습니다.

💬 어휘 peer 친구, 동년배

Q5

What is the best time for making a phone call to your school peer or co-worker?

학교 친구나 직장 동료에게 전화하기에 가장 좋은 시간은 언제입니까?

Level 6

The best time for making a phone call is in the afternoon because they are usually busy in the morning.

오후가 전화하기 최적의 시간인데 왜냐하면 그들은 주로 아침에 바쁘기 때문입니다.

Level 7

The best time for making a phone call is lunch hours because I have some free time, 10 to 20 minutes for having a chat on the phone after lunch.

전화를 걸기에 최적의 시간은 점심시간인데 그 이유는 점심 먹고 전화로 10~20분 정도 대화할 만한 자유 시간이 있기 때문입니다.

Q6

Which one do you think is better between making a phone call and sending an e-mail?

전화를 거는 것과 이메일을 보내는 것 중에 무엇이 더 낫다고 생각하십니까?

Level 6

Sending an e-mail is better because I can send an e-mail anytime.

이메일은 언제든지 보낼 수 있기 때문에 이메일이 더 낫습니다.

Level 7

Making a phone call is far better than sending an e-mail since making a phone call is easy and convenient. Talking on the phone makes people ask questions and answer back immediately, so we can get immediate response whenever possible without waiting ages for e-mail.

전화가 이메일보다 훨씬 더 나은데 그 이유는 전화가 쉽고 편리하기 때문입니다. 전화를 걸면 사람들이 질문하고 즉각적으로 답변을 할 수 있기 때문에 오랫동안 이메일을 기다릴 필요 없이 가능할 때면 언제나 즉각적인 대답을 들을 수 있습니다.

🔍 해설 • Q4에서는 과거 시제에 주의하세요.
　　　• Q5는 best time이 언제인지 외에, 왜 best인지도 설명하세요.
　　　• Q6의 경우, 이메일을 선택하는 답안을 보충하면, 'My friends are busy and making a phone call can interrupt them. However, if I send an e-mail, they can check it at their convenience.(친구들이 바빠서 전화하면 방해될 수 있다. 그러나 이메일로 보내면, 편한 시간에 확인할 수 있다.)'라고 할 수 있습니다.

National Childhood Obesity Conference
전국 아동 비만 콘퍼런스

Long Beach Convention Center, March 27, 2015
롱 비치 컨벤션 센터, 2015년 3월 27일

	[Morning Session] 오전 세션
08:00-08:30 A.M.	Welcome Speech & Instruction (Victoria Rogers, MD) 환영 연설 & 안내 (빅토리아 로저스, 의학 박사)
08:30-10:30 A.M.	What Is Metabolic Syndrome And Why Are Children Getting It?(Edward Kane) 대사증후군은 무엇이며 왜 아동이 대사증후군에 걸리는가? (에드워드 케인)
10:30 A.M.- 12:30 P.M.	Health Care Reform: Opportunities for Treatment and Prevention of Childhood Obesity(Margaret Mead, MD) 보건 개혁: 아동 비만 치료와 예방 기회 (마가렛 미드, 의학 박사)
12:30-01:30 P.M.	Lunch Break 점심시간
	[Afternoon Session] 오후 세션
01:30-04:00 P.M.	Increasing Healthy Food and Beverage Options in Schools and Hospitals (Margaret Mead, MD) 학교와 병원에서 건강한 음식과 음료 선택권 늘리기 (마가렛 미드, 의학 박사)
04:00-05:30 P.M.	Staying Healthy Without Malfunctioning(Jonathan Fanburg, MD) 기능 부전 없이 건강 유지하기 (조나단 팬버그, 의학 박사)

*** Onsite registration will only be available starting February 17, 2015 at 8:00 A.M.
Fees: Half day($50) / Full day($80)
*** 현장 등록은 2015년 2월 17일 오전 8시부터만 가능합니다
요금: 반나절(50달러) / 전일(80달러)

Hello, this is Emma Anderson, working in one of local hospitals and I have much interest in the conference.
안녕하세요, 지역 병원에서 근무하는 엠마 앤더슨입니다. 이번 회의에 많은 관심을 가지고 있습니다.

📋 어휘   obesity 비만   metabolic syndrome 대사증후군   reform 개혁   prevention 예방   beverage 음료
malfunctioning 기능 부전   onsite 현장   registration 등록   local 현지, 지역의

 Q7

When is the conference taking place? Where would it be?
이 회의는 언제 열립니까? 어디에서 합니까?

Level 6

It is on March 27th, 2015 at Long Beach Convention Center.
롱 비치 컨벤션 센터에서 2015년 3월 27일에 있습니다.

The conference will be held on March 27ᵗʰ, 2015 at Long Beach Convention Center.

본 회의는 롱 비치 컨벤션 센터에서 2015년 3월 27일에 개최될 것입니다.

Q8

I plan to work a morning shift on March 27th and I might miss the morning session. Do I pay $ 80 for registration?

3월 27일에 오전 교대 근무를 할 예정이어서 오전 세션을 놓칠 것 같습니다. 등록비로 80달러를 내야 하나요?

No, the fee is $50 for a half-day session.

아닙니다. 반나절에는 등록비가 50달러입니다.

No, you don't have to. We also have a half-day session available. It only costs you $50.

아닙니다. 그럴 필요 없습니다. 반나절 세션만도 참가 가능합니다. 50달러에 불과합니다.

🗨 어휘 **morning shift** 오전 교대   **registration** 등록

Q9

I had a chance to read an article in a medical journal, well, written by Margaret Mead. I want to know more about her lecture in detail if possible.

의학 저널에서 기사를 하나 읽을 기회가 있었습니다. 마가렛 미드가 쓴 기사였는데요. 가능하다면 마가렛 미드의 강좌에 대해 좀 더 자세히 알고 싶습니다.

Sure, there are two sessions. One is Health Care Reform: Opportunities for Treatment and Prevention of Childhood Obesity in the morning. And the other one is Increasing Healthy Food and Beverage Options in Schools and Hospitals from 1:30 p.m. to 4 p.m.

물론입니다. 세션이 두 개 마련되어 있습니다. 하나는 '보건 개혁: 아동 비만의 치료와 예방 기회'라는 주제로 오전에 있습니다. 나머지 하나는 '학교와 병원에서 건강한 음식과 음료 선택권 늘리기'라는 주제로 오후 1시 30분부터 4시까지입니다.

Sure. She has 2 different lectures assigned, one in the morning and one in the afternoon. The former is Health Care Reform: Opportunities for Treatment and Prevention of Childhood Obesity at 10:30. And in the afternoon, she also speaks on Increasing Healthy Food and Beverage Options in Schools and Hospitals between 1:30 p.m. and 4 p.m.

물론입니다. 두 가지 다른 강좌가 배정되어 있는데요, 하나는 오전에 있고 나머지 하나는 오후에 있습니다. 전자는 '보건 개혁: 아동 비만의 치료와 예방 기회'라는 주제로 오전 10시 30분과 오후 사이에 있을 예정입니다. 또한 '학교와 병원에서 건강한 음식과 음료 선택권 늘리기'라는 주제로 오후 1시 30분부터 4시까지 말씀해 주실 것입니다.

🗨 어휘 **journal** 저널, 잡지   **lecture** 강의   **in detail** 자세하게   **assign** 할당하다   **opportunity** 기회
treatment 치료   **prevention** 예방

Question 10: Propose a solution

S2_Answer 01_10

Hi, this is Cindy Sherman. we spoke on the phone a couple days ago. Do you remember me? Well, As I mentioned earlier, I am running a small business of my own, a local souvenir shop. I am struggling with losing profit, especially in the winter months. Currently, I have few customers visiting. In particular, mornings are quite slow.

During summer, our business was quite good compared to last year's profit margin. Now with higher maintenance costs, I have to pay more for rent and electricity in order to run the business. Is there any way to boost sales to cover all the expenses I have to be faced with? I thought you, as a manager at a promotion company, could give me some useful tips to tackle such obstacles. You have my number. Please give me a call back, A.S.A.P. It's urgent!

안녕하세요, 신디 셔먼입니다. 며칠 전에 전화로 얘기했었는데 저 기억나시나요? 음, 이전에 말씀드린 것처럼 지역 기념품 가게를 조그마하게 운영하고 있습니다. 그런데 특히 겨울철에 수익이 떨어져서 힘이 드네요. 요새 들어 방문 고객들이 줄고 있습니다. 특히 오전에는 거의 한산합니다.

여름철에는 작년 수익 마진과 비교했을 때 꽤 괜찮았습니다. 관리 비용이 더 높아지는 상황에서 사업 운영을 위해 임대료와 전기료를 더 내야 하는 상황인데요. 내야 하는 비용을 전부 부담할 수 있도록 판매량을 높일 수 있는 방법이 없을까요? 홍보 회사 매니저이시니 이런 어려움을 타개할 만한 몇 가지 유용한 팁을 주실 수 있을 것이라 생각합니다. 제 번호 있으시지요. 가급적 빨리 전화 부탁드립니다. 급합니다.

어휘 **mention** 언급하다 **souvenir** 기념품 **struggle** 애쓰다, 고생하다 **profit** 수익 **margin** 마진 **expense** 비용 **promotion** 홍보 **useful** 유용한 **tackle** 극복하다, 해결하다 **obstacle** 장애물, 어려움 **A.S.A.P.(as soon as possible)** 최대한 빨리 **urgent** 긴급한

Level 6

Hello, this is Ellis. I got your message that you have a situation. You said that you are running a souvenir shop but the business is slow in winter. So you wanted me to do something about this matter. Okay, don't worry. I have an idea. I think you should give some discounts for winter customers. That way, you can attract more customers during winter months. If you have any other questions, please call me back at 555-1234. Bye!

안녕하세요, 엘리스입니다. 고민이 있다는 내용을 잘 들었습니다. 듣기로는 기념품 상점을 운영 중이신데 겨울철에 사업 부진이 있으시다고요. 그래서 제가 이 문제에 대해 뭔가 도움을 주기를 원하셨는데요. 알겠습니다. 걱정 마세요. 아이디어가 있습니다. 제 생각에 겨울철 고객에게는 할인을 해 주어야 할 것 같습니다. 이런 방식으로 겨울철에 더 많은 손님을 끌어모을 수 있습니다. 혹시 다른 질문이 있으시면 555-1234로 전화 주세요. 안녕히 계세요!

어휘 **attract** 유치하다, 끌어모으다

Level 7

Hello, Cindy! This is Ellis from Miracle Sales Promotion Company. I remember we talked it over a couple of days ago. I fully understand what you have in mind. It's rather tough to tackle such financial burden you're faced with. Your budget is tight with such expenses as rent and electricity fees. On top of that, the sales during winter are on the decline. On the other hand, there will be a couple of things to do in order to handle such problems. To attract more customers during winter months, the first thing you should do, you go for ads in local newspaper or post ads at the bulletin board at the nearest school. It might increase exposure to your potential customers at a low cost. These are my suggestions and give me a call if you have any other concerns. Have a nice day!

안녕하세요, 신디! 미라클 판매 홍보 회사의 엘리스입니다. 며칠 전에 함께 이야기를 나누었던 걸로 기억합니다. 어떤 생각을 가지고 계신지 충분히 이해합니다. 현재 갖고 계신 그런 재정 부담을 감당하기에는 어려울 수 있습니다. 임대료와 전기료 같은 비용으로 인해 예산이 빠듯한 것이지요. 여기에 더해서 겨울철 판매는 하락세입니다. 다른 한편으로 이런 문제를 해결하기 위해서 할 수 있는 일이 몇 가지 있습니다. 겨울철에 더 많은 고객을 유치하기 위해서는 지역 신문에 광고를 내거나 근처 학교 게시판에 광고를 활용해 보세요. 낮은 가격으로 잠재 고객에게 가게를 노출시켜 줄 것입니다. 여기까지가 제 의견이고요, 다른 걱정이 있으시면 전화 주세요. 좋은 하루 되세요!

💬 어휘 **fully** 충분히 **rather** 다소 **tough** 어려운 **tackle** 해결하다 **financial burden** 재정 부담 **tight** 빠듯한 **decline** 하락 **post** 개재하다 **bulletin board** 게시판 **exposure** 노출 **potential** 잠재의 **suggestion** 제안

🔍 해설 • 상황을 들을 때는 문제의 핵심을 파악하세요: 기념품 가게 매출 문제
   • 광고와 할인은 기본이며, 다른 해결 방안도 생각해 보세요.
     e.g. Why don't you make special items only available at your store, such as magnets with unique designs? (당신 가게에서만 살 수 있는 특별한 디자인의 장식용 자석 같은 걸 만들지 그래요?)

Question 11: Express an opinion

🎧 S2_Answer 01_11

> Do you agree or disagree with the following statement?
> To learn a new skill, reading a book is better than researching on the Internet.
> Give specific reasons or examples to support your opinion.
>
> 다음 진술에 대해 동의합니까 아니면 동의하지 않습니까?
> 새로운 기술을 배우기 위해서는 인터넷 검색보다 독서가 더 낫다.
> 의견을 뒷받침할 수 있는 구체적인 이유나 예시를 들어 주십시오.

Level 6

I disagree that to learn a new skill, reading a book is better than researching on the Internet. Actually, searching the Internet is much better. There are some reasons. First of all, it is convenient to search the Internet. Using my mobile phone, I can search information about new skills, easily and quickly. However, it is inconvenient to go to a library or a bookstore to get information. Second, it takes money to buy a book to learn a new skill. However, it is free to use the Internet. As a student, I don't have much money. Books are expensive. That's why I think researching on the Internet is much better than reading a book.

새로운 기술을 배우기 위해서 인터넷 검색보다 독서가 낫다는 주장에 동의하지 않습니다. 사실 인터넷 검색이 훨씬 더 낫습니다. 몇 가지 이유가 있는데요. 우선, 인터넷 검색은 편리합니다. 제 휴대폰을 사용해서 새로운 기술에 대한 정보를 쉽고 빠르게 찾을 수 있습니다. 하지만 정보를 얻기 위해 도서관이나 서점에 가는 것은 불편합니다. 둘째, 새로운 기술을 익히기 위해 책을 사려면 돈이 듭니다. 그러나 인터넷은 무료로 이용할 수 있습니다. 학생으로서 저는 돈이 많지 않습니다. 책은 비쌉니다. 그렇기 때문에 인터넷 검색이 독서보다 훨씬 낫다고 생각합니다.

🗩 어휘 **search** 검색하다 **information** 정보 **inconvenient** 불편한 **expensive** 값비싼

Level 7

I think, to learn a new skill, researching on the Internet is much better than reading a book. There are some reasons. First off, I can get information about a new skill easily and quickly. Whenever and wherever connected to the Net, such as wireless access to it, I can search, view, download, and if necessary, save almost all the information. Second, books usually have old information. When it comes to learning a new skill, the Internet can be a better source than books. Also, books can give us just a theoretical approach. However, on the Net, we can get more practical knowledge in interesting ways. We can see colorful pictures or demo video clips enough to help novice learners to make sense of something new or hard, step by step.

제 생각에는 새로운 기술을 배우기 위해서 독서보다 인터넷 검색이 훨씬 더 낫다고 봅니다. 몇 가지 이유가 있습니다. 우선 새로운 기술에 대한 정보를 쉽고 빠르게 찾을 수 있습니다. 무선 인터넷 등을 통해서 시간과 장소를 불문하고 인터넷에 연결되면 거의 모든 정보를 검색, 확인, 다운로드, 필요할 경우 저장까지 할 수 있습니다. 둘째, 책은 일반적으로 오래된 정보를 담고 있습니다. 새로운 기술을 익히는 것과 관련해서 인터넷은 책보다 더 나은 출처가 될 수 있습니다. 또한 책은 단순히 이론적 접근 방식만을 제시합니다. 하지만 인터넷에서는 흥미로운 방식으로 더욱 실질적인 지식을 얻을 수 있습니다. 인터넷은 색감이 화려한 사진이나 데모 버전의 비디오 클립을 보여줌으로써 처음 배우는 학습자들이 새롭거나 어려운 것을 차근차근 배울 수 있도록 도와줍니다.

🗩 어휘 **first off** 우선, 첫째로 **whenever** 언제나 **wherever** 어디서나 **connect** 연결하다 **Net** 인터넷 **wireless** 무선 **access** 접속 **view** 보다 **if necessary** 필요하면 **save** 저장하다 **when it comes to** ~에 관한 한 **source** 출처 **theoretical** 이론적인 **approach** 접근 방식 **practical** 실질적인 **novice** 신참, 초보 **step by step** 단계별로, 차근차근

🔍 해설 • 새로운 기술은 무엇이 있을지 예를 들어 보는 것도 좋습니다.
  e.g. new marketing skills, new computer skills, new communication skills
  • 만약 책을 선택한다면, '인터넷 정보는 신뢰할 수 없다.(The information from the Internet is not reliable)' 라고 주장할 수 있습니다.

Questions 1-2 Read a text aloud

🎧 S2_Answer 02_01~02

Q1

Enjoy a hassle free holiday with us! // We offer India travel packages / and tourist guide information / for our valued travelers / to explore the civilization of this beautiful and mysterious land. // As one of India's biggest travel agencies, / not to mention tickets, / hotels / and tour packages, / we provide broad and locally tailored services / such as economical group travel packages, / luxury private travel packages / as well as hotel reservations in India / with experienced staff online. // Special tour packages will be available / with customized itinerary reservations on request. //

⊕ 스트레스 없는 휴가를 저희와 함께 즐기세요! 소중한 관광객 여러분이 아름답고 신비로운 땅의 문명을 탐험할 수 있도록 인도 여행 패키지와 관광 안내 정보를 제공해 드립니다. 인도의 최대 여행사 중 하나로 티켓, 호텔, 관광 패키지뿐만 아니라 경험 많은 직원의 온라인상 도움을 받을 수 있는 현지 호텔 예약과 경제적인 단체 여행 패키지, 고급스러운 개인 여행 패키지와 같은 광범위하면서도 지역별로 고객님의 입맛에 맞춘 서비스를 제공합니다. 고객님의 요청 시 맞춤화된 일정 예약이 가능한 특별 관광 패키지도 마련했습니다.

📝 어휘 hassle 불편, 골칫거리   tailored 맞춤화된   customized 맞춤식의   itinerary 여행 일정   on request 요청이 있을 시

🔍 해설 • 한국인 유의 발음[f, v, r, l, ð, z]에 주의하세요. with, travel, explore
　　　 • 장모음은 길게 발음하세요. hassle, free, valued, packages, broad
　　　 • 마지막 "s"나 "ed" 발음에 주의하세요. travelers, tickets, hotels, services, customized

Q2

Welcome to "Euro Folk 2015," the No. 1 festival in Europe / for the traditional folklore arts! // Every year from 7,000 to 15,000 musicians, / singers / and dancers / take part in it. // Here are some useful tips/ to enjoy the festival. // First, / purchase the tickets well in advance / so as not to be disappointed / if it's sold out. // Next, / have a look at the event information / so you know what time it starts / leaving plenty of time to get to the site / without rushing it. // Lastly, / be aware of sorting out recyclables / such as paper /, plastic bags / or other materials / in designated, / separate recycling bins. //

⊕ 유럽 전통 민속 예술을 위한 유럽 최고의 축제 '유럽 민속 음악 2015'에 오신 것을 환영합니다! 매년 7,000-15,000명의 음악인, 가수, 무용가들이 참가하고 있습니다. 축제를 즐길 수 있는 몇 가지 유용한 팁을 드리겠습니다. 첫째, 티켓 매진으로 실망하지 않도록 티켓은 미리미리 구입해 두세요. 다음으로 행사 정보를 확인해 두셔서 시작 시간을 알아 두어 급하게 도착하지 않도록 장소 도착까지 충분히 시간 여유를 두고 오세요. 마지막으로 종이, 비닐봉지, 기타 재활용 가능 쓰레기는 지정된 분리수거함에 버려 주세요.

📝 어휘 folklore 민속, 전통 문화   take part in 참여하다   so as not to ~하지 않도록

Question 3: Describe a picture

🎧 S2_Answer 02_03

Level 6

This is a picture of a supermarket. There are two people in this picture. One woman on the right is a customer. She has long blond hair and is wearing a blue jacket. The other woman is a cashier. She is wearing a white shirt and green vest. She is helping the customer. In the background of this picture, I can see many items arranged. This picture reminds me of my last grocery shopping.

슈퍼마켓 사진입니다. 사진에는 두 명이 있습니다. 오른쪽의 여성은 고객입니다. 긴 금발 머리이며 파란색 재킷을 입고 있습니다. 나머지 한 여성은 계산원입니다. 흰색 셔츠와 초록색 조끼를 입고 있습니다. 고객을 돕고 있습니다. 사진 배경에는 많은 물건들이 정렬된 것을 볼 수 있습니다. 이 사진은 내가 최근에 했던 식료품점 쇼핑을 생각나게 합니다.

Level 7

This picture was taken at a checkout counter in a supermarket. The cashier is checking out the groceries. She is wearing a green hair band, a vest, and a white shirt. In front of her, a female customer with long blond hair is waiting. She is wearing a blue jacket and a shirt. It looks like she's pregnant. In the background of this picture, many items are neatly arranged on the racks and shelves. I see some snacks, candies and chocolate bars.

이 사진은 슈퍼마켓 계산대에서 찍힌 것입니다. 계산원은 식료품을 확인하고 있습니다. 초록색 헤어밴드, 조끼, 흰색 셔츠를 입었습니다. 계산원 앞에는 긴 금발 머리를 한 여성 고객이 기다리고 있습니다. 파란색 재킷과 셔츠를 입고 있습니다. 임신한 것처럼 보입니다. 사진 배경에는 많은 물건들이 진열대와 선반에 깔끔하게 정렬되어 있습니다. 과자, 사탕, 초콜릿 바가 보입니다.

📝 어휘 blond 금발인 cashier 계산원 vest 조끼 arranged 정리된 remind A of B A에게 B를 떠오르게 하다 grocery 식료품 checkout counter 계산대 pregnant 임신한 neatly 깔끔하게 rack 진열대

🔍 해설 • 생생한 묘사를 위해, 색깔 형용사를 사용하세요.
   e.g. vest → light green vest, long hair → long brown hair
• "계산하고 있다"는 checking out이라고 하세요.
• 확신이 없을 때는 상위어를 쓰세요 (A customer is buying food.)

🎧 S2_Answer 02_04~06

Imagine that you are talking on the telephone with a friend. You are talking about an exhibition.

친구와 전화로 대화를 한다고 상상해 봅시다. 전시회에 대해 대화 중입니다.

Q4

When was the last time you visited an exhibition? How was it?

마지막으로 전시회를 가 본적이 언제입니까? 어땠나요?

Level 6

The last time I visited the exhibition was yesterday. It was good.

마지막으로 전시회를 가 본 때는 어제였습니다. 좋았습니다.

Level 7

Last weekend, I visited an exhibition at around 3 o'clock in the afternoon, it was really terrific and relieved my stress.

지난 주말 오후 3시경에 전시회를 방문했었는데 정말 멋지고 스트레스 해소가 되었습니다.

💬 어휘 exhibition 전시회   terrific 훌륭한

Q5

Okay, I want to go there. Would you recommend the best time to visit the exhibition?

좋습니다. 저도 가고 싶군요. 그 전시회에 가는 데 가장 최적인 시간대를 추천해 주시겠습니까?

Level 6

The best time to visit the exhibition is in the afternoon because there is a discount.

할인을 해 주는 오후 시간이 전시회를 가기에 최고의 시간대입니다.

Level 7

Sure, the best time for visiting the exhibition is sometime between 1 and 3 in the afternoon because the exhibition may be less crowded.

물론입니다. 전시회 방문하기 가장 좋은 시간대는 오후 1시에서 3시 사이인데 이때 덜 붐비기 때문입니다.

Q6

Which one do you think is better for me between looking around on my own and taking a guided tour?

혼자 하는 여행과 가이드 투어 중에 어느 것이 저에게 더 낫다고 생각하십니까?

Level 6

I think taking a guided tour is far better than looking around on your own because you can get a lot of information.

많은 정보를 얻을 수 있기 때문에 가이드 투어로 가는 것이 혼자 가는 여행보다 더 낫다고 생각합니다.

Level 7

I think taking a guided tour is far much better than looking around by yourself because you can get some brief information on what you're interested in. Even though it costs you something around 10 bucks, it really comes in handy. You can get an idea of what should be looked at with some useful tips.

관심이 많은 분야에 대한 간단한 정보를 얻을 수 있기 때문에 혼자 가는 것보다는 가이드 투어로 가는 것이 낫다고 생각합니다. 10 달러 정도 비용이 추가되기는 하지만 상당히 편리합니다. 유용한 팁을 참고로 해서 봐 두어야 할 것들을 알 수 있습니다.

🗨 **어휘** look around 돌아다니다   guided tour 가이드 투어   brief 간단한, 단순한   buck 달러   come in handy 도움이 되다

🔍 **해설** • Q4에서 'how was it?'은 '어땠니?'하는 질문으로, 'It was good.'이라고만 대답해도 됩니다.
　　 • Q5에서 '덜 붐빈다'라고 표현할 때 less crowded임을 알아 두세요.
　　 • Q6에서 만약 가이드가 없는 투어를 선택한다면? '자유롭게 볼 수 있다(I can look around freely.).'라고 하세요.

Travel Itinerary

Purpose 목적	Meeting & Training 미팅 & 연수	Trip Srart: 여행 출발	Mar/13/15 2015년 3월 13일
Destination 목적지	Tokyo 도쿄	Trip End: 여행 종료	Mar/21/15 2015년 3월 21일

DEPARTING FLIGHT
출발 항공편

LAST NAME: Houston
성: 휴스턴

FIRST NAME: Kate
이름: 케이트

Date 일자	Departs 출발 시간	Airline 항공기	Confirm# 확인 번호	Departure 출발지	Gate 게이트	Date 일자	Arrives 도착 시간	Arrival 도착지	More Info 기타
Mar/13/15	06:00 A.M.	JAL157	8DJ2OFG	LA	B11	Mar/14/15	10:30 A.M.	NARITA	

How to get you into your hotel in Tokyo: Two train lines available from Narita airport
도쿄에 있는 호텔로 가는 방법: 나리타 공항에서 이용 가능한 기차 노선이 2개 있음.

- Upon arrival in Narita International Airport, you will be taking pre-arranged train to the hotel for check-in 나리타 국제공항에 도착하면 호텔 체크인을 위해 미리 예약한 기차에 탑승하시게 됩니다.

RETURNING FLIGHT
도착 항공편

Date 일자	Departs 출발 시간	Airline 항공기	Confirm# 확인 번호	Departure 출발지	Gate 게이트	Date 일자	Arrives 도착 시간	Arrival 도착지	More Info 기타
Mar/21/15	12:00 P.M.	JAL157	8DJ2OFG	NARITA	F7	Mar/21/15	06:30 A.M.	LA	

**All hotels are subject to availability. Please make sure you are scheduled to check in Shiba park hotel on March 14, 2015. However, every participant should make changes to their stay at Hilton Hotel from Mar 18 to 21 due to the Shiba Park hotel fully booked out during those periods. We apologize any inconvenience incurred caused by a reservation change.
** 전 호텔 이용 가능. 2015년 3월 14일자로 시바 파크 호텔 체크인 일정이 되어 있는지 확인해 주시기 바랍니다. 하지만 모든 참가자들은 3월 18-21일 동안은 힐튼 호텔로 숙박 장소를 변경해야 하는데 해당 기간 동안 시바 파크 호텔의 예약이 꽉 차 있기 때문입니다. 예약 변경으로 인해 불편을 끼치게 된 점 사과드립니다.

Hello, this is Liz Taylor, working as tour guide at STA Travel. I'd like to know the flight schedule and accommodation about one of our clients, Kate Houston.

안녕하세요. STA 여행사 투어 가이드 리즈 테일러입니다. 케이트 휴스턴 고객님에 관한 비행 일정과 숙박 정보에 대해 알고 싶습니다.

💬 어휘 itinerary 여행 일정 confirm 확인하다 participant 참가자 stay 숙박 booked 예약된 period 기간 apologize 사과하다 inconvenience 불편함 incur 발생하다 accommodation 숙박

Q7

Can you tell me when she will arrive at Narita International airport?

그녀는 언제 나리타 공항에 도착하게 됩니까?

Level 6

She will arrive at Narita International Airport on March 14th.

3월 14일에 나리타 공항에 도착할 예정입니다.

Level 7

She's scheduled to arrive at Narita International Airport at 10:30 on March 14th, 2015.

2015년 3월 14일 10시 30분에 나리타 공항에 도착 예정입니다.

Q8

After her arrival, does she expect me to pick her up at the airport?

도착 이후 그녀는 제가 공항에 그녀를 마중 나가는 것으로 기대하고 있나요?

Level 6

No, she will take the train to check into a hotel.

아니오, 기차를 타고 호텔로 가서 체크인을 할 것입니다.

Level 7

No, she doesn't. She's schedule to take pre-arranged train heading to her hotel for check-in.

아닙니다. 호텔로 향하는 미리 예약한 기차를 타고 체크인을 할 예정입니다.

 어휘 arrival 도착   expect 기대하다   pre-arranged 미리 예정된   head to ~로 향하다   check-in 체크인

Q9

I'd like to know where and how long she will stay after check in.

체크인 이후에 머물 장소와 기간이 궁금합니다.

Level 6

Sure, she will stay in Shiba Park Hotel from Mar 14th to 18th then check into the Hilton Hotel from March 18th to 21st.

물론입니다. 3월 14-18일까지 시바 파크 호텔에서 숙박한 이후 3월 18-21일까지 힐튼 호텔로 체크인하게 됩니다.

Level 7

Sure, she will stay in Shiba Hotel for 4 nights from March 14th to 18th and then, she has to check into the Hilton Hotel on March 18th and stay until the 21st because the Shiba Park is fully booked after March 18th.

물론입니다. 3월 14-18일까지 시바 호텔에서 4박 5일 일정으로 숙박한 후, 3월 18일-21일 사이에는 시바 파크 호텔의 예약이 이미 꽉 차 있는 상태이기에 힐튼 호텔로 체크인을 해야만 합니다.

🔍 해설 •Q7에서 arrive/arrive in/arrive at 모두 괜찮습니다.
•Q8에서는 No 외에 관련 정보를 주도록 하세요.
•Q9에서 문제를 모두 명확히 못 들었다면(where and how long) 이런저런 이야기를 모두 하는 것이
유리합니다. 추가 정보를 제시했다고 감점되지는 않으나, 필요한 정보가 누락되면 감점입니다.

Question 10: Propose a solution

🎧 S2_Answer 02_10

Woman: Another topic I'd like to discuss is a problem with our telephone survey. A couple of days ago, we were carrying out a telephone survey to learn about the customer awareness of our brand and store locations and further increase our market share for the next coming year. But it turned out as low as a 11% response rate.

(여자): 논의하고 싶은 또 다른 주제는 우리가 사용하는 전화 설문 조사와 관련된 문제입니다. 며칠 전에 전화 설문 조사를 실시하여 자사 브랜드에 대한 고객 인지도 및 입지를 확인하고 내년도 시장 점유율을 향상시키고자 했는데요. 응답률이 11퍼센트로 상당히 저조한 기록이었습니다.

Man: Really? That's quite low. I guess with that low rate, it will be hard for us to analyze customer recognition of our brand and set up a specific marketing strategy for a near future.

(남자): 정말입니까? 상당히 낮군요. 제 생각에 그렇게 낮은 응답률로는 브랜드에 대한 고객 인지도를 분석하고 이후를 위한 구체적인 마케팅 전략을 내기엔 어려울 것 같습니다.

Woman: Yes, we have to find ways to raise the response rate at least over 20%. If any of you have an idea about how to best handle this situation, please call me later.

(여자): 맞아요, 최소 20퍼센트 이상으로 응답률을 높일 수 있는 방법이 필요합니다. 혹시 이 상황을 가장 잘 처리할 수 있을 아이디어를 가지고 계신 분은 추후에 제게 전화 주시기 바랍니다.

Respond as if you are one of the team members for the survey.

본 설문조사를 실시하는 팀 구성원이라고 생각하고 답변하십시오.

📝 어휘 survey 설문 조사   carry out 수행하다   awareness 인지도   location 위치   turn out 밝혀지다
response rate 응답률   analyze 분석하다   specific 구체적인   at least 최소한   handle 처리하다

Level 6

Hello, I'm calling about our meeting agenda. You said that we carried out our survey but the survey response rate was very low. So you wanted me to do something about this matter. Okay, don't worry about it. I have an idea. I think we should give some discount coupons for people when they complete the survey. That way, we can increase the response rate. If you have any other questions, call me back at 555-1234. Thank you.

안녕하세요, 회의 안건과 관련하여 전화드립니다. 설문 조사를 실시했지만 응답률이 상당히 저조했다고 말씀하셨습니다. 그래서 당신은 제가 이 문제에 대해 무언가를 하기 원합니다. 좋습니다, 제게 생각이 있으니 걱정 마세요. 제 생각에는 설문 조사를 마치면 응답자들에게 할인 쿠폰을 주어야 한다고 봅니다. 그렇게 하면 응답률을 높일 수 있습니다. 궁금하신 사항이 있으시다면, 555-1234로 전화 주세요. 감사합니다.

📝 어휘 agenda 안건   discount coupon 할인 쿠폰   complete 완성하다

Hello, I'm calling back regarding our survey problem. I heard that the telephone survey response rate for customer awareness of our brand and store locations was very low. That is, as low as 11% right? Well, I have some trouble shooting tactics. First, referring to survey length, surveys should take 5 minutes or less to complete. If it's longer than 5 minutes, respondents might show less likelihood to answer your survey questions. Next an incentive offer to respondents with completed questionnaires will definitely work. Special offer vouchers can be sent via e-mail depending on their level of completion. If you have any other questions, please give me a phone call right away. Thank you!

안녕하세요, 설문 조사건과 관련하여 전화드립니다. 고객의 브랜드 인지도와 입지를 확인하기 위한 전화 설문 조사 응답률이 상당히 저조하다고 들었습니다. 11퍼센트밖에 안된다더군요, 맞나요? 문제를 해결할 방법이 있습니다. 우선, 설문 조사 시간 관련하여 응답하는 데 5분 미만이면 완료될 수 있도록 해야 합니다. 5분이 넘어가면 응답자가 설문 조사 질문에 응답할 가능성이 줄어듭니다. 또 설문지 작성에 대해 응답자에게 인센티브를 주는 것도 효과가 있을 겁니다. 응답 완료 정도에 따라 이메일로 특별 쿠폰을 발송하는 것도 좋습니다. 궁금하신 점이 있다면 바로 전화 주세요. 감사합니다!

📑 어휘　shooting 발사의; 해결하는　tactic 전략　refer to ~에 관하여　respondent 응답자　likelihood 가능성　incentive 인센티브, 장려책　offer 제안　questionnaire 설문지　definitely 분명하게, 확실히　voucher 상품권, 쿠폰　depending on ~에 따라　completion 완성

🔍 해설　• 문제의 핵심은? 전화 조사 응답률 높이기입니다.
　　　• 해결은? 혜택을 주기(쿠폰, 돈, 할인)도 좋고, 조사 시간을 짧게 하는 것도 좋은 방법입니다.

Question 11: Express an opinion

🎧 S2_Answer 02_11

> Do you agree or disagree with the following statement?
> For your future career, it is better to ask for advice from your friends.
> Give specific reasons or examples to support your opinion.
>
> 다음 진술에 대해 동의합니까 아니면 동의하지 않습니까?
> 미래 진로를 위해서 친구들에게 조언을 구하는 것이 낫다.
> 의견을 뒷받침할 수 있는 구체적인 이유나 예시를 들어 주십시오.

I don't agree that for my future career, it is better to get advice from my friends. There are some reasons. I think we should get advice from parents, not from friends. Parents have a lot of experience and knowledge. For example, when I was choosing a job, I asked my parents' advice. They told me some important factors to consider (such as job security, salary, vision, and employee benefits) and it was really helpful. Second, friends lack experience. They don't have a broad view of the world. Choosing a career is an important decision. For these reasons, I think getting advice from friends is not good.

미래 진로를 위해 친구에게 조언을 구하는 것이 낫다는 의견에 동의하지 않습니다. 몇 가지 이유가 있습니다. 저는 친구보다는 부모님에게 조언을 구해야 한다고 생각합니다. 부모님은 풍부한 경험과 지식이 있습니다. 예를 들어 직업을 선택할 당시 저는 부모님의 조언을 구했습니다. 부모님께서는 고려해야 할 중요한 요소들을(직업 안정성, 보수, 전망, 직원 복지 혜택 등) 말씀해 주셨고 실제로

도움이 많이 되었습니다. 둘째, 친구들은 경험이 부족합니다. 세상을 바라보는 넓은 시각을 가지고 있지 않습니다. 진로를 고르는 것은 중요한 결정입니다. 이러한 이유로 친구에게 조언을 구하는 것은 바람직하지 않습니다.

📝 어휘 career 진로   factor 요소   consider 고려하다   security 안정성   vision 비전   benefit 수당, 복지
lack 부족하다   decision 결정

Level 7

I think it is a good idea to ask for advice from my friends for my future career. There are some reasons. First of all, friends understand me the most. They know what I like and what I am good at, and thus can give me the most suitable advice for me. For example, I am a bit shy and that's why my friend advised me to study further and become a researcher. The advice was really useful. Second, I can get some useful tips to plan my future career. Since we are in the same boat, we tend to see the same promising job opportunities, considering incentives that companies offer or promotion opportunities we will have. They have researched what companies are available, what their salary levels are, and what qualifications they require for certain positions. So friends can be very helpful.

향후 진로를 위해 친구에게 조언을 구하는 것은 바람직하다고 생각합니다. 몇 가지 이유가 있습니다. 첫째, 친구야말로 저를 가장 잘 이해하고 있습니다. 그들은 제가 무엇을 좋아하고 무엇을 잘하는지 알기 때문에 가장 제게 적합한 조언을 해 줄 수 있습니다. 예를 들어 저는 약간 수줍어하는 성격이기 때문에 제 친구들은 제게 공부를 더해서 연구원이 되는 것이 어떻겠느냐고 조언을 해 주었습니다. 그 조언이 제게 많은 도움이 되었습니다. 둘째, 미래 진로를 계획하는 데 유용한 정보를 얻을 수 있습니다. 같은 처지이기 때문에 회사에서 제공하는 인센티브나 승진 제도 등을 고려해서 전도유망한 일자리 기회를 같이 확인할 수 있습니다. 구인 중인 회사, 급여 수준, 특정 직급에 대한 자격 조건 등을 함께 찾아볼 수 있습니다. 따라서 친구가 매우 도움이 될 수 있습니다.

📝 어휘 suitable 적정한   researcher 연구원   be in the same boat 같은 처지이다   promising 전도유망한
opportunity 기회   promotion 승진   available 가능한   qualifications 자격 조건   position 직급

🔍 해설 • 조언 문제는 자주 출제된 문제이니 친구/가족/직장 상사 각각에 대해 준비해 두세요.
   • 다음과 같은 주장도 가능합니다.
     -친구도 친구 나름이다.
     (It depends on what kind of friends I have.)
     -내 친구는 인력 부서에서 일하고, 많은 정보를 가지고 있다.
     (One of my friends works at a personnel department, and he has a lot of information.)

Actual Test 3

Q1

> **Wel**come to the City of **Vaug**han! ⤸ // Stay **up-to-dat**e on our **win**ter **main**tenance **pro**gram. ⤸ // There will be **a road main**tenance program oper**at**ion ⇀/ to keep the public **safe** during the winter months. ⤸ // **Visit** our **Web**site ⇀/ to learn more about the program itself, ⤴/ your responsi**bili**ties ⤴/ and **roa**d clearing updates.⤸ // **Above all,** ⤴/ **roa**d safety is the top pri**or**ity of the city ⇀/ with a focus on keeping **pri**mary roads **clear** for e**mer**gency and **tran**sit **ve**hicles. ⤸ // **Don't park** your car on the street **o**vernight ⤴/ or while **snow** clearing oper**at**ions are **un**derway. ⤸ //

⊕ 본에 오신 것을 환영합니다! 겨울 유지 보수 프로그램 최신 정보를 안내해 드리겠습니다. 겨울철 대중 안전을 도모하는 차원에서 도로 유지 보수 작업이 있을 예정입니다. 저희 웹 사이트에 방문하셔서 해당 작업 및 여러분이 지켜야 할 사항, 제설 작업에 관한 자세한 정보를 확인하실 수 있습니다. 무엇보다도 본 당국이 도로 안전에 있어서 우선순위로 두고 있는 것은 응급 및 수송 차량을 위해 주요 도로 환경을 개선하는 데 있습니다. 제설 작업이 진행 중인 동안 길가에 밤새 주차를 삼가 주시기 바랍니다.

📝 어휘   up-to-date 최신의   maintenance 유지 관리   operation 작업   road clearing 도로 제설   priority 우선순위   primary 주요한   transit vehicle 수송 차량   overnight 밤새   underway 진행 중인

🔍 해설   • 고유명사는 발음에 자신이 없더라도, 철자에 기반해 크고 자신 있게 읽으세요.
     • 한국인 유의 발음[f, v, r, l, ð, z]에 주의하세요. road, focus, transit, vehicles, overnight
     • 장모음은 길게 발음하세요. program, keeping, street

Q2

> **Atten**tion sh**op**pers! ⤸ // We will be **bring**ing you the latest **Bla**ck Friday 2015 **deals** ⇀/ on such **items** ⇀/ as a**pp**arel, ⤴/ elec**tro**nics, ⤴/ and **mo**re right here! ⤸ // Make your **Bla**ck **Fri**day 2015 **wi**shes **now,** ⇀/ and **stay tuned** ⇀/ to see the **hot**test **deal**s and **sa**les of up to 75%, ⤴/ es**pe**cially for TVs, ⤴/ pro**jec**tors ⤴/ and **of**fice **ga**dgets. ⤸ // **Don't wai**t until **Thank**sgiving Day ⇀/ to find major sale events at stores. ⤸ // By **en**tering your e-mail, ⤴/ we'll start **sen**ding out **Bla**ck Friday 2015 hot deals. ⤸ // **Of**fers include **free shipping** for orders over $50. ⤸ //

⊕ 집중해 주시기 바랍니다! 2015년 블랙 프라이데이를 맞아 의류, 전자 기기 등 제품에 특별 할인을 바로 여기서 제공해 드립니다. 올해 블랙 프라이데이에 사고 싶은 물건들을 정해 두시고, 가장 파격적인 할인 행사에 주목하시기 바랍니다. TV, 프로젝터, 사무용품에 있어서는 특히 최대 75퍼센트까지 할인이 제공됩니다. 추수 감사절까지 기다려서 개별 점포별로 진행하는 주요 할인 행사를 찾아다닐 필요가 없습니다. 이메일 주소를 입력하시면 올해 블랙프라이데이 특가 찬스를 보내 드릴 예정입니다. 50달러 이상의 주문건에 대해서는 무료 배송이 진행됩니다.

📝 어휘   apparel 의류   electronics 전자 기기   stay tuned 계속해서 주목하다   gadget 용품, 기기   thanksgiving day 추수감사절   send out 발송하다   free shipping 무료 배송

🔍 해설   • 한국인 유의 발음[f, v, r, l, ð, z]에 주의하세요. Black Friday, sales, Thanksgiving,
     • 장모음은 길게 발음하세요. deals, see, apparel
     • 강세에 주의하세요. electronics, projectors, gadgets, events, offer

Question 3: Describe a picture

Level 6

This is a picture of a street. There are many people here. One woman on the left has long hair, and she is wearing a black jacket and carrying a bag. In the middle of this picture, I can see a person who is wearing a hat. On the left side of this picture, there are some stores. Many items are on display. In the background, I can see some tress as well. The weather looks nice and this picture reminds me of my last trip abroad.

거리 사진입니다. 많은 사람들이 있습니다. 좌측에 있는 여성은 긴 머리이며 검정 재킷을 입고 가방을 들고 있습니다. 사진 중앙에는 모자를 쓴 사람이 보입니다. 좌측에는 상점이 몇 개 있습니다. 상품들이 많이 진열되어 있습니다. 뒤로는 나무 몇 그루도 보입니다. 날씨는 좋은 편이고 제가 최근에 다녀온 해외여행을 떠오르게 하는 사진입니다.

📝 어휘 on display 진열된   remind A of B A에게 B를 떠오르게 하다

Level 7

This is a picture taken on a busy street. Many people are walking and going somewhere. I guess some of them are tourists. One old woman on the right is wearing a long beige coat and pants. She is holding an umbrella. In the middle of this picture, I can see a man wearing a gray hat. There are many souvenir stores on the left and many items like scarves and T-shirts are arranged and being sold. The stores have many windows and are at least three stories high. From the people's clothes, it looks like it's autumn.

분주한 거리에서 찍힌 사진입니다. 많은 사람들이 걸으며 어디론가를 향하고 있습니다. 이 중 일부는 관광객인 것 같습니다. 우측의 나이든 한 여성은 긴 베이지색 코트와 바지를 입고 있고 우산을 들고 있습니다. 사진 중앙에는 회색 모자를 쓴 남성이 보입니다. 좌측에는 기념품 가게들이 많이 있고 스카프와 티셔츠 같은 많은 상품들이 많이 진열되어 판매되고 있습니다. 이 상점들에는 창문이 많고 높이는 최소 3층 정도입니다. 사람들의 옷차림을 보아하니 가을인 것 같습니다.

📝 어휘 somewhere 어딘가   guess ~인 것 같다, 추측하다   tourist 관광객   beige 베이지색   hold 잡다   souvenir 기념품   scarf(pl. scarves) 스카프   숫자+stories high ~층 높이   clothes 옷   autumn 가을

🔍 해설 • 이야기할 대상이 너무 많을 때는, 전체적인 이야기로 시작해 보세요. (Many people are going somewhere.)
  • 그리고 차분하게 특징 있는 부분을 찾아서 이야기하세요.
  • 시간이 남으면 사람을 한 명 더 이야기하세요. (In the middle, I can see a man wearing a cross bag.)

> Imagine that an Australian marketing firm is doing research in your country. You have agreed to participate in a telephone interview about travel by public transportation.
>
> 어느 호주 마케팅 회사가 여러분의 나라에서 시장 조사를 하고 있다고 가정해 봅시다. 여러분은 대중교통 이용에 관한 전화 인터뷰 참여에 동의했습니다.

Q4

What public transportation do you take and how often do you travel by it?

평소 이용하는 대중교통의 종류와 이용 빈도에 대해 말씀해 주시겠어요?

Level 6

I usually take a bus and I take it once a day.

보통 버스를 타는 편이며 하루 한 번 정도 이용합니다.

Level 7

I usually take a bus since it's faster in rush hour, so I take it every day to go to work.

출퇴근 시간에 더 빠르기 때문에 버스를 주로 이용하고 매일 출근 시 버스를 탑니다.

📝 어휘 public transportation 대중교통

Q5

When was the last time you took the train and where did you go?

마지막으로 기차를 타본 적은 언제이며 당시 어디로 가는 길이었습니까?

Level 6

The last time I took the train was yesterday.

가장 최근에 기차를 이용한 것은 어제입니다.

Level 7

Last week, I took the train heading for Gyeong-Ju. I could see a lot of historical remains and artifacts.

지난주에 경주행 기차를 탔습니다. 수많은 역사 유적지와 유물을 볼 수 있었습니다.

📝 어휘 heading for ~로 향하는 historical 역사적인 remains 유적 artifact 유물

Q6

Which one do you prefer taking between bus and train?

버스와 기차 중 어떤 교통수단을 더 선호하십니까?

Level 6

I prefer taking the bus. This is because it is cheaper to take the bus.

버스를 선호합니다. 왜냐하면 버스가 더 저렴하기 때문입니다.

Level 7

I prefer to take the bus rather than the train, especially for moving around the city. First of all, it's much faster. I can have easy access to a bus stop at work. It only takes me 5 minutes to get there. In addition, it's cheap compared with a train fare. It only costs me around 2 dollars. It's much less than buying some stuff like coffee.

특히 도시에서 이동 시에는 기차보다 버스를 즐겨 탑니다. 첫째, 버스는 훨씬 빠릅니다. 직장에서 버스 정류장까지 쉽게 갈 수 있습니다. 가는 데 5분밖에 안 걸립니다. 그리고 기차 요금에 비해 저렴합니다. 고작 2달러 정도입니다. 커피 등을 사는 것보다 더 적은 액수입니다.

📝 **어휘** **prefer** 선호하다 **rather than** ~보다 **move around** 돌아다니다 **access** 접근성 **bus stop** 버스 정류장 **compared with** ~와 비교해서 **stuff** 잡동사니, 물건

🔍 **해설** • Q4에서 물어본 내용에만 대답하면 됩니다.

• Q5는 과거 시제를 주의하세요. 추가로 답변을 한다고 점수가 깎이지는 않습니다.

• Q6에서 기차를 선택한다면, '기차로 다니는 게 더 안전하다. 차 사고가 기차 사고보다 더 많기 때문이다 (Traveling by train is safer since there are more car accidents than train accidents.).'라고 말할 수도 있습니다.

Australia and New Zealand International Business Conference
호주 & 뉴질랜드 국제 비즈니스 콘퍼런스

Hilton Melbourne South Wharf, 11th -12th February 2015
힐튼 멜버른 사우스 와프, 2015년 2월 11-12일

Wednesday, February 11 Venue: Grand Ballroom A
2월 11일 수요일 장소: 그랜드 볼룸 A

18:00 - 20:00	Welcome Reception 환영 리셉션

Thursday, February 12 Venue: Grand Ballroom B
2월 12일 목요일 장소: 그랜드 볼룸 B

08:30-09:30	Registration 등록
09:30-10:30	Conference Opening, Keynote Address by Professor S. Tamer Berry 회의 개회 및 타머 베리 교수의 기조연설
11:00-12:30	International Human Resource Management and Global Mobility by Professor Denice Welch, University of Melbourne 국제 인적 자원 관리와 글로벌 이동성 – 데니스 웰치(멜버른 대학교 교수)
12:30-13:30	Lunch 점심
13:30-15:00	International Marketing led by Professor Lawrence Welch, University of Melbourne 국제 마케팅 – 로렌스 웰치(멜버른 대학교 교수)
15:30-18:00	International Economics and Finance by Professor Denice Welch, University of Melbourne 국제 경제학과 금융 – 데니스 웰치(멜버른 대학교 교수)
18:00 - 21:00	Gala Dinner, Dinner Speaker – Professor Peter Buckley 갈라 디너쇼, 연사 – 피터 버클리 교수

***Morning Tea & Afternoon Tea will be served from 10:30 to 11:00, and from 15:00 to 15:30, respectively.
***아침 & 오후 티타임은 각각 10:30-11:00, 15:00-15:30입니다.

Hello, this is Emma Louise. I'm an accounting manager in a local business. I am very eager to attend the meeting, but my computer isn't working properly right now to access your site, so would you mind if I asked a few questions about the conference?
안녕하세요, 저는 엠마 루이스입니다. 지역에 있는 한 회사에서 회계 담당자로 근무하고 있습니다. 이번 회의에 꼭 참석하고 싶은데 컴퓨터가 말썽이라 지금 웹 사이트에 접속이 안 되네요. 혹시 콘퍼런스에 대해 몇 가지 질문을 해도 괜찮을까요?

📋 어휘 opening 개회 keynote address 기조연설 human resource 인적 자원 mobility 이동성
economics 경제학 respectively 각각 accounting 회계 be eager to 기꺼이 ~ 하고자 하다
properly 제대로, 적절하게

Q7

When and where will the Australia and New Zealand International Business Conference be held?
호주 & 뉴질랜드 국제 비즈니스 콘퍼런스가 언제, 어디에서 열리나요?

Level 6

The conference will be held at the Hilton Melbourne South Wharf, 11th -12th February 2015.

콘퍼런스는 2015년 2월 11-12일 이틀 동안 힐튼 멜버른 사우스 와프에서 개최됩니다.

Level 7

The conference will be held at the Hilton Melbourne South Wharf, 11th -12th February 2015. Welcome reception will start at 6 in the evening for 2 hours.

콘퍼런스는 2015년 2월 11-12일 동안 힐튼 멜버른 사우스 와프에서 개최됩니다. 환영 리셉션은 저녁 6시에 시작하여 2시간 동안 진행됩니다.

 Q8

On February 12th, I might be a bit late for the conference. The first lecture will start off at 9:30 A.M., right?

2월 12일에 콘퍼런스에 조금 늦을 것 같은데요. 첫 강의 시작이 오전 9시 30분이 맞나요?

Level 6

No, it will begin at 11.

아니오, 11시에 시작합니다.

Level 7

No, The first lecture will begin at 11 for one and a half hours.

아니오, 첫 강의는 11시에 시작해서 한 시간 반 정도 있을 예정입니다.

📝 어휘 **start off** 시작하다

 Q9

I heard that Professor Denice Welch will be giving a lecture on February 12th. How many sessions of hers can I attend?

데니스 웰치 교수가 2월 12일에 강의를 한다고 들었습니다. 웰치 교수님 강의를 몇 개 들을 수 있나요?

Level 6

Sure! She is giving 2 lectures. One is about 'International Human Resource Management and Global Mobility' from 11 to 12:30. The other one is about 'International Economics and Finance' from 3:30 P.M. to 6:00 P.M.

물론입니다! 그녀는 2개의 강의를 합니다. 하나는 '국제 인적 자원 관리와 글로벌 이동성'이라는 주제로 오전 11시부터 12시 30분까지입니다. 나머지 하나는 '국제 경제학과 금융'이라는 주제로 오후 3시 30분부터 6시까지입니다.

Sure! There are 2 lectures available led by Denice Welch; one in the morning and the other in the afternoon. Between 11 and 12:30, the first one is about 'International Human Resource Management and Global Mobility.' Then the second one is about 'International Economics and Finance' from 3:30 P.M. to 6:00 P.M.

물론입니다! 데니스 웰치 교수님의 강의는 2회 있을 예정입니다. 하나는 오전, 다른 하나는 오후에 있습니다. 11시에서 12시 30분 사이에 첫 번째 강의가 '국제 인적 자원 관리와 글로벌 이동성'이라는 주제로 있을 예정입니다. 두 번째 강의는 '국제 경제학과 금융' 이라는 주제로 오후 3시 30분부터 6시까지 진행됩니다.

🔍 해설 •Q7에서 주소를 읽을 때 목소리를 크게 하고, 철자대로 발음하세요.
•Q8은 Yes, No 대답 외에 11시에 시작한다는 정보를 줘야 합니다.
•Q9의 경우 나열하는 문제는 쉬우나, 발음에 오히려 주의하세요.

Question 10: Propose a solution

🎧 S2_Answer 03_10

Hello! This is Ava Wright, a sales manager at Origins Cosmetics. In the past few years, our shop has been quite popular and busy in our local area, especially owing to its well-maintained Website and a constant flow of our long-term loyal customers. But now we're seeing a fall in market share due to a growing number of competitors, so we decided to focus on the younger generation to improve sales growth. I'm stuck with a lack of ideas, what should be done first and what to do next. You might have far much better ideas to tackle such a dilemma. Please give me a call back any time during office hours. Thank you!

안녕하세요! 제 이름은 애바 라이트이고, 오리진스 코스메틱 사에 영업 부장으로 있습니다. 지난 몇 년간 저희 점포가 현지에서 상당히 인기가 있어 바쁘게 돌아가고 있는데요. 특히 웹 사이트가 잘 운영되고, 오래된 단골손님들이 계속해서 찾아 주시는 덕 분이라고 보고 있습니다. 그러나 이제는 경쟁 업체가 증가함에 따라 시장 점유율이 떨어지고 있어서 좀 더 젊은 세대에 타깃을 두어서 판매 성장률을 끌어올리려고 합니다. 그런데 먼저 무엇을 하고 이어서 무엇을 해야 할지 아이디어가 부족합니다. 당신은 딜레마를 어떻게 해결하면 좋을지 더 나은 아이디어를 가지고 계실 것 같아요. 시간 중 아무 때나 전화 주세요. 감사합니다!

📝 어휘 **well-maintained** 잘 유지된 **constant** 일정한 **long-term** 장기 **loyal customer** 단골손님 **be stuck with** ~에 갇히다 **tackle** 해결하다 **dilemma** 딜레마, 난국 **office hours** 영업시간

Hello, I got your message saying that you have a situation. You said you've decided to increase your young consumers, but you don't have any ideas. So you wanted me to do something about this matter. Okay, don't worry. I have an idea. I think we should give free samples to our younger customers. That way, we can attract the attention of the younger generation. Also, we can give some discount coupons. This usually works well. If you have any other problems, call me back at 555-1234. Thank you!

안녕하세요. 뭔가 고민이 있다고 말씀하신 메시지를 들었습니다. 젊은층 소비자를 늘리려고 하는데 아이디어가 없다는 말씀이시지 요. 이 문제와 관련해서 제가 뭔가 하기를 원하신다고요. 알겠습니다. 걱정하지 마세요. 제게 생각이 있습니다. 젊은층 소비자들에 게 무료 샘플을 나눠 주는 것은 어떨까요. 그렇게 하면 젊은 세대의 관심을 끌어올 수 있을 것 같습니다..그리고 할인 쿠폰도 같이 요. 보통 효과가 있는 방법입니다. 다른 문제가 있으시다면, 555-1234로 전화 주세요. 감사합니다!

📝 어휘 **consumer** 소비자 **generation** 세대

Hello, Ava Wright! This is Ellis. I've got your message saying that basically, you don't seem to make any progress on coming up with new ideas for how to attract younger customers enough to boost sales growth as well as market share. A couple of promotion tips come in handy for increasing customer base. By giving out free samples or discount vouchers of your products with flyers showing your location and website address, young shoppers will be aware of your shop and its products. In addition, by having your website updated frequently to serve their needs; well, roll out new products, offer new services, and change prices on a semi-regular basis to adapt to your younger customer base. Especially, by showing them what's new, keep site visitors interested in your shop. Showcasing sales and bargains definitely work. Then, it's all set! If you have any further enquiries, please give me a call back any time. Thank you!

안녕하세요 애바 라이트 씨. 엘리스입니다. 메시지 잘 받았습니다. 그러니까 시장 점유율도 높이고 판매 성장률도 강화하기 위해서 젊은 고객층을 충분히 확보할 방법을 찾는 데 애를 먹고 계시다는 말씀이시지요. 고객 기반을 넓힐 수 있는 방법으로 몇 가지 도움이 될만한 홍보 팁이 있습니다. 상품의 무료 샘플이나 할인 쿠폰을 나눠 주면서 상점 위치와 웹 사이트 주소가 적힌 전단지를 함께 나눠 주시면 젊은 고객들이 상점 위치와 상품을 알 수 있게 되겠죠. 추가로 웹 사이트를 자주 업데이트해서 고객들의 요구를 충족시킬 수 있습니다. 신상품 출시, 새로운 서비스 제공, 어느 정도 규칙적으로 진행하는 가격 변경 등을 통해서 젊은 세대 고객층에게 맞추는 것이지요. 특히 새로운 소식을 알려줌으로써 사이트 방문객들이 상점에 관심을 계속 가지도록 만드세요. 쇼케이스 세일, 할인 행사도 굉장히 효과가 좋습니다. 그러면 모든 게 준비되는 겁니다! 궁금한 사항이 있으시면 언제든 전화 주세요. 감사합니다!

📝 어휘 progress 진전 boost 증가시키다 come in handy 유용한 give out 나눠 주다 voucher 상품권, 쿠폰 flyer 전단지 be aware of 알다 roll out 출시하다 semi-regular 반정기적인 customer base 고객 기반 bargain 할인 definitely 확실히 further 더욱 enquiry 질문, 문의

🔍 해설 • 소비자를 끄는 방법은 자주 출제되는 사항이므로 숙지해 두세요.
  • '할인을 했는데도, 손님이 없다'라는 식의 문제가 출제되기도 합니다.
    따라서 할인 외의 전단지, 새로운 제품 소개, 진열 등 다양한 해결책을 준비해 두세요.

Question 11: Express an opinion

🎧 S2_Answer 03_11

> What are some advantages for you to work overseas?
> Give specific reasons or examples to support your opinion.
>
> 해외 근무의 장점은 무엇입니까?
> 의견을 뒷받침할 수 있는 구체적인 이유나 예시를 들어 주십시오.

I think there are some advantages for me to work overseas. First of all, I can learn English. If I work overseas, I can meet many foreigners and have a chance to speak English. For example, I should use English at restaurants, hotels, and shopping centers. It might be stressful. However, I think I can improve my English a lot. Second, I can build up a lot of cultural experience. To be specific, I can eat different food, and wear different clothes, and meet many people different from me. That will broaden my perspectives. So, I think it is a great opportunity for my life.

제 생각에 해외 근무는 여러 장점이 있다고 봅니다. 우선, 영어를 배울 수 있습니다. 해외에서 근무하면 많은 외국인을 만나서 영어를 할 기회가 생깁니다. 예를 들어 식당, 호텔, 쇼핑몰에서 영어를 사용해야만 합니다. 다소 스트레스받는 상황일 수 있지만 영어 실력을 크게 향상시킬 수 있을 것 같습니다. 둘째, 다양한 문화적 경험을 쌓을 수 있습니다. 좀 더 구체적으로 말하자면, 색다른 음식, 옷을 시도해 볼 수 있고 저와는 다른 많은 사람들을 만날 수 있습니다. 그렇게 되면 제 시야도 넓어지겠지요. 따라서 해외 근무가 제 인생에 있어서 큰 기회라고 생각합니다.

📝 어휘 **advantage** 장점 **overseas** 해외에서 **foreigner** 외국인 **stressful** 스트레스를 주는 **build up** 쌓다 **experience** 경험 **to be specific** 구체적으로 **broaden** 넓히다 **perspective** 관점 **opportunity** 기회

Level 7

I believe there should be some outstanding merits when I work abroad. First of all, I can learn to speak English and I can practice what I have learned enough to make myself more attractive to my local employer. Today's society has been globalized and speaking English is essential to get a job and stay competitive. Second, I can have a variety of cultural experiences different from my own culture. For example, in Korea, people tend to lower their gaze to show their respect. In contrast, in English speaking countries like the US, I think people are likely to have a direct eye contact with one another, if not, it might show disinterest or indifference. Therefore, it will make me more understand different working environments and give me a chance to adapt myself to cultural differences.

해외 근무를 하게 되면 상당한 장점들이 있다고 생각합니다. 우선, 영어로 말하는 법을 배울 수 있을 뿐만 아니라 제가 배운 걸 충분히 연습까지 할 수 있어서 현지 고용인에게 제 자신을 더 멋지게 어필할 수 있습니다. 오늘날 사회는 세계화되어 가고 있고 이에 따라 영어 말하기는 취업을 하고 경쟁력을 유지하는 데 필수입니다. 둘째, 우리 문화와는 다른 다양한 문화적 경험을 할 수 있습니다. 예를 들어 한국에서는 존경을 표시하기 위해서 시선을 낮추는 경향이 있습니다. 이와 반대로 미국 같은 영어권 국가에서는 서로 눈을 마주치는 경우가 많은데 만약 그렇게 하지 않으면 무관심하다는 뜻이 될 수도 있습니다. 따라서 해외 근무를 통해 다른 업무 환경을 더 이해할 수 있고 문화적 다양성에 적응할 수 있는 기회를 가질 수 있다고 생각합니다.

📝 어휘 **outstanding** 두드러지는 **abroad** 해외에서 **practice** 연습하다 **attractive** 매력적인 **local** 현지 **employer** 고용주 **essential** 필수적인 **stay competitive** 경쟁력을 유지하다 **a variety of** 다양한 **lower** 낮추다 **gaze** 눈길, 시선 **respect** 존중 **direct** 직접적인 **eye contact** 시선을 마주침 **disinterest** 무관심 **indifference** 무관심 **environment** 환경 **adapt** 적응하다

🔍 해설 • 장점만 물어봤으므로 장점에만 집중해야 합니다.
• 해외에서 일하면? 문화 체험도 하고, 영어도 향상시킬 수 있다. 핵심 내용을 기억하세요!
• 그 외에, '외국 친구를 사귈 수 있다(I can make foreign friends.).'도 좋은 이유입니다.

Questions 1-2 Read a text aloud

S2_Answer 04_01~02

Q1

We are here to **cele**brate **Ms.** Re**be**ca ⇒/ who has been **one** of the **grea**test **art**ists well known for her a**ma**zing and ex**qui**site **art**works ⇒/ in New **Yor**k since 2002. ↘// She has **e**ven been **cre**dited with a col**lec**tion of **art**works as **dra**wings, ⌒/ **pai**ntings, ⌒/ and **pho**tographs. ↘// A great number of **peo**ple in New **Yor**k ⇒/ have been con**ti**nuously ins**pired** ⇒/ by her **tal**ent and **fai**th, ⌒/ so we wish to **ho**nor her **e**ver-lasting dedi**ca**tion to work, ⇒/ especially for her paying careful at**ten**tion to every detail ⇒/ looking for an ab**so**lutely **flaw**less **fi**nish ⇒/ in the **top no**tch of **spee**chless per**fec**tion. ↘//

⊕ 오늘 이 자리는 2002년부터 뉴욕에서 환상적이고 정교한 작품들로 잘 알려진 이 시대 최고의 아티스트 중 한 명으로 자리매김 하신 레베카 씨를 축하하기 위해 마련되었습니다. 드로잉, 채색 작업, 사진을 비롯한 예술 작품을 통해서 찬사를 받고 계신데 요. 수많은 뉴욕 시민들이 레베카의 재능과 신념에 끊임없이 영감을 얻고 있습니다. 이에 레베카의 작품에 대한 변하지 않는 헌 신을 기리고자 하며, 특히 보는 이로 하여금 할말을 잃게 할 정도의 완벽을 추구하는 차원에서 완벽하게 나무랄 데 없는 마무리 를 위해 세세한 디테일까지 신경을 쓰는 모습에 찬사를 보내는 바입니다.

🗨 어휘 exquisite 특별한, 훌륭한 be credited with 찬사를 받는 ever-lasting 끊임없는 pay attention to ~에 관심을 갖다 top notch 최상급 speechless 할 말을 잃게 하는

🔍 해설 • 한국인 유의 발음[f, v, r, l, ð, z]에 주의하세요. artists, amazing, exquisite, photograph,
 • 장모음은 길게 발음하세요. been, even, drawing, flawless, speechless
 • 강세에 주의하세요. celebrate, dedication, absolutely, perfection

Q2

Thank you for your **stay** in **O**cean **Bree**ze Hotel. ↘// To impro**vi**ng our **o**verall **ser**vice **qua**lity and ef**fi**cient staff **ma**nagement, ⌒/ we plan to per**form** auto**ma**ted **sur**veys ⇒/ to collect infor**ma**tion and gain **feed**back / via the **te**lephone. ↘// If you agree to **ta**ke part in it, ⇒/ then press **one** on your telephone **key**pads. ↘// After that, ⇒/ you will be auto**ma**tically trans**fer**red to the **sur**vey **que**stionnaires ⇒/ at the end of your **call.** ↘// If you want to do it a**no**ther time, ↘/ you can **gi**ve us a call, ⌒/ **send** an e-mail ⌒/ or **vi**sit in person ↘/ later **some**time. ↘//

⊕ 오션 브리즈 호텔에 머물러 주셔서 감사합니다. 우리 호텔은 전반적인 서비스 품질 향상과 효율적인 직원 관리를 도모하고자 자 동화된 설문 조사를 실시하여 유선상으로 필요한 정보와 피드백을 수집하고자 합니다. 조사 참여에 동의하신다면 1번을 눌러 주 시기 바랍니다. 안내 멘트가 끝난 이후에는 자동으로 설문 문항으로 넘어갑니다. 다음 기회에 하시길 원하신다면 추후 전화, 이 메일, 직접 방문 상담을 통해 참여하실 수 있습니다.

🗨 어휘 efficient 효율적인 perform 수행하다 automated 자동화된 via 통해서 take part in 참여하다 keypad 자판 transfer 이송하다 questionnaire 설문지 문항 in person 직접

🔍 해설 • 한국인 유의 발음[f, v, r, l, ð, z]에 주의하세요. Thank, Breeze, perform
 • 장모음은 길게 발음하세요. overall, staff, management, plan, feedback, keypads,
 • 강세에 주의하세요. hotel, improving, automatically

Level 6

This is a picture of a traditional market. There are some people here. On the right side of this picture, I can see a woman who has gray hair. She is wearing a short-sleeved shirt and skirt. On the left side of this picture, one man is explaining something to his customer. He is wearing a white shirt and black pants. Many colorful fruits and vegetables are arranged, and I can see a red bicycle in the foreground. It looks like it is summer.

재래시장 풍경을 담은 사진입니다. 이곳에는 몇몇 사람들이 있습니다. 사진 우측에 흰머리 여성이 보입니다. 반팔 티셔츠와 치마를 입고 있습니다. 사진 좌측에는 한 남성이 손님에게 무언가를 설명하고 있습니다. 흰 셔츠와 검정 바지를 입고 있습니다. 다양한 색깔의 과일과 야채가 진열되어 있고 사진 앞쪽에는 빨간 자전거 한 대가 보입니다. 여름인 것 같습니다.

📝 어휘　traditional 전통적인　gray hair 흰머리　short-sleeved 소매가 짧은, 반팔　explain 설명하다　customer 손님　colorful 다양한 색의　vegetable 채소　arranged 진열된　foreground 앞쪽

Level 7

This is a picture taken at an outdoor market. What I notice first is a red bicycle with two green plant baskets. Behind it, many fruits and vegetables are arranged. Some people are walking around and some are selling their goods. One man on the left is raising his arm, explaining something to his customer. In the middle, there is another seller with a black shirt who is just standing. Also, I can see a woman who has a camera around her neck. She is wearing a light blue shirt, beige skirt and sandals and looking at the vegetables.

야외 시장에서 찍힌 사진입니다. 처음으로 눈에 띄는 것은 두 개의 초록색 식물 바구니가 있는 빨간 자전거 한 대입니다. 그 뒤로 과일과 야채가 많이 진열되어 있습니다. 어떤 사람들은 걷고 있고 일부는 상품을 판매 중입니다. 좌측에 한 남성은 팔을 들어 올리며 손님에게 무언가를 설명하고 있습니다. 사진 중앙에는 검정 셔츠를 입고 그냥 서 있는 또 다른 상인이 있습니다. 또한 카메라를 목에 건 여성이 보입니다. 하늘색 셔츠에 베이지색 치마를 입고, 샌들을 신은 채 야채를 보고 있습니다.

📝 어휘　outdoor 야외　goods 상품　raise 들어 올리다　sandal 샌들

🔍 해설　• '자전거 위에는 바구니가 있다.(There are baskets on the bicycle.)'는 문장은 '바구니가 있는 자전거가 있다.(There is a bicycle with baskets.)'라고 해도 됩니다.
　　　• 위쪽의 큰 차양 또는 천막을 말하고 싶다면 - There is a big awning/tent at the top of this picture.
　　　• 추가 문장으로, 'This picture reminds me of my last grocery shopping.'이라고 해 보세요.

> Imagine that you are talking on the telephone with a friend. You are talking about hair salons.
>
> 친구와 전화상으로 대화 중이라고 상상해 봅시다. 미용실에 대해 이야기하고 있습니다.

Q4

How often do you go to the hair salon and where do you go?

미용실에 얼마나 자주 가고 어디로 다닙니까?

`Level 6`

I go to the hair salon once a month, and I go to the hair salon near my house.

한 달에 한 번 가고 집 근처에 있는 미용실로 갑니다.

`Level 7`

I go to the hair salon every other month, and I go to the hair salon located downtown.

두 달에 한 번 가고 시내에 위치한 미용실로 다닙니다.

💬 어휘   hair salon 미용실   every other month 두 달에 한 번   downtown 시내

Q5

Do you usually go to the same hair salon or try to go to a different one and why?

주로 같은 미용실로 다니십니까 아니면 새로운 곳으로 시도해 보는 편입니까? 이유는요?

`Level 6`

I try to go to a different one because I like trying new things.

새로운 걸 시도하는 것을 좋아하기 때문에 다른 미용실을 가 보는 편입니다.

`Level 7`

I usually go to the same hair salon because I want to get my hair done by the same stylist. She exactly knows what style I like.

같은 미용실을 다니는 편인데 같은 스타일로 받길 원하기 때문입니다. 그 디자이너가 제가 바라는 스타일을 정확히 압니다.

Q6

Actually, I need to do my hair. Can you recommend me a hair salon?

사실 제가 머리를 해야 하는데요. 추천할 만한 미용실 있나요?

Sure, I would recommend the same one that I go to. The stylist is very skillful. Also, the price is very reasonable. Especially for first-time visitors, they offer 30% discount. So you will like it.

물론입니다. 제가 다니는 곳을 추천합니다. 스타일리스트가 실력이 출중합니다. 게다가 가격도 합리적이고요. 처음 방문하는 고객에게는 특별히 30퍼센트 할인을 해 줍니다. 마음에 드실 거예요.

어휘 **recommend** 추천하다 **skillful** 능력이 있는 **reasonable** 합리적인 **visitor** 방문객 **offer** 제공하다
discount 할인

Okay, you can go to the same hair salon in downtown. Well, there are so many hair salons offering similar styles, but this one offers very trendy and unique hair styles that will suit you best. Also, their service is really good. They serve some coffee and have various magazines, so you wouldn't feel bored while waiting.

네, 시내에 있는 제가 다니는 그 미용실에 가 보세요. 음, 비슷한 스타일을 해 주는 곳은 많지만 이 미용실은 트렌드에 잘 맞으면서 독특한 스타일로 해 주기 때문에 당신에게 딱일 겁니다. 서비스 또한 매우 좋습니다. 커피와 다양한 잡지들이 제공되기 때문에 기다리는 동안 지루하지 않을 거예요.

어휘 **similar** 유사한 **trendy** 최신 유행의 **unique** 특별한 **suit** 들어맞다

해설 • Q4에서 어디로 갔는지가 곤란할 수 있는데, 모범 답변처럼 약간의 설명만 하면 됩니다.
• Q5에서는 why까지 모두 반드시 대답을 해야 완전한 점수를 받습니다. 주관적이어도 됩니다.
• Q6에서는 친구에게 말하는 상황이므로, 친절하고 상냥하게 말하도록 하세요.

S2_Answer 04_07~09

Starbound Theater Trade Premiere & Review
스타바운드 극장 영화 시사회 & 평론

February 1 2월 1일	A list of premieres for 2015 new releases online 2015 개봉작 시사회 목록 - 온라인 업데이트
February 7 2월 7일	Premiere Session for existing and new subscribers 기존 및 신규 구독자를 위한 시사회
February 10 2월 10일	Movie Review Session and comments 영화 감상 및 평론회
February 22 2월 22일	Actors fan meeting with autograph signing 배우와 팬의 만남(사인회 포함)
February 25 2월 25일	Trailers available for the public online 공개 예고편 온라인 개시
March 3 3월 3일	Tickets sales available for new release online 개봉작 온라인 티켓 판매
March 7 3월 7일	Local premiere(film screening) 현지 시사회 (영화 상영)

*** Ticket sales will start at 9 A.M. sharp on March 3rd at www. starboundmoviehit.com. Some popular premiere tickets will sell out quickly.

*** 온라인 티켓 판매는 3월 3일 오전 9시 정각 www.starboundmoviehit.com에서 시작합니다. 일부 인기 시사회 티켓은 조기 매진될 수 있습니다.

Hello, this is Rachel Williams. I am very interested in 2015 new releases updated and I love to take part in a trade premiere. I have some inquires.

안녕하세요. 레이첼 윌리엄스입니다. 2015년 개봉작 업데이트에 관심이 많아서 영화 시사회에 참여하고 싶은데요. 몇 가지 질문이 있습니다.

📱 어휘 trade premiere 영화 시사회 release 개봉 existing 기존의 subscriber 구독자, 회원 review 평론 comment 평가 autograph 서명 trailer 예고편 sharp 정각에

Q7

When will the premiere session be held?

시사회가 언제 열리나요?

Level 6

The premiere session will be held on February 7.

시사회는 2월 7일 열립니다.

The premiere session for existing and new subscribers will be held on February 7th after a list of premieres for 2015 new releases available.

2015년 신작 시사회 리스트가 발표된 후에, 기존 및 신규 회원을 위한 시사회가 2월 7일 열립니다.

 Q8

I think I can watch one of new releases sometime in February. Am I right?

2월 중에 언제 신작들 중 작품 하나를 볼 수 있는 것 같은데요. 맞나요?

No, it will be available in March, not February.

아닙니다. 2월이 아니라 3월부터 볼 수 있습니다.

No, it will be available in March, not February. Also, tickets sales start on March 3rd online.

아닙니다. 2월이 아니라 3월부터 가능합니다. 온라인 티켓 판매도 3월 3일부터 시작입니다.

 Q9

I'd like to have some specific information from your website. What kinds of information is available online?

웹 사이트에서 구체적인 정보를 얻고 싶습니다. 온라인상으로는 어떤 정보를 확인할 수 있나요?

💬 어휘 **specific** 구체적인

There will be information about a list of premieres for 2015 new releases and when each movie trailer is available. Lastly, you can buy tickets online starting from March 3rd.

2015년 새로운 개봉작 시사회 목록에 대한 정보와 언제 영화 예고편이 공개되는지 일정이 나와 있습니다. 마지막으로 3월 3일부터 온라인 티켓 구매가 가능합니다.

Well, if you access our site online, there will be information about a list of premieres for 2015 new releases, when each movie trailer is available and lastly you can buy tickets online. That is, you don't have to visit in person to get your favorite film.

네, 온라인으로 들어오시면 2015년 신작 시사회 목록에 관한 정보와 각각의 영화 예고편이 언제 개봉되는지에 대한 정보가 있고, 그리고 온라인으로 티켓을 구매할 수 있습니다. 즉, 좋아하는 영화를 보기 위해 직접 방문하실 필요가 없다는 뜻이죠.

💬 어휘 **new release** 신작, 개봉작   **lastly** 마지막으로   **in person** 직접

🔍 해설 •Q7에서 물어본 것에만 대답해도 됩니다. 그러나 추가 정보를 줘도 된다는 것도 알아 두세요.
•Q8는 Yes, No 외에 필요한 정보까지 모두 알려 주세요.
•Q9는 주어, 동사를 넣어 문장으로 말하도록 주의하세요. (There will be information about ~.)

Hello! This is Susan Miller. I'm running a medium-sized women's clothing and accessories store for those in their 40s or 50s at Pacific Fair Shopping Mall downtown. My store has easy access to parking lots A and C and also is conveniently located on 1st floor nearby main entrances. However, since the last few months, sales revenue has declined continuously by 20% compared to the same months last year. I'm afraid it will continue to decline further in the months ahead. I haven't got any clue about what would sell well or not. I'd like to have some useful tips on sort of recovery plan. Please give me a call A.S.A.P. during business hours.

안녕하세요! 수잔 밀러라고 합니다. 시내에 있는 퍼시픽 페어 쇼핑몰에서 40-50대를 겨냥한 중간 사이즈 여성 의류 및 액세서리 가게를 운영하고 있습니다. 점포가 주차 구역 A와 C와 가깝고, 또한 정문에서 가까운 1층에 편리하게 입점되어 있습니다. 그런데 지난 몇 달간 판매 매출이 작년 동기 대비 20% 정도 계속해서 떨어지고 있습니다. 앞으로도 계속해서 떨어질까 봐 걱정입니다. 어떤 게 잘 팔리고 안 팔리는 건지 감을 잡을 수가 없어요. 다시 회복할 수 있는 유용한 팁을 구하고자 합니다. 영업시간 중에 가능한 한 빨리 전화 부탁합니다.

📝 어휘 medium-sized 중간 사이즈 40s 사십대 downtown 시내 access 접근성 parking lot 주차장 located 위치한 nearby 근처 main entrance 정문 sales revenue 판매 매출 decline 감소하다 continuously 지속적으로 compared to ~와 비교하여 further 더욱 in the months ahead 향후 몇 달 동안 clue 근거, 실마리 tip 팁, 조언 recovery 회복 business hours 영업시간

Level 6

Hello, this is Ellis. I got your message saying that we have a situation. You said that the sales revenue has declined and it seems like it will continue to decline. So you wanted me to do something about this matter. Okay, don't worry. I have an idea. I think we should run an online store. When we don't know what would sell well, we should prepare many options. Online store would just solve the problem. Also, these days people like shopping online, so it will help increase sales. If you have any other problems, call me back at 555-1234. Thank you.

안녕하세요, 엘리스입니다. 문제가 있으시다고 들었습니다. 판매 매출이 감소하고 있고 앞으로도 계속 그럴 것 같다는 말씀이시지요. 제가 조치를 해 드리길 원하시고 있고요. 알겠습니다. 걱정하지 마세요. 아이디어가 있습니다. 온라인 상점을 운영해 보는 것이 좋겠습니다. 무엇이 잘 팔릴지 감이 오지 않을 때는 다양한 옵션을 준비해야 하는데요. 온라인 상점이 바로 그 문제 해결을 하는 데 최적입니다. 또한 요즘 사람들은 온라인 쇼핑을 좋아하기 때문에 판매 증가에도 도움이 될 겁니다. 다른 문제가 있으시다면 555-1234로 전화 주세요. 감사합니다.

📝 어휘 matter 문제 run 운영하다 prepare 준비하다

Level 7

Hello, Susan Miller! This is Ellis. I've got your message saying that basically, you don't seem to make any progress on coming up with new ideas for what might sell well enough to boost sales growth. First of all, careful identification of your target market should be done, in other words, market analysis is essential for ages, social status, sexes and income level in your local area. If your store is in school districts, especially universities, then you might pay attention to 20s and they might look for something affordable. In addition, running online store can attract more regular customers with a wider range of display because online access is far much easier than a visit in person, and there will be more products viewed or saved in their shopping carts for final purchases. If you have any further enquiry, please give me a call back any time. Thank you!

안녕하세요, 수잔 밀러 씨. 엘리스입니다. 메시지 잘 받았습니다. 판매 성장률을 끌어올릴 수 있게 잘 팔릴 법한 상품을 찾는 데 애를 먹고 계시다고요. 우선 타깃 시장을 신중하게 확인하셔야 합니다. 즉, 지역 내의 연령대, 사회적 지위, 성별, 수입 수준에 대한 시장 조사가 필수입니다. 만약 점포가 학교, 특히 대학교 근처라면 20대에 집중하는 게 좋은데, 그들은 가격대가 합리적인 상품을 찾을 겁니다. 그리고 온라인 상점을 운영하면 단골고객에게 더욱 다양한 종류의 상품을 선보일 수 있습니다. 왜냐하면 직접 방문보다 온라인상으로 방문하는 것이 훨씬 쉽기 때문이며 결과적으로 최종 구매를 위해 더 많은 상품을 보고 장바구니에 담아 두게 될 것입니다. 더 궁금한 점이 있다면 언제든지 전화 주세요. 감사합니다!

📝 어휘 **make progress** 진전이 있다 **come up with** 생각해 내다 **boost** 북돋우다 **identification** 식별, 확인 **social status** 사회적 지위 **income level** 소득 수준 **district** 구역 **affordable** 가격이 합리적인 **in person** 직접, 면대면으로 **view** 보다 **shopping cart** 장바구니

🔍 해설 • 문제의 핵심은 판매 증가를 위한 방안(how to boost sales growth)입니다.
• 판매 증가 방법에는 기본적으로 할인과 홍보가 있다는 것을 기억하세요.
• 여기에, 어떤 비즈니스인지에 따라 특성화된 해결책까지 생각을 해 두세요.
 (e.g. 옷 가게의 경우는 a pair of socks를 선물로 줄 수 있겠지요.)

Question 11: Express an opinion
🎧 S2_Answer 04_11

> Whether to accept a job offer, which one would be your preference out of the following: location of company, long term career option, and amount of business travel?
> Give specific reasons or examples to support your opinion.
>
> 일자리 제안을 수락할지 여부를 결정할 때, 다음 세 가지 사항 중 어느 것을 우선적으로 고려하시겠습니까?
> : 회사 위치, 장기 고용, 출장 횟수
> 의견을 뒷받침할 수 있는 구체적인 이유나 예시를 들어 주십시오.

📝 어휘 **accept** 수락하다 **job offer** 일자리 제안 **preference** 선호 **long term** 장기 **business travel** 출장

Level 6

When I choose a job, I would consider the location of the company the most. There are some reasons. If my workplace is far away from my house, it would take a long time to get there. I don't want to spend much time on the road. So I want it to be close and quick to reach. For example, less than an hour will be proper. Second, if I can save time on traveling to and from work, I can have more free time. I want to enjoy my hobbies and have more time with my friends and family. That's why I want a close location when looking for a job.

직장을 고를 때 회사 위치를 가장 우선적으로 볼 것 같습니다. 몇 가지 이유가 있습니다. 제 직장이 집과 멀리 떨어져 있으면 출퇴근에 많은 시간이 걸립니다. 길 위에서 많은 시간을 보내고 싶지 않습니다. 그래서 가깝고 빨리 갈 수 있는 회사를 원합니다. 예를 들면 1시간 이내 정도면 적절할 것 같습니다. 둘째, 출퇴근 시간을 아끼게 되면 더 많은 자유 시간을 가질 수 있습니다. 취미 생활을 즐기고 친구, 가족과 더 많은 시간을 보내고 싶습니다. 그렇기 때문에 일자리를 알아볼 때 회사가 가까운 곳에 위치하기를 원합니다.

📝 어휘 **workplace** 직장 **far away from** 멀리 떨어진 **proper** 적절한 **save** 절약하다

If I am offered a job, I prefer the long term career option instead of the location or the amount of business travel. There are some reasons. First of all, today's society is very unstable. It is very easy to lose a job and change jobs. With long term career option, I don't have to worry about losing my job and I can feel more secure about my work life. Second, when I feel secure, I can concentrate better on my work and be more productive. Some people say that high job security might make people less dedicated to their work. However, there are many people who can appreciate it and they would be loyal to the company. In my case, I would work more comfortably and work harder. That's why long term career option should be my first concern when choosing a job.

만약 일자리 제안을 받는다면 회사 위치나 출장 횟수보다는 장기 고용을 선호할 것입니다. 몇 가지 이유가 있는데요. 우선 현대 사회는 상당히 불안정합니다. 실직이나 이직할 가능성이 높지요. 장기 고용이 보장된다면 실직할 걱정을 할 필요가 없으니 직장 생활을 안정적으로 느낄 수 있습니다. 둘째, 그렇게 마음이 안정되면 일에 더 제대로 집중할 수 있고 생산성도 올라갑니다. 어떤 사람들은 직업 안정성이 높으면 일에 덜 열심히 임한다고들 합니다. 하지만 이것을 감사히 여기면서 회사에 충성을 다하는 사람들도 많습니다. 제 경우에는 장기 고용이 되었을 때 더 편안한 마음으로 더 열심히 일할 것 같습니다. 그렇기 때문에 일자리를 선택할 때 장기 고용이 제 우선순위입니다.

📝 어휘 prefer 선호하다   unstable 불안정한   lose 잃다   secure 안정적인   concentrate 집중하다
productive 생산적인   dedicate to ~에 헌신하다   appreciate 감사하게 여기다   loyal 충성을 다하는
comfortably 편안하게   concern 고려 사항

🔍 해설 •Business travel을 선택한다면, 출장을 좋아하거나 싫어한다는 입장으로 다시 나뉠 수 있습니다. 사무실에서 하루 종일 일하기보다 출장이지만 나가는 게 좋다거나(rather than working all day in the office, traveling is better), 나가면 피곤하다(traveling is tiresome) 등의 이유가 있습니다.
•이 문제를 통해, 내가 정말 선택을 한다면 어떤 게 나을지도 생각해 두세요.

Questions 1-2 Read a text aloud

🎧 S2_Answer 05_01~02

 Q1

> **Whe**ther you are **look**ing to **up**grade your **res**taurant's **kit**chen ↘/ for better **effi**ciency and **safe**ty, ↘/ or in**fu**se your **di**ning area with a more ro**man**tic **at**mosphere, ↘/ **Co**zy **Cons**truction's **ta**lented **team** of in**te**rior de**sign**ers ↘/ and com**mer**cial re**mo**deling con**trac**tors can **hel**p. ↘// Our **ser**vices are **per**fect for both small ca**fés** and large **res**taurants ↗/ **throu**ghout New **York**. ↘// Bring **val**ue, ↗/ **style**, ↗/ and a **per**fect **at**mosphere ↘/ into your **res**taurant ↗/ with a pro**fes**sional reno**va**tion to**day**, ↘/ and see what a **dif**ference it makes for your **bus**iness! ↘//

⊕ 여러분의 식당 주방을 업그레이드해서 효율성과 안전성을 더욱 높이고 싶으시거나, 식사 공간에 좀 더 로맨틱한 분위기를 불어넣고 싶으신가요? 코지 건축 사무소의 유능한 인테리어 디자인 팀과 상업용 리모델링 외주 업체에서 도움을 드릴 수 있습니다. 뉴욕 내 소규모 카페 및 대형 식당 모두에 알맞은 완벽한 서비스를 제공해 드립니다. 전문가의 손길이 담긴 보수 작업을 통해 여러분의 식당에 가치, 스타일, 완벽한 분위기를 더하시고, 사업의 변화를 느껴보세요!

📝 어휘 efficiency 효율성   infuse 불어넣다, 주입하다   commercial 상업용의   contractor 외주 업체

🔍 해설 • 한국인 유의 발음[f, v, r, l, ð, z]에 주의하세요. whether, efficiency, safety, infuse, cozy
  • 장모음은 길게 발음하세요. looking, infuse, atmosphere, team, small
  • 강세에 주의하세요. remodeling, infuse, renovation, business

 Q2

> A combi**na**tion of **sun**shine, ↗/ warm **wea**ther ↗/ and a **Bank Hol**iday ↘/ should be the **per**fect **mix** for a **ha**ppy **week**end. ↘// But the **long**-awaited warm **wea**ther ↘/ could spell di**sa**ster for the many **fa**milies ↘/ hoping to **ca**pitalize on the long weekend ↘/ by hitting the road for a break. ↘// **Mo**torists have been also **war**ned ↘/ to expect **cha**os due to huge **tra**ffic **jam**s on their way **ho**me. ↘// During the **week**end, **tem**peratures will re**main** at a **bal**my 16 de**grees Cel**sius ↘/ and the **bea**ch will be **pack**ed with **stu**dents, ↗/ **el**derly **cou**ples ↗/ and young **fa**milies ↘/ as **thou**sands of **peo**ple will race to the **south coast**'s **bea**ches ↘/ to en**joy sun**shine on the ex**ten**ded **brea**k. ↘//

⊕ 햇살, 따뜻한 날씨에 공휴일까지 더해진다면 행복한 주말을 위한 완벽한 조합이 되겠습니다. 하지만 오랫동안 기다려 온 따뜻한 날씨가 찾아오면서, 긴 주말 연휴 동안 여행을 떠나려는 수많은 가정에게 끔찍한 재앙이 닥칠 수도 있겠습니다. 또한 집으로 돌아오는 길에 교통 체증으로 도로 위 대란을 예상해야 한다는 경고 말씀도 자동차 운전자분께 전해 드립니다. 주말 동안 기온은 섭씨 16도로 화창하겠고, 길어진 휴가 기간 동안 햇살을 즐기기 위해 남부 해안으로 수천 명이 향하면서 해변가에는 학생, 노부부, 어린 자녀를 둔 가족들로 가득할 예정입니다.

📝 어휘 Bank Holiday 공휴일   spell 초래하다   capitalize on 활용하다   hit the road 여행하다

🔍 해설 • 한국인 유의 발음[f, v, r, l, ð, z]에 주의하세요. perfect, capitalize, road, motorists
  • 장모음은 길게 발음하세요. weekend, disaster, traffic, jams, beach, packed
  • balmy에서 "l"은 묵음입니다. [바아~미] (온화한) * "l" 묵음인 단어들은 walk, salmon, talk, half, palm 등

Level 6

This is a picture of an office. There are five people here. One man is standing and giving a presentation. He is wearing a gray suit and a red tie. He looks very confident. Other people are sitting around a table and clapping. One woman on the right side of this picture has long hair and is wearing a blue shirt. The woman next to her is wearing a black jacket. On the table, I can see some papers. It looks like the presentation was successful.

사무실 사진입니다. 5명의 사람이 있습니다. 한 남성은 서서 발표를 하고 있습니다. 회색 양복에 빨간색 넥타이를 매고 있습니다. 자신감이 상당히 넘쳐 보입니다. 다른 사람들은 테이블 주위에 앉아 박수를 치고 있습니다. 우측에 있는 여성 한 명은 긴 머리에 파란색 셔츠를 입고 있습니다. 그 옆에 있는 여성은 검정색 재킷을 입고 있습니다. 테이블 위에 종이들이 보입니다. 발표가 성공적이었던 것 같습니다.

어휘 presentation 발표   tie 넥타이   confident 자신이 있는   clap 박수를 치다   successful 성공적인

Level 7

This is a picture of a meeting room. A smiling man is standing in the middle. He is wearing a business suit and a red tie. It looks like he has just finished his presentation, probably successfully. I can see some bar graphs and pie charts next to him. Other people are seated at the table and clapping for him. One woman on the right side has a pony tail and she is wearing a rolled-up blue shirt. Next to her is another woman who has black hair and is wearing a black jacket. All of them look very confident and pleased.

회의실 사진입니다. 웃고 있는 남성은 중간에 서 있습니다. 비즈니스 정장을 하고 빨간색 넥타이를 하고 있습니다. 이제 막 발표를 성공적으로 마친 것 같습니다. 그 옆에는 막대 그래프와 원형 차트를 볼 수 있습니다. 다른 사람들은 테이블에 앉아 남자를 위해 박수를 치고 있다. 우측의 한 여성은 머리를 묶었고 소매를 걷은 채 파란색 셔츠를 입었습니다. 그 옆에 있는 또 다른 여성은 머리카락이 검은색이고 검정 재킷을 입고 있습니다. 모두 매우 자신에 차 있고 즐거워 보입니다.

어휘 meeting room 회의실   suit 정장   probably 아마도   bar graph 막대 그래프   pie chart 원형 차트
pony tail (머리를 뒤로 묶은) 말총머리   roll up 걷다   pleased 기쁜

해설 • 자주 출제되는 회의실 사진입니다.

• '박수치고 있다'를 모른다면? 일단 말하지 말고, 다른 할 수 있는 것을 최대한 보여 주세요.

• 추가 문장으로 '일하는 분위기가 좋은 것 같다.(It seems that the work atmosphere is good.)'라고 해 보세요.

Imagine that an Australian marketing firm is doing research in your country. You have agreed to participate in a telephone interview about sports events.

어느 호주 마케팅 회사가 여러분의 나라에서 시장 조사를 하고 있다고 가정해 봅시다. 여러분은 스포츠 행사에 관한 전화 인터뷰 참여에 동의했습니다.

Q4

What kind of sports events do you watch on TV, and how often?

텔레비전으로 어떤 종류의 스포츠 경기를 시청하고 얼마나 자주 보나요?

Level 6

I watch a soccer match once a week on TV.

텔레비전으로 일주일에 한 번 축구 경기를 시청합니다.

Level 7

I watch a soccer match at least once a week on TV, especially on the weekend to release my stress.

텔레비전으로 적어도 일주일에 한 번 이상 축구 경기를 시청하며 특히 스트레스를 풀 겸 주말에 보는 편입니다.

💬 어휘 at least 최소한   release 해소하다

Q5

Are there many sports events where you live?

살고 있는 지역에 스포츠 경기가 많이 있습니까?

Level 6

Yes, there are many sports events where I live.

네, 사는 지역에 스포츠 경기가 많이 있습니다.

Level 7

There are a couple of sports events available in my local area. If I have some spare time in the morning on the weekends, I love to go to see a soccer match live.

살고 있는 지역에 몇 가지 스포츠 행사가 있습니다. 주말 아침에 시간이 나면 축구 경기를 직접 가서 보는 것을 좋아합니다.

💬 어휘 a couple of 두세 개의   spare time 여유 시간   match 경기

Q6

Which one do you think is better between attending a sports event and watching it on TV?

스포츠 경기에 직접 참석하는 것과 텔레비전으로 시청하는 것 중 어떤 것이 더 낫다고 생각합니까?

Level 6

I think attending a sports event is better than watching it on TV because it is more exciting.

직접 가서 보는 것이 더 흥미진진하기 때문에 텔레비전 시청보다는 직접 참석하는 게 더 낫다고 생각합니다.

Level 7

Instead of watching a sports event on TV, I prefer attending it and see what's going on live because it's more exciting. It really makes me involved in the sport, quite different from just sitting on a couch and watching it on TV doing nothing much.

텔레비전으로 스포츠 경기를 시청하는 것보다 경기장에 가서 어떻게 진행되는지를 직접 보는 것이 더 흥미진진하기 때문에 직접 가서 보는 것을 더 선호하는 편입니다. 스포츠에 더 몰입하게 될 수 있고 이는 소파에 앉아 아무것도 안 하고 텔레비전으로만 시청하는 것과는 확실히 다릅니다.

💬 어휘 prefer 선호하다 involved 몰입된, 개입된 quite 꽤 couch 소파

🔍 해설 •Q4에서 스포츠를 안 본다면, 'I don't watch any sports events.'라고 해도 됩니다.
　　　•Q5는 Yes/No question입니다.
　　　•Q6에서 attending live[라이브]를 선택한다면, '내가 학생이라 스트레스를 받는데, 스포츠 경기를 보러 가서 스트레스를 풀고, 여기서 재미를 얻을 수 있다(As a student I get a lot of stress, so by attending sports events, I can get rid of my stress and have a lot of fun.).'라는 설명도 좋습니다.

Valley Performing Arts Center
밸리 공연 예술 센터

181 Nordhoff Street, Northridge, CA
캐나다 노스리지 노드호프 가 181

Saturday, October 15 10월 15일 토요일	*Paint Your Heart Out* at Great Hall, 2 to 5 P.M. 심장을 그리다 그림 전시회 – 대강당 (오후 2-5시)
Sunday, October 16 10월 16일 일요일	Workshop: Pottery class — building clay-working skills for beginner through advanced classes at Education Center, Room 151, 9 A.M. to 12 P.M. 워크숍: 도자기 강좌 - 점토 실습 기술 (초급-고급 과정)/ 교육 센터 151호 (오전 9시-12시)
Monday, October 17 10월 17일 월요일	*Landscapes In Passing*: Photographs by Steve Fitch at Auditorium B, 3 to 6 P.M. 지나가는 길의 풍경: 스티브 피치 사진전/ B강당 (오후 3-6시)
Wednesday, October 19 10월 19일 수요일	*The Great American Hall of Wonders* at Auditorium A, from 1 to 4 P.M. 미국의 위대한 업적/ A강당 (오후 1-4시)
Sunday, October 23 10월 23일 일요일	*Watch This! New Directions in the Art of the Moving Image* at Auditorium B, 2 to 5 P.M. 시선 집중! 움직이는 이미지 예술의 새로운 방향 전시회/ B강당 (오후 2-5시)

* Shuttle Services: The shuttle will run from the B1 parking lot to the D1 drop-off zone every 15 minutes for one hour before and after each performance. Please allow sufficient time before and after each performance as delays may occur.
* 셔틀버스: 지하 1층 주차장에서 출발하여 D1 하차 지점까지 매 공연 전후 1시간 동안 매 15분 간격으로 운행됩니다. 운행 지연이 발생할 수 있으니 공연 전후로 충분히 여유를 갖고 와 주시기 바랍니다.

Hello, this is Emma Watson. I'm very interested in the art performances in your arts center and I would love to see one or two of them and I have some questions about attendance.

안녕하세요, 엠마 왓슨이라고 합니다. 예술 센터에서 하는 공연에 관심이 많습니다. 한두 가지 행사를 보고 싶은데요. 참석과 관련해서 몇 가지 질문이 있습니다.

어휘 **pottery** 도자기 **clay** 점토 **beginner** 초급자 **advanced** 고급의 **landscape** 풍경 **parking lot** 주차장 **drop-off** 하차 **performance** 공연, 행사 **allow** 허락하다 **sufficient** 충분한 **delay** 지연 **occur** 발생하다 **join** 참여하다 **attendance** 참석

Q7

When will the arts events start and where will it be?
예술 행사 시작 일정과 장소가 궁금합니다.

The arts events will start on Saturday, October 15th at Great Hall.

예술 행사는 10월 15일 토요일 대강당에서 시작합니다.

Paint Your Heart Out will be viewed at Great Hall, from 2 to 5 P.M. on Saturday, October 15.

전시회 〈심장을 그리다〉가 10월 15일 토요일 오후 2–5시까지 대강당에서 열립니다.

💬 어휘   view 보여 주다

Q8

I heard that locations for the different performances are sometimes far away from each other. Do you think I should drive inside the arts center?

행사별로 장소가 멀리 떨어진 경우가 있다고 들었습니다. 예술 센터 안까지 자가용을 이용해서 가야 할까요?

No, you don't have to. We provide shuttle services.

그러실 필요 없습니다. 셔틀버스 서비스를 제공해 드립니다.

No, you don't have to. We provide shuttle services between each performance. It will run from the B1 parking lot to the D1 drop-off zone every 15 minutes.

그러실 필요 없습니다. 행사 사이에 셔틀버스 서비스를 제공해 드립니다. 지하 1층 주차장에서부터 D1 하차 지점까지 매 15분 간격으로 운행합니다.

💬 어휘   provide 제공하다   every 15 minutes 매 15분마다

Q9

I'd like to enjoy the arts center performances on Sunday. Please tell me about all of your Sunday events.

예술 센터에서 열리는 일요일 행사에 참석하고 싶습니다. 일요일 행사에 대해 전부 알려 주세요.

Sure. One is on October 16th. It is a workshop on 'Pottery class — building clay-working skills' for beginner through advanced classes at Education Center, room 151, from 9 A.M. to 12 P.M. In addition, the performance called *Watch This! New Directions in the Art of the Moving Image* will be held from 2 to 5 P.M. on October 23rd at Auditorium B.

물론입니다. 우선 10월 16일에 '도자기 강좌 – 점토 작업 기술' 강좌(초급–고급)가 오전 9–12시 교육 센터 151호에서 진행됩니다. 또한 10월 23일에는 〈시선 집중! 움직이는 이미지 예술의 새로운 방향〉 전시회가 오후 2–5시 B강당에서 열립니다.

On October 16, there will be workshop called 'Pottery class — building clay-working skills' for beginner through advanced classes at Education Center, room 151, from 9 A.M. to 12 P.M. In addition, the performance called *Watch This! New Directions in the Art of the Moving Image* will be held at Auditorium B, from 2 to 5 P.M. on October 23rd.

10월 16일에 '도자기 강좌 – 점토 작업 기술' 강좌(초급–고급)가 오전 9–12시 교육 센터 151호에서 진행됩니다. 또한 〈시선 집중! 움직이는 이미지 예술의 새로운 방향〉 전시회가 10월 23일 오후 2–5시 B강당에서 열립니다.

🔍 해설 •Q7에서 when & where는 순서를 바꿔 대답해도 됩니다.
•Q8에서는 문제가 의미상으로 파악이 되어야 합니다. 문제에서 shuttle service라고 언급하지 않지만, 이 부분에 대한 정보가 필요하다는 것을 알아야 합니다.
•Q9. Sunday performances를 나열하는 문제입니다.

Question 10: Propose a solution

🎧 S2_Answer 05_10

Woman: Okay, now let's move on to our last agenda. As you know, our hotel has been well known for its superior quality services and amenities such as high speed Internet access, high definition flat screen TVs along with HD cable channels, custom climate controls, and 24 hours access to a fitness center with daily fresh fruit presentations. However, recently we've got some random complaints about childcare services and children's entertainment. Even some staff members have no idea about what should be done to meet kids' needs.

(여자): 좋아요, 이제 마지막 안건으로 넘어가 봅시다. 아시다시피 우리 호텔은 초고속 인터넷, 고해상도 평면 텔레비전, HD 케이블 채널, 맞춤형 온도 조절, 24시간 피트니스 센터, 매일 신선한 과일 제공 등을 통하여 최상의 서비스 품질과 편의 시설을 제공하는 것으로 명성이 자자합니다. 그러나 최근 탁아 서비스 및 어린이 오락 시설에 관해서 가끔씩 불만이 접수되었습니다. 어린이 고객의 요구에 부응하기 위해 어떻게 해야 하는지에 대해 어떤 직원들은 전혀 모르기까지 합니다.

Man: I know what you mean. While we've got good reviews from our customers in general, we lack service or facilities for children. I think this is a really important matter to maintain and improve our hotel's reputation.

(남자): 무슨 말씀인지 압니다. 대체적으로 고객님들께 좋은 평가를 받지만 어린이를 위한 서비스나 시설은 부족한 것이 사실입니다. 우리 호텔의 명성을 계속해서 유지하고 높이는 데 있어 굉장히 중요한 부분이라고 생각합니다.

Woman: Yes, I think something should be done as soon as possible to tackle this problem. So, I would like all of you to think over this matter and give me a call back with some suggestions.

(여자): 맞습니다. 문제 해결을 위해 가능한 한 빠른 조치가 필요할 것 같습니다. 그래서 여러분 모두에게 이 사안에 대해서 생각해 보시고 아이디어가 있으면 제게 전화로 알려 주시길 요청하는 바입니다.

Respond as if you work at the hotel.

호텔에서 근무한다고 가정하고 답해 보시오.

💬 어휘 **move on** 넘어가다 **agenda** 안건 **well known for** ~로 잘 알려진 **superior** 최상의 **quality** 품질 **amenities** 편의 시설 **high speed internet access** 초고속 인터넷 **high definition** 고해상도 **flat screen** 평면 스크린 **custom** 맞춤식 **climate** 온도 **fitness center** 운동 센터 **presentation** 제공 **random** 불규칙적인 **childcare** 탁아 **entertainment** 오락 **need** 요구 **review** 평가 **in general** 대체적으로 **facilities** 시설 **reputation** 평판 **tackle** 해결하다 **suggestion** 제안 사항

Hello, this is Ellis. I'm calling about our last meeting agenda. You said that you have been doing well in our hotel services, but you need to improve your childcare and entertainment services for children. So you wanted me to do something about this matter. Okay, don't worry. I have an idea. I think you should set up a childcare service center and hire professional child caregivers. Also, for the children's entertainment, you should make an indoor playground in your hotel. These are my suggestions. If you have any questions, just call me back at 555-1234. Thank you!

안녕하세요. 엘리스입니다. 최근 회의 안건과 관련하여 전화드립니다. 호텔 서비스에서 잘해 오고 있기는 하지만 탁아 서비스 및 어린이를 위한 오락 서비스와 관련해서 개선할 점이 있다고 말씀하셨지요. 이 사안과 관련하여 뭔가 했으면 하셨고요. 알겠습니다. 걱정하지 마세요. 제게 아이디어가 있습니다. 탁아 서비스 센터를 개설하고 아동 보육 전문가를 고용해야 한다고 생각합니다. 또한 어린이 오락 시설과 관련해서 호텔 안에 실내 놀이터를 조성해야 한다고 생각합니다. 여기까지가 제안 사항이었고요. 혹시 질문이 있으시다면 555-1234로 전화 주세요. 감사합니다!

📑 어휘 professional 전문적인 caregiver 보육 교사 indoor 실내 playground 놀이터

Hello, this is Ellis. I'm calling back about our last meeting. You said that you need to come up with new ideas for managing complaints about childcare services and children's entertainment. Here are some useful trouble-shooting tactics. First of all, when it comes to childcare services, there should be a first aid center for kids under 2 to 3 featuring a nursing station for guest comfort and privacy. Free single or double strollers can also be useful. Furthermore, especially for child entertainment, kids might enjoy unique and exclusive children's play areas, abundant kid-friendly food and beverage options as well as all ages performances and attractions like board games, books and toys. If you have any further questions, please give me a call back any time. Thank you!

안녕하세요. 엘리스입니다. 최근 회의에 관련하여 전화드립니다. 탁아 서비스와 어린이 오락 시설과 관련한 불만 사항을 처리할 만한 새로운 아이디어가 필요하다고 하셨는데요. 문제를 해결할 수 있는 몇 가지 유용한 전략이 있습니다. 우선 탁아 서비스와 관련해서, 2-3세 미만 아동을 위해 간호사실을 갖춘 응급 처치 시설을 개설해서 고객 편의와 사생활을 지킬 수 있도록 해야 합니다. 1인용 또는 2인용 유모차 무료 대여도 유용할 것입니다. 이에 더해서 어린이 오락 프로그램과 관련하여 아이들만의 독특한 전용 놀이 공간을 만들고 모든 연령대가 즐길 수 있는 공연, 보드 게임, 책, 장난감과 같은 유인물뿐 아니라 어린이들이 좋아하는 음식, 음료 등을 충분히 제공해야 합니다. 더 궁금한 사항이 있으시면 언제든 전화 주세요. 감사합니다!

📑 어휘 come up with 떠올리다 complaint 불만 trouble-shooting 문제 해결의 tactic 전략 when it comes to ~에 관하여 first aid 응급조치 nursing station 간호사실 comfort 편안함 privacy 사생활 stroller 유모차 exclusive 배타적인, 전용의 abundant 풍부한 kid-friendly 아이들이 좋아하는

🔍 해설 • 회의 상황 문제입니다.
 • 문제의 핵심은? 아이들을 위한 호텔 서비스 개선안입니다.
 • 공연을 연다거나 전시회를 하는 것(holding performances or exhibitions)은 모든 연령대가 좋아할 수 있으니 꼭 기억해 두세요.

> Out of confidence, honesty and patience, which one do you think is the most important factor a leader should have to be successful?
>
> Give specific reasons or examples to support your opinion.
>
> 자신감, 정직, 인내심 중에서 지도자가 성공하기 위해 가장 중요한 요소는 무엇이라고 생각하십니까?
> 의견을 뒷받침할 수 있는 구체적인 이유나 예시를 들어 주십시오.

Level 6

I think patience is the most important factor for a successful leader. There are some reasons. First, leaders have a lot of things to do. To be specific, they should make a lot of decisions, and take a lot of responsibilities. It will be stressful and that's why they need to be patient. If the leader is not patient, he or she may feel like giving up. Second, leaders have to meet various people. Again, it is not easy to handle different types of people. For example, some people will be very lazy, and some people will be unreliable. To be successful as a leader, one should be able to be very patient.

저는 인내심이 지도자가 성공하기 위해 가장 중요한 요소라고 생각합니다. 몇몇 이유가 있는데요. 우선 지도자들은 할 일이 상당히 많습니다. 구체적으로 말하자면, 많은 결정을 내려야 하고 그만큼 많은 책임감이 수반됩니다. 이러한 상황에서 상당한 스트레스를 받기 때문에 인내심이 필요한 것입니다. 지도자가 인내심이 없으면 포기할 마음이 생길 수 있겠지요. 둘째, 지도자들은 다양한 사람들을 만나야 합니다. 즉, 여러 유형의 사람들을 다루기가 쉬운 일은 아닙니다. 예를 들어 어떤 사람들은 상당히 게으르기도 하고 또 어떤 사람들은 신뢰하기 어려운 경우도 있습니다. 지도자로서 성공하기 위해서는 상당한 인내심을 발휘할 수 있어야 합니다.

📝 어휘　**successful** 성공적인　**to be specific** 구체적으로 말하자면　**stressful** 스트레스를 주는　**patient** 인내심 있는　**give up** ~를 포기하다　**various** 다양한　**handle** 다루다　**unreliable** 신뢰할 수 없는

Level 7

I think honesty is the most important factor for a leader to be successful. There are some reasons. First of all, honesty is the basic element for trust. If a leader is honest, people can believe the leader and follow him. For example, my company's leader is very sincere and honest. When he makes a mistake or when the business is slow, he honestly talks about problems and admits his faults, if there are any. That's why many people like him and are willing to think together. Second, leaders set an example. They become the model for others and when they think, speak, and act honestly, others will follow. This honest atmosphere will strengthen the team spirit and build trust among people. When an employee has a problem, a leader should address the problem and can get help from others (rather than covering it up and making it worse!). These are the reasons why a leader's honesty matters.

지도자가 성공하기 위해서는 정직이 가장 중요한 요소라고 생각합니다. 이유가 몇 가지 있습니다. 우선 정직은 신뢰의 기본 요소입니다. 지도자가 정직하면 사람들은 그 지도자를 믿고 따르게 되어 있습니다. 예를 들어 제가 근무하는 회사의 지도자는 매우 진실되고 정직합니다. 뭔가 실수를 하거나 사업이 부진할 때 그분은 문제점에 대해서 정직하게 이야기를 나누고 자신의 잘못이 있는 경우, 이를 인정합니다. 그렇기 때문에 많은 사람들이 그분을 좋아하고 기꺼이 함께 고민할 의사를 보입니다. 둘째, 지도자는 모범을 보이는 사람입니다. 타인의 모범이 되는데 지도자가 정직하게 생각하고 말하고 행동할 때 다른 사람들이 따를 것입니다. 이렇게 정직한 분위기가 형성되면 팀 분위기도 살아나고 신뢰도 형성됩니다. 직원 한 명이 문제가 생기면 그 문제를 해결해서 다른 사람들로부터 도움을 받을 수 있습니다. (단순히 덮어 버려서 상황을 더 악화시키는 것 대신 말이지요!) 그렇기 때문에 지도자의 정직은 매우 중요합니다.

element 요소 sincere 진실된 honest 정직한 slow 둔화된 honestly 정직하게, 터놓고 admit 인정하다 fault 잘못 be willing to 기꺼이 ~하다 set an example 솔선수범하다 atmosphere 분위기 team sprit 팀 사기 open up 터놓고 말하다 cover up 덮어 두다 make worse (사태 등을) 악화시키다 matter 중요하다

🔍 해설 • 세 가지 모두 좋은 선택이므로 빠른 선택을 하시기 바랍니다.

• 각 항목에 대해, 리더, 직장 동료, 친구 등의 다른 대상으로 바꿔서 연습해 보세요.

• 자신감을 선택한다면? '자신감은 자신이 무엇을 잘하는지에 대해 아는 것인데, 자신감 있는 리더는 더 열정적이고, 더 효과적으로 팀을 이끌 것이다(Confidence is knowing what they are good at, confident leaders can lead the team more passionately and effectively.).'라고 설명할 수도 있습니다.

★★★
토익 스피킹
최단기 1위

초판 한정 출첨
저자 직강
동영상 강의
제공

토익
스피킹
2주 만에
끝내기

진짜 2주 만에 토익 스피킹 Level 6~7 달성
내용을 직접 보고 판단하라!

★ 신유형까지 완벽 반영한 가장 최신 및 최다 기출 변형 문제

★ 교재 3권을 한 권에 압축한 NO.1 토스 기본·실전서

★ 실제 강의실에서 들려주는 저자 선생님의 생생한 동영상 수업 제공

www.nexusbook.com	정확한 원어민 발음을 들을 수 있는 MP3
	실제 시험 환경을 그대로 구현한 Test 파일

MP3 & 동영상
바 로 듣 기